Arianna Stassinopoulos:
Die Callas

Mit zahlreichen Abbildungen

Inhalt

Vorwort

Wir waren zu Schiff nach Epidaurus gekommen, bei strömendem Regen. An der Hand meiner Mutter ging ich, inmitten einer riesigen Menschenmenge, die dem altgriechischen Theater zustrebte. Es war der 17. August 1960, gut einen Monat nach meinem zehnten Geburtstag, und ich sollte meine erste Oper hören, *Norma* mit Maria Callas. Natürlich wußte ich, daß sie eine »große Sängerin« war, und ich wußte auch, was jeder Grieche im Alter von fünf bis hundertfünf wußte: Sie war die Frau im Leben des reichen Herrn Onassis, und viele hundert Augenpaare richteten sich auf den Theatereingang, wo man seine untersetzte Gestalt erwartete.

Zwanzigtausend Besucher hatten Platz genommen, dem schlechten Wetter zum Trotz. Aber dann kam die Ankündigung: Wegen des nicht nachlassenden Regens müsse die Vorstellung auf den nächsten Sonntag verlegt werden. Als ich Maria Callas dann eine Woche später sah, war irgend etwas an ihr, das meine Phantasie – die Phantasie einer Zehnjährigen – völlig gefangennahm.

Als ich 1977, wenige Monate nach ihrem Tode, gefragt wurde, ob es mich interessieren würde, ihre Biographie zu schreiben, war es jene Aufführung in Epidaurus, die sofort vor meinem inneren Auge stand und nicht etwa die *Tosca* in Covent Garden (ihr letzter Auftritt auf der Opernbühne), in der ich sie fünf Jahre später sah.

Eine wahre Flut von Erinnerungen überschwemmte mich, ganz präzise Sinneseindrücke, aber auch die Emotionen von damals wurden wieder wach: die Enttäuschung über die verschobene Vorstellung, die unerträgliche Langeweile in der folgenden, endlos langen Woche – und meine Erregung.

Die Macht ihrer Stimme, die dramatische Wahrheit ihrer Interpretation – wie oft hatten sie mich seit jenem Abend in Epidaurus bewegt! Aber da war noch etwas Tieferes, das mich anrührte: die ungeheure Intensität jenes Feuers, das in ihr loderte – das sie verzehrte, während es alles rings um sie erhellte.

Doch entscheidend für meinen Entschluß, ihre Biographie zu schreiben, war die Erinnerung an Epidaurus. Vom allerersten Augenblick an hatte sie mich eindeutig fasziniert; aber erst rund achtzehn Jahre später, als ich mitten in der Arbeit für dieses Buch steckte, begann ich richtig zu begreifen, warum das so war. Und verstand nun auch, weshalb sie fast unaufhörlich im Mittelpunkt allgemeiner Aufmerksamkeit, eines überaus intensiven und erregten Interesses gestanden hatte: wieso Millionen, denen Musik wenig oder nichts bedeutete, mit so heftiger innerer Beteiligung ihre Karriere und ihr Leben verfolgten; warum Männer und Frauen tagelang vor Opernhäusern kampierten, um für ihre Vorstellungen Eintrittskarten zu ergattern.

Gewiß, da waren ihr glanzvoller Aufstieg und ihre unerhörte Ausstrahlung auf der Bühne. Und da war ihr Privatleben, das kaum weniger dramatisch schien als das vieler Bühnenheldinnen, die sie verkörperte. Da waren Ari und Jackie und Franco Zeffirelli und Winston Churchill sowie eine endlose Prozession von Reichen und Berühmten. Doch all dies erklärt nicht die einzigartige Faszination, die sie ausübte, noch die Feindseligkeit, die sie provozierte – oder gar die so starke Liebe, die sie erweckte.

Das Leben der Maria Callas war ebenso tragisch wie märchenhaft. Die Metamorphose, die sie durchmachte, glich tatsächlich jener des »häßlichen Entleins«, aus dem ein wunderschöner Schwan wird: Hier war es ein plumpes, übergewichtiges Mädchen, das sich in eine Frau von magnetischer Schönheit und Ausstrahlung verwandelte. Aber noch während sich das Märchen ereignete, begann die Tragödie, und sie spielte sich auf vielfältige Weise ab: Da war Marias unlösbarer Konflikt mit ihrer Mutter, der allmähliche Zerfall ihrer Ehe mit Meneghini, die tief gefühlsbeladene Beziehung zu ihrer Stimme, ihre schreckliche Abhängigkeit von Onassis und die Bitterkeit, die Demütigung, der Schmerz, als er sie verließ. Und da war noch etwas: der unaufhörlich in ihr tobende Kampf zwischen der Callas und Maria, zwischen der Legende und der Frau, zwischen dem Image und der Wirklichkeit. Dieser Kampf war gewiß der Mittelpunkt ihres Lebens, und er bildet auch den Mittelpunkt dieses Buches. Ich begann damit, die Biographie der Callas zu schreiben; doch mehr und mehr wurde es die Lebensgeschichte Marias. Von Anfang an empfand ich große Achtung und Bewunderung für die Künstlerin, doch am Ende liebte ich den Menschen.

Natürlich las ich zunächst alles, was es über sie an Gedrucktem gab – Bücher, Kritiken, Interviews. Dann reiste ich zwei Jahre lang um die Welt und sprach mit Freunden, Kollegen, auch Feinden – Menschen, die irgendwann in ihren vierundfünfzig Lebensjahren eine Rolle gespielt hatten. Daß ich Gelegenheit hatte, dies schon so bald nach Marias Tod zu tun, erwies sich als unschätzbarer Vorteil. Erinnerungen und Eindrücke waren noch frisch, Reaktionen spontan. Vor einer Gefahr mußte ich ständig auf der Hut sein. Manche Freunde – gottlob nur sehr wenige – waren entschlossen, die Maske von *La Callas* zu wahren: eine Maria, zusammengesetzt aus öffentlichem Image und öffentlichen Verlautbarungen – eine Art Wachsgebilde, ohne Makel und innere Widersprüche.

Da Marias Verhältnis zu ihrer Mutter der neuralgische Punkt in ihrem Leben war, wußte ich, daß ich mit ihr beginnen mußte. Aber damals, Weihnachten 1977, stritten sich Meneghini und Marias Mutter um die zwölf Millionen Dollar, die Maria ohne testamentarische Verfügung hinterlassen hatte, und Evangelia Callas' Anwälte wollten sie mit niemandem sprechen lassen. Ich reiste nach Athen, mit dem festen Entschluß, erst nach einem Zusammentreffen mit Marias Mutter nach London zurückzukehren.

Eines Nachmittags machte ich mich mit einem Blumenstrauß zu jenem hochachtbaren Viertel auf, wo sie wohnte. Vorsichtig öffnete sie die Tür, nahm den Strauß, bedankte sich, wollte mich jedoch nicht hereinlassen. Dann geschah etwas, das mir bewußt machte, wie alltäglich Wunder sind oder doch sein können. Aus der Nachbarwohnung kam eine gebrechliche alte Dame, die mit Frau Callas einige Worte wechselte und plötzlich in Ohnmacht sank. Wir trugen sie in ihre Wohnung, bestrichen ihre Stirn mit Eau de Cologne und warteten, bis sie wieder zu sich kam. »Danach brauchen Sie einen Drink«, sagte Frau Callas.

Sechs Stunden später verließ ich ihre Wohnung wieder, kam jedoch am nächsten Tag zurück, und es sollte nicht das letzte Mal sein. Die Informationen und Eindrücke, die ich während dieser Zusammenkünfte erhielt, bildeten die Grundlage für jenes Verstehen, auf dem ich dann dieses Buch aufbaute. Was sie sagte, floß mit ein in meine Darstellung, gemeinsam mit dem, was mir viele, viele andere erzählten. Manche standen von Anfang an auf meiner »Liste«, außer Marias Mutter etwa Franco Zeffirelli oder Tito Gobbi. Bei anderen ergab sich für mich erst im Laufe der Monate, wie wichtig sie irgendwann für Maria gewesen waren.

Von allen Begegnungen war eine besonders ungewöhnlich, jene mit ihrem Patenonkel. Leonidas Lantzounis war ein Jahr vor Marias Eltern von Griechenland nach Amerika ausgewandert und hatte sich dort schließlich als erfolgreicher orthopädischer Chirurg etabliert. Ich wußte, daß er ihr nahegestanden hatte, doch nichts wies zunächst darauf hin, wie eng die Bindung zwischen beiden gewesen war.

Wir unterhielten uns stundenlang in seinem New Yorker Apartment am Hudson River; dann holte er plötzlich einen dicken Pakken Briefe hervor, Korrespondenz über einen Zeitraum von siebenundzwanzig Jahren, von 1950 bis zu ihrem Todesjahr. Marias engste Freunde hatten mir sämtlich versichert, daß sie das Briefeschreiben haßte. Diesem Mann hatte sie jedoch ständig und in all ihrer Verletzlichkeit ihr Herz geöffnet. Aus den Briefen ging unmittelbar hervor, daß er ihr die Familienliebe und -wärme gab, nach der sie sich immer so sehnte. »Ich liebe und bewundere Dich«, schreibt sie in einem der Briefe, »und Du bist wie ein Blutsverwandter für mich. Sonderbar, daß Blutsverwandtschaften gar nicht so stark sind. Meine Verwandten haben mir nichts als Elend beschert. Du warst immer eine Quelle des Vergnügens und des Glücks.« Oft nannte sie ihn »lieber Noné«. Noné ist das griechische Wort für Pate. Und sie unterschrieb mit »Dein Patenkind«. Obwohl die Briefe sämtlich auf englisch abgefaßt sind, ist es doch ein besonderes, wenn nicht sonderbares Englisch: mit starken Einflüssen aus dem Griechischen, Französischen, Italienischen – nicht selten übermäßig wörtliche Übersetzungen. Ich schulde Dr. Lantzounis großen Dank dafür, daß er mir diese kostbaren Dokumente anvertraute, die ihm selbst so unendlich viel bedeuten.

Und da waren andere, die mir so manche private Einzelheit erzählten – Dinge, ohne deren Kenntnis mein Buch bestenfalls eine Callas-Biographie werden konnte und niemals die Lebensgeschichte Marias: Mary Mead reiste mit ihr von Hotel zu Hotel in jenen verzweiflungsvollen Monaten, da sie sich regelrecht auf der Flucht befand, nachdem Onassis beschlossen hatte, Jackie Kennedy zu heiraten; Peter Diamand erlebte sie nach einigen ihrer größten Triumphe und bei etlichen ihrer größten Katastrophen; Nadia Stancioff war während der *Medea*-Verfilmung bei ihr, und später verbrachten beide, auf der Privatinsel Tragonisi in der Ägäis, gemeinsam einen Sommer; François Valéry wurde in ihren letzten einsamen Jahren fast so etwas wie ihr ständiger Begleiter, jedenfalls ein enger Freund.

Auch waren da die Kollegen, etwa Jon Vickers, Nicola Rescigno

und Sylvia Sass; oder Freunde wie Vasso Devetzi, Gaby van Zuylen; Menschen, die irgendwie beruflich mit ihr in Berührung kamen – ihr Agent, ihr Friseur, ihr Innenarchitekt – und Teil ihres
Alltagslebens wurden, mitunter auch ihre Freunde.

Mit all diesen Menschen sprach ich während der zwei Jahre, und
mit so manchem traf ich mich wieder und wieder, über eine längere
Zeitspanne hinweg. In dem gleichen Maße, wie mein Verständnis
wuchs, konnte ich mit dieser oder jener Frage Schilderungen provozieren, die mein Verständnis und meine Kenntnisse noch weiter
vertieften. Sofern keine Tonbandaufnahmen von den Gesprächen
gemacht worden waren, ließ ich die entsprechenden Passagen in
meinem Manuskript von den Betreffenden noch einmal überpüfen.
Bei allen in diesem Buch ausgedrückten Gedanken oder Gefühlen
handelt es sich nicht um Spekulationen, vielmehr greife ich jeweils
auf Gespräche aus erster Hand zurück. Entweder handelt es sich
dabei um Äußerungen des Betreffenden selbst oder – bei Toten –
um Angaben enger Freunde oder Verwandte.

Die wichtigste Quelle für Informationen und Verständnis war natürlich Maria selbst. Allerdings so gut wie nie in Form ihrer öffentlichen Erklärungen. Über ihre wirklichen Gefühle findet sich darin
kaum jemals etwas. Oft genug entsprach das, was sie dort behauptete, ganz und gar nicht der Wahrheit. Sie sei glücklich und
zufrieden, versicherte sie – zu einem Zeitpunkt, da sie privat die
größten Sorgen hatte. Und nur wenige Monate, bevor sie sich von
ihrem Mann trennte, erklärte sie, ihre Ehe sei stabil und sie selbst
ihrem Mann sehr ergeben.

Doch besitzen wir ja ihre Briefe an ihren Patenonkel; Briefe, in
denen sie sich äußert wie im Selbstgespräch. Auch gibt es einige
Briefe an ihre Freunde, in denen sie sich offener ausspricht. Überdies sind da ihre Gespräche mit John Ardoin, auf Band gespro-
chen, und es gibt kein Dokument dieser Art von ähnlich aufrichti-
ger, direkter und häufig tragischer Prägung. Von den stundenlangen Gesprächen wurden nur kurze Ausschnitte veröffentlicht, und
ich bin John sehr dankbar, daß er mir die gesamten Transkripte
zugänglich gemacht hat.

Mag es Zufall sein, Schicksal oder Fügung: Ab und zu geschieht es,
daß ein Mensch eine Bedeutung erlangt, die nicht damit erklärt ist,
daß man sagt, er war auf seinem Gebiet der Größte. Nein, solche
Menschen setzen neue Maßstäbe, an denen fortan die übrigen
gemessen werden. Maria Callas war ein solcher Mensch. Ihr Genie

bestand nicht zuletzt darin, daß sie, obschon *Interpretin*, dem Publikum das Gefühl vermittelte, sie sei es, die die dargestellte Gestalt erschaffe – sozusagen hier und jetzt.

Dabei handelte es sich ja sämtlich um Rollen, die von großen Künstlern bereits vorgeprägt waren. Doch eben hierin bestand Marias Einzigartigkeit: Sie ließ das Publikum vergessen, daß es in dieser Partie je eine andere gegeben hatte. Und jene Rollen, die sie sich – im Wortsinn, möchte man sagen – »aneignete«, sind heute noch so stark durch sie geprägt, daß es, für eine Norma, eine Violetta, eine Tosca, noch immer kein höheres Lob gibt als: »Sie ist die Beste seit der Callas.«

All dies ist wichtig, sehr wichtig. Und doch bin ich während der besagten zwei Jahre zu einer Einsicht besonderer Art gelangt. Nachdem ich wieder und wieder alle »inoffiziellen« Aufnahmen hörte, die ich bekommen konnte, also sogenannte Piratenplatten oder auch Tonbandaufnahmen von Proben, gewann ich die Erkenntnis, daß eines noch wichtiger war als alles, was man die Revolutionierung der Oper durch Maria Callas nennen mag: daß sie lebte und atmete und daß sich dies mit einzigartiger Unmittelbarkeit in ihrem Singen ausdrückte. Ihr gelang es, unsere geheimsten und verborgensten Leidenschaften widerzuspiegeln – ja, sie hielt uns den Spiegel vor, und sie tut es noch.

Zweifellos war sie die umstrittenste und provozierendste Sängerin unseres Jahrhunderts. Selbst auf dem Höhepunkt ihrer Karriere gab es nicht wenige, die ihre Stimme häßlich nannten, unmusikalisch, eine Blasphemie gegenüber sämtlichen Idealen vokaler Schönheit; und selbst jene, die nie etwas von solchen musikalischen Kontroversen gehört haben, wissen von ihren Temperamentsausbrüchen, ihren Launen, ihren Absagen, oft genug unmittelbar vor langerwarteten Aufführungen, oder auch von ihren Abtritten oder Abgängen mitten während einer Opernvorstellung.

Während der Arbeit an diesem Buch trat eines immer und immer wieder hervor. Die Motive für ihr unmögliches Verhalten, wie man es nannte, die man in Launenhaftigkeit, Arroganz und überzogenen Forderungen sah, waren im Grunde völlig anderer Natur. Unter den jeweiligen Umständen wirkten sie sinnvoll oder doch verständlich, und oft genug haftete ihnen etwas Tragisches an.

Wichtiger als dies erscheint mir jedoch die Erkenntnis, daß diese

Dinge den inneren Zwiespalt enthüllen, der mitten durch Maria ging: einen Zwiespalt, den sie stets zu heilen versuchte.

Nach und nach gewann ihr Porträt für mich Schärfe und Farbe. Es schimmerte durch ihre öffentlichen Erklärungen, es schälte sich aus vielen privaten Einzelheiten hervor. Immer neue Fingerzeige, immer neue Details ergaben sich. Mitunter hatte ich das Gefühl, etwas zu beobachten, das der Entwicklung eines Bildes aus einer Polaroid-Kamera glich. Fasziniert sah ich zu, wie die Konturen immer stärker hervortraten und Gestalt anzunehmen begannen.

Inzwischen war sie so sehr zum Teil meines alltäglichen Lebens geworden, daß sie sogar in meinen Träumen auftauchte.

Erst als ich alle »theoretische Interpretation« über Bord warf, fing ich an, sie kennenzulernen. Und als ich dann auch noch mein (Vor)Urteil hinterherschleuderte, begann ich die ganze Kraft jener Leidenschaft zu spüren, die sie erfüllt, die sie vorangetrieben hatte. Diese Leidenschaft für das Leben, für die Kunst und für irgend etwas Unnennbares dahinter trieb sie immer und immer wieder an.

Auf den folgenden Seiten habe ich versucht, etwas von dieser Leidenschaft zu vermitteln.

Eine Griechin aus New York

Petros Dimitriadis hatte Namenstag. Inmitten seiner sieben Kinder und vieler Gäste saß er auf der Veranda vor seinem Haus, und als er begann, eine alte griechische Weise vor sich hin zu summen, verstummte bald das Stimmengewirr ringsum. Nur noch seine Stimme war zu hören. Kaum hatte er geendet, da wurden Rufe laut: »Sing uns ein Lied, Petro« ... »Oberst Petro, bitte ein Lied« ... »Sing uns vor, Vati.«
Längst hatte sich seine Zuhörerschaft vergrößert. Wer gerade vorüberkam, blieb stehen. Inzwischen füllte eine Menschenansammlung den kleinen Platz vor dem Haus.
Lächelnd ließ Petros Dimitriadis den Blick über sein Publikum gleiten, in aller Ruhe, mit dem Selbstvertrauen eines Routiniers. Und es entging ihm auch keineswegs, daß sich unter den Zuletztgekommenen ein Fremdling befand: der italienische Tenor, dessen Konzert – für den folgenden Abend im größten Saal des Ortes angesetzt – längst ausverkauft war.
Petros Dimitriadis stützte einen Arm auf die Verandabrüstung, und in dieser wirksamen Pose schmetterte er los: *Questa o quella* – eine Verdi-Arie, die er ganz besonders liebte. Den gesamten *Rigoletto* hatte er nie gehört, und mit dieser Arie war es wie mit allem, das er sang: Er hatte sie aufgeschnappt, sang also ausschließlich nach Gehör.
Gebannt lauschte sein Publikum – so gebannt, daß keinem auffiel, wie sich der italienische Tenor klammheimlich durch die Menge davonstahl. Am nächsten Morgen hieß es dann, der berühmte Herr Opernsänger sei indisponiert und habe deshalb das Konzert absagen müssen; das Eintrittsgeld werde zurückerstattet. Doch blieb nicht unbekannt, daß sich der Tenor in seinem Zimmer eingeschlossen hatte, und wenn er krank war, dann wohl vor Neid und Selbstzweifel.
Nie hatte Petros Dimitriadis' Stern heller gestrahlt als an diesem Abend. In Stylis, seinem Heimatort am Golf von Lamia, gegenüber den Thermopylen, galt seine Stimme schon seit langem als die schönste weit und breit. Die Kapitulation des italienischen Tenors

bekräftigte nur, was man ohnehin wußte: daß Petros sich mit seiner Prachtstimme jederzeit hören lassen konnte. Und genau dies tat er auch, unaufgefordert. Er summte oder sang schier unaufhörlich – selbst in der Schlacht, wie man sich erzählte. Als Berufsoffizier hatte er sich im Balkankrieg den Ehrennamen »Der Singende Kommandeur« erworben.

Fünfzig Jahre später nannte man seine Enkeltochter Maria *La Divina*, die *primadonna assoluta*, die Goldene Stimme des Jahrhunderts.

Ihre Mutter, Evangelia (im Familienkreis »Litza« gerufen), war Petros' Lieblingstochter, und sie hatte viel von ihrem Vater, sein Flair, seine theatralische Begabung, seine Energie, sogar etwas von seiner Ausstrahlung – nur mit der Stimme haperte es. Für ihr Leben gern wäre sie Schauspielerin geworden, doch das mußte für sie, die Offizierstochter aus der griechischen Provinz, damals vor dem Ersten Weltkrieg ein unerfüllbarer Traum bleiben – allein der Gedanke hätte Empörung erregt. So folgte sie denn schon frühzeitig jenem ebenso konventionellen wie vielgepriesenen Pfad, der zur Ehe führte, und heiratete Georg Kalogeropoulos, einen approbierten Apotheker, der in Athen studiert hatte.

Der einzige, der vor dieser Ehe warnte, war Petros. »Heirate ihn nicht, Litza«, riet er seiner Tochter. »Du wirst mit ihm niemals glücklich werden.« Doch wenige Monate, nachdem sie einander begegnet waren, starb Petros Dimitriadis an einem Schlaganfall, der Folge von Verwundungen aus dem Balkankrieg. Sechzehn Tage später wurden Litza und Georg in Athen in einer griechisch-orthodoxen Kirche getraut, ein auffallend attraktives Paar. Georg war das, was man einen schönen Mann nannte: dichtes dunkles Haar, gutgeformte Stirn, sehr männlich wirkender Schnurrbart. Überaus stattlich und distinguiert sah er aus neben der Braut im einfachen weißen Kleid, deren Augen zu leuchten schienen.

Sie zogen nach Meligala auf dem Peloponnes. Dort eröffnete Georg eine Apotheke, die einzige weit und breit. Viele seiner Kunden kamen buchstäblich meilenweit, und bald hatte er soviel Geld verdient, daß die Jungverheirateten in das Haus einziehen konnten, das als »das beste« in Meligala galt. Doch bereits nach einem halben Jahr wußte – oder eher: entschied – Evangelia, ihr Vater habe recht gehabt. Nie hätte sie Georg Kalogeropoulos heiraten dürfen, und nie und nimmer würde sie mit ihm glücklich werden. Längst war ihr klar geworden, daß sie sich in ihm getäuscht hatte.

Dieser so blendend aussehende Mann war ohne wirklichen Ehrgeiz, und ganz gewiß fehlte ihm jener übermächtige Impuls, der seine junge Frau erfüllte: die Sehnsucht nach Luxus, nach Abwechslung, nach einem Heraustreten aus der Namenlosigkeit. Doch beschied sie sich damit, zumindest vorerst die Rolle der guten Ehefrau zu spielen. Aber noch vor der Geburt des ersten Kindes, rund ein Jahr nach der Hochzeit, hatte sie die Hoffnung und den Willen verloren, aus ihrer Ehe mehr zu machen als bloße Konvention.

Georg hielt sich auf seine Weise schadlos. Ob er bereits während des ersten Ehejahres Affären hatte, läßt sich schwer sagen. Doch im selben Maße, wie sein Wohlstand und sein Ansehen stiegen, entwickelte sich seine Neigung zu gelegentlichen Seitensprüngen. Und Evangelia? Sie tat, was griechische Frauen seit altersher getan haben: Sie nahm es hin und schickte sich in die Rolle der Märtyrerin, meist still duldend, manchmal explodierend. Im übrigen war da der Haushalt samt Köchin und Dienstmädchen, um den sie sich intensiv kümmerte, halb Ersatz für ein erfüllteres Eheleben, halb Selbsttäuschung.

Mit achtzehneinhalb Jahren reiste sie nach Athen und brachte dort ihr erstes Töchterchen zur Welt, Jackie. Das war am 4. Juni 1917. Drei Jahre später kam ein Junge, Vassilios. Die Ankunft des Stammhalters weckte in der typisch griechischen Familie besondere Glücksgefühle. Doch was sowohl Evangelia als auch Georg für ihr Söhnchen empfanden, ging darüber noch weit hinaus. Eine Zeitlang schien es sogar, als könne Vassilios in ihnen jene Liebe wiedererwecken, die sie kurz füreinander empfunden hatten. Aber drei Jahre später brach in Meligala eine Typhusepidemie aus, und zu ihren ersten Opfern gehörte der kleine Vassilios. »Mit ihm schien mein Herz zu sterben«, schrieb Evangelia Jahre später, »und ich glaubte, ich würde nie wieder leben.«

Der lebende Vassilios hätte seine Eltern einander vielleicht wieder nahegebracht. Sein Tod machte die Kluft unüberbrückbar. Wie hinter Mauern aus Gram waren sie verschanzt, jeder für sich, und fanden keinen Weg zueinander. Schließlich konnte Georg Kalogeropoulos diesen Zustand nicht länger ertragen. Er sann auf einen Ausweg, und der Entschluß, zu dem er gelangte, beweist jedenfalls, daß er mehr Unternehmungsgeist und Phantasie besaß, als seine Frau glaubte. Innerhalb weniger Tage hatte er Apotheke und Haus verkauft und drei Schiffspassagen nach Amerika gebucht.

Seiner Frau erzählte er nichts. Erst am Tag vor der festgesetzten Abreise erfuhr sie es von ihm. Sie verzieh ihm nie: Es war 1923, sie verfügte weder über eigenes Geld noch über eine berufliche Ausbildung, hatte eine fünfeinhalbjährige Tochter, erwartete ein weiteres Kind. Und so, fand sie, blieb ihr bei aller Verbitterung gar keine andere Wahl, als sich wieder einmal in ihr Geschick zu fügen. Sie mußte Heimat und Familie aufgeben, um einem Mann übers Meer zu folgen, den sie am liebsten im Atlantik ertränkt hätte. Evangelias seelischer Zustand während dieser Schwangerschaft war geprägt von Depressionen und tiefem Groll. »Auf der gesamten Seereise«, schrieb sie, »fühlte ich mich elend.«

Am 2. August 1923 lief das Schiff in den Hafen von New York ein. Das Land trauerte gerade um Präsident Harding, und so war überall halbmast geflaggt. Irgend jemand drückte den verdutzten griechischen Neuankömmlingen eine amerikanische Zeitung in die Hände: riesige schwarze Balkenüberschriften, die sie nicht lesen konnten, denn sie sprachen kein Englisch. Dies gehörte zu ihren allerersten Eindrücken.

Zum Glück wartete am Kai jemand auf sie, ein Mann namens Leonidas Lantzounis, der ein Jahr zuvor Meligala verlassen hatte, um in die Staaten auszuwandern. Urplötzlich erlebte Evangelia so etwas wie einen Umschwung der Gefühle. Der Anblick der New Yorker Skyline und die Anwesenheit dieses Freundes ließen in ihr all die Erregung und Abenteuerfreude durchbrechen, die monatelang unter Kummer und Gram verschüttet gewesen waren. Auch Georg fühlte sich erleichtert. Er hatte zusammen mit Leonidas' älterem Bruder studiert, und der Landsmann würde ihm bei den ersten zaghaften Schritten im neuen Land gewiß von großem Nutzen sein.

Mit Leonidas' Hilfe fand Georg eine Stelle in einer Apotheke, und während er sich daran zu gewöhnen versuchte, nicht mehr sein eigener Chef zu sein, ging Evangelia daran, die Wohnung einzurichten, die sie in Astoria auf Long Island gemietet hatten. Griechische Teppiche, griechische Polster und nicht zuletzt die griechischen Ikonen im Schlafzimmer, unter denen den ganzen Tag über eine kleine Kerze brannte, gaben dem unpersönlichen New Yorker Apartment mehr als nur einen Hauch von Heimat.

Im übrigen bereiteten Georg und Evangelia sich auf die Ankunft ihres neuen Sohnes vor. Denn davon, daß es ein Junge werden würde, waren beide zutiefst überzeugt. Es konnte ja gar nicht anders sein – so wollte es ihre Sehnsucht, und so schien es auch nur folgerichtig: Es würde ein Junge werden, der gleichsam an Vassilios' Stelle trat – der hier, weitab von dort, wo Vassilios gelebt hatte und gestorben war, die Leere im Leben seiner Eltern füllte. Die Babykleidung, die Evangelia strickte, war blau, also für einen Buben bestimmt, genau wie alles übrige, das sie im voraus für das erwartete Kind kauften. »Seit Vassilios' Tod«, sagte Evangelia, »habe ich um einen Sohn gebetet, der seinen leeren Platz in meinem Herzen einnimmt.«

Am 2. Dezember 1923* blieb der ersehnte Sohn jedoch aus. Dr. Lantzounis zeigte der Mutter statt dessen ein über neun Pfund schweres Mädchen. Was die Babykleidung betraf – auch in Rosa wäre sie nicht das Passende gewesen. »Was Sie da für das Baby gestrickt hatten«, sagte Dr. Lantzounis, »hätte sich eher für ein Püppchen geeignet.« Er saß neben Evangelias Bett und tätschelte ihr lachend die Hand. »Für dieses Baby sind die Sachen jedenfalls zu klein. Die Schwestern können sie da unmöglich reinzwängen. Sie ist so groß wie ein Lämmchen.«

Evangelias Antwort war nur ein kurzer Satz: »Bringen Sie sie hinaus.« Gleichzeitig wandte sie ihren Blick von dem Baby ab und starrte zum Fenster, als müsse sie unbedingt den draußen tobenden Schneesturm beobachten. Später gestand sie, daß all ihre Gedanken, voll Liebe, voll Trauer, nur einem galten: Vassilios.

Als die Schwestern sie fragten, welchen Namen man auf dem Armbändchen der Kleinen, dem Identifizierungszeichen für Neugeborene im Krankenhaus, vermerken sollte, erhielten sie zunächst keine Antwort. Ein Vorname? Für ein Mädchen? Daran hatten weder Evangelia noch ihr Mann gedacht. Und so nannte sie dann den ersten besten, der ihr einfiel: »Sophia.« Ihr Mann widersprach: »Nein, Cecilia.« Schließlich einigten sich die Eheleute auf Maria.

Als Maria dann, drei Jahre später, in der griechisch-orthodoxen Kirche in der East 74th Street getauft wurde, erhielt sie, einer

---

* Was Marias genaues Geburtsdatum betrifft, so entstand hierüber quasi die erste Kontroverse ihres Lebens. Maria feierte ihren Geburtstag stets am 2. Dezember. Dieses Datum nannte auch Dr. Lantzounis, der in der betreffenden Klinik ja zugegen war. Zugegen war allerdings fraglos auch Marias Mutter, und diese beharrt darauf, Maria sei am 4. Dezember zur Welt gekommen. Was die ganze Angelegenheit noch komplizierter: In ihrer ehemaligen Schule ist sie als am 3. Dezember geboren registriert. Weder im New Yorker Rathaus noch im Flower Hospital, wo sie zur Welt kam, gibt es darüber irgendwelche Unterlagen.

jungen Prinzessin gleich, sämtliche drei Vornamen und noch einen dazu: Cecilia Sophia Anna Maria. Ihr Pate war kein anderer als der Mann, der ihre Eltern als erster in New York begrüßt hatte, Leonidas Lantzounis. Er war es ja auch gewesen, der als erster der Mutter das Neugeborene zeigte, und bis zum Ende blieb er nicht nur Marias getreuer Pate, sondern auch ihr getreuer Freund und vielgeliebter Vertrauter.

Im übrigen erhielt sie um diese Zeit auch einen neuen Nachnamen. Aufgrund einer gerichtlichen Verfügung wurde Kalogeropoulos zu Callas. Diese Namensänderung bewies, daß ihre Eltern – zu diesem Zeitpunkt – die feste Absicht hatten, endgültig in Amerika zu bleiben. Ihre griechischen Freunde gebrauchten allerdings weiterhin den ursprünglichen Namen. Mithin gewöhnte sich Maria, als sie aufwuchs, an den Gebrauch von zwei Nachnamen.

Erst nach vier Tagen brachte Evangelia es wieder über sich, einen Blick auf ihr Töchterchen zu werfen, und einem vier Tage alten Baby kann man nicht leicht widerstehen. »Warum liebst du mich nicht?« lautete die Frage, die Evangelia in den großen, schwarzen Augen ihres Kindes las; und diesem Blick erlag sie und fand sich bereit, ihrer Tochter die Liebe zu geben, die sie ihr zuvor verweigert hatte.

Inzwischen war die Familie umgezogen, von Astoria nach Manhattan, und sie wohnten jetzt auf den Washington Heights in der 192. Straße. George – wie er sich jetzt nannte – hatte wieder seine eigene Apotheke, und er nährte wieder jenen Traum, den er seit dem Aufbruch aus Griechenland unentwegt hegte: daß er sich hier die gleiche gesellschaftliche Position würde sichern können wie »drüben« im kleinen Meligala.

Das Pianola war eines der ersten Symbole ihres neuerlangten Wohlstands; doch es war viel mehr als nur das. Evangelia wurde zweifellos von mancherlei Beweggründen angetrieben. Da war die Erinnerung an die Prachtstimme ihres Vaters, wohl auch an ihren eigenen früheren Bühnenehrgeiz; vielleicht verfehlte auch das Gezwitscher ihrer kleinen Töchter nicht seine Wirkung. Jedenfalls unternahm Evangelia, ohne sich dessen voll bewußt zu sein, alle erdenklichen Schritte, um die musikalischen Neigungen der Kinder zu fördern.

Maria hatte schon als kleines Mädchen ein Berufsziel: Zahnärztin. Aber so leicht ließ sich Evangelia nicht entmutigen. Dem Pianola folgte ein Grammophon, und die erste Schallplatte, die sie kaufte, war eine Aufnahme von *Vissi d'arte* aus *Tosca*. Bald darauf erstand sie die zweite: Ausschnitte aus *Martha* und *Aida*. George Callas seinerseits hielt es mehr mit populären griechischen Liedern und kaufte eine Schallplatte nach der anderen. Ebenso unvermeidlich wie regelmäßig kam es zwischen dem Ehepaar zum Streit über die aufgelegte Platte. Mit böse blitzenden Augen pflegte Evangelia ihren Mann anzufauchen: Auf der Stelle habe er die Platte mit seiner billigen griechischen Musik zu entfernen, damit der musikalische Geschmack ihrer Töchter nicht verhunzt werde. Die beiden Eheleute verstanden einander inzwischen keinen Deut besser. Was Evangelia über ihren Mann sagte, war dies: »Wie eine Biene – und jede Frau für ihn eine Blume, über der er schweben muß, um die Süße zu suchen.« Nun, ein ungestörtes Schweben war ihm allerdings kaum vergönnt. Das Grammophon wurde zu einer Art Blitzableiter in der Callas-Ehe. Im Streit zwischen klassischen Opernarien und »griechischem Schmalz« tobte sich stellvertretend aus, was sich zwischen den Eheleuten an tiefen und gefährlichen Spannungen aufgestaut hatte.

All ihrer relativen Wohlhabenheit zum Trotz – die ersten Jahre in Amerika waren für sie alles andere als leicht. Das gesamte Leben glich einem fortgesetzten Anpassungsprozeß. Ihr Freundes- und Bekanntenkreis bestand hauptsächlich aus griechischen Einwanderern, die schon vor ihnen nach Amerika gekommen waren: gute, solide Bürger, finanziell abgesichert, einigermaßen fromm und völlig abhängig von der Meinung ihrer Umgebung. Mr. und Mrs. Callas wie auch ihre Freunde gehörte, wenn man es auf einen vereinfachten Nenner bringen will, der unteren Mittelschicht an. Evangelia erwies sich als Expertin in der allerpräzisesten Bestimmung der jeweiligen gesellschaftlichen Stellung. Daß sie einer besseren Familie entstammte als George, ließ sie diesen kaum je vergessen. Diese Tatsache machte sich für sie unter anderem daran fest, daß ihre Familie in Stylis eine Art Privatfriedhof besaß.

Unerträglicher für eine Frau wie sie war der Gedanke, daß dieses ruhige, ereignislose Leben, das sie führten, sich unabsehbar so fortsetzen könne. Ihre Träume von einer eigenen Bühnenkarriere hatte sie aufgeben müssen, die Hoffnung auf einen Mann, der es in der Gesellschaft zu einer bedeutenden Stellung bringen würde, war zunichte. Mit vielem hatte sie sich abgefunden – damit, daß sie weder auf eigene Prominenz hoffen durfte, noch auf Prominenz als Gattin eines bedeutenden Mannes. Aber das besagte bei einer Frau ihrer Art noch lange nicht, daß sie resignierte oder gar kapitulierte. Ungebrochen und wie besessen übertrug sie ihren Ehrgeiz und ihre Energie auf ihre Töchter.

Der Altersunterschied zwischen den beiden Mädchen betrug nahezu sechs Jahre, und geradezu automatisch ergab sich, daß die jüngere die ältere idealisierte. Leicht hatte Maria es nicht. Da war die große Schwester, nicht nur älter als sie, sondern auch hübscher, charmanter und bei weitem nicht so pummelig. Überdies fühlte sie sich wohl von Anbeginn an weniger geliebt. Im Kampf um die Liebe der Mutter stach Jackie sie stets mühelos aus, und natürlich empfand Maria eine geradezu brennende Eifersucht. Gleichzeitig jedoch bewunderte sie Jackie, sehnte sich nach Gemeinsamkeit mit der großen Schwester, nicht zuletzt auch nach deren ausschließlicher Liebe.

Ein Abend im Juli. Maria, knapp fünfeinhalb, wartet mit ihren Eltern auf dem Bürgersteig gegenüber dem Haus. Plötzlich sieht sie Jackie auf der anderen Straßenseite. Sie reißt sich von der Mutter los und läuft mit ausgebreiteten Armen auf ihre Schwester zu. Ein Auto kommt herangejagt, prallt gegen Maria und schleift sie fast zehn Meter mit, ehe es zum Halten kommt. Dann ist George zur Stelle. Er hält die bewußtlose Maria in seinen Armen, während seine Frau die brüllende Jackie beim Arm packt. So erreichen sie das St. Elizabeth's Hospital in der Fort Washington Avenue. Dort sagt man ihnen, daß die Chancen gering sind. George ist vor Angst außer sich, Evangelia der Hysterie nahe – da erscheint Dr. Korilos, ein griechischer Gehirnspezialist, und versichert ihnen, zwar habe Maria einen Schock und eine Gehirnerschütterung davongetragen, befinde sich jedoch außer Gefahr.

Zweiundzwanzig Tage blieb sie im Krankenhaus, von Nonnen gepflegt. Als sie dann wieder zu Hause war, erwies sie sich sehr bald als schwieriger denn je zuvor. Im Kinderzimmer kam es zu Aufständen, Revolten, lautstarkem Streit, mitunter sogar zu Prügeleien. Maria, obschon wesentlich jünger als Jackie, war für ihr Alter ausnehmend kräftig.

Bei einem Vergehen kannte Evangelia keinerlei Nachsicht. Auf Petzen stand nach uralter griechischer Sitte diese Strafe: Der jeweiligen Sünderin wurde auf die Lippen und in den Mund Pfeffer gestreut.

Marias Autounfall hatte sich im Juli 1929 ereignet. Wenige Monate darauf kam es zum großen Börsenkrach an der Wall Street, der die Welt bis ins Fundament erschütterte; zum zweitenmal in seinem Leben verkaufte George Callas seine Apotheke, diesmal allerdings nicht aus freier Entscheidung, sondern aus Zwang. In den folgenden Jahren, von 1929 bis 1933, verschlechterte sich die Lage der Familie zusehends. Wieder und wieder zogen sie in weniger teure Wohnungen um, das Geld wurde immer knapper. Für Maria gab es in dieser Welt schwindender Hoffnungen im Grunde nur einen Fixpunkt, einen Hafen der Geborgenheit, ihren Paten, Dr. Lantzounis. Ihn mochte man nach wie vor relativ wohlhabend nennen, und daraus folgte unter anderem, daß sich von seiner Seite die traditionellen Geschenke erwarten ließen, zu Weihnachten oder auch zu Ostern, Kerzen und Silbersachen; sonntags gab es überdies die gemeinsamen Mittagessen bei Longchamps in der 10. Straße. Leonidas – oder Leo, wie immer mehr Menschen ihn jetzt nannten – war bald nach Marias Geburt übergewechselt zum New Yorker Orthopaedic Hospital. Als dann der große Bankkrach kam, war er bereits ein erfolgreicher Chirurg.

Im Hause Callas wurde Geld zunehmend zur zentralen Frage. Zwischen den Eheleuten kam es zu Vorwürfen, Klagen, Anklagen. Ein Hauptthema bildeten dabei die Klavierstunden für die Mädchen. George Callas hatte sich inzwischen einem sehr harten Anpassungsprozeß unterziehen müssen. Sein eigener Chef war er längst nicht mehr. Um für seine Familie den Lebensunterhalt zu verdienen, hatte er sich als Handelsvertreter für Pharmazeutika verdingen müssen. Die Hoffnung, je wieder sein eigener Herr zu werden, durfte er sich getrost aus dem Kopf schlagen. Was sein Einkommen betraf, so mußte er sich damit abfinden, daß es auf ziemlich bestürzende Weise geschrumpft war. Überdies lag ihm unentwegt seine Frau in den Ohren – mit ausführlichen Schilderungen des schönen Lebens, das sie in Griechenland geführt hatten. Und zu all dem kamen dann halt die Klavierstunden für seine Töchter (pro Woche viermal), für die er auch noch aufkommen sollte.

In Georges Augen reiner Irrsinn. Wieder und wieder begann er darüber zu streiten. Solange sie die Mittel dafür hatten aufbringen können, nun, warum nicht? Klavierstunden und Ballettunterricht für Jackie – überflüssiger Luxus, aber seinerzeit immerhin erschwinglich. Nur war die Situation jetzt grundverschieden. Sollten sie etwa das Geld, das sie für Miete und Nahrungsmittel benötigten, der Signorina Santrina in den Rachen werfen – dafür, daß sie den Callas-Töchtern beibrachte, wie man das Pianola ohne Gebrauch der Pedale spielte? Nein, für eine solche nutzlose Geldausgabe sah er beim besten Willen keinerlei Rechtfertigung. Was stand denn schon dahinter? Doch nur die leere Überspanntheit seiner Frau, diese sinnlosen Träume von Theater- oder Opernbühnenruhm, die Evangelia hegte – sozusagen als Ausgleich für ihren frustrierten Ehrgeiz. Und genau dies sagte er ihr ins Gesicht. Und wiederholte es. Und sagte es erneut. Und tat dies sozusagen Woche für Woche – indes er Signorina Santrina die Dollarscheine hinblätterte.

1939 begann Marias musikalische Ausbildung. Sieben Jahre war sie alt. Und in den nächsten dreißig Jahren, ganz allmählich und unauffällig zunächst, spielte sich eine Entwicklung ab, die an Intensität von Jahr zu Jahr zunahm. Musik und Arbeit wurden zu dem Stoff, aus dem Marias waches Leben und wohl auch ihre Traumwelt bestanden – wirklicher als irgend etwas sonst, Freude und Fron zugleich.

Besonders einschneidende Ereignisse fanden nicht statt. Doch wenn man Ausschau hält nach einem symbolischen Punkt, an dem sich Marias Schicksal ein für allemal entschieden haben mag – zumindest in der Art, wie ihre Mutter diese »Vorherbestimmung« sah –, so war es wohl jener warme Maiabend, an dem Maria gerade zehn Jahre zählte. Sie spielte Klavier und sang *La Paloma*. Ihre Mutter erinnert sich an jede Einzelheit. Die Fenster waren geöffnet, die Gardinen flatterten leicht, und draußen auf der Straße spielten Kinder. Evangelia blickte hinaus. Auf einmal sah sie überall Menschen, die aufmerksam lauschten und dann applaudierten – eine große Menschenmenge, die nicht wankte und nicht wich, bis Maria aufgehört hatte zu singen. Und währenddessen stellte sich für Evangelia eine Erinnerung ein: die Erinnerung an einen Abend vor vielen Jahren, als sie, auf der Veranda zu ihres Vaters Füßen sitzend, gebannt gelauscht hatte, wie er die Arie des Herzogs sang.

Evangelias Entschluß stand fest. Ihre jüngere Tochter, die noch davon träumte, als Zahnärztin zu arbeiten, würde Sängerin werden, eine große Sängerin, eine ganz große – eine weltberühmte. Für Evangelia waren Liebe und Glück und Ruhm und Geld konvertierbare Währungen. An dieser ebenso naiven wie gefährlichen Illusion zweifelte sie keinen Augenblick. Sie wurde zum entscheidenden Impuls ihres Handelns, ja, zur beherrschenden Triebkraft in Marias Leben.

Das Kind begann, allerlei Preise bei Gesangswettbewerben zu gewinnen, in der Schule wie in der Sonntagsschule. Auch spielte die kleine Maria eine führende Rolle bei Theaterstücken oder Konzerten, die man in der Schule veranstaltete. Doch der einzige Mensch, der in diesem Kinderruhm so etwas wie Vorläufer künftiger Triumphe sah, war ihre Mutter. Jeder andere, der die Callas-Töchter betrachtete, stellte zunächst einmal einen Vergleich an, und die Schlußfolgerung lag auf der Hand. Jackie war ein großes, schlankes, schönes Mädchen mit kastanienbraunem Haar und dunklen Augen. Die sechs Jahre jüngere Maria dagegen schien nichts zu sein als ein kleines Pummelchen mit einer Unmenge Pickeln und riesengroßen schwarzen Augen, die hinter dicken Brillengläsern versteckt waren. Sie war offenbar nur der unansehnliche Schatten ihrer Schwester, weniger hübsch, weniger vielversprechend, alles andere als vollkommen. Nein, es konnte nicht den mindesten Zweifel geben: Jackie würde Erfolg haben, und das hieß natürlich, sie würde eine gute Partie machen, eine beneidenswerte Familie bekommen und stets versorgt sein, während bei der jüngeren zu befürchten stand, sie werde sich selber durchschlagen müssen, ihr Leben als alte Jungfer – und als junge Tante – fristen.

Im Laufe der Jahre trug Maria kräftig dazu bei, diesen Eindruck noch zu verstärken. Während ihrer frühen Kindheit hatte sie sich stets an ihrer vielbewunderten Schwester gemessen, aber schließlich steckte sie auf, mit dem gleichen instinktiven Selbstschutz, der den berühmten Fuchs dazu brachte, die unerreichbaren Trauben als sauer abzuwerten.

Offenbar hat Maria schon frühzeitig befunden, die traditionell weiblichen Vorzüge – Aussehen, Figur, Kleider, die Kunst, charmant zu sein, sich um das Wohlergehen von Gästen zu kümmern, unverbindlich zu plaudern – seien nun einmal die Domäne ihrer Schwester. Zumindest vorerst ließ sie diese Seite ihrer Persönlichkeit in der Versenkung verschwinden, verdrängte sie, lebte jedoch weiterhin mit dem Verdacht, in diesen klassischen weiblichen Sphären ruhe ein kostbarer Schatz, der ihr für immer vorenthalten bleiben werde.

Als sie elf Jahre alt war, begann ihr Leben jene Form anzunehmen, die bis zum Wendepunkt im Jahre 1937 andauern sollte. Mit *La Paloma* hatte sie sich ihr erstes Publikum erobert, und der erste *erste* Preis, den sie gewann, war die Spitzenauszeichnung in einem Talentwettbewerb bei Mutual Radio Network – die Armbanduhr, die sie erhielt, trug sie noch so manches Jahr voller Stolz.

Dann kam ihr zweiter öffentlicher Auftritt, im Rahmen einer Kindershow in Chikago. Diesmal gewann sie den zweiten Preis. Allerdings war es kein Geringerer als der große Showstar Jack Benny, der ihn ihr überreichte.

Auf diese Weise begann der lange, strapaziöse Zirkus von Kindershows, Radiosendungen und endlosen Wettbewerben. »Gegen dergleichen sollte man Gesetze erlassen«, sagte Maria Jahre später voll Bitterkeit. »Ein Kind, mit dem man so verfährt, altert vorzeitig. Man beraubt es seiner Kindheit.«

Seiner Kindheit – und vor allem wohl jener so unverwechselbaren bedingungslosen Liebe, von der man im späteren Leben immer und immer wieder zehrt. Aber die Liebe, die Maria als Kind empfing, war eindeutig an Bedingungen geknüpft. »Nur wenn ich sang, fühlte ich mich geliebt«, sagte sie einmal in einem jener seltenen Momente, in denen sie das Thema ihrer Jugend nicht sogleich brüsk beiseite schob.

Mit fünf Jahren hatte sie ihre erste Brille bekommen. Seither empfand sie sich als häßlich und vermied es, in den Spiegel zu sehen. Sie wandte ihren Blick ab, schloß manchmal sogar die Augen. »Verabscheut und verabscheuenswert« habe sie sich gefühlt, sagte sie später. »Ein häßliches Entlein, dick, ungeschickt und ungeliebt.«

Um diese ihr vorenthaltene Liebe wettzumachen, stopfte sie sich mit allem erdenklichen Eßbaren voll. Und wie aus einem unbewußten Schuldgefühl heraus schob Evangelia da nicht etwa einen Riegel vor. Vielmehr sorgte sie dafür, daß es ihrer Tochter in dieser Hinsicht an nichts fehlte. Dennoch fühlte Maria sich ewig hungrig, und gar nicht selten kam es vor, daß sie mitten in der Nacht aufstand und, halb noch im Schlaf, in die Küche schlich, wo sie dann in sich hineinschlang, was sich gerade fand – Süßigkeiten, Kuchen, Eiscreme.

Ein frühes Verhaltensmuster, das noch viele Jahre später seine zwanghafte Wirkung behielt: Die weltberühmte Callas hatte sich zwar besser unter Kontrolle als das unglückliche kleine Mädchen, aber es geschah dennoch, daß sie nach einem Tablett voll Obst und Champagner neben dem Bett verlangte – für den Fall, daß sie in der Nacht hungrig oder durstig erwachte.

Gar so unglücklich, wie ihre Kindheit in New York ihr später erschien, war diese keineswegs verlaufen. Evangelia konnte eine reizende Mutter sein. Zu ihren Talenten gehörte es, aus einem einfachen Konzertbesuch im Central Park etwas Besonderes zu machen, und das Aufsuchen der Bibliothek nahm schier die Ausmaße eines religiösen Rituals an.

In der Tat: Zweimal pro Woche ging es per U-Bahn zu der berühmten Bibliothek an der Ecke der Fifth Avenue und der 42. Straße. Und ohne nennbaren Erfolg versuchte Evangelia ihre Familie dazu zu bringen, die »großen Romane« zu lesen, zumal jene von Tolstoi, Dostojewski und Victor Hugo. Zwar hatte sie kein einziges dieser Werke selbst gelesen, was jedoch ihren unbeirrbaren Glauben an die »Größe« dieser Romane in gar keiner Weise anfocht.

Doch all ihre Lobeshymnen auf Dostojewski vermochten nicht, Maria von jener Abteilung fortzulocken, in der die Opernschallplatten standen. Wenn sie sich zu drehen begannen, konnte sie stundenlang lauschen. Und mindestens zwei lieh sie sich jedenfalls aus (Leihgebühr: zehn Cent pro Stück), um sie zu Hause zu spielen, denn die verheerende Wirtschaftskrise jener Jahre machte es ihrer Mutter unmöglich, die Operndiskothek der Familie zu vergrößern.

Im übrigen gab es für die Callas-Töchter zwei weitere allwöchentliche Pflichten. Jeweils am Sonntagmorgen brach Evangelia mit ihren beiden Töchtern auf zur griechisch-orthodoxen Kirche St. Spyridon in Washington Heights. Den Gesang dort liebte Maria, das Ritual faszinierte sie – und damit waren ihre religiösen Bedürfnisse auch schon befriedigt. Bei ihrer Mutter hielten sich derartige Regungen allem Anschein nach in noch engeren Grenzen.

Und die zweite »Pflicht«? An jedem Dienstagabend bekamen Jackie und Maria ihre ganz besondere Belohnung – in einem chinesischen Restaurant in Washington Heights.

Doch zurück zu der berühmten Bibliothek. Auf sonderbare Weise wurde sie zum Eden von Marias Kindheit. Dort konnte sie alles andere vergessen: Familie und Schule, eigene Mängel, eigenes Elend, mochte all dies nun eingebildet sein oder wirklich. Ihre Träume von der Oper konnte sie hegen und pflegen – und sich ihre ureigene Welt schaffen. Die ausgeliehenen Schätze nahm sie dann mit nach Hause; flüchtete mit ihrer Hilfe ins Reich der

Phantasie, das sie vor der harten Wirklichkeit bewahrte – oder doch zu bewahren schien.

Mit zwölf Jahren sprach sie noch immer von ihrem Traumberuf, dem der Zahnärztin. Dennoch hatte sie inzwischen begriffen, wo ihre wahren Erfolgsaussichten lagen, um Zuwendungen von ihrer Mutter zu erhalten; in ihrem Talent zum Gesang. Überdies wußte sie: Auch in der Schule konnte sie nur auf diese Weise Aufmerksamkeit oder gar Beliebtheit erringen.

Miss Jennie Sugar, eine der Lehrerinnen an der öffentlichen Schule in Washington Heights, erinnerte sich an sie als an eines der »angenehmen, wohlerzogenen Mädchen« – was nichts anderes bedeutet, als daß sie keine jener Schülerinnen war, die das Zeug dazu hatten, den Hudson River oder die Themse »in Brand« zu setzen.

Zu eben dieser Zeit gab es eine Schulaufführung vom *Mikado*, und dies überzeugte Maria offenbar endgültig davon, daß ihre einzige Chance, der Mittelmäßigkeit zu entfliehen, eben hierin lag: in ihrem Gesang. Und so saugte sie alles geradezu in sich hinein: den Applaus und die Komplimente ihrer Mitschüler. Die allgemeine Popularität, mochte sie sich auch als überaus kurzlebig erweisen, wirkte für den Augenblick wie ein fast vollgültiger Ersatz für die Liebe, nach der Maria sich so sehr sehnte.

Wer schwach war und unbeachtet blieb, fühlte sich wie der letzte Dreck – diese Erfahrung hatte sie in der Schule lange genug machen müssen. Und sie war gewiß nicht das erste Kind, bei dem dies zu einer starken Menschenfeindlichkeit führte. Jetzt endlich besaß sie in ihrer Stimme ein Werkzeug, wenn nicht eine Waffe, um sich gegen die scheinbare Überlegenheit der anderen zu behaupten, um den Demütigungen ein Ende zu setzen.

»Ich haßte die Schule, ich haßte die Welt«, sagte sie dreißig Jahre später über diesen Lebensabschnitt. Bereits damals begann tiefe Wurzeln zu schlagen, was zu pessimistischer Weltsicht und bitterer Philosophie führen sollte: »Leben heißt leiden, und wer Kindern das Gegenteil versichert, ist verlogen, grausam ... Leben ist Kampf. Das gilt für uns alle. Unterschiede bestehen zwischen den Waffen, die man selbst gebraucht und die gegen einen gebraucht werden. Das hängt von der Persönlichkeit und den Umständen ab. Das ist Schicksal.«

Eine kleine Episode zeigte der Familie, daß sich Maria in allem, was die Gesangsstimme betraf, offenbar als Autorität sah. Es war Samstagnachmittag, und man saß ums Radio, um einer Übertragung aus der Metropolitan Opera zu lauschen: *Lucia di Lammermoor* mit Lily Pons in der Titelrolle. Die berühmte Sängerin war gerade bei der Wahnsinnsszene, als Maria plötzlich drohend die Hand gegen das Radio schwenkte und der Pons quasi »drahtlos« und mit deutlich spürbarem Zorn zurief, sie singe falsch!

Schelte wurde laut: Die Lady sei ein großer Star an der Met, da dürfe ein Kind wie Maria getrost mehr Respekt zeigen.

»Und wenn sie zehnmal ein Star ist!« explodierte Maria. »Sie singt *falsch!* Wartet nur ab – eines Tages werde ich selbst ein Star sein, ein viel größerer Star als sie.«

Noch steckte mehr Prahlsucht dahinter als wirkliche Überzeugung. Doch in immer stärkerem Maße bewies sie Selbstbehauptungswillen und Kampfgeist. Sie war fest entschlossen, es zu etwas zu bringen, prominent zu werden. Aber es dauerte ein weiteres Jahr – ihr letztes in New York –, bis die noch vagen Vorstellungen feste Gestalt annahmen.

Ja, eben dies würde sie werden: die größte Sängerin der Welt, gefeiert und beneidet wie keine andere.

Die nächsten zwanzig Jahre ihres Lebens waren geprägt von dem unbeugsamen Willen, dieses Ziel zu erreichen.

Jugendjahre in Athen

Marias Wille, sich durchzusetzen, entwickelte sich immer stärker. Dennoch war zu dieser Zeit zweifellos ihre Mutter die treibende Kraft. Und bei allen hochfliegenden Plänen für ihre Tochter stand Evangelia doch mit beiden Beinen fest auf der Erde. So gelangte sie dann, Ende 1936, zu der Überzeugung, daß eine Rückkehr nach Griechenland unumgänglich sei, damit Maria jene Lehrer und jene Ausbildung erhalte, die sie für die von ihrer Mutter erträumte Karriere brauche. In Griechenland konnte sie zahlreiche Familienbeziehungen zugunsten des Kleinods, das sie in ihrer Tochter zu besitzen glaubte, nutzen.

Andererseits gab es eine ganze Reihe von gewichtigen Gründen, die gegen eine Rückkehr nach Griechenland sprachen. Am Ende ließ sie sich jedoch weniger von Logik leiten als von ihrem Instinkt. Ein Traum befreite sie aus ihrem Dilemma. Kein anderer als ihr eigener Vater gab ihr, in diesem Traum, den Rat, mit ihrer Tochter nach Griechenland zurückzukehren. Und so wurde Jackie vorausgeschickt, während Evangelia und Maria noch in New York blieben, vollauf damit beschäftigt, dort ihre Zelte abzubrechen.

Was George Callas betraf, so waren seine Gefühle höchst zwiespältig. Von Jahr zu Jahr war er tiefer in die Schatten seiner Frau geraten. Evangelia schien fast zu glauben, sie habe die Töchter ohne das leiseste Dazutun von seiner Seite in die Welt gesetzt. Sie wurde immer dominierender, er immer unscheinbarer.

Aber wie dem auch sein mochte: Er bezahlte für die Schiffspassagen und fühlte sich dabei innerlich zweifellos erleichtert darüber, daß er – jedenfalls vorübergehend – die Last der drei Frauen in seinem Heim los war.

Am 28. Januar 1937 gab es in der Public School 189 für die Schüler der achten Klasse die Abschlußfeier. Für Maria war dies der letzte Kontakt mit ihrer alten Schule vor dem Aufbruch zu ihrem griechischen Abenteuer. Abschiedswehmut fühlte sie keinesfalls. Sie nahm wenige glückliche Erinnerungen mit und ließ keine guten Freunde zurück. Offenbar hat sie, anders als die meisten Kinder, in jungen Jahren niemanden gehabt, mit dem sie ihre geheimen Gedanken, Ängste und Hoffnungen teilen konnte.

Für eine Außenseiterin wie Maria wäre der Tag der Abschlußfeier mit all seinen Gefühlsausbrüchen zweifellos zur Qual geworden, doch umschloß das Programm auch einen Auftritt, bei dem sie glänzen konnte. Sie sang Auszüge aus *HMS Pinafore,* einer Operette von Sullivan. So linkisch sie auch wirkte, so unbehaglich sie sich auch fühlte, ihr Gesang war wunderschön, und sie erntete herzlichen Beifall. Zum Ritual des Schlußtages gehörte auch, daß in die »Poesiealben« allerlei Sprüche geschrieben wurden. Hierbei versuchte man einander auszustechen. Wer fand den witzigsten Wunsch, die funkelndste Formulierung, den originellsten Gedanken?

Maria, die bei diesem Spiel nicht glänzen konnte, nahm ihre Zuflucht zu einem gängigen Zweizeiler, der immerhin einiges über ihren damaligen Gemütszustand verriet:

> *Bin kein Poet, nur ein kleiner Stift,*
> *Und leiste hier nichts als meine Unterschrift.*

Sie unterzeichnete mit Mary Anna Callas.

Ihr Leben lang empfand Maria sich selbst als ungebildet, und sie war überzeugt, daß der maßlose und ungeduldige Ehrgeiz ihrer Mutter daran Schuld trug. »Ich würde sonst was darum geben, wenn ich soviel wüßte wie ihr«, sagte sie Jahre später zu Efi Zaccaria, der Frau des berühmten Bassisten. Diese Schlußfeier Anfang 1937 bildete den Schlußpunkt jeglichen regulären Schulbesuchs für Maria.

Einige Tage später war es dann soweit. Zusammen mit ihrer Mutter und ihren drei Kanarienvögeln ging sie an Bord des italienischen Passagierdampfers *Saturnia.* Und während Stephanakos, David und Elmina um die Wette zwitscherten, fühlte sie sich zunächst sterbenselend, ein Opfer der Seekrankheit. Doch nach zwei Tagen stimmte sie kräftig mit ein, und wenn sie nicht in der Kabine trällerte, dann sang sie in der Touristen-Lounge.

Eines Abends kam zufällig der Kapitän der *Saturnia* vorbei und hörte, wie sie Gounods *Ave Maria* sang. Sogleich bat er sie, am kommenden Sonntag beim Gottesdienst zu singen. Doch aus irgendeinem Instinkt heraus lehnte sie ab. Um so eifriger nahm sie das Angebot an, das er ihr unmittelbar darauf machte: Bei einer

Party zu singen, die er für die Offiziere und Mannschaften sowie zwei italienische Contessas aus der Ersten Klasse gab. Dies entsprach weit eher ihrem Geschmack.

Am Tag der Feier spürte sie ein ungeheures Lampenfieber. Doch als sie dann am Klavier Platz nahm, um sich selbst zu begleiten, gewann die Zuversicht Oberhand. Sie setzte ihre Brille ab, und auf einmal bestand ihr Gesicht nur noch aus dunklen, schwarzen Augen, die dermaßen voller Leben und Energie sprühten, daß man darüber alles andere vergaß: die Pickel unter der Puderschicht, das blaue Schulmädchenkleid mit dem weißen Kragen, selbst den übergewichtigen Körper auf dem Klavierschemel. Sie sang ihre beiden Lieblingslieder *La Paloma* und *Ave Maria;* und sie schloß mit der Habanera aus *Carmen: »Et si je t'aime, prends garde à toi«,* singt Carmen und wirft Don José die Blume aus ihrem Haar zu. Carmen-Maria zieht eine Nelke aus der Vase neben dem Klavier und schleudert sie dem Kapitän zu.

Der Kapitän war entzückt – von ihrer Stimme ebenso wie von ihrem Sinn für Dramatik. Er küßte die Nelke, und als er Maria später dankte, überreichte er ihr ein Bouquet – das erste ihres Lebens – und eine Puppe. Unglaublicherweise war auch diese die erste ihres Lebens. Ihre Mutter rühmte sich stets, daß sie ihre Töchter vor solchen Trivialitäten bewahrt hatte. »Auf Puppen verschwendeten sie keinen Blick«, schrieb sie später, »aber sie lasen, und abends spielten sie bis elf Uhr Klavier, ehe ich sie dann zu Bett schickte.« Maria packte die Puppe in ihren Koffer und nahm sie mit nach Athen, wo sie sich dann mit ihr beschäftigte: Im Alter von dreizehn Jahren lernte sie, mit Puppen zu spielen.

Als die *Saturnia* bei Patras nahe dem Golf von Korinth anlegte, waren Kapitän, Offiziere und Mannschaft zur Stelle, um Maria zum Abschied alles Gute zu wünschen. Dann folgte die Bahnfahrt von Patras nach Athen, für Maria eine wahre Offenbarung. Es war ein wunderschöner Märztag, Marias erster Tag in Griechenland – und gleichzeitig für viele, viele Jahre der letzte, an dem die harte Arbeit an sich selbst nicht beherrschend im Mittelpunkt stand. Eine lange Zeit sollte vergehen, ehe sie ihre Umwelt wieder so offen und unbekümmert wahrnehmen würde.

An diesem Tag fühlte sie sich wie verzaubert vom Blau der See, vom Weiß der Wolken. »Mein Blut ist rein griechisch ... ich fühle mich völlig als Griechin«, sollte sie später oftmals sagen. Diese erste Begegnung mit Griechenland hatte starke Empfindungen in ihr geweckt, und die fanden ihren besonderen Ausdruck darin, daß sie optische und leibliche Genüsse miteinander zu verbinden suchte. Sie begann, Weintrauben und Lammfleisch in sich hineinzustopfen, warf zwischendurch immer wieder Blicke aus dem Zugfenster und summte vor sich hin.

Evangelia fühlte sich in ihrem Element. Und sie badete regelrecht in den bewundernden Blicken ihrer Mitpassagiere. Sie trug ein gutgeschnittenes graues Kostüm und einen schwarzen Filzhut mit einer langen, braunen Feder. So elegant und so selbstsicher hatte sie sich seit Jahren nicht gefühlt – ihre Kleidung war schließlich das Resultat einer ebenso ausgiebigen wie strapaziösen Suche mit dem Hauptziel, die Familie daheim gebührend zu beeindrucken.

Spät erst trafen sie in Athen ein. Im Bahnhof wartete ein vielköpfiges Empfangskomitee: Evangelias drei Schwestern und drei Brüder sowie Jackie. Die Großmutter, bettlägerig, begrüßte die Ankömmlinge in ihrem Haus jenseits der Akropolis. Inzwischen wußten Verwandte und Bekannte, Freunde und selbst viele Fremde, daß es einen ganz bestimmten Grund gab für die Rückkehr: die Stimme und die Karriere der dreizehnjährigen Maria. Man erzählte sich die unglaublichsten Geschichten über bereits errungene Erfolge, über gewonnene Preise.

Evangelias Ziel war klar umrissen: Sie würde versuchen, jeden einzuspannen, der für die Karriere ihrer Tochter von Nutzen sein könnte. Folglich hatte Maria sich »auf Abruf« bereitzuhalten. Wann immer ihre Mutter jemanden fand, der zum Zuhören bereit war, hatte sie sozusagen auf Knopfdruck loszusingen. Kann es wundernehmen, daß sie eine tiefe Aversion entwickelte gegen alles, was man »Auftritt in gesellschaftlichem Rahmen« nennen mag? Jahre später, bei ihrer berühmten ersten Kreuzfahrt auf der *Christina*, verblüffte Maria alle, als sie Winston Churchills Wunsch, ihm zu Ehren etwas zu singen, rundweg abschlug.

Evangelia hatte ihre Hoffnung hauptsächlich auf die Familie gesetzt. Doch die Familie zeigte sich wenig beeindruckt. Sänger und Sängerinnen standen auf der sozialen Stufenleiter ziemlich weit unten, es sei denn, sie hatten beträchtlichen Erfolg. Folglich riet man zur Vorsicht und versuchte, unmäßigen Ehrgeiz und überspannte Träume zu dämpfen. Was schöne Stimmen und musikalische Talente betraf – gab es die nicht überreichlich? Tante Sophia konnte wunderbar Gitarre spielen. Tante Pipitsa nicht minder gut

Mandoline. Und Onkel Filon und Onkel Efthimios, was für Prachtstimmen besaßen die beiden doch!

Im übrigen war es gerade Onkel Efthimios, der im allgemeinen Chor die einzige ermutigende Ausnahme bildete: »Sitz nicht zu sehr hinter ihr, sie ist doch noch ein kleines Mädchen«, sagte er immer wieder zu seiner Schwester. »Sie lebt hier in einem unbekannten Land, bei einer unbekannten Familie. Laß ihr Zeit, sich einzugewöhnen. Dann werde ich dafür sorgen, daß sie den richtigen Leuten vorsingen kann.«

Er hielt sein Wort. Etliche Monate, nachdem Evangelia vom Haus ihrer Mutter in ein eigenes Heim umgezogen war, gelang es Efthimios über seine Verbindungen zum Königlichen Theater, im September 1937 einen Termin für seine Nichte zu erreichen: zum Vorsingen bei Maria Trivella, die am Nationalen Konservatorium in Athen lehrte.

An diesem Tag war Maria vor Angst schier von Sinnen, heimgesucht von jenem geradezu panischen Lampenfieber, das sie später fast ausnahmslos befiel, wenn sie auf die Bühne mußte. »Bevor ich zu singen beginne, weiß ich überhaupt nichts. Nicht im mindesten erinnere ich mich an meinen Part. Ich habe keine Ahnung, wann ich einsetzen muß. Es ist furchtbar, wenn das Gehirn leer ist, bevor man hinaustritt auf die Bühne.«

Am Morgen dieses so hochwichtigen Tages wurde Maria durch das Verhalten ihrer Mutter in ihren Ängsten noch bestärkt. Als Evangelia ihrer Tochter ins weiße Organdy-Kleid half und ihr die Locken aus der Stirn kämmte, zitterten ihr die Hände.

Aber als dann der entscheidende Augenblick da war und Maria zu singen begann, fühlte sie sich frei von jeglicher Furcht. »Das ist Begabung!« rief Maria Trivella und erklärte sich sofort bereit, sie als Schülerin anzunehmen, für Gesang und überdies für Französisch. Aber ihre Hilfe ging darüber noch weit hinaus. Sie sorgte dafür, daß Maria ein Stipendium erhielt, und gemeinsam mit Evangelia verschwor sie sich zu einer kleinen Fälschung. Angeblich war Maria nicht dreizehn, sondern sechzehn, und amtlicherseits gab es keinerlei Einwände. Man zeigte sich bereit, für ihren gesamten Musikunterricht aufzukommen.

Maria Trivella war nicht nur Marias erste Lehrerin, sie war auch ihre erste Ersatzmutter. Evangelia in ihrer Rolle als treibende Kraft verlor zunehmend an Bedeutung. Nunmehr war es Maria selbst, die sich antrieb. Allerdings brauchte sie zeit ihres Lebens stets jemanden neben sich: jemanden, der an sie glaubte, der ihr Mut machte. Was ihr Berufsleben betrifft, so läßt es sich mehr oder minder in getrennte Perioden gliedern, die man nach den jeweiligen wichtigsten stützenden Personen an Marias Seite benennen kann: Da war die Trivella-Periode, die de-Hidalgo-Periode, die Serafin-Periode, die Meneghini-Periode, die Visconti-Periode, die Zeffirelli-Periode und die di-Stefano-Periode.

Die Trivella-Periode war die Traumepoche. Je stärker sie an ihre eigene Begabung glaubte, desto mehr träumte sie von künftigen Erfolgen. Noch nie hatte sie so hart gearbeitet. Oft nahm sie ihre Mahlzeiten im Studio der Trivella ein. Daheim ließ sie sich ihr Essen von ihrer Mutter auf ihr Zimmer bringen und arbeitete weiter, den Teller auf dem Schoß. Ihr gesamtes Leben und ihre gesamte Energie waren ausschließlich ihrer Stimme und dem Gesangsstudium gewidmet. Mitunter schien sie für ihre Umwelt, ihre Mitwelt völlig blind.

Was sie eigentlich antrieb, fragte sie sich nicht, viele Jahre lang. Sie wußte nur, daß da das leidenschaftliche Bedürfnis war, bewundert zu werden, sich über andere zu erheben.

In jenen Athener Jahren hinterließ sie den Eindruck völlig konzentrierter Willenskraft, und mitunter faßte sie Entschlüsse, aus denen eine Kälte strahlte, die kaum geeignet war, sie bei ihren Mitschülern am Konservatorium beliebt zu machen. »Sie ging alles so furchtbar ernst an«, sagte einer von ihnen später, »das war oft bedrückend.« Und Maria selbst? Der innere Zwang, unbedingt zu glänzen und andere auszustechen, ließ ihre Beziehung zu den anderen Studenten auf der gleichen Illusion beruhen, die später ihr Berufsleben bestimmte: Wenn andere sich hervortaten, würde sie untergebuttert. Aus dieser Überzeugung entstand ihre Vorstellung eines ständigen Kampfes zwischen sich und der gesamten übrigen Welt, die ununterbrochene Angst, ihr Erfolg könne vom Erfolg anderer überschattet werden.

Es war fast so, als hätte sie sich mit ihrer Mutter verschworen, die Bedürfnisse des um seine Kindlichkeit beraubten Kindes zugunsten der künftigen Primadonna beiseite zu schieben. Aber die Bedürfnisse des Kindes nach Liebe, nach Raum, in dem es sich entfalten konnte, waren keineswegs ausgelöscht. Die verdrängten Wünsche nagten an ihr. Und je heftiger sie verdrängt wurden, desto länger die Schatten, die sie warfen. Die Kombination von aufgestauten Ressentiments und unterdrückter Wut entwickelten sich später regelrecht zu einem Bestandteil ihres Wesens.

Während der ersten beiden Jahre war hauptsächlich Maria Trivella ihre Lehrerin und Lenkerin. Doch es gab auch noch andere. Georg Karakandas gab ihr an der Akademie Schauspielunterricht, und David ergänzte daheim ihren Gesangsunterricht. Georg Karakandas war ein ebenso berühmter wie angesehener Meister seines Fachs, David war völlig unbekannt. In späteren Jahren erklärte Maria jedoch, daß sie David mehr verdanke als den meisten ihrer Konservatoriumslehrer. Oft sah und hörte sie stundenlang zu, während David, in seinen Käfig eingesperrt, aus gefiederter Kehle sang. Und sie legte die Kuppen ihrer Finger an ihre eigene Kehle, indes sie das Tremolieren in seiner Kehle sah. Oft genug rief sie laut: »Wie macht er das nur, wie macht er das nur?« Sie war sicher, daß es da ein Geheimnis gab, dem sie auf die Spur kommen konnte. Und so fuhr sie fort, mit ihm zu singen – ihre Stimme zu kontrollieren, wie er die seine kontrollierte. Nur: Während sie nach einer Weile erschöpft verstummte, setzte er seinen Gesang fröhlich fort. Diesen Wettbewerb mit David hatte Maria glatt verloren.

Doch ihre Revanche gegen die Kanarienvögel blieb nicht aus. Als sie eines Morgens mit einer Arie aus *Lucia* aufwartete, fiel Elmina wie bewußtlos von ihrer Hockstange auf den Boden des Vogelbauers: Marias erstes »Gesangsopfer«, wenn man so wollte. Erst nach einer Weile erholte sich das Tier aus seiner Ohnmacht.

Harte Arbeit, oftmals schlaflose Nächte. Doch all dies fand seinen Lohn, als Maria, wenige Tage vor ihrem fünfzehnten Geburtstag, ihren ersten richtigen Bühnenauftritt hatte. In einer Studentenaufführung der *Cavalleria Rusticana* sang sie die Santuzza.

Im Fach Oper wollte sie am Konservatorium unbedingt den ersten Preis erringen, und sie wußte, daß dabei alles davon abhing, wie sie in der *Cavalleria* ankam. Die notwendige Motivation besaß sie. Ihr Kampfgeist war aufgestachelt. Mit typischer Übertreibung versicherte sie ihrer Mutter: Falls sie nicht den ersten Preis gewänne, würde sie jeden Gedanken an eine hoffnungsvolle Karriere als Opernsängerin aufgeben.

Nun, sie siegte; der Erfolg und der Applaus klangen ihr weiterhin in den Ohren. Zum erstenmal spürte sie auf der Zunge etwas von jenem Geschmack, der – mehr und immer mehr verstärkt – für sie zur Norm werden sollte, wenn auch niemals zur Routine.

»Ich arbeite, also bin ich«, sagte sie dreißig Jahre später zu Kenneth Harris.

»Und was tun Sie, wenn Sie nicht arbeiten?«

Schon im Athen der Vorkriegszeit war es so: Wenn sie arbeitete, fühlte sie sich glücklich, schien nur dann wirklich zu existieren. Arbeitete sie nicht, so geriet sie nur allzu oft in Grübeleien – und fing an, zwischen sich und Jackie Vergleiche zu ziehen.

Jackie, inzwischen zweiundzwanzig, eine schlanke, vielbewunderte Erscheinung, besaß einen Verehrer, wie er kaum wünschenswerter sein konnte – Milton Embiricos, Sohn einer sehr reichen und angesehenen Reederfamilie. Im Sommer 1939 verlobten sie sich. Kaum zwei Monate zuvor war Mussolini in Albanien einmarschiert, und zum erstenmal hatte Griechenland einen faschistischen Nachbarn. Doch das Grollen des heraufziehenden Sturms wurde in Griechenland genausowenig beachtet wie überall sonst.

Wer wollte auch schon an Krieg denken, als man, anläßlich der Verlobung, auf Miltons Jacht *Helene* einen Abstecher nach Korfu unternahm, wo sie im Grandhotel wohnten und von Milton mit Luxus regelrecht überschüttet wurden. Evangelia fühlte sich wie im siebten Himmel, Maria hingegen empfand tiefe Verzweiflung. Nicht nur, daß Jackie für sie verloren war – sie kam sich auch vor wie eine Ausgestoßene: wie jemand, der draußen in der Kälte steht und durch ein Fenster in ein Zimmer voll anheimelnder Wärme mit fröhlichen Menschen blickt. Sie fühlte sich einsam und verängstigt.

An diesem Punkt trat Elvira de Hidalgo in ihr Leben, die Frau, die dazu bestimmt war, während der folgenden fünf Jahre für Maria der wichtigste Mensch zu sein – wie umgekehrt auch Maria für sie. Elvira de Hidalgo, spanischer Herkunft und ebenso rundlich wie lebhaft, kam direkt aus jener Welt von der Maria träumte, aus der Welt der Met, der Scala, des Covent Garden. Sie liebte Griechenland und gehörte seit kurzem zum Lehrkörper des Odeon Athenon, dem führenden Konservatorium der Hauptstadt. Nur eine Saison wollte sie bleiben. Sie blieb Jahre. Der Ausbruch des Zweiten Weltkriegs sorgte dafür, daß Elvira de Hidalgo in Griechenland festsaß.

Zufall oder Schicksal? Jedenfalls war es dieser Umstand, der entscheidend dazu beitrug, daß Marias Karriere einen grundlegend anderen Verlauf nahm.

Evangelia hatte von der Anwesenheit der vielbegehrten Gesangspädagogin gehört. Entschlossen sorgte sie dafür, daß ihre Tochter vorsingen durfte – und sie verschaffte ihr dadurch nicht nur die beste Lehrerin, sondern auch die beste Mutter, die sie jemals haben sollte.

Zum Vorsingen hatte Maria eine Arie aus Carl Maria von Webers *Oberon* gewählt: »Ozean, du Ungeheuer!« Während sie auf ihren Einsatz wartete, betrachtete Elvira de Hidalgo das unscheinbare, linkische Geschöpf, das an den Fingernägeln kaute. »Einfach lächerlich, daß solch ein Mädchen Sängerin werden will!« war ihr Gedanke, wie sie später berichtete. Doch als Maria dann zu singen begann, lauschte sie mit geschlossenen Augen und hörte »wilde Kaskaden von Tönen, voller Dramatik und Emotion«. Gott, was ließ sich aus dieser Stimme machen! Und nicht nur aus der Stimme, auch aus dem jungen, linkischen Ding, das sagte ihr ein Instinkt.

Maria erhielt ein Stipendium für Athens bestes Konservatorium, als Elvira de Hidalgos persönliche Schülerin.

Die Lehrerin wurde zum ersten Pygmalion in Marias Leben. Immer und immer wieder galt es während des Unterrichts jenen langwierigen, anstrengenden und oft schmerzlichen Prozeß zu fördern, der vielerlei in Maria noch verborgene Fähigkeiten zutage fördern sollte. Dabei ging es nicht um ihre eigentliche musikalische Begabung, daran gab es keine Zweifel, sondern vor allem um Intelligenz, Leidenschaft, Willenskraft, Kühnheit – all das, was später zusammenwirkte und ihre Einmaligkeit ausmachte.

Mit der Hilfe und unter der Anleitung ihrer Lehrerin verblüffte Maria sich ständig selbst. Sie entdeckte »musikalische Muskeln« und dramatische Kräfte, von denen sie bislang nichts geahnt hatte. Ehe sie bei Elvira Unterricht zu nehmen begann, war ihr Stimmumfang so begrenzt gewesen, daß viele Lehrer gemeint hatten, sie sei kein Sopran, sondern ein Mezzosopran. Jetzt erweiterte sie diesen Umfang, sowohl nach der Höhe wie nach der Tiefe hin, ein faszinierendes, oft euphorisch stimmendes Erlebnis.

»Ich war wie ein Athlet«, sagte sie Jahre später, »dem es Spaß macht, seine Muskeln zu gebrauchen, und der diese dabei gleichzeitig entwickelt ... oder auch wie eine junge Tänzerin, die aus Freude am Tanzen tanzt und dabei gleichzeitig tanzen lernt.«

Jeden Vormittag um zehn Uhr erschien Maria im Konservatorium, und dann arbeitete sie, von einer kurzen Mittagspause abgesehen, mit ihrer Lehrerin bis abends um acht. »Zu Hause bleiben kam für mich gar nicht in Betracht«, sagt sie. »Was sollte ich dort?« Aber es ging nicht bloß darum, was sie dort sollte. Wenn »zu Hause«

der Ort ist, wo man Liebe findet, dann war »zu Hause« eben nie Marias Zuhause. Es war nichts weiter als »dort«, und ihre enge Beziehung zu Elvira erleichterte es ihr, diesem »Dort« für immer längere Zeiträume fernzubleiben.

Doch war diese für Maria mehr als eine Mutter. Elvira mit ihrem phantastischen musikalischen Wissen und Können und der Gloriole des Bühnenruhms glich fast schon einer Märchenfee. Und an diesem Punkt setzte ein Prozeß ein, der für Maria auch im späteren Leben typisch schien. War die »neue« Mutter eine Art Märchenfee, so wurde ihre »alte« Mutter für sie nach und nach zur bösen Stiefmutter. Dieses Schwarzweißdenken oder -fühlen verlor sich offenbar nie und milderte sich nur während ihres Verhältnisses mit Onassis. Die Menschen waren entweder »gut«, sogar »sehr gut«, oder aber »schlecht«. Oft genug wechselte die Beurteilung auch, und zwar von heute auf morgen. Nicht selten wurde sie irgendwann wieder rückgängig gemacht. Der einzige Mensch, der vierzig Jahre lang über solche Wechselbäder der Gefühle erhaben schien, war Elvira de Hidalgo. Bei Marias Tod fanden sich in ihrer Wohnung nur zwei Bilder. Das eine stellte die Malibran dar, eine der großen Sopranistinnen des 19. Jahrhunderts, und das andere Elvira de Hidalgo.

Aber sie verdankte ihrer Lehrerin auch unendlich viel. Zunehmend gelang es Elvira, der linkischen Maria Selbstvertrauen einzuflößen, ein Gefühl für die eigene künftige Einzigartigkeit und Größe. Sie vermittelte ihr ein tieferes Verständnis für die Erhabenheit der Gesangeskunst, für den Glanz und die Glorie. Überdies gab sie dem häßlichen Entlein eine erste Vision von dem herrlichen Schwan, als der es sich einmal entpuppen würde. Vor allem aber: Elvira setzte alles daran, die Kluft zwischen Vision und Wirklichkeit zu verringern. Sie war nicht nur Gesangspädagogin und mütterliche Freundin, voll Liebe und Verständnis und Ermutigung. Ganz praktisch ging sie die Dinge an, lehrte Maria das Schreiten auf der Bühne, brachte ihr bei, wie sie auf der Straße zu gehen hatte; zeigte ihr, wie auch bei scheinbarer Nichtbewegung etwas Pulsierendes von ihr ausgehen konnte. Und Elvira war es auch, die sie in die Anfangsgründe dessen einführte, was sich – wunderbarerweise – mit Armen und Händen machen ließ: bei Maria bislang nichts als ungeschickt herabhängende Gliedmaßen – doch lernte sie nunmehr, mit ihnen geradezu Wunder zu wirken.

Und vor allem einen Schatz gab Elvira ihrer Schülerin mit, der später in der Welt der Opernbühne mit ihrer knüppelharten Konkurrenz so etwas wie ein Zauberstab war: ein breites Repertoire tragischer, romantischer Heroinen, was seit den Tagen von Pasta und Grisi weitgehend vernachlässigt worden war. Norma. Elvira. Gioconda. Rollen, deren Interpretation durch Maria später auf die musikalische Welt als Offenbarungen wirkte – schon damals lernte sie all diese Partien auswendig. Elvira lieh ihr die Partituren, die sie sich nicht hätte kaufen können, und Maria übte und probte; auf der Straße, im Bus, bei so ziemlich jeder Gelegenheit; Läufe, Rouladen, Triller, Kadenzen – die ganze Palette der Belcanto-Verzierungen.

Für Elvira de Hidalgo war Belcanto viel mehr als nur »Schöngesang«. Jahre später drückte Maria es so aus, wie es vermutlich auch ihre Lehrerin definiert hätte: »Eine spezielle Schulung für die Stimme, um von dieser – technisch gesehen – vollen Gebrauch machen zu können, so wie der Geiger bei seiner Violine oder der Flötist bei seiner Flöte.« Und genau dies war die Devise, die die Schülerin von ihrer Lehrerin übernahm; vollkommene Beherrschung der Stimme als Instrument, das sie erst dann, nach der Erlangung völliger Präzision, zur Darstellung tragischer Heldinnen einsetzen konnte.

Mitunter sprach Maria von ihrer Stimme, als sei diese so etwas wie ihr siamesischer Zwilling: ein Wesen mit eigenem Leben. Häufiger jedoch behandelte sie eben diese Stimme wie eine halbfeindliche Macht außerhalb ihrer selbst. »Die Stimme ist heute abend nicht gekommen«, pflegte sie zu sagen, oder: »Die Stimme hat heute nicht gehorcht.« Es war ein immerwährender Kampf.

Während sie noch ihre Technik perfektionierte, bereitete sich Griechenland auf den Krieg vor. Vieles hatte sich inzwischen ereignet. Sommer 1940: Niederlage Frankreichs, Kriegseintritt Italiens. Zweifellos würde auch Griechenland nicht verschont bleiben. General Metaxas, der Ministerpräsident, sprach von der Gefahr für die Nation, und Griechenland begann, unauffällig zwar, doch mit großer Entschlossenheit, mobil zu machen.

Am 28. Oktober fing es an. Der italienische Botschafter ließ Metaxas Mussolinis Ultimatum zukommen: Entweder die griechische Regierung gestattete italienischen Truppen die Inbesitznahme strategischer Positionen auf griechischem Territorium – oder aber es gab Krieg. Metaxas antwortete prompt mit einem lakonischen »Nein«. Sogleich überschritten italienische Einheiten die

Grenze und wurden postwendend zurückgeworfen. Plötzlich fand sich die griechische Armee sogar auf albanischem Gebiet. Etwa ein Viertel des Landes hielt sie besetzt.

Als Maria, Ende November, im Nationalen Lyrischen Theater ihr Bühnendebüt gab, herrschte in ganz Athen eine Art Siegestaumel. Das Stück, in dem sie auftrat, war eine Operette: Franz von Suppés *Boccaccio*. Ihre Rolle verhieß gewiß keinen umjubelten Triumph, aber sie trug ihr einen soliden Erfolg ein. Sie wurde gelobt, gepriesen, zum erstenmal als professionelle Sängerin akzeptiert. Endlich konnte sie die Phantasien ihrer Mutter ausleben, verwirklichen, nur hatte sie sich diese Phantasien mittlerweile zu eigen gemacht. Sie war überglücklich.

Dennoch, äußerer Erfolg war für sie nicht das Entscheidende. »Ich bin niemals ganz zufrieden«, sagte sie dreißig Jahre später. »Es ist mir persönlich unmöglich, meine eigene gute Leistung wirklich zu genießen – weil ich das Ideal, das ich anstrebe, wie unter dem Vergrößerungsglas sehe.«

Bei dieser ersten von vielen hundert Premieren im November 1940 gestattete sie sich jedoch das Schwelgen im Erfolg. Die gesamte Familie war anwesend und applaudierte, doch nach der Vorstellung lief sie sofort zu Elvira und wollte wissen, ob sie gut gewesen sei. Ja, lächelte Elvira, sehr gut sogar; und sogleich war alles wie fortgespült, die Anspannung, die Ängste, die schlaflosen Nächte. Immer stärker fühlte sie sich abgestoßen von ihrer Familie, immer nachhaltiger angezogen von Elvira.

Während all dieser Zeit hatte sie sich mit gewaltigen Essensmengen und von Ehrgeiz genährter, nervöser Energie angetrieben. Ausgehen, Flirts, Freundschaften spielten in ihrem Leben keine Rolle. Als normale Folge einer abnormen Entwicklung sollte es noch lange dauern, bis sie erfuhr, was romantische Liebe eigentlich bedeutete.

Aber so gründlich sie die erotischen Impulse der Jugend auch mit Hilfe täglicher musikalischer Arbeit verdrängte, so regten sie sich doch mit unverkennbarer Heftigkeit. Immer deutlicher empfand sie Ressentiments gegenüber ihrer Mutter – wegen allem, das sie nicht sein durfte, wegen aller Liebe, die ihr vorenthalten wurde, wegen all der Liebe, die Evangelia ihrer älteren Tochter überreichlich zuteil werden ließ.

Jackie ihrerseits hatte sich daran gewöhnt, die besonderen Zuwendungen ihrer Mutter als völlig selbstverständlich hinzunehmen; sie war restlos bevorzugt, wenn nicht gar verwöhnt. Dadurch befand sich Maria fast ununterbrochen in einem Zustand inneren Aufruhrs. Sie hatte zwar gelernt, ihre Emotionen und drängenden Impulse in ihre Arbeit umzulenken, aber zu Hause war diese Umsetzung kaum mehr zu bewerkstelligen. Sie fühlte sich isolierter denn je zuvor, und reservierte Distanz zu ihrer Umwelt wurde ihr einziger Schutzschild.

Krieg und Bürgerkrieg

Anfang April 1941 kamen die Deutschen ihren gedemütigten italienischen Verbündeten zu Hilfe. Am 6. April bombardierten sie in
Nordgriechenland Saloniki. General Metaxas war bereits seit einigen Monaten tot; doch unter dem neuen Ministerpräsidenten,
Alexander Koryzis, waren die Griechen genauso zum Kampf bereit.

Athen machte sich auf einen Bombenangriff gefaßt.

Zwei Wochen später befanden sich die Griechen voll auf dem
Rückzug, der Ministerpräsident beging Selbstmord. Am 27. April
nahmen die Deutschen Athen ein. Es war, als sei die Stadt mit der
Pest geschlagen. Verödet lagen die Straßen. Einzig deutsche Uni-
formen waren zu sehen. Schulen, Theater, öffentliche Gebäude
waren geschlossen, ab sechs Uhr abends herrschte Ausgeh-
verbot.

Plötzlich wurde für Maria und die anderen griechischen Frauen ein
ganz bestimmtes Ritual unerläßlich. Tücher um die Köpfe geschlungen, pilgerten sie von Kirche zu Kirche und zündeten dort
Kerzen an, für ihre Männer, für ihre Familien, für Griechenland.
Und jeden Freitag wuschen sie die Ikonen mit Wein und legten
frische Tücher auf die Altäre.

Dennoch blieb all dies für Maria kaum mehr als eine äußerliche
Verrichtung. Was sie innerlich beschäftigte, nach wie vor, waren
ihre Arien, waren die Triller und Kadenzen; und sie sehnte sich
nach Elvira de Hidalgo. So beschloß sie, Elviras Einwänden und
Onkel Efthimios' Warnungen zum Trotz, jeden Morgen zu Elvira
aufzubrechen und erst abends wieder zurückzukehren. Sie sah darin keine Heldentat. Nur eine Notwendigkeit – und eine leichte
Abwandlung ihres gewohnten Tagesablaufs.

Im Frühjahr 1941 hatten die Deutschen auch Kreta eingenommen.
Die Eroberung Griechenlands war vollendet, und dem König und
seiner Regierung gelang es mit knapper Not, nach Ägypten zu
entkommen. Seit etlicher Zeit fragten Freunde Evangelia, ob sie
nicht daran denke, mit ihren Töchtern nach Amerika zu flüchten;
doch diesen Gedanken hatte sie nie ernsthaft ins Auge gefaßt.

Auch wären ihre Töchter ganz gewiß nicht einverstanden gewesen. Jackie hätte sich nicht von ihrem Verlobten trennen wollen, Maria nicht von ihrer Lehrerin.

Und selbst, wenn sie zur Rückkehr bereit gewesen wären: George versuchte derzeit, als Reisender pharmazeutische Erzeugnisse an den Mann zu bringen, und er besaß im Augenblick nicht einmal eine ständige Adresse.

Einige Monate nach Beginn der Besetzung »normalisierte« sich das Leben in Athen einigermaßen. Die Ausgangssperre wurde auf Mitternacht verlegt, Schulen, Geschäfte und Theater durften wieder öffnen. Regelmäßig ging Maria ihrem Studium am Konservatorium nach, nur war sie jetzt mehr als eine gewöhnliche Studentin. Elvira hatte inzwischen ihre Beziehungen spielen lassen, und urplötzlich erfuhr Maria, daß sie mit ihren siebzehn Jahren ein festes Mitglied der Athener Oper war. Marias Erfolg im *Boccaccio* sowie in zwei Studentenaufführungen (*Maskenball* und *Aida*) hatte Elviras Bemühungen wesentlich erleichtert, aber als Marias Berufung dann bekannt wurde, schlug ihr aus dem Opernhaus eine wahre Woge von Feindseligkeit entgegen.

Neid war natürlich dabei, auch Konkurrenzangst. Aber es gab auch nicht wenige, die aufrichtig der Meinung waren, Marias Stimme weise eine ganze Reihe unausrottbarer Mängel auf. Man kritisierte den metallenen Klang in den oberen Registern, Keimzelle jenes Tadels, der während ihrer gesamten Karriere gegen sie laut wurde. Was später die hochgelehrten Kritiker gegen sie vorbrachten – mit vielen hochgestochenen Beiworten, versteht sich –, lief auf eben das hinaus, was ihre griechischen Kollegen gleich zu Anfang gegen sie vorbrachten. Es ließ sich auf einen Generalnenner bringen: Im *klassischen* Sinne war Marias Stimme nicht schön und würde es auch niemals sein. Im unteren und mittleren Bereich klang sie nicht selten »muddlig«, während sie im oberen Register mitunter schrill wurde. Und was das »Metallene« an ihr betraf, dem war in der Tat so – scharfe Kanten, die schnitten, aber auch erregend wirken konnten. Maria ihrerseits war stets bereit, die schiere Schönheit der Stimme auf dem Altar der wahren Gefühle zu opfern. Wer eben dies – die reine konventionelle Schönheit der Stimme – über alles andere stellte, über Ausdruck und dramatische Wahrheit, mußte sich von Marias besonderen Qualitäten wohl enttäuscht fühlen.

Aber noch stärker wirkte sich gegen Maria der Ruf aus, den sie genoß: ihr unmäßig egozentrisches Verhalten gegenüber Gott und der Welt. Die Motive anderer Menschen bedachte sie durchweg mit Zynismus. Augenscheinlich gab es für sie nur das Gesetz der Rivalität und des Sich-Unterwerfens oder Unterworfen-Werdens. Nein, Kameradschaft, geschweige denn Liebe, war zwischen Maria und ihren Kollegen einfach nicht denkbar. Um so besessener stürzte sie sich in ihre Arbeit. Und mit Hilfe ihrer extremen Reserviertheit versuchte sie, sich die ganze Welt – und allen Schmerz – vom Leibe zu halten.

Während sie sich konzentriert ihrer Aufgabe als Sängerin widmete, ging der Krieg weiter. Athen selbst wurde zwar nicht bombardiert, doch wenn Bomben auf den Hafen Piräus fielen und die Luftschutzwarnung ertönte, hatten alle die Unterstände aufzusuchen. Als erstes stürzten Maria und Jackie dann in das Zimmer, wo die Kanarienvögel standen. Sie griffen nach den Vogelbauern und folgten Evangelia: Über einhundertundzwanzig Stufen ging es hinab in den Keller. Während sie vorsichtig die Käfige balancierten, wurden sie von anderen Mietern überholt, die in Pyjamas hinunterstürzten und mit kritischen Bemerkungen nicht sparten: Wie man nur so dumm sein könne, sein Leben blöder Kanarienvögel wegen zu gefährden. Nie ließ sich Maria durch irgendwelche Umstände – Luftangriffe oder Soldaten auf der Straße – beirren; doch sobald sie den Keller erreichte, mußte sie sich heftig übergeben.

Die Versorgung mit Lebensmitteln war das andere große Problem. Da Griechenland stets einen beträchtlichen Teil seines Bedarfs eingeführt hatte, traf die Blockade der Alliierten das Land äußerst hart. Das Rote Kreuz versuchte, die Lage der Bevölkerung zu erleichtern, doch ohne allzu großen Erfolg. Lebensmittel wurden rationiert, und im übrigen gab es nur den Schwarzen Markt, wobei man nicht selten lange und beschwerliche Wege auf sich zu nehmen hatte.

Als Maria im Frühsommer 1941 von einer solchen Beutefahrt ins Gebirge nach Athen zurückkehrte, entdeckte sie, daß die Deutschen wieder einmal eine ihrer gefürchteten Verfügungen erlassen hatten: Jederlei Art von »lauten Geräuschen« war verboten, sowohl auf öffentlichen Plätzen wie in privaten Wohnungen. Es gab kein Verbot, gegen das Maria lieber und leidenschaftlicher verstoßen hätte als gegen eben dies. Aus lauter Trotz jubilierte und tirilierte sie wie nie zuvor; und noch am selben Abend schob sie ihr Klavier dicht ans Fenster und spielte und sang, bis nicht nur zufällige

Passanten einstimmten, sondern auch eine ganze Reihe deutscher Besatzer.

Den ganzen Krieg hindurch diente Marias Stimme als eine Art Zaubermittel, mit deren Hilfe sie für sich und ihre Freunde vielerlei erlangen konnte – Lebensmittel, Schutz. Und der erste »Kriegsfreund«, den Maria mit ihrer Stimme gewann, war ein junger italienischer Soldat, der sie singen hörte, während er an ihrem offenen Fenster in der Patissiou-Straße vorüberging. Er wartete, bis sie auf den Balkon hinaustrat, und sprach dann mit ihr, tief noch von jenen Gefühlen bewegt, die ihr »italienischer« Gesang in ihm ausgelöst hatte. Danach trafen sie sich, saßen auf einer Parkbank, und Maria sang ihm seine Lieblingsarien aus italienischen Opern vor, während er seine Tränen nicht zurückhalten konnte. Von dem, was er als Ration erhielt, gab er ihr einen Teil ab; Maria entfernte sich dann hastig und stopfte, noch im Treppenhaus, die Lebensmittel in sich hinein. Der Zorn ihrer Mutter, weil sie kaum je etwas für andere übrigließ, kümmerte sie wenig. Sie war hungrig, einsam, und sie fühlte sich zu ungeliebt, um mit anderen zu teilen.

Im Herbst 1941 rettete ihre Stimme ihr sogar das Leben. Ende August brachte ein griechischer Fliegeroffizier, ein Freund der Familie, im Schutz der Dunkelheit zwei britische Offiziere zur Patissiou 61: Flüchtlinge aus einem Gefangenenlager. Evangelia zögerte. Wer entflohene Kriegsgefangene versteckte, beging nach den Verfügungen der deutschen Besatzungsmacht ein todeswürdiges Verbrechen. Auf Drängen ihrer Töchter gab Evangelia schließlich nach. Die beiden britischen Offiziere wurden im Kanarienzimmer untergebracht, und man schärfte ihnen strikte Verhaltensregeln ein: nicht husten, möglichst kaum atmen, bei Dunkelheit kein Licht. Eine Art Ausnahmegenehmigung gab es nur für abends neun Uhr, wenn sie den Rundfunknachrichten aus London zuhörten.

Nicht einmal Milton wurde in das sorgfältig gehütete Geheimnis eingeweiht. War er abends zu Gast, so machte es sich Maria zur Pflicht, um Punkt neun Uhr am Klavier Platz zu nehmen und ihre Stimme erklingen zu lassen – möglichst laut, damit jegliches Geräusch aus dem Kanarienzimmer überdeckt wurde.

Maria mochte die beiden Briten, den dunkelhaarigen Schotten und den blonden Engländer. Die Männer spürten das, und sie witterten überdies Marias Wagemut. Wann immer sie Sonderwünsche hatten, wandten sie sich deshalb an sie; und ausnahmslos erklärte sie sich bereit, ihnen zu helfen.

Eines Tages trugen sie ihr die folgende Bitte vor: Sie würden so gern einmal auf der Straße im Sonnenschein spazierengehen – ob Maria wohl dafür sorgen könne?

Maria sorgte. Ihrer Mutter verriet sie nichts. Doch beschaffte sie ein Färbemittel, und mit Jackie als Komplizin färbte sie die Haare des blonden Robert dunkel. Als das Quartett Arm in Arm vor Evangelia erschien und um »Ausgangserlaubnis« bat, konnte sie schon vor lauter Lachen nicht nein sagen.

Nach sechs Wochen erschien abermals der griechische Freund. Ohne lange Erklärungen verschwand er mit den beiden Briten. Am Tag darauf kamen italienische Soldaten mit einem Durchsuchungsbefehl, zweifellos aufgrund einer Denunziation. Nun, die Briten waren zwar fort, doch hatten sie Briefe und Fotos zurückgelassen – eindeutige Beweise.

Sofort eilte Maria ans Klavier und begann Tosca zu singen: Tosca, die um das Leben ihres Geliebten fleht. Die italienischen Soldaten vergaßen den Haussuchungsbefehl und scharten sich um die Sängerin. Am folgenden Tag erschienen sie wieder. Klopften an die Tür, statt dagegen zu hämmern; brachten Brot, Salami und Makkaroni; baten um eine weitere Darbietung.

Wenn ihre Stimme so etwas wie eine Wunderwaffe war, so schien es stets die Tosca zu sein, mit der sie die wunderbarste Wirkung erzielte. Als sie eines Abends, draußen auf dem Balkon, wieder einmal den Part sang, erhielt sie unerwartete Antwort: Über die Dächer hinweg klang ihr die Stimme eines Mario entgegen. Am folgenden Abend, kaum vom Konservatorium zurück, eilte sie wieder hinaus auf den Balkon und begann zu singen. Abermals scholl ihr jene Männerstimme entgegen, die den Mario sang.

Es sollte nicht das letzte Mal bleiben. Den ganzen Juli hindurch ging es so. Immer wieder hallte das Duett über die Dächer. An einem Juliabend trat Maria mit ganz besonderer Freude auf den Balkon. Sie hatte erfahren, daß sie an der Athener Oper für eine erkrankte Sängerin einspringen sollte: für die Darstellerin der Tosca.

Wieder die Tosca. Diesmal allerdings nicht, um italienische Soldaten zu täuschen oder um deutschen Soldaten zu trotzen. Diesmal handelte es sich um ihre erste professionelle Hauptrolle. Ihr Bühnenmario würde Antonis Dellendas sein, Idol der griechischen Opernwelt. (Die Identität des Mario »über den Dächern« blieb ein ungelöstes Geheimnis.)

Aber noch war es nicht soweit. Die ältliche Sopranistin, für die sie einspringen sollte, gehörte zu ihren ärgsten Widersacherinnen. Und als sie erfuhr, daß Maria ihre Rolle übernehmen sollte, stachelte sie ihren Mann dazu auf, Maria den Zutritt zum Bühneneingang zu verwehren.

Man muß keine Tigerin sein, um in einer solchen Situation schier außer sich zu geraten. Maria allerdings geriet nicht bloß völlig außer sich – sie sprang auf den Mann zu und zerkratzte ihm mit beiden Händen das Gesicht.

Zweifellos wurden ihre Wutausbrüche später übertrieben, ja, bis zur Karikatur verzerrt von einer Presse, die sehr wohl wußte, daß sich »Callas, die Tigerin« publizistisch besser verkaufen ließ als die Opernsängerin Maria Callas. Doch ebenso zweifellos fand sich in Maria eine latente Tendenz zur Gewalttätigkeit, und wie gebannt schaute die Welt zu, wenn sie eben dies in der Öffentlichkeit demonstrierte.

Was den malträtierten Gatten der Sopranistin betraf, so fühlte er sich weder gebannt noch irgendwie gehemmt, als Marias Fingernägel in seinem Gesicht Blutspuren hinterließen. Er reagierte prompt, und hart landete seine Faust in Marias Gesicht. Als Tosca auf der Bühne erschien, schimmerte eines ihrer Augen dunkler als das andere.

Die Kritiker gaben sich jedoch geradezu ekstatisch, und das Publikum war – so beschrieb es einer von ihnen – »elektrisiert«. Man fühlte sich hingerisssen von der Leidenschaftlichkeit dieser siebzehnjährigen Tosca, einer von Eifersucht und Haß und Schmerz verzehrten Frau.

Buchstäblich über Nacht war Maria berühmt; und in Kriegszeiten bedeutet Ruhm, über den rein geistigen Wert hinaus, auch etwas recht Handfestes: Die wenn schon nicht karge, so doch einseitige Kost, die Maria lange zu sich genommen hatte (meist Brot und ähnliches), machte abwechslungsreicherer Nahrung Platz. Ihre unreine Haut, nicht zuletzt Folge einer Allergie, heilte aus.

In den Augen ihrer Mutter hingegen bedeutete Ruhm einen rein geistigen, fast spirituellen Wert. »Ruhm war es, den ich mir für meine Töchter wünschte«, sagte sie zwanzig Jahre später. »Geld kam erst an zweiter Stelle.«

Vor ihrem inneren Blick erhob sich ihre Tochter zu immer höherem Ruhm, während sie selbst den Mittelpunkt von Marias Triumphen bildete. Seit jeher war es ihr darum gegangen, ihre

Kinder herauszuheben aus der Mittelmäßigkeit. Nunmehr konnte es keinen Zweifel mehr geben: Maria würde eine weltberühmte Sängerin werden, Jackie die kultivierte Gattin eines reichen griechischen Reeders.

Als Maria während der ersten Pause dieser *Tosca*-Aufführung in ihre Garderobe zurückkehrte, wartete dort ihre Mutter auf sie. Und Evangelia wartete auch in der zweiten Pause dort. So blieb es während des gesamten nächsten Jahres. Wann immer und wo immer Maria sang, hielt sich ausnahmslos Evangelia für sie bereit, hinter vorgehaltener Hand Marias »Schatten« genannt. Sie selbst sah sich als eine Art Sekundantin, die ihrer Kämpferin mit dem Handtuch frische Luft zufächelt, ehe sie ihren Schützling zur nächsten Runde in den Ring schickt. Im übrigen lebte Maria dank der Umstände – ihrer Arbeit, ihrer unmäßigen Beleibtheit (vom »getreuen Wachhund« ganz zu schweigen) – das Leben einer jungfräulichen Vestalin.

Im darauffolgenden Sommer wiederholte sie die *Tosca,* diesmal von Anfang an, »unter eigener Flagge«. Die Kritiken wurden immer enthusiastischer, immer hymnischer. Im August 1942 genoß sie bereits so etwas wie einen legendären Ruf: Es gab Begeisterte, die es sich nicht nehmen ließen, die rund fünfzehn Kilometer von Piräus bis zur Oper zu Fuß zurückzulegen, nur um diese sagenhafte Tosca zu hören.

Nach der letzten Vorstellung ließ der Oberbefehlshaber der italienischen Besatzungstruppen anfragen, ob sie mit etlichen anderen Kollegen bereit sei, in Saloniki in Nordgriechenland vor italienischen Soldaten aufzutreten. Marias »Schatten« bestand darauf, ihre Tochter begleiten zu dürfen. Diese sei erst achtzehn und die nördliche Hafenstadt arg verrufen. Die Italiener schlugen ab. Evangelia schlug ab. Die Italiener gaben nach. Vier Tage dauerte die »Tournee«, und Mutter und Tochter vergaßen fast, daß Krieg herrschte und Griechenland besetzt war.

Inzwischen gab es keine Aufgabe mehr, die Maria schreckte. Sie fühlte sich jeder Herausforderung, jeder Rolle gewachsen. Nach *Tosca* kam die griechische Uraufführung von Eugen d'Alberts *Tiefland.* »Wenn man noch sehr jung ist und an der Schwelle der Karriere steht, besitzt man ein unbändiges Selbstvertrauen. Man kann sich nicht vorstellen, daß es etwas gibt, das einem nicht gelingt – *glänzend* gelingt«, sagte sie 1961.

Mit dieser Einstellung ging sie an die Arbeit. Die Martha in *Tief-*

land war für sie eine Herausforderung – und eine Chance. Die Chance, für ein griechisches Publikum zum erstenmal die archetypische romantische Heroine zu erschaffen, die gepeinigte Märtyrerin. Martha ist die unterdrückte Geliebte eines reichen Landbesitzers. Sie verliebt sich in einen Hirten und flieht mit ihm in die Berge.

Maria war entschlossen, etwas Besonderes, etwas Außergewöhnliches zu bieten. Immer wieder drang sie in Leonidas Zoras, den Dirigenten: Noch eine Probe mehr. Spätabends noch gingen sie jede Einzelheit der Partitur durch, während die Öllampe alle zehn Minuten zu blaken begann. Dann erhob sich Maria und absolvierte eine Art Reinigungsritual, bevor die Lampe ungetrübt weiterflackerte und Maria voller Konzentration weitersang. Noch nie hatte Leonidas Zoras eine derartige Hingabe erlebt.

22. April 1944, Premierenabend für *Tiefland*. Maria erlebte ihre erste »stehende Ovation« und ihr erstes internationales Echo. Hierbei kamen ihr allerdings auch politische Umstände zustatten. Zahlreiche deutsche Zeitungen berichteten über die Aufführung dieser »deutschen« Oper mit dem just am Opernhimmel aufgehenden jungen griechischen Stern.

Nach der Landung der Alliierten in der Normandie war das Ende des Krieges deutlich in Sicht. In diesem schicksalhaften Sommer hatte Maria eine kleine Rolle in der einzigen modernen Oper, in der sie jemals sang. *O Protomastoras* (Der Meisterbaumeister) von Manolis Kalomiris. Und am 14. August 1944 sang sie die Leonore bei der griechischen Erstaufführung von Beethovens *Fidelio*.

Das Hohe Lied der Freiheit und der Gattenliebe – es hätte gerade jetzt kaum ein passenderes Thema geben können. Die Zuschauer gerieten außer sich. Sie jubelten, sie schrien. Sie warfen Hüte in die Luft. Und niemand hätte sagen können, wer lauter schrie, die Griechen oder die feindlichen Soldaten. Maria sang die Leonore niemals wieder.

Im Oktober zogen die Deutschen aus Athen ab. In der Hauptstadt herrschte ein wahrer Freudentaumel, fast eine Woche lang. Die Athener sangen und tanzten, auch ohne Ouzo oder Retsina wie berauscht. Unterdessen brauten sich jedoch bereits neue Spannungen zusammen, im Hintergrund: zwischen ELAS, der kommunistischen Widerstandsorganisation, und den anderen Widerstandskräften. Ende November war es dann soweit. General Scobie, Oberbefehlshaber der britischen Truppen, befahl die Auflösung sämtlicher Guerillaverbände. ELAS weigerte sich und machte sich zum Kampf bereit.

Maria stand kurz vor ihrem 21. Geburtstag. Von ihrem Vater bekam sie einen Brief, der hundert Dollar enthielt, jedoch keine Adresse. Immerhin war dies seit sechs Jahren das erste Lebenszeichen von ihm, und es erreichte seine jüngere Tochter zu einem Zeitpunkt, da sie verwirrt war wie nie zuvor.

Was sollte sie jetzt tun?

Mitunter suchte sie die Antwort buchstäblich im Kartenlegen oder im Lesen des Kaffeesatzes. Ihre Tante Pipitsa übte sich praktisch tagtäglich in dergleichen Prophezeiungen. Einmal wagte sie sich sogar an die ganz große Weissagung für Maria, konnte sich später jedoch nicht mehr so recht auf die Einzelheiten besinnen.

Gleich nach ihrem 21. Geburtstag brachen in Athen am 3. Dezember 1944 Kämpfe aus. Die ELAS und Sympathisantengruppen erhoben sich gegen die griechische Regierung. Ums Haar fiel Athen in kommunistische Hände. Der Bürgerkrieg war eine härtere und schlimmere Zeit als die Zeit der Besatzung. Tausende wurden getötet, darunter auch Evangelias jüngerer Bruder Filon.

Jackie befand sich bei Milton, Maria war mit ihrer Mutter allein in der Wohnung. Zwanzig Tage überdauerten sie dort in einer Art Belagerungszustand. Ungeheizte Räume, kein Licht, kaum etwas zu essen. Schlimmeres hatten sie noch nicht durchgemacht, und es brachte sie einander näher.

Tag und Nacht kamen von draußen bedrohliche Geräusche: Explosionen, Sirenen, Maschinengewehrrattern, die Schreie sterbender Männer. Zum erstenmal seit sieben Jahren war es Maria unmöglich zu studieren oder auch nur für sich selbst zu singen. Die Bohnen wurden immer knapper, und die Furcht begann ihre Willenskraft zu lähmen.

Dann kam die sprichwörtliche Hilfe in – fast – letzter Not. Sie erschien in Gestalt eines kleinen Jungen, der einen Brief überbrachte. Dieser Brief stammte von einem der britischen Offiziere, jener Streitmacht, die die Regierung gegen die Aufständischen unterstützte. Dieser Offizier war ein Bewunderer von Maria. Er forderte Mutter und Tochter auf, zur britischen Botschaft zu kommen. Da die Kämpfe in der Stadt nach wie vor im Gange waren, bedeutete dies ein nicht geringes Risiko. Doch eine Wahl blieb ihnen kaum. Sie nahmen nichts mit als ihre Ikone, und am Tag vor Weihnachten gelangten sie in Sicherheit.

Am Tag nach Weihnachten standen Mutter und Tochter, gemeinsam mit dem Botschaftspersonal, draußen vor dem Gebäude, zum Empfang Winston Churchills. Dieser dankte allen für die Tapferkeit, mit der sie durchgehalten hatten, und fuhr dann in einem Panzerfahrzeug weiter zum griechischen Außenministerium, um sich dort mit Mitgliedern des griechischen Kabinetts zu treffen.

Im neuen Jahr siedelten Maria und Evangelia ins Park Hotel um, wo sie Jackie und Milton wiedersahen. Und dort blieben sie, bis es am 13. Januar zu einem Waffenstillstand kam. Nunmehr konnte der Wiederaufbau beginnen, eine große und entbehrungsreiche Aufgabe: Ganze Dörfer und Städte waren zerstört, Zehntausende gestorben.

Wieder im altvertrauten Heim in der Patissiou-Straße, hatte Maria nur noch einen Wunsch: fern von allem zu sein. Fern von Jackie und Milton, fern von der dominierenden Mutter, fern von den neidischen Kollegen an der Athener Oper.

Sie wollte neu anfangen, aber wie nur, wo nur und wann?

Die Entscheidung fiel, als die Athener Oper verlautbarte, sie werde Marias Vertrag nicht erneuern. Folgende »Erläuterung« wurde gegeben: »Sie hat während der letzten Monate der Besatzung eine allzu aktive Rolle gespielt.« Dies geschah zu einer Zeit, da der Bürgerkrieg gerade vorüber war, da die Fronten zwischen politischen Gegnern unablässig »schwankten«. Niemals hatte sich Maria für irgendeine Seite entschieden, jedenfalls nicht nach außen hin, und eben dies machte man ihr jetzt zum Vorwurf.

Maria hatte für italienische Soldaten gesungen. Sie hatte für ein Publikum gesungen, in dem sich auch italienische und deutsche Soldaten befanden. Überdies – gar kein Zweifel – hatte sie von italienischen wie von deutschen Soldaten »Lebensmittelspenden« akzeptiert. In der Tat: Wie jeder Mensch in einem besetzten Land hatte sie jenen Drahtseilakt vollzogen, mit dem man sich das Überleben zu sichern sucht. Weder eine Kollaborateurin war sie gewesen noch eine Heldin. Doch eben dieses besondere Heldentum schien man von ihr, die Heldinnen auf der Bühne sang, zu erwarten. Eigentliches »Motiv« für die Feindseligkeit, der sie sich gegenübersah, war zweifellos der kollektive Neid der Kollegen.

Wohin nun also?

Für Elvira de Hidalgo gab es da gar keine Frage: nach Italien natürlich. Einzig dort – und diesen Standpunkt vertrat sie während Marias gesamter Karriere – könne sie den ersehnten Weltruhm erringen.

Noch nie hatte Maria einen Rat ihrer Lehrerin in den Wind geschlagen, und die Achtung, die sie ihr gegenüber empfand, hatte noch immer etwas von kindlicher Verehrung. Doch an diesem Wendepunkt ihres Lebens kam plötzlich ihr Instinkt mit ins Spiel, und dieser Instinkt sagte: Geh nach Amerika.

Stets gehorchte sie ihm bedingungslos, diesem Instinkt, selbst wenn sie ihn nicht erklären oder ausdrücken konnte. Elvira gab sich alle Mühe, sie umzustimmen. Sie blieb bei ihrem Entschluß.

Ihrer Mutter hatte sie noch nichts davon gesagt. Das tat sie, als beide an einem Aprilmorgen beim Frühstück saßen. »Ich werde nach Amerika gehen«, erklärte sie, ohne Evangelia anzusehen. Und das war alles – abgesehen von dem langen Schweigen, das folgte.

Noch ein letztes Konzert, um sich das Geld für die Reise zu verdienen. Das war im Juli. Und im August noch eine letzte Hauptrolle in Karl Millöckers *Bettelstudent*. Im September gab der Bürgermeister von Piräus ein Abschiedsessen. Ihre Mutter und Jackie hatte sie gebeten, dem Essen und dem Abschiedsritual am Kai fernzubleiben.

»Ich stehe jetzt auf eigenen Füßen, Mutter«, sagte sie, und Evangelia wußte, daß Widerspruch sinnlos war.

Als sich an einem sonnigen Septembertag 1945 die *Stockholm* zum Auslaufen bereit machte, war nur Elvira de Hidalgo dort, um Abschied zu nehmen von der größten Künstlerin, der sie als Gesangspädagogin begegnet war.

Für Maria war es der Schlußpunkt hinter der »Hidalgo-Periode« in ihrem Leben. Allerdings – wie sich zeigen sollte – nur der vorläufige Schlußpunkt.

Hoffnungen, Rückschläge, Hoffnungen

Als Maria in Amerika an Land ging, hatte sie ganze hundert Dollar in der Tasche. Außerdem wußte sie, daß es hier einen griechischen Baßsänger namens Nicola Moscona gab, der sie in Athen gehört und sehr gelobt hatte, ihr Kontaktmann in Sachen Oper.

Und natürlich wollte sie nach ihrem Vater suchen. Bloß – wo damit anfangen?

Dennoch fühlte sich Maria nicht deprimiert. Ganz im Gegenteil: Sie war euphorisch. Zum erstenmal in ihrem Leben hatte sie sich aus dem Bannkreis von Mutter und Lehrerin gelöst. Sie stand wirklich auf ihren eigenen Beinen – schritt völlig unabhängig die Gangway hinab: ein erhebendes Gefühl, auch wenn man einen abgewetzten Mantel trug, auch wenn da niemand war, der auf einen wartete, kein Verwandter, kein Freund.

Als sie die Zollformalitäten hinter sich hatte, trat ein etwa sechzigjähriger Mann auf sie zu, ein Mann mit Schnurrbart und eher schütterem Haar. Ob ihr eine Maria Kalogeropoulos bekannt sei, wollte er wissen. Sie fiel ihm in die Arme und weinte minutenlang. Schließlich fragte sie ihn, woher er von ihrer Ankunft gewußt habe.

Mit Mühe hielt er seine Freudentränen zurück. Die griechischsprachige Zeitung in New York war seine tägliche Lektüre. Aus einem unerfindlichen Grund habe er etliche Tage zuvor die Liste jener Passagiere überflogen, die an Bord der *SS Stockholm* in New York eintreffen würden – und sei dabei auf den Namen seiner Tochter gestoßen.

Urplötzlich hatte Maria eine Unterkunft – ein kleines, bescheidenes Apartment in der West 157th Street – und einen Vater, der für sie sorgen würde, bis die Engagements kamen. Nach vier Jahren Besatzung und Bürgerkrieg und Entbehrung erschien ihr New York wie ein Märchenland. Die ersten Tage verlebte sie in einem Zustand kindlicher Verwunderung, kindlicher Freude. Nichts, so wollte es ihr fast scheinen, war wirklich.

Ihr erster Besuch galt Dr. Lantzounis. Ihr Pate hatte eine Amerikanerin geheiratet, eine junge Frau in Marias Alter. »Der Herrgott meint es gut mit mir«, sagte er zu Maria, und das bezog sich nicht nur auf Sally, seine junge Frau, sondern auch auf seinen Erfolg und sein wachsendes berufliches Ansehen. Was die Oper betraf, so waren seine Kenntnisse und sein Interesse gering. Dennoch zögerte er nicht, Maria zu ermutigen und zu unterstützen. Zunächst einmal möge sie sich moderner kleiden, befand er ganz praktisch und bat seine Sally, die Sache in die Hand zu nehmen. Die beiden jungen Frauen durchwanderten New York. Sie verstanden sich ausgezeichnet.

Bei ihren stundenlangen Spaziergängen durch die Straßen – ob mit ihrem Vater, ob mit Sally, ob allein – blieb Maria alle Augenblicke stehen, um sich hier einen Cheeseburger, dort eine Pizza und wenig später vielleicht einen Pfannkuchen einzuverleiben. »Ich war so ausgehungert, wie man es nur sein kann, wenn man sehr lange nicht genug zu essen hatte. Ich aß und aß ...«, erinnerte sie sich Jahre später.

In manchen Teilen der Stadt fand sie sich mitunter inmitten von Frauen, von denen jene Eleganz, jenes Flair ausging, das sie sonst nur aus Modejournalen kannte. Gern hätte sie ihnen nachgeeifert. Aber das war bei ihrer Körperfülle hoffnungslos. Und so gab sie den Gedanken daran auf, stopfte noch mehr in sich hinein und fing an, auf eine geradezu provozierende Art unelegant auszusehen.

Im übrigen genoß sie die Freiheit von dem Joch, unter dem sie so viele Jahre lang gestanden hatte. Sie verwandelte sich in eine tüchtige Hausfrau, kochte für ihren Vater – tat all dies mit ausgesprochenem Vergnügen. Als diese fürsorgliche, rein private Seite jedoch Überhand zu nehmen drohte, zuckte Maria urplötzlich zurück. Recht verlockend schien es, dieses Hausfrauenleben, doch davon würde sie sich nicht verlocken lassen. Und während New York zum Weihnachtsfest rüstete, begann sie, die Runde abzuklappern: Agenten, Studios, Regisseure, Sängerkollegen, Impresarios.

Die Reaktion war niederschmetternd.

»Ich habe *Tosca, Fidelio, Tiefland, Cavalleria Rusticana* gesungen«, verkündete sie jeweils stolz. »Wo?« lautete die unausweichliche Frage. Worauf sie naturgemäß antwortete: »In Athen.«

Nur zu bald begriff sie, wie wenig der Ruhm auf einer Athener Opernbühne bedeutete. So gut wie nichts, zumindest in New York. Ablehnungen häuften sich, und zum erstenmal verspürte

Maria jenen bitteren Geschmack, den solche abgrundtiefen Frustrationen auslösen. Nein, das hatte sie nicht erwartet, darauf war sie nicht vorbereitet.

Doch Maria Callas (so nannte sie sich wieder, seit sie in New York war) kannte sehr wohl ihren Wert. Und wenn die ihn noch nicht kannten – wer immer *die* auch waren –, so würden sie schon noch rechtzeitig begreifen.

Der erste Rückschlag, besonders schmerzlich, weil so völlig unerwartet: Nicola Moscona, der berühmte Baß, der sich in Athen von ihr so beeindruckt gezeigt hatte, wich unter allen möglichen Vorwänden einem Zusammentreffen mit ihr aus. Doch solche Niederlagen konnten Maria nicht von ihrem Ziel abbringen. Sie blieb hartnäckig, und als sie schließlich zu ihm vordrang, äußerte sie eine ganz spezielle Bitte: Er möge sie Toscanini empfehlen (der zu dieser Zeit so etwas wie der musikalische Alleinherrscher von New York war). Diese Bitte schlug ihr Moscona rundweg ab. Dem großen Toscanini eine weitere junge und ebenso ehrgeizige wie üppige Sopranistin präsentieren? Auf keinen Fall.

Maria blieb nur ein einziger Trost. Mit diesem üblen Kerl würde sie nie wieder auch nur ein einziges Wort wechseln. (1950 sang Moscona neben ihrer Aida allerdings den Ramphis, und es ist schwer vorstellbar, daß sich die Kommunikation zwischen beiden lediglich auf das Ansingen von Oberpriester und äthiopischer Sklavin beschränkte.)

Einer besonders harten Prüfung sah sie sich ausgesetzt, als sie mit dem großen Tenor Giovanni Martinelli zusammentraf, Stütze der Met seit über dreißig Jahren. Aufmerksam lauschte er, doch sein Urteil war ein harter Schlag. »Sie besitzen eine gute Stimme«, sagte der große Martinelli vom hohen Opernolymp herab, »doch Sie benötigen noch sehr viel Unterricht.« Sie, der Star der Athener Oper, wurde abgekanzelt wie ein Schulmädchen – und dies von einem jener Männer, die sie selbst zu ihren musikalischen Göttern erhoben hatte. Denn bei allem, was die Met betraf, war sie seit ihrer Ankunft in New York sehr genau im Bilde. Sie las von den Premierenabenden, sie träumte davon. Bislang war sie sich vorgekommen wie jemand, der bei einem Rennen hoffnungslos überrundet ist. Martinelli vermittelte ihr das Gefühl, sie nähme am Rennen überhaupt nicht teil.

Maria steckte den Schlag weg, ein Verhalten, das sie später zu einer wahren Kunst entwickelte. Nicht selten sprach dann allerdings auch Resignation daraus. Jetzt jedoch, 1945, war an irgendwelche Resignation nicht zu denken. Was immer Moscona, Martinelli und all die anderen auch denken und sagen mochten, Marias Selbstsicherheit blieb im Grunde unerschüttert. Sie wollte ein bestimmtes Ziel erreichen und hatte dabei keine Zeit zu vergeuden. Eine ungeheure Energie steckte in ihr. Sie nahm jede Herausforderung an, auch wenn diese zu einer weiteren Ablehnung führte.

Das Jahr 1946 begann Maria in ausgesprochener Kampfstimmung – in der Haltung einer harterprobten, aber auch gutbewaffneten Kämpferin. Ihr Schutzschild war ihre fanatische Entschlossenheit, doch ihre Hauptwaffe bestand in dem unbeirrbaren Glauben an sich als Künstlerin. Schließlich, Ende Januar, traf sie zwei Menschen, die diesen Glauben teilten. Da war Eddi Bagarozy, ein New Yorker Jurist, der seit langem für die Oper schwärmte. Und da war Louise Caselotti, seine Ehefrau, eine Mezzosopranistin mit mehr Erfahrung in Hollywood-Musicals als in der Oper; doch besaß sie in New York einen ausgezeichneten Ruf als Gesangspädagogin.

Maria sang vor – und gewann im Handumdrehen zwei Freunde und Beschützer. Beide glaubten an ihr Talent und hatten sie überdies gern bei sich. Schon nach wenigen Tagen war ihre Wohnung am Riverside Drive für Maria so etwas wie ein zweites Heim.

Dabei kam sie mit ihrem Vater sehr gut aus. Nur was ihre Opernträume betraf, die konnte er nicht teilen. Die Oper langweilte ihn, und Geschwätz über den technischen Kram der Oper langweilte ihn noch mehr. Im übrigen gab es in der Wohnung kein Telefon. Wollte Maria einen Anruf machen, so konnte sie dies nur in dem Drugstore tun, wo ihr Vater arbeitete, ein Umstand, der sie mehr und mehr entnervte.

Das Ehepaar Bagarozy stellte so etwas wie eine sehnlich erhoffte Erlösung dar. Mit beiden konnte sie sich endlos darüber unterhalten, was ihr einzig am Herzen lag. Überdies hatte sie hier ein Telefon in Griffweite.

Schon am frühen Morgen traf sie am Riverside Drive ein, und in der Wohnung arbeitete sie dann den größten Teil des Tages, allein oder mit Louise; oft gab es ein gemeinsames Dinner mit Eddie und Louise. Endlich wieder spürte sie jene Vitalität, die sich einem mitteilt, wenn man sich im Mittelpunkt der Aufmerksamkeit weiß. Was für sie in Griechenland selbstverständlich gewesen war, erlebte sie in New York nun zum erstenmal. Und mögen zwei Menschen auch kein vollgültiger Ersatz sein für ein großes Publikum, in der Met etwa, so war die Wirkung dennoch eindeutig. Maria fühlte sich voll Energie und Hoffnung.

In derart ausgezeichneter Stimmung befand sie sich, als sie einen Anruf erhielt, vom Generalmanager der Metropolitan Opera. Edward Johnson erklärte sich endlich bereit, sie zu empfangen.

Was dann geschah, ist bereits Teil der Callas-Legende. Sie sang Edward Johnson vor, und er offerierte ihr einen Vertrag für die Hauptrollen in zwei Produktionen der Saison 1946/47: in Beethovens *Fidelio* und in Puccinis *Madame Butterfly*. Er hatte ihr diesen Vertrag ohne Zögern angeboten, doch zu seiner grenzenlosen Verblüffung lehnte sie ab: Die zweiundzwanzigjährige Maria Callas weigerte sich, als Leonore und Butterfly an der Met ihr Debüt zu machen.

Doch so verrückt, wie es den Anschein hatte, war ihr Entschluß keineswegs. *Fidelio* wollte sie nicht auf englisch singen, und was *Madame Butterfly* betraf: Verständlicherweise war sie nicht darauf versessen, mit ihren gut hundertsechzig Pfund auf der Bühne eine zierliche, fünfzehnjährige Japanerin darzustellen. Dennoch war es eine erstaunliche – im übrigen ebenso spontane wie intuitive – Entscheidung: eine junge, höchst ehrgeizige Opernsängerin, die lange vergeblich alle nur denkbaren »Kontakte« abgeklappert hat und nun plötzlich die Chance erhält, an der Met ihr Debüt zu machen; doch sie lehnt ab.

Von allen Seiten Kopfschütteln und harte Kritik. Was fiel ihr ein? War sie übergeschnappt? Eddi Bagarozy, der seinen Sigmund Freud zumindest in Taschenbuchausgabe kannte, umschlich sie am nächsten Tag, bis er schließlich mit der Frage herausrückte, ob in ihr vielleicht der Todestrieb wirksam sei; ob sie womöglich mit dem Leben abgeschlossen habe und gar keinen Erfolg wünsche ... Und kaum hatte ihre Mutter die Neuigkeit erfahren, da schrieb sie ihrer Tochter auch schon einen Brief: »Habe ich all diese Jahre für Dich gelitten, damit Du eine solche goldene Chance ausschlägst?«

Da war es geradezu eine Erleichterung, einen Vater zu haben, den ihre Opernkarriere nicht übermäßig interessierte.

»Ich bin sicher, daß ich richtig handle«, beharrte Maria. »Das haben mir meine Stimmen gesagt.« Seit einiger Zeit nannte Maria ihren Instinkt ihre »Stimmen«, zunächst in vollem Ernst; dann jedoch, als sie das allgemeine Befremden spürte, mit einem halb scherzhaften Unterton. Aber ob nun Stimmen oder Instinkt, ihr

Entschluß, den Vertrag mit der Met abzulehnen, war ein Triumph der Intuition über die – scheinbare – Logik.

Unvermeidlich kamen ihr Zweifel, nur allzubald. Als sie nämlich wieder »die Runde« zu machen begann. Nachdem sie bei Gaetano Merola, dem Impresario der San Francisco Opera, vorgesungen hatte, sagte dieser: »Sie sind jung, Maria. Gehen Sie nach Italien und machen Sie dort Karriere; dann werde ich Sie unter Vertrag nehmen.« »Danke«, erwiderte sie kalt und mit jener Direktheit, die zur Legende werden sollte, »aber wenn ich in Italien Karriere mache, brauche ich Sie nicht mehr.«

Nein, die Konsequenzen ihrer Entscheidung waren wirklich nicht leicht zu tragen. Maria begann, sich Vorwürfe zu machen. Später erklärte sie, niemand kritisiere sie gestrenger als sie selbst. Das war kein leeres Gerede. Mitunter kam diese Selbstkritik der Selbstzerstörung gleich.

Vermutlich war es gegen Ende des Winters 1946, als Maria zu dem Schluß gelangte, ihre Mutter fehle ihr doch sehr – trotz des trotzigen: »Ich stehe jetzt auf eigenen Füßen.« Und so schrieb sie Evangelia einen Brief; flehte sie geradezu an, nach Amerika zu kommen. Die Nabelschnur erwies sich als noch immer ungeheuer stark. Nichts Wichtiges, so wollte es Maria scheinen, konnte entschieden werden, bevor Evangelia nicht in Amerika war.

Und das Geld für die Überfahrt? Ihre Mutter besaß es nicht. Also ging Maria zu ihrem Vater. Dessen Gehalt war allerdings recht bescheiden. Im übrigen schien er keineswegs übermäßig erpicht, sein geliebtes Weib wieder nach Amerika zu holen. Doch gar so leicht gab Maria sich nicht geschlagen. Sie suchte ihren Paten auf und bat ihn, ihr für die Überfahrt ihrer Mutter etwas Geld zu leihen. Er tat es.

An Bord der *Queen Elizabeth* traf Evangelia in New York ein. Von ihrem Mann und ihrer Tochter wurde sie in Empfang genommen. Maria war glücklich – und überaus erleichtert. George war ihr zwar ein wohlmeinender und treusorgender Vater; doch konnte er mitunter auf seine Weise recht aufreibend wirken: lethargisch, schweigsam, bestenfalls an seinem Job und an seiner Tochter interessiert, aber auch dies nur begrenzt. Manchmal kam, wenn man so wollte, eine ganz andere Saite seines Wesens zum Klingen. Zumeist allerdings bewies er jene provinzielle Engstirnigkeit, die für Marias Enthusiasmus nicht selten etwas Lähmendes hatte.

So konnte die Sehnsucht nach ihrer Mutter kaum verwundern. Wie sehr sie manchmal unter Evangelias übermäßigem Ehrgeiz gelitten, das war für sie inzwischen eine durch Raum und Zeit gemilderte Erfahrung.

Weihnachten 1946: das erste Weihnachtsfest, das die drei seit neun Jahren miteinander verbrachten – und ein katastrophaler Anfang. Was die außerehelichen Aktivitäten von George betraf, so schienen sie sich inzwischen ausschließlich auf Alexandra Papajohn zu konzentrieren, eine ebenso unauffällig wie »häuslich« wirkende Frau, rund fünf Jahre jünger als er, die dann eine Reihe von Jahren später seine zweite Frau werden sollte.

Was Evangelia betraf, so schlief sie von der ersten Nacht an in Marias Schlafzimmer, schaffte somit von vornherein »klare eheliche Verhältnisse«. Sie war die Mutter, der für ihre Kinder kein Opfer zu groß erschien, während ihr nichtsnutziger Gatte sein Leben einfach vertat.

Was Maria betraf: Wie schwierig es war, ohne ihre Mutter zu leben, wußte sie inzwischen. Nunmehr entdeckte sie erneut, was für ein Problem es sein konnte, *mit* ihr zu leben.

Sie brauchte ihre Mutter, gleichzeitig jedoch fürchtete sie sie: als eine Art Konkurrentin, wenn nicht gar Gegnerin. Sie benötigte Evangelias Kraft und bedingungsloses Vertrauen. *Beides* hatte ihr gefehlt, die Verbündete ebenso wie die Gegnerin. Als »Gegnerin« gab Evangelia ihr die Möglichkeit, ihre inneren Konflikte und Spaltungen einfach nicht wahrzunehmen, indem sie die Mutter als Ursache ihrer sämtlichen Schwierigkeiten hernahm. Sie hatte ihrer Mutter stets vorgeworfen, sie erbarmungslos anzutreiben, und dadurch konnte Maria bequem darüber hinwegsehen, daß sie selbst ihre unerbittlichste Sklaventreiberin war. Immer wenn sie in der Selbstschinderei vorübergehend nachließ, und sei es nur, daß sie eine Stunde weniger als vorgesehen übte, empfand sie derart heftige Schuldgefühle, daß sie am folgenden Tag unweigerlich doppelt so hart arbeitete.

Ein weiterer Vorwurf gegen ihre Mutter betraf deren spießige, verklemmte Moralvorstellungen, und auch hiermit konnte sie überspielen, daß sie viele dieser Moralvorstellungen und Hemmungen teilte – obwohl ein anderer Teil ihrer Persönlichkeit sie zutiefst verabscheute.

Nicht ohne Stolz versicherte Evangelia später, während ihrer ersten vierzig Tage in New York sei Maria durch sie geradezu verwandelt worden – von einem übermäßig beleibten Mädchen in eine elegante, schlanke junge Frau – eine Tat, die sich allerdings selbst dann kaum bewerkstelligen ließe, wenn sie in dieser Zeit erbarmungslos gefastet hätte. Auch rühmte sich Evangelia, daß ihre Tochter nunmehr wieder zur Kirche ging – wo sie auch tatsächlich wieder betete, nicht zuletzt um den eigenen Erfolg.

Ende 1946 gab es dann einen ganz konkreten Grund für ihre Gebete. Von seiner Begeisterung für Maria angefeuert, hatte Bagarozy beschlossen, sich – mit der Unterstützung von Ottavio Scotto, einem italienischen Agenten – in das ehrgeizigste Unternehmen seines Lebens zu stürzen: Er wollte die Chicago Opera wiederbeleben und zu diesem Zweck eine neue Firma gründen – nicht zuletzt, um die besten europäischen Sänger und Sängerinnen nach Amerika zu holen. Hier bewies sich Eddies persönliches Talent. Er besaß nicht einmal genügend Geld, um einen Probensaal zu mieten. Dennoch gelang es ihm, in New York eine Reihe der hervorragendsten Sänger Europas zu versammeln, darunter auch Max Lorenz, einen der größten Wagner-Tenöre seiner Zeit, sowie Hilde und Anny Konetzni von der Wiener Oper und Tullio Serafins Schwiegersohn Nicola Rossi-Lemeni. Als Auftakt sollte es Puccinis *Turandot* geben, und da man über keinen Probensaal verfügte, blieb dem Dirigenten Sergio Failoni gar nichts anderes übrig, als mit sämtlichen Mitgliedern, inklusive Chor, im Drei-Zimmer-Apartment der Bagarozys am Riverside Drive zu üben – wobei Baby und Hund mitunter recht interessante Varianten boten.

Eddie Bagarozy verfügte über jene besondere Gabe, die Männer zu Anführern einer Gebirgsexpedition werden läßt. In seiner Gegenwart fühlte man sich unternehmungslustiger und zuversichtlicher denn je zuvor. Er verstand es zu motivieren, wie man heute sagen würde. Und während man noch in New York ausgiebig probte, spiegelte sich in den Chicagoer Zeitungen die Erregung über das bevorstehende Opernereignis wider. Bald schon teilte sich diese Erregung der gesamten amerikanischen Musikwelt mit.

Das stellte Eddie nicht nur geschickt an. Er stellte es unglaublich geschickt an. Den *cognoscenti*, den Kennern, bot er *Turandot,* Puccinis letzte Oper. Und die Presse, die naturgemäß auf handfestere Sensationen aus war, fütterte er seit einem Vierteljahr mit Nachrichten über die »geheimnisvolle« griechische Sopranistin, die die Titelrolle singen würde. Zur Exotik trug noch bei, daß sie angekündigt wurde als »Marie Ċalas«.

Je weiter die Proben voranschritten, desto fester war Bagarozy davon überzeugt, daß die »geheimnisvolle« griechische Sopranistin über Nacht zur sensationellen Entdeckung werden würde. Maria selbst hatte das Gefühl, der Erfolg könne überhaupt nicht ausbleiben. *Turandot* – das sollte und mußte die erhoffte Ernte werden, am Ende einer langen Dürrezeit. Nach den vielen Enttäuschungen in den vergangenen anderthalb Jahren geriet sie mehr und mehr in einen Zustand der Euphorie. Ihr ganzes Leben drehte sich praktisch nur um *Turandot*. Proben und Proben oder aber Kostümproben. Und war sie nicht direkt mit *Turandot* beschäftigt, so sang sie die Rolle in ihrem Kopf: ließ ihre Gedanken unaufhörlich um die Gestalt der chinesischen Prinzessin kreisen – jene Frau, deren Brautwerber hingerichtet werden, sofern sie drei Fragen nicht zu enträtseln vermögen.

Wer immer sie damals bei den Proben erlebte, erinnert sich bis auf den heutigen Tag an ihre Turandot. Mit ihren dreiundzwanzig Jahren war es ihr gelungen, sowohl die herrische Kälte und Grausamkeit dieser asiatischen Prinzessin darzustellen als auch das, was darunter brannte: ein wahres Feuer der Sinnlichkeit.

Dabei hatte es zwischen den Eheleuten Bagarozy zunächst Streit gegeben. Ihrer äußeren Erscheinung nach wirkte Maria so wenig erotisch, daß Louise vehement den Standpunkt vertreten hatte, man sollte Maria der staunenden Welt keinesfalls als Turandot präsentieren. Eddie war da anderer Ansicht gewesen. Von Beginn an von Marias komplexer Persönlichkeit fasziniert (viel zu sehr fasziniert, wie Louise fand), hatte er deutlich gespürt, daß sich unter der weniger ansprechenden Oberfläche all das befand, was es für die Rolle der Turandot brauchte, die eisige Kälte ebenso wie die glühende Leidenschaft.

Das amerikanische Publikum allerdings staunte nicht. Weil es gar keine Gelegenheit dazu erhielt, vorerst. Urplötzlich trat nämlich die amerikanische Chorsänger-Gewerkschaft auf den Plan. Sie verlangte eine Art Bürgschaft: Man wolle sichergehen, daß die Chormitglieder auch wirklich ihre Gage erhielten. Soviel Mühe Bagarozy sich auch gab, es war ihm unmöglich, jene Summe aufzutreiben, die zur Sicherheit hinterlegt werden sollte.

Der Premierenabend, seit langem immer wieder und überall für den 6. Januar angekündigt, wurde um ein, um zwei Wochen verschoben, schließlich für den 27. Januar festgesetzt. Das Unternehmen, das mit soviel Schwung angefangen hatte, begann eben diesen Schwung zu verlieren. Die Gewerkschaftsfunktionäre zeigten sich völlig unempfänglich für Bagarozys Überredungskünste. Und nur allzu rasch kippte der allgemeine Enthusiasmus in sein genaues Gegenteil um: in tiefe Entmutigung. Schließlich blieb Bagarozy keine andere Wahl. Er mußte eine Bankrotterklärung abgeben, für sich selbst und für das gesamte Unternehmen. Das Chicago Opera House organisierte ein Benifizkonzert, dessen Ertrag dazu verwendet werden sollte, die Heimreise der Künstler zu finanzieren; und Eddie begann seine gesamte Habe zu verkaufen – sein Auto, den Schmuck seiner Frau, sein Haus auf Long Island –, um wenigstens einen Teil seiner Schulden abzutragen.

Und Maria? Nun, objektiv befand sie sich genau dort, wo sie angefangen hatte. Was allerdings die psychologische Seite anging, so war sie jetzt viel schlimmer dran. Erfolg, Sieg, Anerkennung, fast schon in ihrem Besitz, wurden ihr gleichsam in letzter Sekunde entrissen. Nicht einmal ihre »chinesischen« Bühnenkostüme blieben ihr.

Doch da war ihr Überlebensinstinkt, da war jene tiefe, fast mystische Geduld. Hieraus schöpfte sie die Kraft weiterzumachen. Und noch etwas half ihr, half ihr ganz entscheidend: die Haltung, die Eddie bewies. Obschon von allen Seiten bedrängt (da waren die Gläubiger, die Gerichtsvollzieher, die Sänger und die Musiker), verkündete er noch immer allen, die ihm zuhörten, er halte in seinen Händen ein noch unentdecktes Kleinod.

Am 6. Februar 1947 kehrte sie zusammen mit Nicola Rossi-Lemeni nach New York zurück. Und am folgenden Morgen ging sie zur altgewohnten Stunde gemeinsam mit Louise verschiedene Rollen durch: Die United States Opera Company und Puccinis *Turandot* gehörten der Vergangenheit an. Maria hielt ihren Blick in die Zukunft gerichtet und wartete auf eine Art zündenden Blitz. Und dieser Blitz kam.

Er kam in der Gestalt von Giovanni Zenatello, einst berühmter Tenor, jetzt künstlerischer Direktor des Festivals von Verona. Zur Zeit hielt er sich in New York auf, wo er nach einer Sopranistin Ausschau hielt, für die Titelrolle in Ponchiellis *Gioconda*. Er schwankte zwischen Zinka Milanov und Herva Nelli. Doch Nicola Rossi-Lemeni (für das kommende Jahr fürs Festival bereits unter Vertrag) bewog ihn, keine endgültige Entscheidung zu treffen, ehe er nicht Maria gehört habe.

Gemeinsam mit Louise erschien Maria in Zenatellos Apartment am Central Park West. Und, von Louise am Klavier begleitet, sang sie die Arie *Suicidio* aus *La Gioconda*. Kaum hatte sie angefangen, so stürzte Zenatello zum Klavier. Was da an seine Ohren klang, schien ihm ganz und gar unglaublich. Vor Erregung wie von Sinnen, wendete er die Notenblätter und kam zu jener Stelle, wo das leidenschaftliche Duett zwischen Enzo und Gioconda einsetzt. Trotz seiner siebzig Jahre sang er dieses Duett mit Maria, sang es mit einer Leidenschaft und Hingabe, deren er sich selbst nicht mehr für fähig gehalten hatte. Sein anschließendes Angebot an Maria, im kommenden Jahr beim Verona Festival die Gioconda zu singen, war nicht mehr als eine Formalität. Was er soeben gehört habe, so betonte er, sei weniger ein Vorsingen gewesen als vielmehr eine Offenbarung.

Als es dann soweit war und Maria sich für die Reise nach Verona rüstete, tat sie dies mit jener Erregung, mit der sich eine junge Frau auf ihre Hochzeit vorbereitet. Evangelia vertrat stets die Ansicht, man müsse immer für alles gerüstet sein, und Maria teilte weitgehend diese Auffassung ihrer Mutter. Folglich kamen Mutter und Tochter überein, Maria für Verona mit mehr als nur dem Notwendigsten auszustatten: Jede Menge Kleider, Schuhe, Handtaschen und so weiter und so fort ... damit Maria Europa nicht nur auf, sondern auch abseits der Bühne erobere. Nur – leider waren die Umstände nicht ganz danach. Was Vater *und* Patenonkel an Geldmitteln aufzubringen vermochten, reichte gerade für zwei Kostüme und ein Kleid – sämtlich in jenem Zwangsjackenstil, dem Mutter und Tochter gemeinsam huldigten, da er für sie so etwas wie das Nonplusultra an unauffälliger Eleganz darstellte (viele Jahre lang wurde Marias äußere Erscheinung davon geprägt).

Nunmehr ging Evangelia an die Aufstellung einer Liste von »dreizehn Ratschlägen« für ihre Tochter. Sie enthielt u. a. einen Hinweis darauf, daß das Leben voller Enttäuschungen sei, und endete mit Gottes Gebot: »Du sollst Deinen Vater und Deine Mutter ehren.«

Soweit war alles erledigt. Nur eines fehlte noch: die Unterzeichnung des Vertrages zwischen Maria Callas und Edward Richard Bagarozy. Er sollte, für einen Zeitraum von zehn Jahren, der einzige und ausschließliche persönliche Agent Marias werden – für ein Entgelt von summa summarum zehn Prozent all ihrer Bruttoeinnahmen, wobei dieser Anteil sofort nach Erhalt ihrer jeweiligen Honorare fällig und zahlbar wurde. Als Gegenleistung hierfür gelobte Bagarozy, »alle Kraft daranzusetzen, die Karriere der Künstlerin zu unterstützen und zu fördern«.

Maria hätte sich den Bagarozys gegenüber, schon aus lauter Dankbarkeit, verpflichtet fühlen müssen. Dennoch sträubte sich irgend etwas in ihr, den Vertrag zu unterzeichnen. Am 13. Juni 1947, dem Tag ihrer Abreise, tat sie es schließlich doch, ihrem gerühmten Instinkt zum Trotz. Schließlich schien es auch nicht den leisesten logischen Grund dafür zu geben – später allerdings sollte eben diese Entscheidung zu einer der unerfreulichsten Episoden ihres Lebens führen.

Noch während Maria ihrer Mutter und Eddie am Kai Abschiedsküsse gab, fühlte sie sich ihnen auf eigentümliche Weise entfremdet. Nun, das Bewußtsein, anderen Menschen verpflichtet zu sein, löst nur selten herzliche Zuneigung aus.

Am 27. Juni 1947 lief die *SS Rossia* in die Bucht von Neapel ein, mit zwei der Hauptattraktionen des kommenden Verona-Festivals an Bord, Maria Callas und Nicola Rossi-Lemeni. Ja, Maria befand sich in Italien – rund anderthalb Jahre später, als es sich ihre Lehrerin Elvira de Hidalgo gewünscht hatte.

Geographisch gesehen, war eine Reise von Griechenland nach Italien via Amerika ein wahres Unding. Doch bewies Maria in ihrem Leben vielfach, daß ein scheinbarer Umweg nicht selten die kürzeste Verbindung zwischen zwei Punkten ist. Der nach außen längste Weg ist in Wahrheit oftmals der kürzeste Heimweg.

Italien – Land der Oper

Die Eisenbahnfahrt von Neapel nach Verona war kaum weniger strapaziös als die dreizehntägige Seereise auf der *Rossia*. Im überfüllten Zug hatten sie nur einen Sitz ergattern können, auf dem sie sich zu dritt abwechselten (Nicola und Maria wurden von Louise Caselotti begleitet), und die drückende Hitze besorgte den Rest. Erschöpft kamen sie in Verona an.

Nach wenigen Stunden der Ruhe im Hotel Accademia waren Marias Lebensgeister jedoch wieder erweckt. Aber in ihre freudige Erregung mischte sich Beklommenheit. Während sie in eines ihrer beiden Kostüme schlüpfte, dachte sie an das bevorstehende Zusammentreffen mit Gaetano Pomari, Repräsentant der Arena von Verona, und Giuseppe Gambato, Vertreter der Stadt.

Die beiden Herren holten sie verabredungsgemäß vom Hotel ab und fuhren mit ihr zum Dinner ins Restaurant Pedavena. Dort traf sie weitere Honoratioren – und einen Mann, der als großer Opernliebhaber bekannt war, den Veroneser Fabrikanten Giovanni Battista Meneghini.

Sogleich machte sich Marias innere Unsicherheit bemerkbar. Während des Essens brachte sie lange Zeit kaum ein Wort hervor. Dabei wurde sie mit der ihr gebührenden Achtung behandelt, zumal sich die Geschichte ihres Vorsingens herumgesprochen hatte: wie der siebzigjährige Giovanni Zenatello, von ihrer Stimme hingerissen, mit seiner neuen Gioconda Duette sang.

Was Meneghini betraf, so faszinierte ihn nicht nur die Stimme, ihn reizte von Anfang an auch die Frau. »Battista ist unser hiesiger Romeo«, sagte Signor Pomari in scherzhaftem Ton. Nun, Veronas Romeo war ein eher kleiner, drahtiger Mann Anfang fünfzig, Haupt des Familienunternehmens, bekannter Bonvivant und Schürzenjäger aus Leidenschaft. Im provinziellen Verona gehörte nicht übermäßig viel dazu, sich mit einer Aura von Kultur und Weltläufigkeit zu umgeben. Für Maria allerdings war es wie eine Offenbarung: kein Wunder nach den langen Jahren im Nachkriegs-Athen und im New York der unteren Mittelschicht. Sie hatte das Gefühl, auf einer Art Trauminsel höchster Kultur und

66

Kultiviertheit gelandet zu sein. »Fünf Minuten, nachdem ich ihn zum erstenmal gesehen hatte, wußte ich: der war's«, sagte Maria etliche Jahre später.

Schon möglich. Fest steht jedenfalls, daß sie sich in seiner Gegenwart sicherer und aufgeschlossener fühlte. Männer als Liebhaber hatten in ihrem Leben bislang keine Rolle gespielt, und selbst in ihren Tagträumen gab es keine stattlichen Prinzen, sondern Proben, Premieren, Operntriumphe. Nichts deutet darauf hin, daß – bis zu diesem Zeitpunkt – irgendein Mann sie erotisch erregt hätte. Und es gibt auch kein Anzeichen dafür, daß Battista Meneghini dieser Mann war.

Doch sie mochte ihn. Da war seine Selbstsicherheit, da war der Respekt, mit dem ihm alle begegneten, und da war vor allem die Tatsache, daß er sie augenscheinlich sehr mochte. Im Mittelpunkt seiner Aufmerksamkeit stand ausschließlich sie. Was immer im einzelnen der Grund dafür sein mochte: An diesem Abend sprach aus seinem Verhalten, daß er das Gefühl hatte, sich in der Gegenwart eines Genies zu befinden – in Marias Augen stets ein liebenswerter Zug. Doch darüber hinaus war er sich offensichtlich der Tatsache bewußt, daß es sich bei diesem Genie um eine Frau handelte. Und auch dagegen hatte sie nichts.

Meneghini war zum offiziellen Begleiter der Gastprimadonna bestellt worden, und während des Dinners faßte er den festen Entschluß, Maria so oft wie irgend möglich zu sehen. Genau dies tat er dann auch, gleich am nächsten Morgen. Sie machten eine Tagestour nach Venedig. Zum erstenmal wurde Maria, die in dieser Hinsicht wirklich nicht verwöhnt war, beständig und ausgiebig von einem Mann umschmeichelt.

Gemeinsam begannen sie, Verona und Umgebung zu erforschen. Maria entdeckte Italien, vor allem aber genoß sie es, um ihrer selbst wegen bewundert und umworben zu werden, nicht nur ihrer Stimme wegen. Mitte Juli begannen dann die Proben mit Tullio Serafin, der soeben in der Stadt eingetroffen war – und sofort hatte dies Vorrang vor allem anderen. Und die Probenarbeit gerade mit Serafin war für Maria so etwas wie eine Offenbarung. »Vielleicht war dies das größte Glück, das ich jemals hatte«, sagte sie später. »Er brachte mir bei, daß in allem Ausdruck liegen muß, daß alles einen Sinn haben muß. ... durch ihn lernte ich soviel über die Tiefe der Musik. Ja, wirklich, wirklich – von diesem Mann saugte ich alles in mich ein, was ich einsaugen konnte.«

Serafin liebte Verona, und Verona liebte Serafin. Schon seit langem war er der Stadt eng verbunden, hatte er doch bereits 1913 die erste Aufführung in der Arena dirigiert. Inzwischen hatte er als Dirigent das gemacht, was man eine Weltkarriere nennt. Bald hatte er ein Engagement an der Römischen Oper, dann an der Met, dann an der Scala. Während dieser vielen Jahre gab es kaum einen großen Sänger, mit dem er nicht irgendwann zusammenarbeitete. Unter anderem hatte er Stimme und Karriere von Rosa Ponselle geprägt. 1925 sang sie an der Met ihre erste Norma – nach anderthalbjähriger Arbeit mit dem Maestro. Sein Einfluß auf Marias musikalische Einstellung und Ausrichtung sollte noch bedeutsamer sein. Elvira de Hidalgo hatte sie auf das Belcanto-Repertoire zugeführt. Serafin setzte diese Bemühungen sozusagen fort und gab ihr die Gelegenheit, eben dies auf der Bühne zu meistern. »Sobald ich sie singen hörte, wußte ich, daß sie eine Ausnahmestimme besaß«, sagte er. »Sicher, da gab es noch einige Unsicherheiten, doch erkannte ich sofort, daß sie eine Zukunft hatte, die Zukunft einer großen Sängerin.«

Dieses Bewußtsein, diese Gewißheit vermittelte er ihr, und das gab ihr das notwendige Selbstvertrauen. Die Probezeit bis zur Premiere war mehr Freude als Qual – in einer Weise, wie sie das bei der Probenarbeit noch nie zuvor erlebt hatte.

Im übrigen war da noch Meneghini, und je weiter der Sommer voranschritt, desto stärker interessierte Maria sich für ihn. Von seinen anderen Vorzügen ganz abgesehen – er erwies sich als überaus brauchbarer Kritiker. Serafin war ihr Mentor, ihr Lenker und Leiter. Meneghini füllte gleichsam die Funktion des »konstruktiven« Kritikers aus. Auf der Hut brauchte sie vor ihm nicht zu sein. Ohne sie auch nur im mindesten herabsetzen zu wollen, brachte er Korrekturvorschläge aufs Tapet.

Noch nie hatte sich Maria glücklicher gefühlt. Dennoch zitterte sie, wie sie ihrer Mutter schrieb, beim Gedanken an den Premierenabend innerlich »wie Espenlaub«. In einer riesigen Arena würde sie singen, vor einem riesigen Publikum: 25 000 Italiener, von denen sich jeder einzelne für einen Opernfachmann hielt.

Während der Generalprobe kam es vor lauter Übereifer zu einem Zwischenfall. Maria stürzte von der Felskulisse und verstauchte sich einen Fuß. Die folgende Nacht in ihrem Hotel war schmerzhaft und voller Ängste. Meneghini saß die ganze Zeit über an ihrem Bett, pflegte sie und hegte auch ihr Selbstvertrauen.

Zehn Jahre später, unmittelbar bevor Onassis in ihr Leben trat und ihre Ehe zerbrach, erinnerte sie sich voll Dankbarkeit daran. Mit Dankbarkeit und jener Art von Übertreibung, unter der sie oft wachsende Zweifel verbarg: »Dies war nur eine der kleinen Episoden, in denen sich der Charakter meines Mannes zeigte. Mit Freuden und auf der Stelle würde ich mein Leben für ihn opfern. Von jenem Augenblick an begriff ich, daß ich niemals einen großzügigeren Mann finden würde ... hätte Battista dies gewollt, so hätte ich ohne Bedauern meine Karriere aufgegeben. Denn im Leben einer Frau ist die Liebe wichtiger als künstlerische Triumphe.«

Dem mochte schon so sein – nachdem die künstlerischen Erfolge errungen worden waren. Doch am 3. August 1947, als Maria in der Seitenkulisse auf ihren Bühnenauftritt wartete, war da kein Platz für irgend etwas *außer* dem so nahen künstlerischen Erfolg. Nun, der sollte einfach nicht sein. Befangen hinkte Maria mit ihrem bandagierten Fuß herum. Urplötzlich wurde ihr lähmend das gewaltige Ausmaß der Riesenbühne bewußt. Die Kritiker lobten später, »das innerliche Engagement und die Leichtigkeit, mit der sie hohe Töne« hervorbrachte sowie das »überaus bewegende und ganz persönliche Timbre«. Doch war dies kaum der Stoff, aus dem künstlerische *Triumphe* gemacht sind. Maria erhielt nicht einmal eine Wiedereinladung nach Verona. Dennoch sang sie, von Serafins Vertrauen und Meneghinis Verehrung getragen, weitere fünf Male die Gioconda; und blieb dann in Verona, wartete voll Zuversicht auf ihre nächste große Chance.

Früher hatte Maria oft nein gesagt, obschon sie sich das überhaupt nicht leisten konnte. Jetzt konnte sie es sich leisten, dank Meneghini. Sie konnte es sich leisten, wählerisch zu sein. Das erste Angebot traf ein, sie sollte in Vigevano bei Mailand die Gioconda singen – und wurde abgelehnt. Da die Hoffnung bestand – oder doch zu bestehen schien –, der Mailänder Scala näherzukommen, verzichtete Maria lieber auf einen Auftritt in diesem Provinznest. Aber wie immer man das auch nahm, die Zukunft wirkte alles andere als verheißungsvoll, Marias und Meneghinis Erwartungen zum Trotz. Mario Labroca, der stellvertretende Leiter der Scala, hörte Maria singen und murmelte irgend etwas von stimmlichen Mängeln, sprach aber auch von der Möglichkeit, daß sie eine Rolle in der bevorstehenden Mailänder Inszenierung von Verdis *Ein Maskenball* bekommen könne.

Eine Woche verging, und weiteres Gemurmel ward nicht hörbar.

Erzwungene Muße. Man vertrieb sich die Zeit damit, durch Verona zu bummeln, und Maria entdeckte und entwickelte eine Leidenschaft, die oft genug nicht nur für sie selbst zur Qual werden sollte – ausgiebiges Shopping. Zu seinem Leidwesen mußte Meneghini feststellen, daß sie ihre Umwelt damit fast buchstäblich auf die Barrikaden treiben konnte. Endlos zögerte sie, ehe sie sich dann doch entschloß. Ausnahmslos fand sie den Preis zu hoch. Und selbst als sie später mehr Geld besaß, als sie überhaupt ausgeben konnte, bereitete es ihr das allergrößte Vergnügen, einen ganzen Vormittag bei Woolworth oder einem anderen Kaufhaus herumzukramen und allerlei Kinkerlitzchen zu kaufen – eine Zitronenpresse, einen Kartoffelschäler, eine neuartige Kaffeemühle. 1962 lunchte sie einmal mit Edith Gorlinsky, der Frau ihres Agenten, im exklusiven Claridges – wo sie Porzellan und Kristall beiseite schob, um auf dem Tisch stolz ihre morgendliche Woolworth-Beute auszubreiten.

Allem Spaß und aller Ablenkung zum Trotz hielt es sie nach einer Woche nicht länger in Verona. Mit Meneghini im Schlepptau reiste sie nach Mailand, und dort klapperte sie – wieder einmal – Agenten ab. Obwohl sich Serafin für sie einsetzte, rührte sich nichts und niemand für sie. Dabei war sie doch keine Unbekannte mehr, hatte immerhin in Verona debütiert.

Deutlicher denn je wurde ihr bewußt, daß sie in den Augen allzu vieler so etwas wie ein absonderliches musikalisches Geschöpf war. »Nach meinem Debüt in Italien«, sagte sie später, »wurde ich in Italien nicht gerade geliebt ... Kein Agent wollte mich haben ... Meine Art zu singen war etwas Neues, und sie mochten nichts, das von der Tradition abwich.« Der italienische Kritiker Teodoro Celli nannte sie einen »Wandelstern, der sich in ein ihm fremdes Planetensystem verirrt hat«.

Zweifellos wäre sie viel eher im neunzehnten Jahrhundert zu Hause gewesen als im zwanzigsten. Im Jahrhundert von Pasta und Malibran, in der Ära ungehemmter Romantik, wo die Stimme zum Instrument wurde im Dienst des emotionellen Dramas; und dies war die vergessene Tradition, in die Maria sehr wohl gehörte. Von Anfang an wußte sie um die Totalität – die untrennbare Gesamtheit – von Stimme und Emotion. Das eine war gleichsam eingebettet ins andere. Sie konnte Zorn buchstäblich auflodern lassen. Sie

vermochte es, Schwermut in einem solchen Maße zu steigern, daß es dem Publikum das Herz brach. Und ohne daß die Dramatik darunter auch nur im mindesten litt, gab sie der Musik das wieder, was man Politur nennen mag oder Perfektion: Jeder Satz, jedes Wort erhielt das richtige Gewicht im Gesamtgefüge; und nicht zuletzt hierdurch erweckte sie die »musikalische Skulptur« zum Leben. Zwar führte sie, in unserer Zeit, die stimmliche Ausdrucksfähigkeit zu neuer Höhe, doch ließ sie es niemals zu, daß dies zum Selbstzweck – zur sinnlosen Ausschmückung – wurde. Technik blieb dem Ausdruck untergeordnet, stimmliche Schönheit der dramatischen Wahrheit. »Es genügt nicht, eine schöne Stimme zu haben«, betonte Maria später. »Was heißt das? Wenn man eine Rolle interpretiert, so muß man über eine Palette von tausend Farbtönen verfügen, um Glück, Freude, Sorge, Furcht wiedergeben zu können. Wie kann man dies mit einer ›schönen‹ Stimme erreichen? Wenn man ›unschön‹ singt, wie ich das manchmal getan habe, so ist dies vom Ausdruck her notwendig. Man muß es tun, auch wenn die Menschen das nicht verstehen. Am Ende werden sie schon begreifen. Man muß sie überzeugen von der Richtigkeit dessen, was man tut.«
In der Tat: Am Ende verstanden sie, die Menschen. Wenn da auch eine nicht unbeträchtliche Minderheit blieb, die sich nicht überzeugen ließ und erbittert opponierte. Im Herbst 1947 sah sie sich, gerade bei jenen, die Rollen zu besetzen hatten, einer Mehrheit gegenüber, der die Callas-Stimme mit ihren »Merkwürdigkeiten« herzlich wenig zusagte. Was diese Leute suchten, waren schöne Stimmen, umschmeichelnde Stimmen – Tebaldi-Stimmen.
Die Tebaldi – bekanntermaßen Toscaninis Favoritin – hatte im Jahr zuvor in der Scala ihr Debüt gegeben, und als sie Verona besuchte, war sie von der Aura des Erfolgs umhüllt. Was die Rivalität zwischen der Callas und der Tebaldi betrifft, so bestand sie zum einen Teil wirklich, war zum anderen Teil jedoch eine Erfindung der Presse – und im übrigen symptomatisch oder auch symbolisch für die Tatsache, daß sich diese beiden Sängerinnen mit ihren grundverschiedenen musikalischen bzw. musikalisch-dramatischen Auffassungen beim besten Willen nicht unter einen Hut bringen ließen.
Für die Tebaldi-Anhänger reduzierte sich das ganze Problem auf den Gegensatz von »schön« und »häßlich«, für die Callas-Fans auf die Pole »langweilig« und »erregend«. Beim Festival von Verona

kreuzten sich ihre Pfade zum erstenmal. Maria war der »geheimnisvolle« Gaststar, während die Tebaldi (in der Titelrolle von Gounods *Faust*) unter den Sängerinnen die Hauptattraktion bildete. Obschon jede von der Existenz der anderen sehr wohl wußte, begegneten sie einander erst im darauffolgenden Jahr.

Schon bald sollte Marias Stern höher steigen als jener der Tebaldi. Jetzt jedoch gab es kaum ein namhaftes Opernhaus, das sich nicht um die Tebaldi riß, indes Maria in Mailand verzweifelt auf einen erlösenden Telefonanruf wartete und von Tag zu Tag tiefer in Depressionen versank.

Daß es dann zum nächsten und für sie entscheidenden Schritt kam, verdankte sie Serafin. La Fenice setzte einen Beauftragten in Marsch. Er reiste von Venedig nach Mailand, um Maria für die Inszenierung von *Tristan und Isolde,* die der Maestro in Venedig dirigieren sollte, unter Vertrag zu nehmen. Im Grunde handelte es sich um ein Pauschalabkommen: im Dezember die Isolde, im Januar Turandot; 50 000 Lire pro Aufführung. Maria unterschrieb, ohne sich den Vertrag richtig durchzulesen, und erst ein wenig später fiel ihr ein, daß sie sich zu einer Rolle verpflichtet hatte, die überhaupt nicht in ihrem Repertoire war.

Als am nächsten Tag Serafin in Mailand eintraf, gestand sie ihm dies – und rechnete mit einer recht unwilligen Reaktion. Zu ihrer Überraschung lachte er nur. »Alles, was Sie brauchen, ist ein Monat Studium und harte Arbeit«, versicherte er ihr. Dies war für sie in ihrer Verbitterung genau die richtige Medizin: spontan demonstriertes Vertrauen.

Von einem Augenblick auf den anderen gab es für sie nichts mehr außer ihrer Rolle. Der Erfolg wartete auf sie, ein Triumph. Der Premierenabend sollte kurz vor Weihnachten stattfinden und – nun, sie erntete einen ungeheuren Erfolg, der dieses Weihnachtsfest (ihr erstes in Italien, ihr erstes mit Meneghini) zum glücklichsten ihres Lebens machte. Im neuen Jahr folgte auf die Isolde dann die Turandot (die Turandot, die sie ja eigentlich in Amerika hatte singen sollen), und in dieser Rolle bestätigte sie, was sie in der Rolle der Isolde verheißen hatte. Sie verstand es, das emotional Richtige mit dem dramatisch Richtigen zu verbinden, zu verschmelzen. Dieser Ansicht waren die meisten, jedoch längst nicht alle. Louise Caselotti, die nach Venedig gekommen war, um Maria zu hören und für sich selbst ein Engagement zu suchen, fühlte sich, wie sie es formulierte, »beunruhigt«, als sie Maria als Turandot erlebte. »Die wunderbar freischwebenden hohen Töne, die wir bei der Probenarbeit in Chicago so sehr bewundert hatten – sie schienen eben dieses ›Freie‹ verloren zu haben und schwebten kaum noch. Auch im unteren Stimmbereich wirkte sie schwach. Mir war klar, daß sie sich auf dem falschen Gleis befand, und dies sagte ich ihr auch.« Mag sein, daß Madame Caselotti wirklich dieser Ansicht war. Allerdings besteht kaum ein Zweifel, daß sie ihrerseits viel darum gegeben hätte, auf eben diesem »falschen Gleis« zu sein.

Maria behauptete oft genug, öffentlicher Kritik gegenüber unempfindlich zu sein. Doch Tadel und Lob waren ihr niemals gleichgültig. Dabei wußte sie sehr genau zu unterscheiden. Unseriöses Lob widerte sie an, und sie wies es zurück. Andererseits traf Tadel sie in der Regel sehr tief. Kritik von Freundesseite empfand sie als Illoyalität, fast schon Verrat. Doch war dies etwas, das sie in mancherlei Hinsicht brauchte: sozusagen als Nährboden für jenes Selbstbild, das sich nur so definieren ließ: Maria gegen die gesamte übrige Welt. Folglich hielt sie fast ununterbrochen nach eben diesem Schema Ausschau. Louise Caselotti und ihr Mann fielen dieser Einstellung als erste zum Opfer. Allerdings hatte Maria in diesem Fall zumindest bis zu einem gewissen Grade recht. Wie hätte Louise angesichts eigener Mißerfolge sich aufrichtig über Marias Triumph freuen können?

Aber da war noch etwas. Seit sie Amerika verlassen hatte, trieb es Maria, mit den Bagarozys zu brechen; und dieser Bruch sollte zugleich ein symbolischer Bruch sein – mit der Vergangenheit, auch wenn dies Unsicherheit, Furcht und Schmerz bedeutete.

Wie stets, wurden neue Phasen in Marias Leben stärker gekennzeichnet durch den Abbruch alter Freundschaften als durch das Bilden neuer Bindungen. Stets waren es ihre Kunst und ein einziger Mensch, von denen sie sich beherrschen oder doch prägen ließ, die übrigen Freunde versanken darüber sozusagen im Hintergrund. Im Augenblick war dieser eine Mensch Meneghini – ihr stets zur Seite in der ersten Zeit der Ungewißheit in Italien.

Venedig – im wörtlichen wie im übertragenen Sinn die Wasserscheide. Urplötzlich strömten die Angebote geradezu herbei – die Scala, die Met, Covent Garden? Nein, diese Zitadellen waren noch nicht gefallen, doch die Ernte des Jahres 1948 war gut, sogar ausgezeichnet. Fast alle großen Städte bildeten Stationen auf Marias großer Italientour: Venedig, Udine, Triest, Genua, Rom, Turin, Rovigo, Florenz. In Triest sang Maria ihre erste Verdi-Heroine, die Leonora in *Die Macht des Schicksals*. Der Zwiespalt zwischen Leidenschaft und Tochterliebe in der Leonora gab Maria genügend Gelegenheit zu dramatischem Ausdruck. Und eben diese Chance ließ sie sich nicht entgehen – als die große italienische Tragödin, die sie ja vom Instinkt her war.

Nach Genua arbeitete Maria den ganzen Juni hindurch mit Serafin: um aus ihrer Sicht jene Gestalt zu kreieren, die zu einer ihrer größten Rollen werden sollte: *Norma*. Mit äußerster Hingabe widmete sie sich dieser Arbeit, bis zum Premierenabend am 30. November in Florenz. Sie und Serafin – ein allmählich schier untrennbares Paar. Praktisch opferte er seine gesamte Freizeit dafür, mit ihr an der Norma zu arbeiten. Überdies dirigierte er die *Turandot*-Aufführung, in der sie sang, und kehrte mit ihr sodann nach Verona zurück.

Was Meneghini betraf: Während dieser gesamten Zeit war er für sie unbedingt eine Stütze, nicht etwa eine Last oder ein Hemmnis. Stets stand er ihr zur Verfügung, wenn sie jemanden brauchte, dem sie ihre Selbstzweifel anvertrauen wollte; oder ihre Sorgen wegen ihres Renommees; oder die Klagen über ihre Kollegen. Ja, er war da, um sie zu beschwichtigen, zu ermutigen, zu stützen und beschützen.

Was Maria und ihre Gefühle für ihn betraf: Sie mochte ihn, mochte ihn sogar sehr; doch was dies genau bedeutete, wußte weder sie selbst noch irgend jemand sonst. Zumindest soweit es ihren eigentlichen Freundes- und Bekanntenkreis betraf. Allerdings gab es auch noch andere: jenen Chor – Verwandte, Freunde der Familie –, der dirigiert wurde von Madame Meneghini. Und dort schrie man aus voller Brust, der »arme Junge« werde schamlos ausgenutzt von jener »Bühnenperson«, wie Mamma Meneghini Maria beharrlich nannte.

Als sich Maria im Juli 1948 wieder in Verona befand, um die Turandot zu singen, entdeckte sie, daß die feindselige Haltung der Meneghini-Familie keineswegs ohne Einfluß blieb auf die *High Society* der Stadt. Und es gibt kaum etwas, das an giftiger Schärfe dem Snobismus der »feinen« Provinzgesellschaft gleichkommt. Maria jedenfalls empfand die Atmosphäre als peinlich und tief bedrückend.

Dabei hätte sie sich eher amüsiert fühlen sollen. Sie, der aufstrebende Opernstar, vor dem ältliche Mütter ihre mittelalterlichen

Söhne möglichst umgehend »in Sicherheit« zu bringen suchten – ein ebenso bemitleidenswertes wie vergnügliches Schauspiel. Doch zu einer solch gelassenen Haltung war Maria nicht fähig. Sie, die in ihrer Kunst eine Revolutionärin war, sehnte sich im Privatleben nach Konventionalität. Und die Meneghini-Familie weigerte sich, ihr den Zugang zu eben jener Welt zu gestatten.

»Die behaupteten«, so erinnerte sie sich Jahre später voll Bitterkeit, »ich sei nur nach Verona gekommen, um einen reichen Mann zu heiraten.«

Seiner Familie zum Trotz wäre Meneghini schon im ersten Jahr bereit gewesen, sie zu heiraten. Mehr und mehr ging sein Leben in ihrem auf. Er war nicht mehr der Ziegelsteinfabrikant, sondern Maria Callas' persönlicher Manager. Dennoch zögerte Maria.

»Ich habe einen Mann kennengelernt, der mich leidenschaftlich liebt«, schrieb sie ihrer Mutter bald nach ihrer ersten Begegnung mit Meneghini. »Er will mich heiraten. Ich weiß nicht, was ich ihm sagen soll. Er ist dreiundfünfzig – was meinst Du dazu? Er ist sehr reich, und er liebt mich.«

Evangelia zeigte sich alles andere als begeistert. Ihre Tochter und ein dreißig Jahre älterer Mann? Sie ließ an ihren Zweifeln keine Zweifel.

Doch was Maria betraf, so hatte sie ihre Mutter eher pro forma nach deren Meinung befragt. Sie setzte ihre Mutter »ins Bild«, informierte sie – eine Verhaltensweise, die mehr und mehr zur Routine wurde.

Aber sie schrieb auch an ihren Patenonkel und bat ihn um seinen Rat. Er erwiderte, sie solle sich nach ihren Gefühlen richten und nicht nach der »Arithmetik«. Seine Frau sei schließlich auch wesentlich jünger als er, dennoch führten sie eine ausgesprochen glückliche Ehe.

Marias Verhalten Meneghini gegenüber war typisch für sie: Während sie ihn sich durch ihr Zögern zu entfremden drohte, litt sie Höllenqualen, er könne sie womöglich wirklich verlassen. Ein eigentümlicher Widerspruch.

Zu ihrer Erleichterung machte er keine Anstalten, dies zu tun. Viel galt es zu erledigen, und man mußte sich tummeln. Für persönliche Probleme blieb kaum Energie übrig. *Norma* und *Aida*. Zunächst einmal die Aida. Zuerst in Turin und dann in Rovigo – eine Rolle, die für Marias Dynamik im Grunde nicht genug hergab. Dennoch erhielt sie herzlichen Applaus und überschwengliches Lob. Inmitten des Publikums in Rovigo saß auch Renata Tebaldi (die Maria in Venedig kurz kennengelernt hatte), und ihr lautes und klares *Bravo!* hob sich deutlich heraus aus dem allgemeinen Jubel des Publikums. Diese Anerkennung bereitete Maria allergrößte Freude und Befriedigung.

Das war am 19. Oktober 1948. Mit einem tiefen Seufzer der Erleichterung konnte sie nunmehr einer Zeitspanne von vierzig freien Tagen entgegensehen. Dann Florenz und ihre erste Norma – die Gestalt der Oberpriesterin der Druiden, die sich mit ihrem Namen enger verbinden sollte als irgendeine andere. Selbst Meneghini, der sie inzwischen doch genau kannte, empfand das Besondere bei ihrer Gestaltung dieser Rolle – das schier verzehrende Feuer im Wesen der Druidenpriesterin.

Maria sang die Norma neunzigmal in acht verschiedenen Ländern – häufiger als irgendeinen anderen Part in ihrem Repertoire von insgesamt siebenundvierzig Rollen. »Vielleicht liegt in der Norma viel von meinem eigenen Charakter«, sagte sie 1961, als sich ihre Aufmerksamkeit weniger auf Norma und die Oper überhaupt richtete als vielmehr auf Onassis. »Das zornige Weib, das zu stolz ist, seine wahren Gefühle zu zeigen, bis sie am Ende beweist, aus welchem Holz sie wirklich ist. In einer Situation, an der sie im Grunde selbst die Schuld trägt, ist es ihr unmöglich, gemein oder ungerecht zu sein. An der Norma arbeite ich, als hätte ich sie noch nie gesungen. Es handelt sich um die schwierigste Rolle in meinem Repertoire. Je öfter ich sie singe, desto weniger drängt es mich dazu.«

Nun, 1948 verlangte es Maria geradezu danach, die Norma zu singen. Die Intensität der Gefühle in dieser Zeitspanne von vierzig Tagen läßt sich kaum beschreiben. »Niemals werde ich so gut sein, wie es sich jetzt – ungesungen – in meinem Kopf darstellt«, sagte sie eines Morgens bei Probenbeginn zu Serafin. In der Tat: Nur selten gelang es ihr, auf der Bühne jene Vollkommenheit zu erreichen, die sie zuvor erzielt hatte – wenn auch nur im eigenen Gehirn.

Bellini hatte sehr wohl gewußt, was Italiener in die Opernhäuser zog: schöne Stimmen, die Kunst des Belcanto, wenig mehr. Doch in *Norma,* seiner größten Oper, beschränkte er sich nicht darauf, seinem Publikum diesen simplen Genuß zu bieten, den Schöngesang und die hohen Töne. Jede Arie – sonst eher ein statisches Element – fördert den Fortgang der Handlung, und die Verflechtung von Arien und Rezitativen trägt entscheidend zur einzigartigen Wirkung der Oper bei, verglichen mit seiner *Nachtwandlerin* etwa oder seinen *Puritanern.*

Einen Großteil der vierzig Tage verwandte Maria auf die Arbeit an den Rezitativen. »Finde den Rhythmus und die Proportion«, sagte Serafin zu ihr, »und zwar indem du sie dir selbst vorsingst, als ob du sprichst.« Maria besaß einen untrüglichen Sinn für die innere Struktur – für das Tektonische. Sie wußte genau, silbengenau, was sie in einem gesungenen Satz zu betonen und hervorzuheben hatte. »Es ist einfach unfaßbar«, sagte Nicola Rescigno, eine Zeitlang Marias Lieblingsdirigent, »daß ein Mädchen aus einem mehr oder minder unmusikalischen Elternhaus die unvergleichliche Gabe besitzt, das perfekte Rezitativ zu singen.«

Doch die Anforderungen der Norma gingen weit über das Rezitativische hinaus. Die Rolle verlangte die absolute Beherrschung all jenes Zierats, den der Belcanto gebot, Triller, Läufe und so weiter. Darüber hinaus bedurfte es unglaublicher Kraftreserven. Der Titelheldin war kaum eine Pause vergönnt, drei Viertel der Oper mußte sie auf der Bühne durchstehen, wobei gesangliche Lyrismen und hochdramatische Ausbrüche einander schroff ablösten.

Maria wußte, daß die Beherrschung des Technischen nicht mehr als das *Fundament* der Gestaltung sein konnte. Sie hat selbst beschrieben, wie sie sich Schritt für Schritt in eine neue Rolle hineinarbeitete: »Man liest eine neue Rolle, und zuerst ist man begeistert, euphorisch ... dann beschäftigt man sich mit der Musik und lernt sie, als sei man auf dem Konservatorium.

In anderen Worten – genau wie's geschrieben steht, nicht mehr und nicht weniger. Zwangsjacke, nenne ich das. Erst, wenn man's ganz und gar in sich aufgenommen hat, bekommt man Flügel ...«

Ganz abgesehen von der Technik in der Norma – die Hauptaufgabe lag im Schöpferischen, eine Herausforderung an Herz und Hirn. Die Hohepriesterin der Druiden bricht ihr heiliges Gelübde, weil sie ihrer Leidenschaft für Sever, den römischen Prokonsul, nicht widerstehen kann. Zwei Kinder hat sie von ihm, doch dann wendet er sich Adalgisa zu, einer jungen Priesterin, und Norma sinnt auf Rache – eine Situation, in der die ganze Skala menschlicher Gefühle zum Tragen kommt: Zorn, Haß, Eifersucht, Furcht, Verzweiflung, Zärtlichkeit und schließlich jene freudige Selbstaufopferung, die Norma anstelle von Adalgisa den von ihr selbst befohlenen Scheiterhaufen besteigen läßt.

30. November 1948, Teatro Communale in Florenz. Hier und jetzt

gilt es, sich zu bewähren. Und in der Tat, es wird eine großartige Vorstellung. Was immer an Lyrismen in Bellinis Musik steckt, es wird aus ihr »herausgeholt«, und man begreift, weshalb seine Zeitgenossen ihn mit Chopin verglichen.

Gewiß, die Reaktion von Publikum und Kritik beglückte Maria; dennoch – mit sich selbst war sie bei weitem nicht zufrieden. »Ich kann's gar nicht erwarten, wieder die Norma zu singen«, sagte sie nach ihrer zweiten und letzten Vorstellung in Florenz zu Meneghini. Am folgenden Tag reiste sie nach Venedig ab, während Titta – wie sie Meneghini jetzt nannte – nach Verona fuhr.

In Venedig warf sie sich auf ihre zweite Wagnerrolle: Brünnhilde in *Die Walküre*.

Dies waren die beiden Hauptattraktionen der Saison 1948/49 in Venedig: *Die Walküre* mit Maria Callas als Brünnhilde und Bellinis *Die Puritaner* mit Margherita Carosio, einer der führenden italienischen Sopranistinnen, als Elvira. In beiden Fällen hieß der Dirigent Serafin.

Über die üblichen Proben hinaus arbeitete Maria an sich selbst, entweder allein oder mit Serafin im Hotel Regina. Eines Abends, der »Ho-jo-to-hos« von Brünnhilde überdrüssig, begann sie, die Rolle der Elvira vom Blatt zu singen. Serafins Frau, die im Nebenzimmer telefoniert hatte, kehrte zurück und blieb an der Türschwelle stehen. Aufmerksam lauschte sie. Ihr Gesprächspartner am anderen Ende der Leitung war ihr Mann gewesen – ein Serafin in heller Verzweiflung, weil er genau zehn Tage vor der Premiere von *Die Puritaner* ohne Elvira dasaß: Margherita Carosio war ein Opfer der üblen Grippeepidemie geworden, die in Venedig grassierte. Und bislang hatte Serafin niemanden gefunden, der für den erkrankten Star einspringen konnte.

Als Madame Serafin, die Stimme ihres Mannes noch in den Ohren, jetzt ins Wohnzimmer zurückkehrte und Maria die Elvira singen hörte, mochte sie ihren Sinnen kaum trauen. Sie sagte nur: »Tullio ist auf dem Weg hierher? Wollen Sie mir einen Gefallen tun? Wenn er kommt, singen Sie ihm das doch bitte vor?«

So geschah es. Er kam, sie sang, er enthielt sich jeglichen Kommentars. Schließlich hatte Maria am nächsten Tag, dem 8. Januar, Premiere als Brünnhilde.

Am folgenden Morgen um zehn Uhr, Maria lag noch im Bett, erhielt sie einen Telefonanruf. »Wirf dir was über und komm herunter«, befahl der Maestro.

»Ich hab' mich noch nicht mal gewaschen«, protestierte Maria. »Etwa eine halbe Stunde werde ich brauchen.«

»Nein, nein, nein, komm herunter, so wie du bist.« Und natürlich fügte sie sich. Damals konnte sie Serafin nichts abschlagen.

»Sing«, sagte er.

»Was?«

»Was du mir gestern vorgesungen hast.«

Es war noch ein zweiter Mann anwesend. Maria, noch leicht verschlafen, erkannte ihn. Es handelte sich um den Musikalischen Direktor des Opernhauses. Sie blätterte in den Noten und sang dann, wie verlangt, die Arie vom Blatt. Anschließend beobachtete sie perplex und leicht verlegen, wie die beiden Männer miteinander flüsterten.

Endlich wandte sich Serafin ihr zu.

»Also, Maria«, sagte er, »diese Partie wirst du in einer Woche singen.«

»Wie bitte, *was* werde ich in einer Woche tun?« fragte sie fassungslos.

»Du wirst in einer Woche die Elvira in den *Puritanern* singen. Genügend Zeit zum Einstudieren hast du, dafür sorge ich schon.«

»Unmöglich«, erwiderte sie. »Ich muß noch dreimal die Brünnhilde singen. Völlig ausgeschlossen ... einfach absurd ... geht wirklich nicht.«

»Und ob es geht«, betonte Serafin abschließend mit dem ganzen Gewicht seiner Erfahrung und seines Renommees.

Sofort war sie überzeugt. »Maestro, ich werde mein Bestes geben. Mehr als mein Bestes kann ich nicht versprechen.« Jahre später erinnerte sie sich an die Gedanken, die ihr dabei durch den Kopf schossen: »Wenn die so verrückt sind zu glauben, daß ich das kann – bitte. Ich bin noch jung, und da muß man schon was riskieren.«

Und sie riskierte es, riskierte sehr viel. Von der ganzen Rolle kannte sie nur diese eine Arie und auch die bloß vom Blatt. Ansonsten wußte sie nicht einmal, worum es in der Oper überhaupt ging; und schwerlich ließen sich zwei gegensätzlichere weibliche Opernrollen denken als die der Elvira und der Brünnhilde. Am Mittwoch und am Freitag sang sie die machtvolle, hochdramatische Partie der Brünnhilde, und zwischendurch übte sie die Triller und Läufe für die Rolle der Elvira. Am Sonntagmorgen gab es die Generalprobe für die *Puritaner,* und am Sonntagabend fand die Schlußvorstellung der *Walküre* statt.

Ein wahres Wechselbad: Koloraturen von höchstem bis allerhöchstem Schwierigkeitsgrad und – andererseits – eine der anspruchsvollsten Partien in der Operliteratur.

Zwei Tage später, am 19. Januar 1949, fand die Premiere von *Die Puritaner* statt, und alle Zweifler wurden eines Besseren belehrt. Gewiß, Maria kannte die Musik, jedoch noch längst nicht ihren Text. Aber niemand schien auch nur zu bemerken (von Kritik ganz zu schweigen), daß ihr soufliert werden mußte. Als man zu der Arie kam: »*Son vergin vezzosa*« mißverstand sie den Souffleur und sang: »*Son vergin viziosa*« (statt: »Ich bin eine reizende Jungfrau«, »Ich bin eine verderbte Jungfrau«). Doch wer hätte sich deshalb – und wegen ein paar weiterer Mißlichkeiten – beklagen wollen? Das wäre der Haltung jener gleichgekommen, die da meinten, bei der Speisung der Fünftausend mit Brot und Fisch habe es an Salz und Zitrone gefehlt.

In der Tat: Serafin ausgenommen, der ja von Anfang an daran geglaubt hatte, sah alle Welt Marias Leistung als wahres Wunder an. »Was sie damals in Venedig vollbrachte«, sagte Zeffirelli nach ihrem Tod, »war absolut unglaublich. Um wirklich würdigen zu können, was sie an jenem Abend leistete, muß man sich in der Welt der Oper schon recht gut auskennen. Man stelle sich nur vor, Birgit Nilsson, eine der großen Wagnersängerinnen unserer Zeit, sollte über Nacht für Beverly Hills, eine der besten gegenwärtigen Koloratursopranistinnen, einspringen.«

In ganz Italien wurde Maria zum Tagesgespräch. Das riskante Spiel, auf das sie sich eingelassen hatte, warf weit mehr ab als einen durchschnittlichen Gewinn; es markierte den Wendepunkt in Marias Karriere. Eine Sängerin unter vielen erlebte eine Metamorphose – sie verwandelte sich in die Sängerin des Jahrhunderts.

Selbstzufriedenheit entsprach allerdings ganz und gar nicht ihrer Art. Auf den Lorbeeren von gestern mochte sie sich nicht ausruhen. In Rom verkörperte sie ihre dritte und letzte Wagnerrolle, die Kundry in *Parsifal.* Zeffirelli, der sich zu dieser Zeit in der italienischen Hauptstadt aufhielt, erinnert sich, wie er am Tag nach der Generalprobe für *Parsifal* zu jener Abteilung ging, wo sich *seine* Kostüme befanden (er inszenierte *Wie es Euch gefällt*). »Keine einzige Näherin konnte ich dazu bewegen, an die Arbeit für mich zu denken. Sie waren alle vollauf beschäftigt, inmitten der Massen von Chiffon in sämtlichen Farbschattierungen. Über die phänomenale neue Sängerin sprachen sie, die sie am Abend zuvor gehört hatten. Dieses Weib, das mich praktisch um einen ganzen Arbeitstag brachte, war mir sofort verhaßt. Dennoch ließ ich es mir nicht nehmen, sie am darauffolgenden Abend als Kundry zu hören … genau wie tausend und abertausend andere. Auf der Stelle wurde ich eingefangen von jener besonderen Wärme, die sie ausstrahlte, sowie vom Klang der Stimme. Ich erinnere mich genau, wie es in meinen Ohren sozusagen schwirrte – die unverkennbare Wirkung der Ausstrahlung dieser Frau und ihrer Stimme … Irgend etwas geschah, etwas Einzigartiges.«

Der Frühling kam, und vom Teatro Colón in Buenos Aires traf ein Vertragsangebot ein, aber es blieb ihr noch ein guter Monat, um sich auf ihre Südamerikareise vorzubereiten. Im übrigen wurde ihr nun zum erstenmal richtig bewußt, daß die vielen tausend Kilometer, die sie von Battista trennen würden, ein ganz spezielles Problem aufwarfen: das Problem der Eheschließung zwischen beiden.

Sie beschloß, als Maria Meneghini-Callas von Italien nach Argentinien zu reisen. Meneghini seinerseits erhielt die kirchliche Erlaubnis, eine Frau zu heiraten, die nicht dem katholischen Glaubensbekenntnis angehörte. Voll Freude und Erregung sah Maria der Eheschließung entgegen – und künftigen Triumphen, mit Titta an ihrer Seite. Am 21. April 1949 wurden beide in der Chiesa dei Filippini in Verona getraut. Es war eine sehr einfache, geradezu schlichte Zeremonie. Weder von der Meneghini- noch von der Callas-Familie ließ sich jemand sehen. Anwesend waren, außer dem Brautpaar, nur der Geistliche, der Küster sowie – als Trauzeugen – zwei Freunde Meneghinis.

Unmittelbar darauf reisten sie nach Genua ab. Und man mochte es durchaus als treffendes Symbol für die Meneghini-Ehe betrachten, daß Maria, nunmehr Maria Meneghini-Callas, am Tag nach ihrer Hochzeit allein an Bord der SS Argentina ging. Ihre Flitterwochen verbrachte sie mit Turandot, Norma und Aida – jenen drei Opern, in denen sie in Buenos Aires singen sollte.

Unmittelbar vor ihrer Abreise aus Genua schickte sie nach New York ein Telegramm: »Siomo sposati e felici.« Auf diese Weise machte Maria ihren Eltern Mitteilung von ihrer Hochzeit – auf italienisch und nachdem das Ganze schon über die Bühne gegangen war. Es fiel nicht allzu schwer, sich seinen Reim darauf zu machen; später allerdings führte Evangelia beredt Klage über dieses »Wir sind verheiratet und glücklich«.

Von ihren Gefühlen verlautete Evangelia ihrer Tochter gegenüber nichts. Sie schickte ihr weiße Hochzeitsblumen und einen Brief: »Vergiß nicht, Maria, zu allererst gehörst Du Deinem Publikum, nicht Deinem Mann.« Maria erwiderte, dieser Tatsache sei sie sich, genau wie ihr Mann, durchaus bewußt. Der Gedanke, daß Maria zunächst einmal sich selbst gehörte, kam offenbar weder ihrer Mutter noch ihrem Mann. Und damals wäre er auch Maria selbst völlig fremdartig erschienen.

Erst zehn Jahre später erhaschte sie einen Blick auf alles, was sie versäumt hatte, und sie rief, nein, schrie laut: »Ich will leben!«

Battista Meneghini – Manager und Ehemann

Am 20. Mai sang Maria im Teatro Colón in Buenos Aires die Turandot, und für die Sammler von Callas-Aufnahmen bildet ein Drei-Minuten-Ausschnitt aus dieser Vorstellung ein ganz besonderes Juwel. Die Eindringlichkeit ihrer Interpretation, die Kraft der Stimme genügten, um ihr schon jetzt einen Platz unter den Allergrößten der Opernbühne zu sichern.

Schon 1949 begann Maria damit, bestimmte Rollen aus ihrem Repertoire zu streichen. Nach Buenos Aires sang sie die Turandot nie wieder, jedenfalls nicht auf der Bühne. »Überall in Italien hatte ich die Turandot gesungen«, sagte sie einmal, »und bei Gott gehofft, daß ich mir damit nicht die Stimme ruinieren würde, denn wissen Sie ... mit der Rolle hat schon so manche ihre Stimme ruiniert.«

Mit Battista stand sie in ständiger Verbindung. Briefe, Telegramme, Telefongespräche – die Argentinier bezahlten ja. Meneghini wollte jede kleine Einzelheit wissen. Er ersuchte das Management sogar, ihm sämtliche Kritiken zugehen zu lassen. In seinen Briefen zerfetzte er die weniger schmeichelhaften Kommentare. Denn die gab es durchaus und nicht zu knapp. Ihre Norma wurde zwar allgemein gepriesen, doch an ihrer Turandot und ihrer Aida fand man allerlei auszusetzen. All dies trug dazu bei, daß sie sich sehr nach Italien sehnte, genauer: in ihr erstes eigenes Heim in Verona.

Dies hatte Meneghini inzwischen nämlich eingerichtet, eine Art Penthouse für sie beide. Zeffirelli, der Maria dort später besuchte, sprach vom »Zsa-Zsa-Gabor-Stil in Armer-Leute-Version«. Vergoldungen allüberall, imitierte Rokoko-Vorhänge, geblümte Tapeten von dreierlei Art, ein Badezimmer in rosa Marmor mit goldumrandetem Kristall, goldumrandeten Spiegeln und Vorhängen in *shocking pink* (wobei »shocking« damals noch »schockierend« hieß).

Maria allerdings liebte ihre neue Umgebung. Scheinbar mühelos schlüpfte sie in die Rolle der Signora Meneghini, und im Handumdrehen eignete sie sich sogar den Veroneser Akzent an. So manche Stunde verbrachte sie damit, für ihren Ehemann Pasta zuzubereiten.

Im übrigen lag die Wohnung ganz in der Nähe der Arena. Immer und immer wieder trat Maria auf den Balkon, von wo sie alles, was dort vor sich ging, beobachten konnte, die Proben, die Aufführungen.

Das Jahr 1950 begann mit *Norma* in Venedig. Und das ganze Jahr hindurch, von Auftritt zu Auftritt, wuchs Marias Ruhm. Doch während sie, als Aida und Isolde und Norma von Venedig nach Brescia, von Brescia nach Rom und von Rom nach Catania reiste, blieb ihr Blick gleichsam unverwandt auf Mailand gerichtet. Aber aus der Richtung Scala ließ sich bislang nichts vernehmen, kein Wort, kein Zeichen, nicht der leiseste Wink.

Und dann geschah es, urplötzlich und nicht ohne eine gewisse Dramatik. Man bat Maria, die Rolle der Aida zu übernehmen. Die Tebaldi war erkrankt und hatte absagen müssen. Debüt an der Scala! Doch als Ersatz für eine andere ... und überdies war die Aida alles andere als ihre Lieblingsrolle. Aber so wenig befriedigend die Umstände auch immer sein mochten, endlich bot sich die Chance eines Debüts an der Scala.

Die erste Vorstellung sollte am 12. April stattfinden. Ende März trafen die Meneghinis in Mailand ein, und zum erstenmal sah sich Maria von einer wahren Reporterschar umlagert.

»Wie ist Ihnen zumute, Madame Callas, wo Sie jetzt bald an der Scala singen werden. Sind Sie aufgeregt?«

»La Scala, großartige Oper ... Ja, ich bin aufgeregt, natürlich fasziniert es mich. Wunderbares Opernhaus. Allerdings bin ich kurzsichtig, müssen Sie wissen. Und so sehen für mich alle Opernhäuser gleich aus. Ob ich aufgeregt bin? Die Scala ist die Scala, doch ich bin kurzsichtig: *ecco tutto.*«

Die Botschaft war deutlich genug. Sie war von der Scala als Ersatz engagiert worden, und wer von ihr dafür Dankbarkeit oder gar Ergebenheit erwartete, der sah sich besser anderswo um. Aus Marias Antworten klang tiefe Verbitterung. Die Rolle als Ersatz, soviel war klar, paßte ihr ganz und gar nicht. Vermittelnd versuchte Battista einzugreifen, vergeblich.

»Und das Publikum, Madame Callas?«

»Das Publikum? Was ist mit dem Publikum? Wenn ich gut singe, applaudiert man. Wenn's denen nicht gefällt, gibt's Pfiffe. Das ist überall das gleiche.«

»Was ist mit Ihrer Stimme, Madame Callas? Es heißt, Ihre Stimme sei ungleichmäßig.«

»Nun, man mag sagen, was man will. Ich singe, wie ich singe.«

»Und das Leben – was ist mit Ihrem Leben?«

»Mein Leben! Was für ein Leben! Von Hotel zu Hotel zigeunern, aus dem Koffer leben ... So mancher beneidet mich um meine Reisen um die Welt. Schöne Reisen – von einer Bühne zur anderen ...«

Dies war also das *Image* der neuen Aida, wie es sich dem durch die Presse gefütterten Publikum an jenem ersten Abend bot: Von einem Menschen von einnehmendem, gar berückendem Wesen konnte kaum die Rede sein. Allerdings durfte man diesmal wahrhaftig nicht den Reportern die Schuld zuschieben. Maria litt ganz eindeutig unter jenem Lampenfieber, das ihr schon lange vor dem eigentlichen Auftritt maßlos zusetzte – nur war es in diesem Fall noch ums Hundertfache gesteigert. Schließlich handelte es sich nicht um irgendein Opernhaus. Dies war die Scala, und das Publikum, dem sie sich bei ihrem ersten Aida-Auftritt gegenübersah, unterschied sich von jedem anderen Publikum. Es war gleichsam gespickt mit Ministern, ausländischen Würdenträgern sowie den juwelenbehangenen Gattinnen der italienischen Mächtigen. Mehr noch: In der Präsidentenloge saß höchstpersönlich der Präsident der Republik.

Maria schmachtete geradezu nach Triumph. Das Mindeste, was sie erwartete, war eine Sensation. Meneghini erhoffte sich noch mehr: das Angebot eines festen Engagements an der Scala. Statt dessen gab es kaum mehr als lauwarmen Applaus und ebenso lauwarme Kritiken. Überdies gebärdete sich Antonio Ghiringhelli, der vielverschriene arrogante Direktor der Scala, als eine Art delphisches Orakel. Aus seinen Sprüchen konnte man alles oder nichts lesen. Tatsache war, daß er Maria von Anfang an nicht mochte. Er witterte instinktiv, daß sie eine Sängerin war, die sich von ihm weder kontrollieren noch leicht kategorisieren ließ. Und dies paßte ihm ganz und gar nicht. Im allgemeinen übte er, zumindest über die Chorsängerinnen und die weiblichen Angehörigen des *corps de ballet,* eine unumschränkte Herrschaft aus. Seine Affären waren Legion. Sein Standardspruch: »Wenn du mit mir ins Bett gehst, brauchst du noch längst nicht auf eine bessere Rolle zu hoffen. Aber wenn du nicht mit mir ins Bett gehst, kannst du sicher sein, daß du nie eine bessere Rolle kriegen wirst.«

Dies also war der Mann, von dem im Augenblick Marias Karriere abhing, und er schien fest entschlossen, ihr den Erfolg zu verwehren. Es gab noch die – vertraglich abgemachten – zwei weiteren *Aida*-Vorstellungen, und dann reiste Maria nach Neapel.

Einer Sache war sie sicher: Wenn sie das nächste Mal nach Mailand kam – und sie *würde* wieder nach Mailand kommen –, dann nur zu ihren eigenen Bedingungen. Gegen ihre Eroberung der Scala mochte Ghiringhelli alle verfügbaren Kräfte mobil machen: Verzögern konnte er sie, verhindern nicht. In Neapel sang sie viermal die Aida, und dann ging es nach Verona zurück. Ganze zehn Tage blieben ihr noch, bevor sie wieder einmal über den Ozean mußte, zu ihrem ersten Besuch in Mexiko. Meneghini, das kaum mehr als nominelle Oberhaupt des Familienunternehmens, blieb zurück.

Am 13. Mai 1950 traf Maria in New York ein, zum zweitenmal in ihrem Leben. Und abermals war ihr Vater zur Stelle, um sie willkommen zu heißen. Vom Flughafen ging's sofort zu dem Krankenhaus, in dem Evangelia wegen eines Augenleidens behandelt wurde.

Um ihre Eltern wiederzusehen, hatte sie die Reise nach Mexiko unterbrochen – und da war ja auch noch ihr Patenonkel. Mit wenigen Stunden hatte es wohl keinesfalls sein Bewenden. So lud Maria ihre Mutter ein, zu ihr nach Mexiko zu kommen, sobald sie sich dazu fähig fühle.

Mit dem Ticket in der Tasche war Evangelia viel früher entlassungsfähig, als irgendeiner der Ärzte vorauszusagen gewagt hätte. Anfang Juni traf sie in Mexiko ein. Am Flughafen wurde sie von Maria abgeholt, in deren Begleitung sich ein paar Notabeln vom Opernhaus befanden. Wenig später war es dann der Direktor, der sie in ihre Räumlichkeiten im Hotel Prince geleitete. Die besaßen im übrigen eine Verbindungstür zu Marias Suite. Überall standen Blumen, dafür hatte man gesorgt, und im übrigen wurde sie sogleich mit allen möglichen Einladungen überschüttet, zu Diners, zu Botschaftsparties, zu Regierungsempfängen. Sie war die Königinmutter, und es konnte nicht den leisesten Zweifel geben: Alle bewunderten die Königin.

Evangelia, obschon ohne irgendwelche praktische Übung, fügte sich nahtlos in diese Rolle, hatte sich schon seit langem eingeübt in jenen Part, der ihr zukam, seit Maria 1933 mit ihrem Vortrag *La Paloma* das Straßenpublikum in ihren Bann geschlagen hatte.

Norma, Aida, Tosca und die Leonora im *Troubadour* (eine Bereicherung von Marias Repertoire) – die Kritiker schienen einander in ihren Superlativen übertreffen zu wollen. Überdies war da das Publikum, das sich – immer und immer wieder – vor lauter Begeisterung kaum zu fassen wußte.

Am 2. Mai, im Palacio de Belles Artes, erreichte sie den Höhepunkt ihrer Norma-Interpretationen und ihres Norma-Triumphs.

Kurt Baum war der Sever, und die eigentümliche Spannung zwischen Maria und ihm hatte etwas Elektrisierendes. War dies bei *Norma* noch abseits der Bühne der Fall, so änderte sich das in *Aida,* wo er den Radames sang. Während des gesamten ersten Akts, an dem betreffenden Abend, »streckte« der Tenor die hohen Töne auf eine Weise, die Maria erzürnte und Nicola Moscona, der den Ramphis sang, geradezu in Rage versetzte: Er empfand Baums stimmliche Eskapaden als persönlichen Affront.

Vor längerer Zeit, in New York, hatte Baum Marias Bitte um Hilfe abgeschlagen, und sie hatte geschworen, nie wieder ein Wort mit ihm zu wechseln. Nun, in der ersten Pause von *Aida,* taten sich Maria und Moscona zusammen. In ihrer Garderobe heckten sie einen Racheplan aus. Statt der üblichen Triumphszene am Schluß der Oper sollte Maria, in verabredeter Abwandlung, eine ganze Oktave höherspringen und diesen hohen Ton dann praktisch bis zum Orchesterfinale durchhalten.

Wie alle guten Strategen in der Geschichte, versicherten sich auch diese beiden der Mitwirkung der wichtigsten neutralen Mächte. Amneris und Amonasro wurden durch rechtzeitige »Konsultation« gewonnen. Sowohl Giulietta Simionato als auch Robert Weede erklärten sich einverstanden mit dem Einschub des tödlichen hohen Es. Nun, der Schock des so unvermutet mörderisch hohen Tons tötete Baum zwar nicht, doch er schwor heilige Eide, daß er niemals wieder mit der Callas singen werde. Was das Publikum betraf, es war ganz einfach hingerissen. Mit hoher Kunst und großartigem Gesang hatte dies naturgemäß herzlich wenig zu tun; dafür bot sich ein sozusagen artistisches Schauspiel: als rutsche jemand mit glatten Fingern vom glitschigen Trapez – eine aufregende Sache. Und das Opernpublikum hat für faszinierende Zirkusnummern nicht weniger übrig als das Zirkuspublikum.

Im dritten Akt gab es urplötzlich eine Menge von Zirkuselementen. Bei jedem Ton, der ihm dafür irgendwie verwendbar schien, schaltete Baum sozusagen auf »Dauerleistung« um. Die Frage: »*Chi ci ascolta?*« (Wer hört uns?) überhörte er schlicht, so daß

Aidas Vater – eher ernüchternd – diese Information beizusteuern hatte ...

»Wenn man im Fach noch neu ist«, sagte Maria einmal, »hat man sich eher als Athlet zu bewähren denn als Künstler.«

Nun, in Mexiko machte die Künstlerin zweifellos der Athletin Platz. Die Sängerin schlüpfte in die Rolle des Show-Stars. Der *Aida* folgte die *Tosca*, und auch ohne Kurt Baums Provokationen schien etwas in der mexikanischen Luft oder im mexikanischen Publikum zu liegen, das Maria zu der gewöhnlichsten, um nicht zu sagen vulgärsten Darbietung verleitete, die sie jemals bot.

Später gelang es ihr, diese Gestalt der Opernbühne in jeder Dimension vollgültig auszuschöpfen. Jetzt jedoch wurde sie all jenen Einwänden gerecht, die die Kritiker der Oper (darunter nicht zuletzt sie selbst) gegen dieses Puccini-Werk vorbrachten. Aber wie dem auch sein mochte, das Publikum gebärdete sich geradezu ekstatisch, und Evangelia war vor Stolz schier außer sich.

Was Evangelias Anwesenheit in Mexiko betraf, so war diese, zumindest nach außen hin, so etwas wie ein Wirklichkeit gewordener Traum. Ihre Tochter hatte den von ihr seit so vielen Jahren ersehnten Gipfel erreicht, und sie war zugegen, konnte den Triumph mitgenießen – den Glanz, von dem auch für sie, die Mutter, einiges abfiel. Doch dies blieb Fassade, und sowohl Mutter als auch Tochter gaben sich alle Mühe zu ignorieren, was sich dahinter abspielte: eine Art privater Alptraum. Die beiden Frauen schienen nicht mehr zueinander finden zu können.

Später beschrieb Evangelia die Situation folgendermaßen: »Maria war höflich, doch auf eine eher förmliche, mitunter sogar demonstrative Weise. Sie behandelte mich wie eine entfernte Verwandte, die sie soweit recht gern hatte, jedoch eher aus sicherer Distanz.«

Es war eine Art Maskenspiel. Maria schien ihrer Mutter beweisen zu wollen, daß diese keinen Sonderanspruch auf sie besaß, so sehr sie sich auch um ihren Erfolg verdient gemacht haben mochte.

An einem Abend jedoch, spät schon, wurde dieses ritualisierte Spiel durchbrochen. Es war nach der ersten *Aida*-Vorstellung. Maria lag bereits seit einer Stunde im Bett, das Licht war gelöscht. Plötzlich hörte Evangelia das Schluchzen ihrer Tochter. Sie trat zu ihr. »Ja, fürchtest du etwa, es sei kein großer Erfolg gewesen?« fragte sie leise. »Du weißt doch, daß es ein Riesenerfolg war.«

»Was interessiert mich die Aida«, schluchzte Maria laut.

»Ja, was bedrückt dich dann? Was hast du?«

»Ich möchte Kinder haben ... Zwillinge ... ich möchte viele Kinder um mich haben ... Und ich möchte, daß du sie groß-ziehst ...«

Noch immer schluchzend fiel sie – in den Armen ihrer Mutter – endlich in tiefen, tiefen Schlaf. Und am nächsten Morgen versuchte sie, diese Episode ungeschehen zu machen. Als sie zu Evangelia und Simionato an den Frühstückstisch trat und ihre Mutter sich vorbeugte, um ihr einen Kuß zu geben, stieß sie sie zurück. »Nicht doch, ich bin schließlich kein Kind mehr!« explodierte sie.

Rechtfertigen ließ sich ein solches Verhalten kaum. Die Simionato reagierte jedenfalls höchst erzürnt. »Wenn ich deine Mutter wäre, Maria«, sagte sie, »würde ich dir eine schallende Ohrfeige geben.« Vermutlich hätte Evangelia dies nur zu gern getan (und später bedachte sie ihre Tochter denn auch mit einer ganzen Reihe »meta-phorischer« Backpfeifen).

Maria reiste nach Madrid, wo »Titta« auf sie wartete. Zunächst fühlte sie sich erleichtert, weil Mexiko und ihre Mutter nunmehr hinter ihr lagen. Bei aller Erschöpfung empfand sie jedoch einen ungeheuren Stolz. Dieses Jahr glänzender Erfolge – ob sich etwas Ähnliches nicht auch in Italien erreichen ließ? Nichts schien ausge-schlossen.

Im übrigen erwarteten sie mehrere Monate der Ruhe, in ihrem neuen Haus in Verona. In einem Brief an ihren Patenonkel faßte sie ihre Gefühle zusammen:

> Lieber Leo, es ist wahr, Dein und mein Leben gleichen einan-der sehr. Du bist mit einer jüngeren Frau verheiratet, ich mit einem älteren Mann – und beide sind wir glücklich verheira-tet. Auch haben wir beide Ruhm erlangt – Du als Arzt, ich als Sängerin. Und beide arbeiten wir hart und haben unser Glück und unseren Erfolg ehrlich verdient. Habe ich nicht recht?

Vermutlich hatte sie recht. Doch was nützte es ihr? Es fehlte ihr ganz einfach an der Fähigkeit, sich zu entspannen, sich wieder aufzuladen. Selbst wenn sie (mit heftigen Kopfschmerzen etwa) mal im Bett blieb, lag irgendeine Partitur in ihrer Reichweite. Eine ihrer wenigen Abwechslungen waren ausgiebige Einkäufe – mit dem unvermeidlichen Ergebnis, daß in Schlaf- und Badezimmer noch mehr vergoldetes Zeug herumlag.

Im übrigen ließ sich ihr wachsender Ruhm mit geradezu tödlicher Präzision am gesellschaftlichen Erfolg messen. Immer reichlicher und immer dringlicher trafen Einladungen ein. Doch auf dieses neue Stadium ihrer Karriere war Maria noch keineswegs vorbereitet. Bei großen Empfängen fühlte sie sich nach wie vor deplaciert, und all ihre Energie galt der Frage: Wie sehe ich aus, bin ich auch richtig gekleidet? Hinterher fühlte sie sich dann jedesmal völlig ausgepumpt. Doch die Gastgeberinnen erwiesen sich als überaus freundlich. Sie spendeten Maria genau jenes Lob, nach dem sie so sehr lechzte.

»Man lernt nach den Regeln – und vergißt diese Regeln dann«, sagte sie irgendwann (und wiederholte in ihren eigenen Worten den Rat, den Serafin ihr gegeben hatte). Auf der Bühne wußte sie die Theorie in die Praxis umzusetzen wie in diesem Jahrhundert kaum ein anderer Sänger oder eine andere Sängerin außer ihr. Doch abseits der Bühne fehlte es ihr ganz einfach an dem entsprechenden Selbstvertrauen. Nie war sie gelöst genug, um die Regeln zu vergessen und sozusagen aus selbstverständlichem Instinkt heraus zu handeln. Folglich geriet ihr auch das Privatleben zur Vorstellung – zu einer Vorstellung, bei der sie ihrer selbst keineswegs sicher und auch alles andere als glücklich war. Nichtigkeiten konnten sie bis zum äußersten erregen, und es war ihr schier unmöglich, sich von dieser Übersensibilität zu befreien.

Meneghinis Rolle konnte man getrost merkwürdig nennen. Er hatte sich mit seiner Frau in einem solchen Maße identifiziert, daß er buchstäblich dazu beitrug, ihre Launen noch zu verlängern. Er teilte all ihre Gefühle, ob Haß oder Zorn, was immer sonst. Gemeinsam mit ihr wetterte er gegen jenes Feindbild, das sie entwarf. Er war ihr Hüter, ihr Beschützer. In diesem Vierteljahr in Verona fanden die beiden füreinander soviel Zeit wie nie zuvor. Allerdings galt Marias Zuneigung während dieser Periode gleichermaßen ihrem Titta wie ihrem Klavier. Immerhin, sie waren zusammen, und Meneghini fand Chopin und Rachmaninow keineswegs bedrohlicher als Verdi und Bellini.

Inzwischen arbeitete Maria daheim an ihrer ersten Rolle in einer komischen Oper – es handelte sich um die Fiorilla in Rossinis *Der Türke in Italien*. Als junge Gattin des Don Geronio genoß sie die Freuden der Untreue und flirtete mit dem Sultan. Für Maria war dieser Part eine echte Herausforderung. Bislang hatte sie ja nur dramatische Heldinnen dargestellt. »Die Rolle zog mich in besonderem Maße an«, schrieb sie sechs Jahre später, »gestattete sie mir doch – und zwar ziemlich häufig –, mich fernzuhalten von den großen tragischen Akzenten der Musik; und das war für mich wie ein tiefes Luftholen; wie zu einem, wenn man so will, lustigen napoleonischen Abenteuer.«

Ursprünglich hatte ihr Maestro Luccia diese Rolle angeboten, aber dann kam ein anderer Mann ins Spiel, der sich als die treibende Kraft des gesamten Unternehmens entpuppte.

Dieser Mann war Luchino Visconti, und er sollte, nach Elvira de Hidalgo und nach Serafin, der dritte Mensch sein, der auf die Karriere der Maria Callas großen Einfluß gewann. Sofort fühlte sie sich von ihm fasziniert, und diese Faszination galt keineswegs nur seiner aristokratischen Eleganz – oder seinem Ruhm als Italiens überragender Filmregisseur. Nein, das ging viel tiefer. Maria witterte geradezu Viscontis dramatisches Genie, wenn er bei Proben zugegen war. Dabei mochte es durchaus geschehen, daß er nicht die leiseste Anmerkung von sich gab. Dennoch spürte sie seine ungeheuer starke Ausstrahlung.

Die Faszination beruhte auf Gegenseitigkeit. Visconti hatte Maria zum erstenmal im vorhergehenden Jahr erlebt, in der Römischen Oper bei einer Aufführung von *Parsifal*. Als sich dann die *Anfiparnaso*-Gruppe (eine Gruppe linker Künstler und Intellektueller, zu der auch Visconti gehörte) für eine Wiederbelebung von *Der Türke in Italien* entschied, brachte er sofort Marias Namen ins Spiel. Zwischen der Kundry im *Parsifal* und der leichtfertigen jungen Ehefrau im *Türken* liegen gewiß Welten, doch für Viscontis Vorstellungskraft bot diese Kluft kein Hindernis.

Es war eine sonderbare Freundschaft, die sich in jenem Oktober in Rom entwickelte, hauptsächlich im Teatro Eliseo in der Via Nazionale oder in dessen Nähe. Saß man irgendwo bei Tisch zusammen, so schienen die Rollen urplötzlich vertauscht. Nun war es Maria, die fasziniert zuhörte, während die Stimmen der anderen durcheinanderklangen. Visconti und seine *Anfiparnaso*-Freunde sprachen über Politik, Kunst, Revolution, neue Musik, neue Moral – vor Maria öffnete sich eine Welt, die kaum weniger phantastisch wirkte als jene Opernwelt, in der türkische Sultane in Neapel landeten. An sich konnte sie intellektueller Spekulation und ästhetischem Theoretisieren wenig abgewinnen, doch im Brennspiegel von Viscontis Persönlichkeit steigerte sich auch dies zu einer Faszination ganz eigener Art.

»Maria Callas war die Überraschung des Abends«, schrieb der römische Korrespondent von *Opera* nach der Premiere am 19. Oktober. »Mit absoluter Mühelosigkeit bewältigte sie diese Sopranrolle des leichten Fachs, und man mochte kaum glauben, daß sie eine perfekte Interpretin auch der Turandot oder der Isolde sein kann.« In der Tat: Trotz insgesamt großartiger Besetzung (Cesare Valletti, Mariano Stabile, Sesto Bruscantini) war Maria der Star des Abends.

Inzwischen hatte sich das italienische Publikum daran gewöhnt, daß es kaum eine Rolle gab, die Maria nicht singen konnte. Sie hatte sich inzwischen eine weitere Hauptrolle erarbeitet: die Elisabeth von Valois aus Verdis *Don Carlos*. Ihr Leben lang blieb Maria rastlos. Ohne Erbarmen trieb sie sich selber an. Zu einer Pause mußte sie praktisch gezwungen werden – von ihrem rebellierenden Körper, der sich gegen die ständige Überforderung zur Wehr setzte.

Diesmal war es eine Gelbsucht, die ihr in die Quere kam. Sie mußte die Probenarbeit für *Don Carlos* abbrechen, und von Weitermachen konnte überhaupt nicht die Rede sein. Der Arzt befahl nicht nur Ruhe, er befahl absolute Ruhe, und so wurden sämtliche Aufführungen des *Don Carlos* abgesagt.

Während ihrer Genesung erhielt sie Briefe aus Athen. Von ihrer Mutter. Evangelia, des Zusammenlebens mit ihrem Ehemann überdrüssig, war mit plötzlichem Entschluß von New York nach Griechenland gereist, zu ihrer Tochter Jackie. Die Verbitterung, die in ihre Briefe einfloß, galt zunächst George, ihrem Mann. Als Maria jedoch nicht antwortete, machte sich in den Briefen mehr und mehr ein anderer Ton breit. Evangelia versuchte bei ihrer Tochter nachgerade einzuklagen, was sie alles für sie getan hatte. Und diese »Mahnschreiben« wurden sozusagen untermauert durch deutliche Hinweise auf die finanziellen Belastungen, die Evangelia zu tragen hatte, sowie auf spezielle Pflichten, die einer Tochter zukamen, zumal diese mit einem Millionär verheiratet sei.

Immer unverhüllter wurden die Angriffe gegen ihren Schwiegersohn. Scheinbar galt die Kritik seiner mangelnden Großzügigkeit, seinem fehlenden Interesse für Marias Familie. Doch steckte dahinter zweifellos etwas ganz anderes. Evangelia konnte es nicht verschmerzen, daß der Platz an Marias Seite, den sie für sich vorbehalten glaubte, jetzt von Meneghini eingenommen wurde.

Evangelia geriet in Panik. Und je mehr sie sich verrannte, desto vorwurfsvoller und schärfer klangen ihre Briefe. Und je erbitterter die Briefe klangen, desto stärker zog Maria sich zurück.

Statt ihrer Mutter zu antworten, schrieb sie einen Brief an ihren Patenonkel:

> ... bitte ich Dich, Leon, nichts davon zu sagen – aber meine Mutter schrieb einen Brief voller Verwünschungen, was (wie sie glaubt) die geeignetste Methode ist, etwas zu erreichen. Sie habe mich nicht für nichts und wieder nichts in die Welt gesetzt – sie habe mich geboren, damit ich sie ernähre. Tut mir leid, aber ein solcher Satz ist schwer zu verdauen.
> So im Brief kann ich das kaum erklären. Ich will's versuchen, wenn wir uns wiedersehen. Aber glaube mir, ich habe für alle mein Bestes getan und werde dies auch weiterhin tun. Allerdings werde ich nicht zulassen, daß sie maßlose Forderungen stellen. Ich muß an meine Zukunft denken und hätte im übrigen gern ein eigenes Kind.
> Bitte, behalte mich lieb und glaube an mich – wir sind einander so ähnlich ...

Mit ihrem Patenonkel fühlte sie sich eng verbunden. In ihren Briefen spricht sie oft davon. Sie empfand Dankbarkeit und Liebe. Er war der einzige Mensch in ihrem Leben, dem sie regelmäßig und voll Vertrauen schrieb.

Zur gleichen Zeit schrieb Maria ihrem Vater einen Brief, in dem sie ihn dazu einlud, sich ihr und Meneghini im Juli in Mexiko, zu ihrer südamerikanischen Saison, anzuschließen. Nach der Devise: »Die Feinde meiner Feinde sind meine Freunde« verbündete sie sich mit ihrem Vater – ein weiterer Schritt zur völligen Entfremdung von der Mutter. Von nun an vermochte sie Evangelia nur noch wie durch einen Nebelschleier zu sehen: schattengleich, verzerrt, eine geradezu bedrohliche Gestalt. Zeit ihres Lebens verharrte sie in einer Art unterbewußten pubertären Rebellion – wie verfolgt von der oft übermächtigen Mutterfigur – und ihrerseits bis zum Ende in Aufruhr geradezu erstarrt.

Inzwischen fanden überall in Italien die Feiern zu Verdis 50. Todestag statt. Was Marias Verdi-Jahr betraf, so begann es am 15. Januar 1951 im Teatro Communale in Florenz mit ihrer ersten *Traviata*.

Bereits 1949 hatte sie angefangen, sich die Rolle der Violetta zu erarbeiten. Allerdings fühlte sie damals, daß sie dafür noch nicht reif genug war. Als dann das Angebot vom Teatro Communale in Florenz kam, begann sie – gemeinsam mit Serafin – erneut mit der Arbeit daran. Doch es ging nicht besonders gut. Was immer im einzelnen der Grund dafür sein mochte – Serafin war für sie nicht mehr der unanfechtbare Maestro, der Guru, dessen Weisheiten man widerspruchslos hinnahm. Diese Position füllte inzwischen Visconti bei ihr aus.

Folglich kam es zwischen ihr und Serafin immer wieder zu Reibungen. Einmal explodierte sie sogar – das erste Mal, daß so etwas zwischen Serafin und ihr geschah. Doch war dies nur das Vorspiel für das Kommende.

Zu Beginn der Premiere schien nicht die leiseste Feindseligkeit spürbar. Serafin konnte während der Proben zwar gewaltig grob sein, doch sobald dann am Premierenabend der Vorhang hochging, war der Maestro ganz und gar für seine Sänger da. »Wenn ich unten im Graben bin, dann bin ich dort, um euch zu dienen«, pflegte er zu sagen, »weil ich damit meiner eigenen Darbietung diene.« Nach seinem Tode, 1968, würdigte Maria diesen Zug des Meisters mit geradezu überschwenglichen Worten. »Wir blickten hinunter und wußten, daß wir dort unten einen Freund hatten. Er half einem in jeder nur erdenklichen Hinsicht. Formte mit den Lippen die Wörter. Beschleunigte das Tempo, wenn man nicht besonders in Form war. Befand man sich jedoch in allerbester Verfassung, so verlangsamte er, damit man besser Atem holen konnte und mehr Spielraum hatte. Er atmete mit den Sängern, und er fühlte mit ihnen. Seine Stabführung war flexibel – wie ein lebendes, wachsendes Etwas.«

Als am Premierenabend der Schlußvorhang niederging und Maria und Serafin Hand in Hand den Applaus entgegennahmen, schien aller Ärger zwischen ihnen vergessen. »Dies war eine große Leistung«, sagte Serafin später, als er sein Urteil über Marias erste Violetta kurz zusammenfaßte, »und sie überraschte viele.«

Von Florenz reiste sie nach Neapel. Nur wenige Tage blieben ihr bis zum 27. Januar 1951, Verdis 50. Todestag. An diesem Tag sollte sie zum erstenmal in Italien im *Troubadour* singen. Hart arbeitete sie, wieder mit Serafin, an ihrer Leonora. Mit seiner Hilfe versuchte sie zu vervollkommnen, was sie sich bereits im vergangenen Jahr in Mexiko allein erarbeitet hatte.

Die Kritiken des Premierenabends waren jedoch durchweg nega-
tiv. Zu Marias Lieblingsrollen hatte die melancholische Leonora
allerdings nie gehört, und nach der so ernüchternden Reaktion in
Neapel war sie eigentlich recht froh, nach Palermo weiterreisen zu
können. Dort sollte sie, zur Eröffnung der Frühlingssaison, die
Norma singen.

Kaum in Palermo angelangt, erhielt sie einen Notruf von der Scala,
und zwar von Ghiringhelli höchstpersönlich: Ob sie wohl nach
Mailand kommen könne, um für die indisponierte Tebaldi als
Aida einzuspringen? Nein, das könne sie nicht, lautete die eindeutige Antwort.

Einmal als Ersatz an der Scala war wahrhaftig genug. Wenn sie
wieder dort sang, dann von vornherein unter eigener Flagge. Denn
eines stand fest: Lange konnte es sich Ghiringhelli nicht mehr
leisten, ihr kein »ordentliches« Engagement zu offerieren.

Als Gian Carlo Menotti, der Opernkomponist, zu ihm sagte, für
die Rolle der Magda in seinem *Konsul* habe er eigentlich an Maria
Callas gedacht, rief Ghiringhelli aus: »Oh, mein Gott! Nein, nie,
nie, nie! Ich verspreche Ihnen – wen immer sonst Sie für die Rolle
vorschlagen, ich werde keine Einwände vorbringen. Doch Maria
Callas möchte ich in unserem Opernhaus nur als Gast haben.«
Menotti suchte Maria auf und bat sie zu akzeptieren. Sie weigerte
sich ganz entschieden, und als er sich schon zum Gehen wandte,
hielt sie ihn plötzlich zurück: »Signor Menotti, ich möchte, daß Sie
dies nicht vergessen. Ich werde an der Scala singen, und dieser
Ghiringhelli wird für den Rest seines Lebens dafür zahlen.«

Am 26. Mai trat Maria in Florenz im Maggio Musicale in *Die
Sizilianische Vesper* auf. Und mit dem Angebot, in eben dieser
Oper zur Eröffnung der Saison 1951/52 in der Scala zu singen,
nahte sich nun Ghiringhelli, Vertrag in der Hand. Es sollte einer
ihrer größten Triumphe in Italien werden. Dabei handelte es sich
bei der *Sizilianischen Vesper* um eine von Verdis seltener aufge-
führten Opern. In der Florentiner Aufführung sang Boris Christoff
den Procida, und am Pult stand Erich Kleiber, der sein italienisches
Operndebüt gab.

Lord Harewood, Herausgeber von *Opera,* hatte eine Probe miter-
lebt, und er schilderte Marias ersten Auftritt: »... eine weibliche
Gestalt überquert den Platz, die sizilianische Herzogin Elena.
Zweifellos tragen die Musik und die Inszenierung dazu bei, Elena
wie im Scheinwerferlicht herauszustellen. Doch noch ehe sie einen

einzigen Ton gesungen hat – nicht einmal ein Kostüm trägt sie – ist man beeindruckt. Ihre Haltung, jede Bewegung verrät eine ruhige, selbstverständliche Autorität.« Was er hörte, beeindruckte ihn genauso stark: »... die innere Überzeugtheit und das tragische Erfülltsein in ihrer Interpretation rührten einen immer wieder an.«

Von der Vorstellung gibt es eine Aufzeichnung, und von Beginn an spürt der Hörer, wie Maria das Haus mit ihrer Stimme erobert. Was die Kritik betraf, so war das Lob einhellig. Doch all dies schien nichts im Vergleich zu jenem Triumph, der sie abseits der eigentlichen Bühne erwartete. Die Scala lag ihr zu Füßen, und die Vertragsbedingungen konnten sich sehen lassen: drei Hauptrollen, dreißig Auftritte während der Eröffnungssaison und 300000 Lire, praktisch 500 Dollar pro Aufführung.

Maria war vor Freude schier außer sich. Mochte man als Opernsänger oder Opernsängerin außerhalb Italiens auch noch so viele Triumphe erringen, die Scala war und blieb dennoch das höchste Ziel.

Am 9. Juni, noch immer in Florenz, hatte Maria – im intimeren Teatro della Pergola – ihre erste Welturaufführung: Haydns *Orfeo ed Euridice.* 1791 für London komponiert, hatte das Stück 160 Jahre warten müssen, um aus der Taufe gehoben zu werden. Haydns klassischer Stil unterschied sich tiefgreifend von dem Verdischen in der *Sizilianischen Vesper,* und die Euridice hatte mit der Elena wenig gemein, doch Maria fand sich so sicher damit zurecht, als habe sie nie etwas anderes gesungen. Inzwischen war ihre Vielseitigkeit bei den Kennern in aller Welt zur Legende geworden. In Amerika erschienen ihre ersten Schallplatten. Und während sich ihr Ruhm sozusagen über den Atlantik hinweg ausbreitete, veröffentlichte die *New York Times* eine Kritik über Maria in *Orfeo* unter der Schlagzeile: »New Yorkerin triumphiert«.

Athen, New York und Verona – alle nahmen sie für sich in Anspruch. Was den Vertrag mit der Scala betraf, der war inzwischen unterzeichnet. Nunmehr klopfte Covent Garden an die Tür. Ob sie nicht die Norma singen wolle? Sander Gorlinsky, der schließlich ihr einziger Agent werden sollte, kam nach Verona, um die genauen Vereinbarungen zu treffen. Und reiste mit leeren Händen wieder ab. Meneghini befand sich in einer Stimmung, die mit »wenig zugänglich« recht schonend umschrieben ist. »Ich war nahe daran, endgültig aufzugeben«, erinnert sich Gorlinsky. »Aber dann beschloß ich, noch einmal nach Verona zu reisen und einen weiteren

Versuch zu machen. Als ich die Wohnung betrat, lag Maria im Bett, und Meneghini war zum Glück nicht da. ›Aber gern‹, versicherte sie und unterzeichnete auf der Stelle den Vertrag – für ein Honorar von 250 Dollar pro Abend.«

Frohen Mutes reiste Maria mit Meneghini nach Mexiko. Dort wartete bereits George Callas auf das Paar, und sein zweiwöchiger Mexikoaufenthalt sollte zum überwältigenden Erlebnis werden. Nicht nur, daß Maria für das mexikanische Publikum *der* weibliche Opernstar war – man überhäufte sie mit Lob und Ehrungen, man überschüttete sie mit Einladungen.

Welche Vorbehalte George Callas gegenüber der Bühnenkarriere seiner Tochter gehabt haben mochte, in der allgemeinen Euphorie lösten sie sich in nichts auf. Im übrigen kam er mit Meneghini (beide waren etwa im gleichen Alter, beide betrachteten das Leben aus recht nüchternem Blickwinkel) ganz prachtvoll zurecht. Ihr gemeinsamer Stolz auf Maria überwand sogar die vorhandenen Sprachbarrieren.

Neben Bühnenauftritten und Probenarbeit fand Maria für ihren Vater nur wenig Zeit. Dennoch war sie froh, ihn in ihrer Nähe zu wissen. Dort, irgendwo im dunklen Zuschauerraum, saß er, stolzgeschwellt, um sodann mit den anderen laut zu applaudieren. In demselben Maße, wie die Ressentiments gegenüber ihrer Mutter stiegen, wuchsen die Liebe und die Wärme, die sie für ihren Vater empfand: Er hatte niemals besondere Forderungen an sie gestellt und sie auch nie mit ungewöhnlichen Erwartungen belastet.

Dreimal sang sie die *Aida,* wobei Mario del Monaco ihr Partner war. Ungeniert »übersang« er durchweg seine Rolle – konsequenterweise bis zu seiner letzten, der Sterbeszene. Dann kam ihre erste mexikanische *Traviata* (mit Cesare Valetti). Meneghini hatte darauf bestanden, daß man ihr in Mexiko ihre Gage in Golddollar bezahlte, und wie ein Pirat verstaute er das Geld in einem kleinen Beutel, eigens für diesen Zweck erstanden.

Das Gastspiel in Mexiko erwies sich als uneingeschränkter Erfolg. Dann ging es weiter, nach São Paulo in Brasilien. Erschöpft und mit geschwollenen Beinen kam sie an, und ihre Nerven waren bis zum Zerreißen gespannt. Alles kam zusammen: die unvermeidlichen Reisestrapazen, die zahllosen kleineren Ärgernisse, die Reibereien auf und abseits der Bühne sowie, fast unausweichlich, der Mangel an Schlaf.

Und dann war da etwas, das ihr noch mehr zusetzte als selbst dies:

ihre Angst vor der Zukunft. Gewiß, die Scala hatte sozusagen vor ihr kapituliert. Doch für Maria war dies weniger ein Anlaß zum Triumph als vielmehr ein Grund zu noch größerer Beklemmung. Je höher sie stieg, desto schwieriger wurde es auch, sich dort oben zu halten, und die Angst vor einem möglichen Absturz wuchs und wuchs. Die Vergangenheit war nicht mehr, die Zukunft war noch nicht – und unter diesem unerträglichen Druck wurde die Gegenwart schier zunichte. Kein Wunder, daß Maria sich so erschöpft fühlte.

Ihre Auftritte in *Aida* mußte sie sämtlich absagen. Blieb eigentlich nur *Traviata*, wo sie als Violetta mit Renata Tebaldi alternierte. Die Reaktion auf ihre *Aida*-Absage blieb nicht aus. Die südamerikanische Presse ging mit ihr erstmals streng ins Gericht, wobei auch recht wenig Schmeichelhaftes verlautete, das Maria angeblich über die Violetta der Tebaldi von sich gegeben hatte. Stimmte das? Entsprachen die Zitate ihren wirklichen Äußerungen? War ihr Urteil verzerrt wiedergegeben? Von nun an gehörte all dies zu den Standardfragen, die man sich bei allem, was die Presse über Marias Ansichten berichtete, immer wieder stellte. Allerdings gab es, fast ausnahmslos, auf diese Fragen auch nur eine einzige korrekte Antwort: Ja, die Presse hatte ihre Antwort verzerrt; andererseits hatte Maria aber auch im Kern gesagt (oder getan), was die Presse berichtete.

Von São Paulo ging es nach Rio de Janeiro. Dort überschlug sich die Presse geradezu wegen der Violetta der Tebaldi. Bereits eine Woche zuvor hatte sie in Rio ihren ersten Auftritt gehabt, mit ungeheurem Erfolg. Einen nicht weniger großen Triumph erlebte Maria, als sie am 12. September im Teatro Municipal in *Norma* sang. Diese parallelen Erfolge steigerten die Spannung noch. Gewiß, in der Geschichte der Oper war ein solches Spannungsverhältnis zwischen zwei Primadonnen nichts Neues. Dennoch schien hier etwas im Spiel, das es bislang in diesem Maße nicht gegeben hatte: die Anteilnahme, nein, die Parteinahme der Öffentlichkeit. Marias Kommentare, von der Presse stark vergröbert, machten die Schlacht unausweichlich. Man zog Grenzlinien, man nahm Positionen ein, ging gleichsam in Stellung. Die musikalische Welt – doch längst nicht nur sie – fing an, sich in Tebaldisten und Callasisten zu spalten.

Bis zum Ausbruch offener Feindseligkeiten konnte es nicht mehr lange dauern. Die Gelegenheit hierzu ergab sich am 14. September in Rio. Dort fand, im Teatro Municipal, ein Benefizkonzert statt, und zwar unter Mitwirkung von Renata *und* Maria. Maria sollte *Sempre Libera* aus *La Traviata* singen, Renata *Ave Maria* aus *Othello*.

Maria sang, nahm den Beifall des Publikums entgegen und trat ab. Renata hingegen, vom tosenden Applaus hingerissen, machte zwei Zugaben. Vorherige Absprachen darüber gab es nicht, und die Tebaldi rechtfertigte ihre Handlungsweise mit dem Hinweis auf den Enthusiasmus des Publikums. Hinter der Bühne wurden heftige Worte gewechselt. Folge: Abbruch der diplomatischen Beziehungen.

Nur – gar so leicht sind die diplomatischen Beziehungen denn doch nicht abzubrechen, wenn man einander zwangsläufig immer wieder begegnet, um nicht zu sagen: über den Weg läuft. Sanfte Kätzchen hätte man beide kaum nennen können, dazu zeigten sie allzu oft die Krallen. Bei einer Gelegenheit begannen sie derart aufeinander loszuzanken, daß man schon ein ausgewachsenes Marktweib-Duell befürchtete. Dies konnte gerade noch abgewendet werden.

Am Ende der *Tosca*-Premiere in Rio platzte Meneghini in ihre Garderobe und berichtete aufgeregt, im Opernhaus hecke man Anti-Callas-Pläne aus. Er liebte es, mit Neuigkeiten dieser Art hereinzustürmen, doch bleibt der Fairneß halber festzustellen, daß sie kurz darauf von einem Boten des Intendanten in dessen Büro gebeten wurde. Sie folgte der Aufforderung. Doch bevor sie dazu kam, sich über sämtliche Mißlichkeiten zu beschweren, eröffnete ihr der Intendant, Barreto Pinto, er müsse ihren Vertrag für null und nichtig erklären. Der Grund? Ungünstige Publikumsreaktionen auf ihre *Tosca*.

War es ihr Überlebensinstinkt? War es das plötzlich entdeckte Talent für Diplomatie – oder reines Glück? Maria ließ Pinto jedenfalls in aller Ruhe ausreden. Und dann erinnerte sie ihn kühl an seine vertraglichen Verpflichtungen. Sie hatte doch wohl ein Recht auf die Gage für die zweite *Tosca*-Vorstellung, nicht wahr? Und was war mit den beiden *Traviatas*, die er sie nun nicht mehr singen ließ? Pinto kochte vor Zorn, doch es blieb ihm gar keine Wahl – er mußte nachgeben.

Das Schicksal oder Zufall wollten es, daß ausgerechnet die Tebaldi die nächste Tosca sang. Allerdings war Maria zutiefst davon überzeugt, daß weder das Schicksal noch der Zufall etwas damit zu tun hatten. Sie beschuldigte die Tebaldi offen, gegen sie intrigiert zu haben: Keine andere als Renata steckte hinter Pintos Entschluß, Marias Vertrag aufzukündigen.

Sie fühlte sich tief verletzt, und ihre Anschuldigungen beruhten eher auf Vermutungen als auf Beweisen. Die Indizien deuten nämlich darauf hin, daß Renata keine Schuld traf. Doch für Überlegungen in dieser Richtung hatte Maria jetzt sehr wenig Sinn.

Sie sang in der *Traviata,* mit riesigem Erfolg, doch der offene Krieg zwischen ihr und Pinto war bereits voll im Gange. Sein kleinlicher (und völlig unbegreiflicher) Haß gegen sie nahm unerhörte Ausmaße an. Als sie vor ihrer Abreise in seinem Büro erschien, um ihre Gage in Empfang zu nehmen, höhnte er geradezu: »Zu allem Ruhm wollen Sie also auch noch Geld, eh?«

Ihr Zorn, über Wochen in ihr aufgestaut, ließ sich nicht länger zurückhalten. Wie von Sinnen griff sie nach dem Tintenfaß auf Pintos Schreibtisch – und gewiß hätte sie's ihm an den Kopf geworfen, wäre nicht ein Sekretär dazwischengesprungen, um es ihr aus der Hand zu winden.

Nun, es kam nicht zum Blutvergießen, noch gab es sonst irgendwelche Verletzte. Doch als die Geschichte schließlich in allen internationalen Opernhäusern die Runde machte, spielte das keine Rolle mehr – Maria hätte Pinto genausogut mit Toscas Dolch hinmetzeln können.

Rückreise nach Italien. Doch Meneghini hatte für einen wichtigen Zwischenaufenthalt vorgesorgt – Idlewild Airport. Damit sie Gelegenheit hatten, mit Dario Soria zu sprechen. Dieser war der Leiter der Cetra Records in New York, und es ging um die Frage eines langfristigen Vertrags. In Amerika befand sich Maria gleichsam noch auf dem »Prüfstand«. Doch aufgrund der ihm vorliegenden Berichte sowie nach Abhören weniger Schallplatten begriff Soria nur zu genau, daß Cetra Records Maria Callas viel nötiger brauchte als Maria Callas die Cetra Records.

Auf dem Airport verhandelte man sofort miteinander, wobei Maria sehr viel nüchternen Geschäftssinn bewies. Bald darauf wurde der Vertrag mit der Cetra unterzeichnet. Er beinhaltete die Aufnahme von drei vollständigen Opern für das Jahr 1952.

Sie waren wieder in Italien. Doch die Erinnerung an Südamerika, zumal an Rio, schien noch überaus nah. Es handelte sich um eine Folge von Ereignissen, nein, Erlebnissen, deren psychologisch-emotionale Bedeutung die rein faktische bei weitem übertraf. Nur zu gern hätte sie ihrem Gehirn befohlen, keine weiteren Gedanken zu verschwenden an Rio, doch wie tut man das? Wie zwingt man sein Gehirn zur Ruhe? Die Erinnerungen züngelten hoch, manchmal nur für Stunden, mitunter auch für Tage, und es gab Augenblicke bitterster Qualen, indes sich das Jahr 1951 seinem Ende näherte – und Maria dem nächsten Jahr entgegensah, ihrem Jahr der Wunder, jenem Jahr, in dem sie auf der Flutwelle unvergleichlicher Erfolge dahingetragen werden sollte.

Bruch mit der übermächtigen Mutter

An ihrem 28. Geburtstag wohnte Maria im Grand Hotel in Mailand, dort, wo Verdi jahrelang gelebt hatte, und wo er auch gestorben war. Nur wenige Gehminuten von der Scala entfernt, wurde es auch für Maria zum Domizil in Mailand.

Die offizielle Eröffnung der Scala sollte am 7. Dezember stattfinden, wenige Tage nach Marias Geburtstag, und Ghiringhelli war fest entschlossen, die Scala-Inszenierung von *Die Sizilianische Vesper* zu einem Erfolg werden zu lassen, der die Florentiner Inszenierung vom Sommer zuvor prompt vergessen ließ. Am Pult würde Victor de Sabata walten, einer der ganz Großen seines Fachs, und die Besetzung war wahrhaft erstklassig, mit Maria Callas und Boris Christoff an der Spitze. Auch stand – ausnahmsweise einmal – ausreichend Probenzeit zur Verfügung.

Bei den Proben gab es zwei Dinge, in die sich Maria völlig versenken konnte: ihre eigene Rolle – und die Musik des Komponisten. Für die *Vesper* war das gewiß nicht von Nachteil. Alle zeigten sich beeindruckt – von Marias Hingabe an die Sache, von ihrer Berufsauffassung und von ihrem Stimmvolumen. »Mein Gott«, erinnerte sich ein Chormitglied, »sie kam auf die Bühne, und ihre Stimme klang wie der tiefste Kontraalt; sie schien sich im Laufe des Abends zu wandeln und produzierte die höchsten Töne, sehr stark und klar.«

Maria widerstand der Versuchung, sich von dem Ereignis überwältigen zu lassen. Leicht war dies allerdings keineswegs. Schließlich befand sie sich inmitten von Menschen, für die die Große Oper eine Art Religion darstellte, mit Mailand als heiliger Stadt und dem Eröffnungsabend der Scala als dem heiligsten der Feste auf dem heiligen Kalender. Die Oper war ihr Leben, und wenn einem Sänger oder einer Sängerin das Mißgeschick widerfuhr, einen hohen Ton zu verfehlen, so konnte es geschehen, daß die Galerie die Arie so mitsang, wie diese hätte gesungen werden müssen.

Schon möglich, daß die Galerie 1951 nicht mehr ganz in der Lage gewesen wäre, die ganze Arie korrekt zu singen; doch zweifellos besaß man die Fähigkeit, den Sänger oder die Sängerin von der

Bühne zu pfeifen, zumal wenn es sich um Ausländer handelte. Musik und Gesang, das war so etwas wie ein Familiengewerbe, und selten nur duldete man es, wenn sich Außenstehende einmischten. Bereits ein Jahrhundert zuvor hatte sich Stendhal darüber geäußert: »Dem unbestechlichen Beobachter, sofern er sich von außerhalb nach Italien wagt, bleibt nur die Feststellung: Wer wohl wollte sich erkühnen, Sänger oder Komponisten gedeihen zu lassen – sofern dies nicht gleichsam im Schatten des Vesuvs geschieht?«

Das Premierenpublikum war eigentümlich gespannt. Gewiß, Maria eilte ein nicht unbeträchtlicher Ruhm voraus. Doch die Probe aufs Exempel galt es, *hier* zu machen. Das Scala-Publikum wußte sehr genau, daß es die Macht besaß, seine Lieblinge wahrhaft emporzukatapultieren zu internationaler Star-Gloriole.

Am Ende des Abends wußte Maria: Die Scala hatte kapituliert, wenn auch vielleicht nicht bedingungslos – nicht auf jene rückhaltlose Weise, die ein nachhaltiges Echo rund um den Globus garantierte.

Der *Sizilianischen Vesper* folgten die *Puritaner* im Teatro Communale in Florenz – und weitere Superlative aus kritischer Feder. Doch weit wichtiger als die gedruckten Worte, die sie am nächsten Morgen lesen konnte, war für Maria die unmittelbare Reaktion des Publikums an den jeweiligen Abenden. Nach Schluß der *Puritaner* klatschte und stampfte und schrie man und rief Maria wieder und wieder vor den Vorhang. Selbst die Mitglieder des Orchesters (und alle Orchester sind dafür berüchtigt, daß sie sich von Sängern auch nicht im mindesten anrühren lassen) standen unten im Graben und applaudierten mindestens so leidenschaftlich wie das Publikum. Derartige Demonstrationen wurden bald zum Tagesgespräch der italienischen Musikwelt: »Nicht seit Toscanini ...«, wisperten sich die Kenner im Publikum zu.

Alles, was sie sich jemals erträumt hatte, schien jetzt in unmittelbarer Reichweite. In der Scala sang sie die Norma, schon schrieb man das Jahr 1952. Inszenierung und Bühnenbild stammten von 1931 – uralt, verstaubt. Und zwischendurch, ob im Grandhotel oder im Opernhaus, ob in ihrer Garderobe oder in ihrem Schlafzimmer, studierte sie ihre einzige Mozart-Heroine ein, die Konstanze aus *Die Entführung aus dem Serail*. Diese Rolle verlangte ihr ungeheuer viel ab, und das in so gut wie jeder Hinsicht: Stimmumfang, Ausdauer, Agilität. Bereits in der ersten Arie ging es über zwanzigmal hinauf zum hohen C und elfmal zum hohen D. Es kostete sie sehr viel Kraft, und sie hatte nicht das Gefühl, allzuviel dafür zu gewinnen.

Gewiß, sie meisterte die technischen Schwierigkeiten und konnte ungeteilte Bewunderung, tosende Ovationen in Empfang nehmen. Dennoch sang sie niemals in einer anderen Mozart-Oper. »Mozarts Musik ist im allgemeinen langweilig«, befand sie später. »Mozart«, so erklärte sie einer jungen Studentin im Fach Sopran, »wird oft wie auf Zehenspitzen dargeboten, viel zu zaghaft. Man sollte ihn mit derselben Beherztheit singen wie etwa den *Troubadour*.« Maria, die – mehr als jede andere Sängerin dieses Jahrhunderts – den Mut besaß, die dunkelsten und primitivsten Emotionen des Menschen auszudrücken –, sie empfand die Emotionen in Mozarts Musik als allzu zurückhaltend, und der eigentliche Zugang zu der tieferen Harmonie, die die Seele von Mozarts Musik bildet, blieb ihr versperrt.

Martern aller Arten, die berühmteste Koloraturarie in der gesamten Opernliteratur, sang Maria noch zweimal im Konzert – einmal in San Remo, 1954, und einmal in der Dallas Civic Opera, 1957. Mochte sie Mozarts Musik auch zehnmal »langweilig« nennen – die Leidenschaftlichkeit, mit der sie die Arie interpretierte, strafte ihre eigene Behauptung Lügen.

Wenn es darauf ankam, konnte sie gegen sich selbst ungeheuer rücksichtslos sein. Nur vierzehn Tage nach der letzten *Entführung* (und mit *Norma* dazwischen) war sie beim Florentiner Festival dabei, in einer weiteren längst vergessenen Oper – Rossinis *Armida*.

Maria liebte Rossini, doch die Armida (die Rossini für die Colbran schrieb, die er dann heiratete) ist eine »unmögliche« Rolle oder eine doch »fast unmögliche« – gespickt mit technischen Kniffligkeiten allerhöchsten Schwierigkeitsgrades. Bei Maria wurde dies zu einem sprühenden Feuerwerk.

Fünf wichtige Tenorpartien gibt es in der *Armida;* dennoch handelt es sich in Wahrheit um eine Eine-Frau-Schau. Im übrigen trieb sie hierbei ihren Stimmumfang neuen Dimensionen entgegen: Er umspannte nunmehr fast drei Oktaven.

Von Mailand nach Florenz. Von Florenz nach Rom und zwei Vorstellungen von *Die Puritaner*. Dann von Rom nach Verona. Dort blieben ihr zwei Wochen, bevor es nach Mexiko ging. Statt sich die so dringend benötigte Ruhe zu gönnen, verbrachte sie ihre freie

Zeit fast völlig damit, ihrem Repertoire zwei weitere Hauptrollen hinzuzufügen: die Gilda aus Verdis *Rigoletto* und die Lucia aus Donizettis *Lucia di Lammermoor*. Erbarmungsloser denn je trieb sie sich an.

Maria Callas – von vielen bereits als die erregendste Sängerin der Operngeschichte bezeichnet – hetzte wie eine Getriebene von Stadt zu Stadt, von Rolle zu Rolle, von Triumph zu Triumph. Von Italien nach Mexiko. Dort, mit Giuseppe di Stefano als Partner, bereitete sie sich auf die Eröffnung der Saison vor, mit *Die Puritaner*.

Wie sich zeigen sollte, herrschte während der Eröffnungsvorstellung das reine Chaos. Guido Picco, am Pult, dirigierte die Musik herunter, als befinde er sich halb im Schlaf, und was (mit Ausnahme von di Stefano) die Besetzung betraf, so rangierten die Solosänger von »gerade noch tragbar« bis zu »absolut unmöglich«.

Es gibt von dieser Vorführung eine Rundfunkaufnahme. Wieder und wieder erlebt man, wie Maria versucht, die Aufführung vor der völligen Katastrophe zu retten. Doch sie kochte vor Zorn. Sie, der Profi unter den Profis, kannte mit »Laiendarstellern« wenig Erbarmen. Ihr Streben nach Vollkommenheit – oft genug herabmindernd Perfektionismus genannt – ließ ihr gar keine andere Wahl als den rückhaltlosen Selbsteinsatz.

Viele sahen in Marias totaler Hingabe an ihre Arbeit von Beginn an eitle Aufgeblasenheit. Sie ihrerseits wußte, daß bei aller Brillanz, die sie bieten mochte, der eigentliche Erfolg der Aufführung auf der Gesamtwirkung des Ensembles beruhte. Darüber hinaus: Wenn sie sich in eine Rolle versenkte, hörte sie auf, Maria Callas zu sein. Ihre Emotionen verschmolzen mit den Gefühlen der weiblichen Figur, die sie darstellte – und es waren Gefühle von einer Größenordnung, wie sie der Einzelmensch kaum je erlebt.

Nichts war leicht, nichts war mühelos an jenem Format, das Maria sich erarbeitete; doch soviel Arbeit und Energie sie auch in jede einzelne Rolle investierte, das einmal Erreichte war ihr niemals genug, befriedigte sie nie, konnte nimmer endgültig sein.

Die Lucia war in der neuen Saison in Mexiko ihre erste neue Rolle. Nach der Wahnsinnsszene erhielt sie siebzehn Vorhänge und eine zwanzigminütige Ovation. Dennoch lautete Marias Selbsturteil über diese ihre Eröffnungspartie in Mexiko rund sechzehn Jahre später: »Nun ja, schöne hohe Töne und all das,

aber *die* Interpretation war es noch längst nicht.« Die Rücksichts-
losigkeit ihrer Selbstkritik hatte stets etwas von der Strenge einer
Gouvernante.

Der Euphorie der *Lucia* folgte eine Woche schärfster Depressionen. Sie sorgte sich wegen des *Rigoletto,* der vor ihr lag. Sie hatte
weder die Zeit noch die Energie gehabt, die Rolle der Gilda
gründlich einzustudieren, und sobald Caraza Campos in Mexiko
eintraf, eröffnete sie ihm dies. Er rief ihr ins Gedächtnis, daß sie
für die Rolle der Gilda die höchste Gage beziehen würde, die man
einem Opernsänger oder einer Opernsängerin in Mexiko je ge-
zahlt hatte – er könne ihr aus dem Dilemma ganz gewiß nicht
heraushelfen.

Glücklich war sie über seine Antwort nicht, ganz im Gegenteil.
Doch zeigte sie sich auch selbstkritisch genug, um die Schuld in der
Hauptsache bei sich selber zu suchen. Kurz gesagt: Ihr graute vor
einem Mißerfolg.

Dazu kam es jedoch nicht. Jedenfalls nicht, soweit es ihre Darbietung betraf. Die Inszenierung stand zwar am *Rand* der Katastrophe; doch die Art und Weise, in der sich Gilda von einem unschul-
digen jungen Mädchen zu einer starken, leidenschaftlichen Frau
wandelte, ließ das Publikum diese Gestalt in einem ganz neuen
Licht sehen.

Trotzdem: Der *Rigoletto* stellt eine Art Antiklimax dar und – so
formulierte es einer ihrer Kritiker: »Miß Callas' Gilda trug nicht
dazu bei, die Situation zu bessern.«

Wieder in Verona und – für den Augenblick – ohne den alltäglichen Zwang von Proben und Vorstellungen, hatte Maria zum erstenmal seit Monaten wieder freie Zeit für sich selbst. Prompt
kehrte sie diese Energie gegen ihre eigene Person. Urplötzlich verwandelte sich die ganze mexikanische Saison in ihren Augen in
einen Fehlschlag. Der tornadoartige Applaus, die zahllosen Vorhänge – samt und sonders vergessen. Was einzig blieb, war die
»Demütigung« im *Rigoletto.* Nie wieder, so gelobte sie, würde sie
die Gilda auf der Bühne singen; und sie tat es auch nicht.

Dabei hätte sie die musikalische Welt zu einer Umwertung der
Gilda führen können, so wie ihr dies ja auch bei Lucia, Tosca,
Norma, Armida gelungen war. Statt dessen strich sie Rigoletto aus
ihrem Repertoire und sang die Gilda nur für eine Schallplattenaufnahme mit Gobbi und di Stefano.

In diesem Zustand physischer wie psychischer Erschöpfung erhielt

Maria einen Brief aus Griechenland. Ihre Mutter hatte beschlossen, die für sie zunehmend unersprießliche Ehegemeinschaft mit ihrem Mann aufzulösen. Aus diesem Grunde befand sie sich auf dem Wege nach New York, um dort die Scheidung einzureichen. So weit, so gut. Inzwischen war sie allerdings bereits wieder nach Griechenland zurückgekehrt. Ihre Hoffnung auf allwöchentliche Alimente hatte sich nicht erfüllt. Doch irgendwie mußte sie sich ja ihren Lebensunterhalt verdienen. Und während Maria ihre großen Rollen sang, hatte Evangelia mit ihren seit jeher geschickten Händen Puppen hergestellt, Opernpuppen oder -püppchen, die sie zunächst an ihre Freunde und später, als sich die Sache herumsprach, auch an andere verkaufte.

Evangelia produzierte also Nachbildungen oder Kopien jener Gestalten, die ihre Tochter auf der Opernbühne darstellte. Im übrigen war es die Familie, die zum guten Teil ihre finanziellen Bedürfnisse befriedigte. Gewisse Lücken, darüber hinaus, schloß Jackies ewiger Verlobter. Ihn drückte das schlechte Gewissen. Denn seine Familie war entschieden dagegen, daß er derart tief *unter seinem Stand* heirate. Und so vertröstete er Jackie. Vertröstete sie mehr und immer mehr. Auf jenen Zeitpunkt, wo er endlich »erwachsen« genug sein würde, um sich seiner Familie gegenüber zu behaupten.

Evangelia zeigte sich überaus besorgt. Zumal Jackies wegen, die jetzt Klavierstunden gab und ab und zu auch eine Art »Soiree« veranstaltete. Dies besagte natürlich nichts anderes, als daß Evangelia wegen ihrer eigenen finanziellen Zukunft besorgt war. Das Wichtigste bei allem schien jedoch dies zu sein: Sie wollte wieder Kontakt aufnehmen mit Maria, deren Leben ihr aus der Ferne geradezu wie ein Traum erscheinen mußte.

Doch Evangelias Briefe blieben unbeantwortet, und ihre Verzweiflung wuchs. In dieser ihrer Niedergeschlagenheit suchte sie ein ihr bekanntes Medium auf. Was dieses Medium zu ihr sagte, wissen wir nicht genau. Doch soviel ist immerhin klar: Was Evangelia daraufhin unternahm, war das absolut Aussichtsloseste, das sie unternehmen konnte. Sie bat um – nein, sie forderte eine regelmäßige wöchentliche Unterhaltszahlung sowie die Unterstützung für den Beginn von Jackies neuer Karriere.

Dieser Brief wartete bereits auf Maria, als sie von Mexiko zurückkehrte. Nun ist das Briefeschreiben für die Schreiber solcher Briefe gewiß eine Art Glücksspiel. Sie können nicht wissen, in welcher

Gemütsverfassung sich der Adressat gerade befindet. Was Maria betraf, so war sie in eher explosiver Stimmung, und es bedurfte nur noch des Briefes ihrer Mutter, um den auslösenden Funken zu liefern. Zu einem Zeitpunkt, da Maria nach den Sternen griff, da sie schier grenzenlose Möglichkeiten zu wittern meinte, projizierte sie alles Negative, alle Frustrationen, Fehlschläge, auf Evangelia. In Marias Augen stellte ihre Mutter bereits so etwas wie ein Schreckgespenst dar, eine lebenslange Last, die ihr überallhin folgte, soweit sie sich auch von der Pattissiou-Straße in Athen zu entfernen suchte.

Und jedes Wort in diesem Brief heizte Marias bitteren Groll nur noch an. Die Angst davor, ausgenutzt zu werden, diese völlig normale menschliche Furcht, steigerte sich für Maria zu einem wahren Horror. Selbst bei der leisesten Andeutung einer solchen Möglichkeit reagierte sie auf zweierlei – und eigentlich unvereinbare – Weise: Zur selben Zeit krümmte sie sich und ging zum Angriff über. Die Antwort an ihre Mutter war geradezu ungezügelt direkt: Jackies Karriere gehe sie nicht das mindeste an, und Evangelia sei jung genug, um sich eine Arbeit zu besorgen und sich ihren Lebensunterhalt selbst zu verdienen.

Der Krieg der Briefe hatte begonnen. Es war eine erbitterte Fehde. Von Marias Seite: Erinnerungen an freudlose Jahre. Von Evangelias Seite: Erinnerungen an dargebrachte Opfer. Wie ein Zwang schien es zu sein. Als müsse sich Maria ihre ganze Vergangenheit vor Augen führen, ehe sie wieder ihre Ruhe fand. Sie war viel tiefer darin verwurzelt, als sie je geglaubt hatte.

Am 19. Juli 1952 kehrte Maria an die Stätte ihres italienischen Debüts zurück. Fünf Jahre nach ihrem ersten Auftritt war sie wieder in der Arena von Verona und sang abermals die Gioconda. Doch welch ein eklatanter Unterschied zu damals! Triumphal hielt sie Einzug, von der riesigen Zuschauermenge willkommen geheißen wie eine verlorene Tochter. Ekstase und Jubel allüberall. Auch ihre Gage hatte jetzt ein anderes Format. 600000 Lire erhielt sie pro Vorstellung, bei sechs Vorstellungen insgesamt.

Zwei Tage nach der Premiere tat sie einen Schritt, bei dem erst später begreiflich wurde, wie bedeutsam er für ihre Karriere war. In ihrem Appartement in Verona unterzeichnete sie einen Exklusiv-Schallplattenvertrag mit EMI. Walter Legge, Direktor der Firma, war anwesend, und er atmete erleichtert – und noch immer fast ungläubig – auf. Begonnen hatten die Verhandlungen vor über einem Jahr in Marias Garderobe in der Römischen Oper: Damals war Walter Legge gerade zum erstenmal Augen- und Ohrenzeuge ihrer Norma geworden. Anschließend suchte er sie in ihrer Garderobe auf, um ihr einen Exklusivvertrag anzubieten.

Maria und Meneghini zeigten sich entzückt. Und entzückt wirkten sie auch noch, als sich die Verhandlungen hinzogen, bei einem Lunch oder Dinner in Verona oder Rom oder Mailand. Und bei jeder Zusammenkunft erwartete Maria, einer Göttin gleich, die ihr zukommenden Opfergaben: sowohl von Walter Legge als auch von Dario Soria, der inzwischen von Cetra zu EMI übergewechselt war. »Noch jetzt schmerzen mir die Arme«, erinnerte sich Walter Legge Jahre später, »wenn ich an die Gewichte denke, die Dario Soria und ich in Form von Topfpflanzen aller Art zur Meneghini-Wohnung in Verona schleppten.«

Endlich schien man sich einig. Walter Legge gab dem Ehepaar einen von ihm unterzeichneten Vertrag und bat Maria um ihre Unterschrift für seine Kopie. Wie sich zeigte, war die Hoffnung verfrüht. Meneghini erklärte, sie seien beide abergläubisch – was sie im gegebenen Fall davon abhalte, einen Vertrag auf der Stelle zu unterzeichnen. Erst zwei Wochen später seien sie dazu in der Lage. Und so gaben sie ihm denn ihre *parole d'onore*: In vierzehn Tagen würden sie ihm die unterzeichnete Kopie zugehen lassen.

Walter Legge wartete vergeblich. Der Vertrag wurde erst unterzeichnet, als er nach Verona flog und noch günstigere Bedingungen bot. Meneghini wußte sehr genau, wann er die Trümpfe in der Hand hielt, und nützte dies rücksichtslos aus. Für ihn war hartes Verhandeln ein Genuß ohnegleichen, und wenn irgend möglich verlangte er »Bezahlung in bar« – selbst bei der Met. Rudolf Bing, der Direktor der Met, rächte sich einmal, indem er Marias Gage in Fünf-Dollar-Noten hinblätterte. Vermutlich hätte sich Meneghini am liebsten die Socken mit Geldscheinen vollgestopft.

Doch wie dem auch sein mochte – endlich waren die Verträge mit EMI unterzeichnet. Was Walter Legge betraf: Er sollte entscheidenden Einfluß gewinnen auf Marias Schallplattenkarriere – und mithin auf Marias Karriere überhaupt. Perfektionist wie sie, befand er zwar: »Es ist leichter, sie zu bewundern, als sie zu lieben«, doch müssen sie durch irgendeine Art Liebe miteinander verbunden gewesen sein während der langen Reihe von Marias Schallplattentriumphen. Diese Liebe – die Liebe der Perfektion – läßt sich ziemlich genau verfolgen. Noch zehn Jahre nach der ersten gemeinsamen Aufnahme sehen wir sie am Werk: Drei Stunden lang wurden fast ununterbrochen die letzten zehn oder zwölf Takte der Juwelenarie aus Gounods *Faust* wiederholt, bis sie endlich beide damit zufrieden waren.

Einige Tage nach Unterzeichnung des EMI-Vertrags besuchte Walter Legge mit seiner Frau, Elisabeth Schwarzkopf, die Arena, um Maria in *La Traviata* zu hören. Nach der Vorstellung zollte die große deutsche Sopranistin dem Star des Abends auf tief bewegende Weise Tribut: Sie werde, sagte die Schwarzkopf, nie wieder in *La Traviata* singen. Als man sie später bat, diesen ihren Entschluß zu erläutern, erwiderte sie: »Welchen Sinn hätte es, sich an einer Partie zu versuchen, die von einer Kollegin so vollkommen dargeboten wird?« Im September reiste Maria nach Turin, wo sie an einer *Traviata*-Aufnahme für die Cetra mitwirkte. *La Traviata* und *Gioconda* waren die einzigen beiden Opern, die Maria für die Cetra aufnahm. Von nun an lag ihre Schallplattenkarriere in den Händen von Walter Legge und EMI in Europa sowie von Dario Soria und Angel Records (EMIs transatlantischem Label) in Amerika.

Ende Oktober nahmen Maria und Meneghini Abschied von Italien. Mit großen Erwartungen reisten sie nach London. Und diese Hoffnung auf London wurde nicht enttäuscht. Maria war erfüllt von starker Schicksalsgläubigkeit. Gott hatte ihre Gebete erhört, Gott wachte über sie.

Im Savoy angelangt (dort wohnte sie fortan stets, wenn sie sich in London befand), sah sie sich inmitten eines Blumenmeeres, das ihrer harrte: Sie hatte erobert, bevor sie auch nur einen einzigen Ton gesungen.

Für ihr Debüt in Covent Garden hatte man *Norma* gewählt, eine Oper, die dort seit den dreißiger Jahren nicht mehr gesungen worden war (damals mit Rosa Ponselle). In einer Nebenrolle – als Klotilde – wirkte Joan Sutherland mit, die fünfzehn Jahre später in Covent Garden die Norma singen sollte. Bereits während der Proben ging es mit dem Applaus los. Das Orchester zollte ebenso Beifall wie David Webster, der Verwaltungschef von Covent Garden.

Die Premiere, am 8. November 1952, war in zweifacher Hinsicht eine Offenbarung. Zum einen natürlich, was Maria betraf. Zum anderen jedoch – und dies war in mancherlei Hinsicht weit bedeutsamer – das Publikum selbst. In vielen, sehr vielen Menschen weckte Maria Emotionen und Reaktionen, derer sich die meisten nicht für fähig gehalten hätten. Die Tiefe und Intensität der aufgeschürten Empfindungen ging weit über das hinaus, was die Menschen je an sich erfahren hatten. Maria versetzte das gesamte Publikum in eine Stimmung starker Vitalität, Sensibilität. Kein Wunder, daß sie von vielen vergöttert wurde.

Urplötzlich war die Oper in Covent Garden keine museale, sondern ein höchst lebendige Kunst. Eine Kunst mit glitzernder Gegenwart und glänzender Zukunft.

Daß mit Maria Callas ein dramatischer neuer Wendepunkt erreicht worden war, mochte den Italienern mit ihrer ungebrochenen Operntradition entgehen. Im übrigen Europa war das anders. Dort gab es diese Art von Kontinuität nicht. Im öden Meer schien Land aufzutauchen wie eine Insel, eine Schatzinsel.

Was Maria dem Covent Garden brachte, war internationaler Glanz. Und Covent Garden huldigte ihr als *der* neuen Norma, als *dem* neuen Opernsuperstar, als *dem* neuen Anfang.

»Aber muß sie denn so dick sein?« Diese Frage wurde in offener oder verhüllter Form häufig genug gestellt, nicht zuletzt in Pressekommentaren. In Marias Gehirn setzte sich diese Frage fest wie eine Klette. Nach ihrem ersten *Aida*-Auftritt in der Arena von Verona hatte ein Kritiker geschrieben: »Es fiel schwer, den Unterschied auszumachen zwischen den Beinen der Elefanten auf der Bühne und jenen der Aida, verkörpert von Maria Callas.« »Tagelang habe ich geheult, nachdem ich das las«, sagte Maria kurz vor ihrem Tod. »Es war grausam, gemein.«

In Verona hatte sie noch keine Konsequenzen daraus gezogen. Jetzt jedoch, in London, fühlte sich Maria, die Schauspielerin, durch ihre Unförmigkeit behindert. Außerdem gab es Symptome, wie Kopfschmerzen, Ohnmachtsanfälle und Brechreiz beim Fahren, die sie auf ihr Übergewicht zurückführte.

So kam es denn nach und nach zu dem entscheidenden Entschluß. Und dieser Entschluß führte zu der märchenhaften Verwandlung, deren Widerhall um die ganze Welt gehen sollte. Gut einen Monat vor Neujahr faßte Maria einen festen Vorsatz: Sie würde aus sich jenes sylphidenartige Geschöpf machen, von dem sie schon so lange träumte. Doch war dies ein Neujahrsvorsatz, an den sie sich – im Unterschied zu Millionen anderen Menschen – auch wirklich hielt. Ein noch größeres Geheimnis (und hiervon erfuhr selbst Meneghini nichts) war das Vorbild, das sie ihrer Metamorphose sozu-

sagen zugrunde legte. Man stelle sich nur vor, daß sie, das Tonnen-
gewicht, in den Spiegel blickte – und sich in der Gestalt der fast
unsichtbaren Audrey Hepburn sah. Doch eben diese bildete das
Modell dessen, worin sie sich verwandeln wollte. Aber Maria liebte Herausforderungen, zumal solche, die sie an sich selbst richtete.

Inzwischen nahte der 7. Dezember, das traditionelle Datum für die
Eröffnung der Scala. Pressepublikationen und alle mögliche Publicity ließen wahrhaftig keinen Zweifel daran. Ein großer Abend
stand bevor, ein einzigartiges Erlebnis. Maria eröffnete die Saison
als Lady Macbeth, und die Oper sollte im Fernsehen übertragen
werden – das erste Mal, daß so etwas in Italien geschah.

Wer sie als Lady Macbeth hörte, erlebte genau das, was Verdi in
Musik gesetzt hatte. Mehr noch: Sie wurde seiner ausdrücklichen
Forderung gerecht: »Ich wünsche mir eine rauhe, erstickte, dunkle
Stimme. Es gibt Stellen, die nicht ausgeglichen zu singen sind. Aufs
Agieren kommt's an und aufs Deklamieren mit verschleierter,
schwarzer Stimme.«

Das Bühnenbild stammte von Nicola Benois, und Regisseur war
Carl Ebert, der die Oper Anfang der dreißiger Jahre in Berlin zum
Erfolg geführt hatte und, kurz darauf, auch in Glyndebourne.
Doch Maria (dies hatte ihr Serafin von Anfang an eingeschärft)
suchte die Regie in der Musik. »Wenn man sich seiner Gestik noch
nicht sicher ist«, sagte sie einmal, »wenn man noch nicht weiß, wie
man auf der Bühne agieren soll, dann braucht man nur auf die
Musik zu lauschen. Für all dies hat der Komponist vorgesorgt.
Wenn man sich die Mühe macht, mit der Seele und den Ohren zu
lauschen – ich sage Seele und Ohren, weil auch der Geist mitarbei-
ten muß, wenn auch nicht allzu sehr –, dann wird man über jede
einzelne Geste Bescheid wissen.«

Am Tag nach Weihnachten sang Maria in der Scala die Gioconda.
Dirigent war Antonino Votto. Er hatte mit Maria bei den beiden
Cetra-Aufnahmen zusammengearbeitet und gehörte zu ihren rückhaltlosen Bewunderern. »Sie war die letzte große Künstlerin«,
erinnerte er sich etliche Jahre später. »Bedenken Sie doch nur –
diese Frau war nahezu blind, und oft sang sie in einer Entfernung
von fünfzig Metern zum Pult. Doch ihre unglaubliche Sensibilität!
Obschon sie nicht weit genug sehen konnte, witterte sie die Musik
und verpatzte nie einen Einsatz. Selbst bei den Proben bewies sie
absolute Präzision, kannte jede Note. Allerdings hatte sie eine Ei-

genart, mit der sie ihre Kollegen irritierte. Auch bei Proben sang sie mit voller Stimme, was die anderen dazu zwang, es ihr gleichzutun. Über dreißig Jahre lang war ich Assistent von Arturo Toscanini, und von der ersten Probe an verlangte er vom Orchester selbst die kleinste Nuance, genau wie bei der richtigen Aufführung. Eben dies tat auch die Callas. Ich erinnere mich an eine Generalprobe zu *Die Nachtwandlerin* in Köln. Es war zehn Uhr vormittags, und die Callas sang die gesamte Rolle mit voller Stimme durch, dabei hatten wir am Abend Premiere! Sie war nicht nur eine Sängerin, sie war Künstlerin von A bis Z. Es ist unsinnig, über sie zu reden, als sei sie nichts gewesen als eine Stimme. Man muß sie als Ganzheit sehen – ein komplexes Etwas aus Musik, Drama, Bewegung. Jemanden wie sie gibt es heutzutage nicht mehr. Sie war ein ästhetisches Phänomen.«

Inzwischen richtete sich Marias Blick auf ihre erste *Medea:* »Zunächst hatte ich das Gefühl – das Gesicht ist zu dick, und es gefällt mir nicht. Für die Mimik brauche ich schlankere Züge.« Sie fühlte sich also angestachelt, ihren Abmagerungsplan wirklich durchzuführen.

Zusammen mit Giuseppe di Stefano (als Edgardo) machte sie eine Schallplattenaufnahme der *Lucia von Lammermoor.* Tito Gobbi sang den Enrico, und Serafin dirigierte. Es war die erste Aufnahme mit dem Trio: Callas, Gobbi, di Stefano. Und die letzten drei Minuten des 2. Aktes überzeugten Herbert von Karajan davon, daß er gar nicht anders konnte, als die *Lucia* in der Scala zu dirigieren.

Zunächst hatte er eher widerstrebend gelauscht – weil Walter Legge ihn so hartnäckig darum bat. Aber dann ließ er sich sofort die Partitur zu seinem Hotel schicken, und sein Entschluß stand fest: Er würde die *Lucia* nicht nur dirigieren, sondern auch Regie führen.

Was Maria betraf: Sie sang diverse *Lucias* in Catania und in Rom, *dazwischen* kreierte sie in Florenz ihre erste *Medea.* Abermals hatte sie die Einmaligkeit ihrer Stimme unter Beweis gestellt. Ob Donizetti oder Bellini, ob Puccini, Verdi oder wer immer sonst – sie wurde praktisch allen gerecht. Dennoch zielte ihr Ehrgeiz nach Höherem. Sie wollte nicht nur ein stimmliches Phänomen sein, sondern auch ein schauspielerisches.

Um so frustrierender waren für sie die letzten Proben zu *Medea.* Die abgehärmte, magere Erscheinung, nach der sie sich sehnte, ließ sich nicht einmal von fern erahnen, und alle Hoffnung fruchtete da nichts. »Ich schminkte mich dunkler und was nicht noch. Aber das half wenig ... ich war es leid, solche Spielchen zu spielen. Zum Beispiel, eine schöne junge Frau darzustellen – wo es mir mit meinem Gewicht schon schwerfiel, mich auch nur einigermaßen behaglich zu bewegen ...« Dennoch: Allein aufgrund ihrer stimmlichen Kapazität – wegen der Emotionen, die aus ihr hervorbrachen wie aus einem Vulkan – wurde die *Medea* zu einem Erfolg: eine wenig bekannte Oper, die sich als gewaltiger Kassentriumph ausmünzte.

Das Premierenpublikum zeigte sich tief bewegt (Cherubinis Oper war seit fast fünfundvierzig Jahren nicht in seinem Heimatland aufgeführt worden); dennoch war Maria geradezu quälend bewußt, daß die Florentiner Medea noch längst nicht jenem Wesen – halb Frau, halb Göttin – entsprach, das sie in der Phantasie vor sich sah. Jahre später (kurz vor ihrer letzten *Medea*, 1961) erklärte sie: »Ich sah die Medea so, wie ich sie erfühlte: Nach außen hin beherrscht, doch darunter voll Glut, voll Feuer; die glückliche Zeit mit Jason gehört der Vergangenheit an, jetzt wird sie verzehrt von Elend und Zorn.« Wer klassische Ausgewogenheit erwartete, fand sich urplötzlich mit Marias primitiver Roheit konfrontiert – die Bestie und die Göttin, sie steckten in ein und demselben Körper, wie auf Leben und Tod miteinander verfeindet.

Die Norma hatte Seelenqualen gelitten bei dem Gedanken, ihren Kindern das Leben zu nehmen; und sie hatte es nicht über sich gebracht. Medea tat eben dies, und sie war auch noch stolz auf ihre Tat, auf den Mord. Das Publikum begriff sehr genau. Was ihm dargeboten wurde, war wie ein erbarmungsloses Porträt. In diesem Porträt fanden sich wieder: unverhüllter Haß, flammende Eifersucht, das reine Böse. An jenem Abend im Teatro Communale in Florenz, so hätte man meinen können, wurde die Tünche der Zivilisation hinweggefegt. Urplötzlich lagen schiere Emotionen offen zutage, nackt, ohne Hülle. Und in der Dunkelheit des Zuschauerraums konnte das Publikum jene Gefühle mit- oder nacherleben, von denen die meisten wähnten, sie hätten sie bei sich selbst sicher unter Kontrolle. Doch Maria, sie war für alle so etwas wie ein Ventil, durch das sich Zurückgestautes ausleben ließ; Haß, aber auch Qual und Schmerz.

Inmitten dieses Publikums befand sich kein Geringerer als Rudolf Bing, der Leiter der Metropolitan Opera. Unmittelbar nach der

Vorstellung suchte er Maria und Meneghini in ihrer Garderobe auf. Und er ließ keinen Zweifel daran, daß sich die Met glücklich schätzen würde, Maria bei sich willkommen zu heißen, sobald dies ihre Verpflichtungen zuließen.

Doch gar so bald schien es damit nicht werden zu wollen.

Denn Meneghini stellte sich wieder einmal (quasi zum Nachweis seiner Existenzberechtigung), als halte er sämtliche Trümpfe in der Hand. Auf seine finanziellen Forderungen – und dies war ihm zweifellos selbst mehr oder minder bewußt – konnte und würde Bing nicht eingehen. Endlos zogen sich die Verhandlungen hin, und Meneghini, der seine italienische Suada mit wenigen englischen Sprachbrocken würzte, zeigte sich von Minute zu Minute mißgelaunter. Allerdings war schlechte Laune für Meneghini häufig die Rettung vor totaler Belanglosigkeit. Begonnen hatte die ganze Geschichte damit, daß er im provinziellen Verona der begüterte Bonvivant war, von dem damals ein gewisser verlockender Glanz ausging. Doch je triumphaler sich die Karriere seiner Frau gestaltete, desto mehr verkümmerte sein eigener Glanz. Da war etwas, das sie zunehmend in ihrer Umgebung auslöste, eine Art steigender Erregung und wachsender *Grandeur;* in diesem Licht betrachtet, wirkte ihr Mann eher schäbig und kleinlich, um nicht zu sagen: kleinkariert.

Wie so viele, die sich im Widerschein des Ruhms sonnen, wurde Meneghini königlicher als die Königin. Stets hielt er Ausschau nach Anzeichen von *lèse-Callas*. Oh, nein, Majestätsbeleidigungen gedachte er auf keinen Fall hinzunehmen. Kaum ein Wort, kaum eine Geste, die er nicht als Symptom von Treulosigkeit auszulegen vermochte. Das sicherste Zeichen in dieser Richtung war für ihn, wenn man sich mit seinen Forderungen nicht rückhaltlos einverstanden erklärte. *In praxi* hieß das meist, daß man nicht zahlte, was er verlangte.

Was Rudolf Bing betraf, so hatte dieser den »Geld-Test« nicht bestanden. Vor der Presse tat Meneghini denn auch kund und zu wissen: »Meine Frau wird nicht an der Met singen, solange diese von Mr. Bing geleitet wird. Es ist *deren* Verlust.« Nun, bald schon blieb ihm gar nichts anderes übrig, als sich eines Besseren zu besinnen; doch zunächst ging es, statt nach New York, wieder nach London. Dort gab man Maria im Savoy wieder ihre alte Suite. Helle Wände in Beige und Weiß, und über dem Kamin der unverwechselbar riesige Spiegel. Von nun an sprach man, wenn auch inoffiziell, nur noch von der Callas-Suite.

In der Oper allerdings fühlte sich Maria ganz und gar nicht glücklich. Wie schäbig waren doch die Kulissen, wie unqualifiziert viele der Sänger! Und die Inszenierungen – grauenvoll konventionell! Doch selbst wenn es in Wahrheit nichts auszusetzen gegeben hätte, zufrieden wäre sie ganz gewiß nicht gewesen. Allzu hart hatte sie an sich gearbeitet, nicht nur, was ihre Stimme betraf, sondern vor allem – mit Hilfe von grünem Salat, fast rohem Fleisch und Elektromassagen – an ihrer Figur. Doch Audrey Hepburn schien nach wie vor unendlich weit entfernt.

Anfang Juli kehrte sie nach Italien zurück. Dort verbrachte sie den Sommer teils in der Arena von Verona, teils – zu Schallplattenaufnahmen – in Mailand. Nach *Cavalleria rusticana* mit Serafin als Dirigent begann die Aufnahme für *Tosca* – eine Aufnahme, die Geschichte machen sollte. Vier gnadenlose Perfektionisten waren am Werk: Walter Legge, Victor de Sabata, Tito Gobbi und Maria. Praktisch bedeutete dies, daß man elf harte Tage lang in der Scala arbeitete und, bei der Suche nach wirklicher Perfektion, kilometerlang Tonbänder abspulen ließ. Diese wanderten dann so gut wie sämtlich in den Papierkorb. Tito Gobbi mußte seine Eingangstakte nicht weniger als dreißig Mal singen, und an dem Satz: »*E avanti a lui tremava tutta Roma*« arbeitete Maria eine halbe Stunde, ehe alle zufrieden waren.

Nach Abschluß der Aufnahmen blieb Maria ein guter Monat Ruhe in Verona. Nicht zu übersehen war, daß jede derartige Ruhepause dazu beitrug, die Meneghini-Wohnung mit noch mehr vergoldetem Zeug zu füllen, teure Kinkerlitzchen jeglicher Art. Doch je voller das Apartment wurde, desto mehr verlor seine Herrin an Fülle – von Tag zu Tag. Zwar war die Wirkung noch längst nicht so dramatisch, wie sie später sein sollte; doch Madame Biki, plötzlich von großem Einfluß in Marias Leben, denn ihr oblag jetzt die Aufgabe, sich intensivst um die Garderobe der Primadonna zu kümmern, tat ihr Bestes, um eben diesen Effekt zu akzentuieren. Madame Biki gehörte nicht nur zu den führenden Modeschöpfern von Mailand, sie war überdies Puccinis Enkeltochter, und kennengelernt hatten sich die beiden auf einem Empfang, den Wally Toscanini gab, die Tochter Arturos. Sie war inzwischen mit Maria eng befreundet und setzte alles daran, ihren Vater von seiner totalen Hingabe an die Tebaldi abzubringen.

Zur Eröffnung der Saison 1953/54 hatte die Scala *La Wally* ausgewählt, die Oper, nach deren Heroine Toscanini seine Tochter genannt hatte. Der 60. Todestag des Komponisten, Alfredo Catalani, sollte feierlich begangen werden. Die Rolle der Wally hatte Renata Tebaldi übernommen, und noch vor dem Premierenabend witterten allerlei Leute bevorstehendes Unheil: die Presse, die Claqueure und die Stammgäste der Scala. Man rieb sich die Hände und wartete voll Ungeduld. Mit salomonischer Weisheit hatte es Ghiringhelli wieder einmal verstanden, alles klug zwischen den »Parteien« aufzuteilen: *Lucia, Don Carlos, Alceste* und *Medea* für Maria; *La Wally, Othello, Tosca* und *Eugen Onegin* für Renata. Doch blieb eine Frage, eine entscheidende Frage, auf die es keine bequeme diplomatische Antwort gab: Welcher der beiden Stars sollte die Ehre genießen, in der Eröffnungsvorstellung zu singen? Nun, da es im Vorjahr Maria gewesen war, schien nunmehr, Ghiringhellis symmetrischer Gerechtigkeit zufolge, Renata Tebaldi an der Reihe.

Emilio Radius, Musikkritiker von *L'Europeo,* schlug in rührender Naivität vor, die beiden Kontrahentinnen sollten das Kriegsbeil begraben und einander in aller Öffentlichkeit – und zum höheren Ruhme der Oper – die Hand schütteln. Ob sein Vorschlag Marias Entschluß beeinflußte oder nicht, ist nicht ganz klar; jedenfalls war sie am Eröffnungsabend zur Stelle – und applaudierte heftig und hitzig aus ihrer Loge. In der Proszeniumsloge saß Toscanini höchstpersönlich, und er applaudierte mit nicht weniger Inbrunst. Als Maria etliche Abende später in *Medea* sang, war die Tebaldi nicht zugegen, um das Kompliment zu erwidern. Auch Toscanini glänzte durch Abwesenheit. Bis zu seinem Ende blieb er einer der glühendsten Anhänger der Tebaldi.

Medea war Ersatz für Scarlattis *Mitridate Eupatore.* Da Maria mit der Medea in Florenz einen so großen Publikumserfolg gehabt hatte, meinte Ghiringhelli, ihm bleibe kaum eine andere Wahl, als *Medea* für die kommende Saison in sein Programm aufzunehmen.

Für Margherita Wallmann, die für die Inszenierung verantwortlich zeichnete, bedeutete diese Änderung in letzter Minute einen wahren Alptraum. Als ob sie noch nicht genug gehabt hätte an ihren »Alltagsproblemen« wie Kulissen, Kostüme, Regie – zu allem Überfluß wurde, zehn Tage vor der Premiere, auch noch Victor de Sabata krank. Reine Verzweiflung beschlich die Scala. Doch dann kam Ghiringhelli ein erlösender Gedanke. Er sah den Retter nahen. Sah ihn in der Gestalt Leonard Bernsteins, der gerade eine lange Konzerttour durch Italien beendete.

Bernstein, fünfunddreißig Jahre alt, hatte etliche Symphonien sowie Musicals komponiert. Weitere Meriten: Er dirigierte die New Yorker Philharmoniker, er lehrte an der Brandeis University. Allerdings hatte er noch nie in einem wirklich bedeutenden Opernhaus am Pult gestanden; und was Cherubinis *Medea* anging, so kannte er davon wohl nicht einen einzigen Takt. Überdies war er nach der langen Italien-Tournee erschöpft, litt an akuter Bronchitis – und bis zum Premierenabend blieben ihm ganze zehn Tage.

Doch nach dem ersten Blick in Cherubinis Partitur fühlte er sich so fasziniert, daß er sofort zusagte – zur großen Erleichterung aller Betroffenen.

Nunmehr blieben ihm noch zwei Hauptprobleme. Das erste bildete die Partitur, die ihm die Scala zur Verfügung gestellt hatte. Sie war uralt und zeigte buchstäblich Auflösungserscheinungen. Das zweite Hauptproblem sah er in der bevorstehenden Unterredung mit Maria – zumal es ihm darum ging, eine ihrer Hauptarien zu streichen.

Während der Proben stieg von den zerfledderten Seiten der Partitur Staub auf, der Bernstein die Tränen über die Wangen laufen ließ. Doch Maria fand den amerikanischen Dirigenten in seiner Mischung aus scharfem Witz, guten Manieren und dramatischem Instinkt einfach unwiderstehlich. Bernstein seinerseits vergaß über der Arbeit mit Maria fast, wie sehr Husten, Niesen und tränende Augen ihn quälten. »Dann kam die gefürchtete Unterredung mit Maria. Zu meiner absoluten Verblüffung begriff sie sofort die dramaturgischen Gründe für die Umstellung von Szenen und Nummern sowie für das Streichen ihrer Arie im zweiten Akt. Wir kamen wunderbar miteinander aus – einfach prachtvoll. Sie verstand alles, was ich wollte, und ich verstand alles, was sie wollte.«

Am Premierenabend schlug Maria das Publikum völlig in ihren Bann. Bernstein gibt uns eine Schilderung: »Man war wie von Sinnen. Maria Callas – fleischgewordene Elektrizität.« Im letzten Akt (Medea ist bereit, ihre Kinder zu ermorden) sah man sie oben auf der Tempeltreppe liegen, diagonal, den Kopf nach unten. Ein weites, blutrotes Gewand umhüllte sie, und rings breitete sich ihr glänzendes, kastanienbraunes Haar. Reglos starrte sie in den stürmischen Himmel und begann zu singen: »*Numi, venite a me, inferni Dei!*« (Gottheiten, kommt zu mir, teuflische Götter!)

Bei der ersten Probe war sie in Tränen ausgebrochen. »In einer solchen Stellung kann ich nicht singen. Ganz ausgeschlossen«, sagte sie schluchzend zu Margherita Wallmann. Aber sie tat es doch, und der orkanartige Applaus am Schluß klang ihr noch Stunden später in den Ohren.

»Dieser Ort wird untergehen«, ruft Medea. »Du bildest nicht den Mittelpunkt. Gras, Erde, Steine, sprecht zu mir.«

Zunehmend war Maria in einer Position, wo sie sich aussuchen konnte, was sie singen wollte; und Tatsache ist, daß es sich dabei weitgehend um Rollen (sowie die entsprechende Musik) handelte, die im modernen Menschen das ansprachen, was in ihm an Urgefühlen und Urleidenschaften latent zu sein schien.

»Maria identifizierte sich mit Medea«, sagte Margherita Wallmann. »Sie war eine noch sehr junge Frau, verheiratet mit einem wesentlich älteren Mann. Ich bin sicher, daß sie für gewisse sexuelle Frustrationen in ihrer Arbeit ein Ventil fand – unbefriedigte Leidenschaft schlug sich nieder in der sängerischen wie schauspielerischen Interpretation.«

Doch diese Deutung frei nach Freud vermag dem Phänomen Maria Callas längst nicht gerecht zu werden. Hier ging es nicht nur um ihre eigenen unerfüllten Sehnsüchte: In ihr gewannen die aufgestauten und zurückgedämmten Emotionen des modernen Menschen Gestalt. Aber Maria ging noch weiter.

In starken, kontrastreichen Farben stellte sie zeit ihres Lebens jenen Konflikt dar, der, wenn auch weniger klar umrissen, in jedem von uns existiert: den Konflikt zwischen unserem rationalen, respektablen, konventionellen »Normal«-Selbst – und jenem anderen, tieferen, ursprünglichen Selbst, wo das Dunkel in uns ebenso zu Hause ist wie alle vitalen Kräfte.

Für Maria war die Trennung dieser beiden Seiten schmerzlich und dramatisch. Medea und die ehrbare Hausfrau bildeten die beiden Extreme – auf der einen Seite unkontrollierbare, archaische Emotionen, auf der anderen jene zwangsjackenartige, pedantische, fast besessene Ordnung, die sie um sich herum schuf. Manchmal hatte es den Anschein, als wolle sie Gefühle ordentlich wegräumen, wie sie es mit ihren Kleidern tat, samt der dazu passenden Handschuhe wie Schuhe und versehen mit einem Schildchen, das genau angab, an welchem Datum welche Garderobe getragen worden war.

Eine Zeitlang half Onassis, diese Extreme miteinander zu versöhnen. Als dies vorüber war, kam bei Maria das an die Oberfläche, was man konventionell und respektabel nennen mochte, wenn nicht gar prüde. »Seinerzeit gab es noch Selbstzucht«, sagte sie

1971 zu einer jungen Studentin. »Ich wünschte, es wäre noch so wie damals«, fügte sie hinzu. »Denn jetzt wird alles zügellos dargeboten.«

War dies dieselbe Maria Callas, die die Medea, die Norma, die Lady Macbeth gesungen hatte?

Auch Anfang 1954 sang Maria die Medea vor ausverkauften Häusern. Davor lagen ein paar Weihnachtsfeiertage, die sie in ihrer Wohnung in Verona verbrachte. »Wären dies bessere Zeiten für die Musik«, schrieb sie an Emilio Radius, »so wäre Maria Callas die berühmteste Frau in Europa.« Bald schon sollte sie genau dies sein – und noch mehr. Allerdings hatte der Ruhm immer weniger mit der Musik zu tun.

Inzwischen nahm sie beharrlich ab, und mit jedem verlorenen Pfund wuchs ihr Selbstvertrauen. Der Erfolg blieb ihr treu, ihre Erscheinung gewann von Mal zu Mal an Attraktivität. Dennoch, tief verwurzelt war die frisch erworbene Sicherheit nicht. Immerhin fühlte sich Maria ihrer Umwelt gegenüber entspannter denn je.

Hätte man Selbstsicherheit aus Schlagzeilen zimmern können, so wäre sie wohl ein für allemal garantiert gewesen, nach der Premiere der *Lucia* am 18. Januar 1954 in der Scala:

DIE SCALA IM DELIRIUM
VIER MINUTEN APPLAUS FÜR WAHNSINNSSZENE
EIN REGEN ROTER NELKEN

Der Regen roter Nelken begann bereits, bevor das Publikum bei der berühmtesten Wahnsinnsszene der Opernliteratur völlig aus dem Häuschen geriet. Eine nach der anderen hob Maria die Nelken auf, gleichsam als sachten Hinweis auf die bevorstehende Szene.

Das Libretto der Oper, deren Heldin gezwungen wird, einen ungeliebten Mann zu heiraten, basierte auf dem Roman von Walter Scott, und Maria war davon genauso fasziniert wie Herbert von Karajan, der die Aufführung dirigierte und auch inszenierte. Er hatte sich sogar der Mühe unterzogen, im Lande Walter Scotts umherzureisen, um ein Gefühl zu bekommen für die Architektur, das Licht und so manches mehr. Gianni Ratto hatte ein impressionistisches Bühnenbild geschaffen, das bei der dumpfen, bedrückten Beleuchtung, die Karajan »verordnete«, eine starke Wirkung erzielte.

Was die recht kahlen Kulissen betraf, so mochte Maria sie zwar nicht, doch ihr Vertrauen in Karajan war fast unbegrenzt. Im übrigen war die optische Erscheinung der Lucia weitgehend ihre eigene, originelle Kreation. Zu Beginn der Wahnsinnsszene erschien sie oben auf der Treppe, mit aufgelöstem Haar und glasigem Ausdruck in den Augen. Umhüllt wurde sie von einem langen, weißen Gewand mit weiten Ärmeln.

Im übrigen hielt sie – entgegen aller Tradition – keinen Dolch in der Hand, und ihre Begründung hierfür sprach Bände für die Ehrlichkeit des dramatischen Instinkts, der ihr eigen war: »Ich verabscheue Gewalttätigkeit und finde sie künstlerisch wirkungslos. Wenn sich die Demonstration von Blutvergießen irgend vermeiden läßt, so ist das Erahnen der Handlung weitaus wirksamer als deren Ausführung. Bei der Lucia habe ich stets auf den Dolch verzichtet. Mir schien das ebenso sinnlos wie altmodisch. Die äußerliche *action* beeinträchtigt die Kunst, der Realismus mindert die Wahrheit.«

Sandro Sequi, der italienische Regisseur, der Maria in ihrer Glanzzeit in vielen Aufführungen erlebte, sprach vom »Callas-Geheimnis«: »Der Wechsel zwischen Anspannung und Entspannung, so scheint mir, bildete den Schlüssel zu ihrer magnetischen Ausstrahlung. Man denke doch nur an ihre Armbewegungen in der Wahnsinnsszene in *Lucia*. Man meinte, die Schwingen eines Adlers zu sehen, eines majestätischen Vogels. Sie hob sie empor – oft überaus langsam –, und sie wirkten schwer. Gar nicht wie die Arme einer Tänzerin. Sondern wie unter der Last großer Gewichte. Gelangte sie dann zum Gipfelpunkt einer musikalischen Phrasierung, so entspannten sich ihre Arme, und die eine Bewegung ging fließend in die andere über, bis Maria abermals einen musikalischen Höhepunkt erreichte. Danach erneut – Ruhe, Entspannung. Ihr Gesang und ihre Bewegungen stellten so etwas wie eine ununterbrochene Linie dar, und alles wirkte recht einfach. Überhaupt machte Maria auf mich einen völlig natürlichen Eindruck. Ihre Kunst war instinktiv, niemals intellektuell.«

Tausende und Abertausende empfanden ähnlich. Doch genauso viele entrüsteten sich über die Mängel ihrer Stimme. Eine »Beckmesserei«, die einer ihrer Mailänder Bewunderer auf folgende Formel brachte: Ebensogut könne man darauf hinweisen, daß in Leonardo da Vincis *Abendmahl* die Bestecke dringend des Putzens bedurften. Aber wie dem auch sein mochte – die Kritteleien hörten nicht auf. Manche nannten ihre Stimme geradezu häßlich, wenn nicht gar unmusikalisch. Im übrigen schien die Kritik im selben Maße zu wachsen wie die Bewunderung.

Da war noch eine Schlacht, und diese Schlacht gewann Maria, gewann sie beständig. Ihre Siege spiegelten sich wider auf der Liste, die man bei den Meneghinis präzise auf dem allerneuesten Stand hielt: *Gioconda 92, Aida 87, Norma 80, Medea 78, Lucia 75, Alceste 65, Don Carlos 64.*

Achtundzwanzig Kilo hatte Maria verloren zwischen der *Gioconda* im Dezember 1952 und dem *Don Carlos* im Jahre 1954 – der letzten Inszenierung der Scala-Saison. Doch äußere Daten vermögen wenig Aufschluß zu geben über das, was sich wirklich ereignete, eine geradezu mystische Transformation.

»Sie wurde eine andere Frau«, sagte Giulini, der die *Alceste* dirigierte, »und eine Welt neuer Ausdrucksmöglichkeiten öffnete sich ihr. Sie war buchstäblich in jeder Hinsicht verwandelt worden.«

Noch nie war Glucks *Alceste* in der Scala aufgeführt worden. Für das italienische Temperament schien die Oper allzu klassisch. Maria bot sie jedoch große Möglichkeiten. Und sie stand ja keineswegs allein. Nicht zuletzt waren da Giulini und Margherita Wallmann. »Für mich«, sagte Giulini, »war sie *il melodramma* – völlige Übereinstimmung zwischen Arbeit, Musik und Aktion.«

Was Margherita Wallmann betraf – sie war von Maria fasziniert, noch ehe sie sie offiziell kennenlernte. Zufällig hatte sie Maria eines Abends in einem Restaurant gesehen: als diese gerade ihre Brille absetzte. »Ihre riesigen, dunklen Augen verfolgten mich geradezu, denn irgendwie hatte ich das Gefühl, sie schon früher gesehen zu haben. Eines Tages wußte ich auch, wo ... Sie gleichen vollkommen jenen der berühmten Statue des Wagenlenkers in Delphi.«

Die Mythologie des alten Griechenlands und zumal die altgriechische Tragödie – sie rührten bei Maria offenbar an tiefe Gefühle.

Dennoch: Was die *Alceste* betraf, so gab es so manchen, der Maria in dieser Rolle nicht mochte; zu ihnen gehörte auch Klemperer. Der berühmte Dirigent sagte ihr das mehr oder minder ins Gesicht, als sie einmal, gemeinsam mit Walter Legge, eines seiner Konzerte besuchte. »Ihre Lucia ist großartig. Auch ihre Aida ... Ihre Norma ... Ihre Alceste allerdings, sehen Sie mir das offene Wort nach, ist nicht so gut ... Wir müssen etwas gemeinsam machen.«

»Es wäre mir eine Ehre.«

»Was wäre da Ihr Wunsch?«

»Die Alceste natürlich, Maestro.«

Den Vorbehalten des Maestro zum Trotz war die Alceste wie eigens für Maria geschaffen. Sie brachte alles dafür mit, klassische Würde und Anmut, Eleganz und Schönheit. Abseits der Bühne jedoch – nun, trotz ihrer neuen Figur, der Biki-Garderobe sowie Toy, dem Pudel, den sie nun hinter sich herzog, bildete Maria eine eigentümliche Mischung aus *Grandeur* und Plumpheit, eine Kombination von Erleuchtetem und Alltäglichem. François Valéry, einer der engsten Freunde ihrer letzten Jahre, drückte es folgendermaßen aus: »Manchmal wirkte sie unglaublich schön, dann aber auch wieder überaus häßlich.«

Wenn Maria die Bühne betrat, verwandelte sie sich auf geradezu mystische Weise in jene Gestalt, die sie darstellen sollte. Giulini erlebte es während der Alceste, und er drückte es mit diesen Worten aus: »Abseits der Bühne ist Maria recht eigentlich eine sehr einfache Frau von bescheidenem Herkommen. Die Alceste ihrerseits ist eine große Königin, eine Gestalt von klassischem Adel. Und der Callas gelingt es, dieses wahrhaft königliche Format vollkommen auszufüllen. Ich halte es für sinnlos, nach einer Erklärung hierfür zu suchen. Es handelt sich um eine Art Genialität.«

Sechs Tage nach ihrem zweiten Auftritt als Königin von Pherae produzierte sich Maria zum erstenmal als Elisabeth, Königin von Spanien, in Verdis *Don Carlos*. Hinreißend sah sie aus in den Kostümen, die Nicola Benois, von Velazquez inspiriert, entworfen hatte: in Schwarz, Silber und Weiß. Endlich hatte sie, nach langer Hungerkur, ihr »Traumgewicht« erreicht, und wie bittere Ironie wirkt es, daß die meisten verzückten Kommentare ihrer körperlichen Umwandlung galten, während ihre Gesangskunst weniger günstig abschnitt.

Nie vermochte sie sich mit der Tatsache zu versöhnen, daß sie nicht in allem zu Spitzenleistungen fähig war. Weder vermochte sie, an alles zu denken, noch in allem Perfektion zu erlangen. Dieses Gefühl der Frustration verließ sie ihr Leben lang nicht. Und es wuchs noch, als die Schwierigkeiten mit ihrer Stimme zunahmen. Als sie die hohen Sopranrollen längst nicht mehr singen konnte, weigerte sie sich standhaft – bis an ihr Ende –, eine der Mezzosopranpartien, die ihr alle Opernhäuser der Welt anboten, auch nur in Betracht zu ziehen, ausgenommen die Carmen – aber auch die nur für eine Schallplattenaufnahme.

Mezzosopranrollen schienen ihr die Gewißheit zu verkörpern, daß

auch sie dem Gesetz der schwindenden Kräfte unterworfen war –
was in ihren Augen offenbar der Niederlage gleichkam. Folglich
sträubte sie sich dagegen – und irgendwie hat sie sich offenbar nie
verziehen, daß sie *nicht* übermenschlich war.

Ihre Philosophie als Künstlerin faßte sie in folgende Worte zusammen: »Mit jedem Jahr möchte ich besser werden als im Jahr zuvor.
Sonst würde ich meinen Abschied nehmen. Ich brauche das Geld
nicht. Ich arbeite für die Kunst.«

Schallplattenaufnahmen im Frühjahr und im Sommer. Die Lang-
spielplatte war inzwischen keine Neuheit mehr. Es gab dafür einen
riesigen und ständig wachsenden Markt, und Plattenaufnahmen
mit Maria waren international so begehrt, daß EMI nicht im
Traum daran dachte, an der Scala eine Aufnahme ohne sie zu
machen. Walter Legge war es gewesen, der die »Sieger-Kombina-
tion« Callas-Gobbi-di Stefano zusammengefügt hatte (zumeist mit
Serafin als Dirigenten), und dieses Trio zeichnete dann verantwortlich für eine Reihe der besten Nachkriegsaufnahmen. Im
Frühjahr und Sommer 1954 wurden die Vorstellungen fast zu An-
hängseln der Schallplattenaufnahmen. EMI wollte Verdis *Die
Macht des Schicksals* aufnehmen; Maria sang die Oper in Raven-
na. EMI wollte Boitos *Mefistofile* aufnehmen; Maria sang die Partie in der Arena von Verona.

Allmählich wurde es Zeit, ihre amerikanische Karriere in Angriff
zu nehmen. Bei der Met betrug die Höchstgage pro Abend (für
welchen Sänger oder welche Sängerin auch immer) tausend Dollar.
Doch darum scherten sich Lawrence Kelly und Carol Fox, zwei
junge Konzertveranstalter, herzlich wenig. Richtschnur für sie war
einzig jene Summe, die Maria dazu bewegen mochte, in Chikago
aufzutreten, um die dortige berühmte Oper wiederzuerwecken. Sie
erklärten sich mit sämtlichen Bedingungen einverstanden. Mit
Marias Wahl des Repertoires – *Norma, Traviata* und *Lucia;* mit
dem von ihr gewünschten Ensemble – Gobbi, di Stefano und Rossi-Lemeni; und mit Marias – oder eher Meneghinis – finanziellen
Forderungen: zwölftausend Dollar für sechs Vorstellungen sowie
Rückreise- und sonstige Spesen für zwei Personen.

Lange bevor die Meneghinis Ende Oktober in Chikago landeten
und von Reportern und Fotografen in Kompaniestärke in Empfang genommen wurden, war man überall in den Vereinigten Staaten über Marias bevorstehendes Debüt im Chicago Lyric im Bild:
Die Pressefanfaren hatten es unüberhörbar hinaustrompetet.

Für die amerikanische Presse bot Marias Lebensweg so viele Möglichkeiten, daß man oft nicht wußte, welchem Klischee man den Vorzug geben sollte: aus Armut zum Reichtum; häßliches Entlein verwandelt sich in wunderschönen Schwan; Wunderkind kehrt wieder als erwachsener Star; die kleine Amerikanerin aus Washington Heights kehrt endlich heim. Die Möglichkeiten schienen unbeschränkt.

War da nicht auch der Vater? Aber natürlich. Die Anwesenheit von George Callas, unmittelbar neben seiner Tochter, sorgte dafür, daß man mit der Schlagzeile EINE VON UNS KEHRT ZURÜCK das Publikum gewinnen konnte. Folglich wurde Maria ein triumphaler Empfang zuteil, noch bevor sie am Premierenabend in der *Norma* für eine Sensation sorgte. Danach kam ihre Traviata – eine ungeheuer verführerische Kurtisane (mit der Garderobe von Biki), ein zerbrechliches Geschöpf, das sich aus der Künstlichkeit seiner Existenz in die Ausweglosigkeit flüchtete, wo ihr das Herz brach. Nach Marias Tod äußerte sich die Kritikerin Claudia Cassidy folgendermaßen: »Es ist überall in Verdis Musik, doch wie viele hören das schon?«

Claudia Cassidy hatte Maria in der Rolle der Violetta erlebt. Anschließend suchte sie die Sängerin im Ambassador Hotel auf. Unterwegs hatte sie kurz Station gemacht, um einen Elizabeth-Arden-Lippenstift zu kaufen – genau in der Farbe jener großen Schleife, die Violettas Ballkleid zierte.

Begierig wie ein Kind nahm Maria den Lippenstift entgegen. »Ich liebe Geschenke«, sagte sie. »Und es ist wirklich die Farbe der Schleife auf meinem Kleid. Wie wunderschön!«

Wenn es um Geschenke ging, war Marias Reaktion stets die eines raffgierigen Kindes. Ihr Wert interessierte sie weniger, sofern es nur Geschenke waren. Und, genau wie ein Kind, kannte sie keinerlei Hemmungen, um solche Geschenke zu bitten. »Wenn du nach Paris zurückkommst, bringst du mir dann meine Lieblingstrüffeln mit?« fragte sie Christian Bischini, einen griechischen Freund.

Später geschah es nicht selten, daß sie ihren Agenten beispielsweise bat: »Sander, wenn du nach Deutschland kommst, kannst du mir da wohl die Steppdecke schicken, die ich so mag?« Dennoch erwarb man sich mit dem Überreichen von Geschenken noch nicht mit Sicherheit ihre Gunst.

Bei der letzten Aufführung der *Lucia* in Chikago kam es zu zweiundzwanzig Vorhängen, und noch immer wankte und wich das Publikum nicht.

Was Maria erfüllte, war weniger ein Gefühl des Triumphs, als vielmehr die Empfindung, rehabilitiert zu sein.

Doch hinter allem Glanz, allem Ruhm, aller Bewunderung, hinter dem Wirklichkeit gewordenen Traum stand am Himmel eine Wolke, die sich mehr und mehr verdunkelte. Noch überwog das strahlende Glitzerlicht des Triumphs in einem solchen Maße, daß diese Wolke kaum mit bloßem Auge wahrzunehmen war. Worum ging es dabei denn schon? Der gereizte und verärgerte Bagarozy hatte einen leidigen Prozeß gegen sie angestrengt.

Dies geschah vor dem Hintergrund jenes Vertrages von 1947, der Bagarozy das Alleinvertretungsrecht für die Künstlerin zusicherte sowie zehn Prozent von ihrer Gage und Erstattung der Spesen, die er angeblich in Wahrnehmung ihrer Interessen gemacht hatte. Insgesamt handelte es sich dabei um eine Summe von 300 000 Dollar. Nicola Rossi-Lemeni, gleichermaßen bei Bagarozy unter Vertrag, zahlte etliche tausend Dollar im Rahmen einer gütlichen Einigung. Meneghini allerdings dachte nicht daran, auch nur einen einzigen Dollar freiwillig herzugeben, und Maria legte gegen Bagarozys Ansprüche sofort Widerspruch ein. Der Vertrag von 1947 sei von ihr unter Zwang unterzeichnet worden, Bagarozy habe nicht das mindeste getan, um ihre Karriere zu fördern.

Der Bagarozy-Prozeß zog sich über drei Jahre hin, und er hatte eine sehr negative Wirkung, allein schon in der Presse, die über jede neue Wendung getreulich berichtete. Dazu kamen die nicht unbeträchtlichen Kosten. Die häßliche Wolke wuchs, und genau wie bei vielen anderen Wolken in Marias Leben wäre es ein leichtes gewesen, ihr aus dem Weg zu gehen.

Der Magier Visconti

»Wo haben Sie denn all die Pfunde gelassen? Wie haben Sie's bloß angestellt, daß Sie jetzt so schön sind?«

Eine blonde, schlanke Erscheinung hatte die Scala betreten: Maria, gleichsam noch auf der Woge ihres Chikagoer Triumphs. Verblüfft wurde sie von Toscanini begrüßt. Die Verwandlung war so spektakulär, daß sie selbst dem schwachsichtigen Maestro nicht entging.

Man hatte es verstanden, den betagten Dirigenten wieder ans Pult zu locken. La Piccola Scala sollte mit *Falstaff* eingeweiht werden. Allerdings wurde die Belastung für Toscanini schließlich zu groß, und es kam nicht dazu.

Wenn Maria die Oper revolutionierte, so ebenso auf direkte wie indirekte Weise. Ihr hatte man es zu verdanken, daß Visconti und Zeffirelli am Ende zusammenwirkten, um – nicht zuletzt aufgrund von Marias Vision – das totale Musiktheater zu kreieren: die vollkommene Verschmelzung von Musik, Gesang und Drama. Viele hatten davon geträumt, nie schien es gelingen zu wollen.

Gleichzeitig rückte sie den Sänger bzw. die Sängerin wieder in den Mittelpunkt, als wichtigstes Medium für die dramatischen Absichten des Komponisten. In gewisser Weise lassen sich alle großen Opernreformen – ob bei Gluck, bei Wagner, bei Verdi – auf diesen Nenner bringen: Angestrebt wird das Gleichgewicht zwischen dramatischem und musikalischem Interesse. Bei Maria hatte gar nicht selten das Dramatische Vorrang vor dem Musikalischen. Da waren leere Melodien, die erst ihr Atem pulsieren ließ, da waren Opern, die erst bühnenwirksam wurden, weil sie ihnen dramatisches Leben einhauchte.

Als Beispiel hierfür konnte Spontinis *Die Vestalin* gelten. Ein Vierteljahrhundert lang war diese Oper nicht mehr aufgeführt worden, und es konnten kaum die musikalischen Qualitäten des Werks sein, die Maria verlockten. Im Grunde geben weder die Partitur noch die Fabel viel her – man könnte von einer Art Armer-Leute-*Norma* sprechen. Genau wie Norma ist Giulia eine Priesterin, die aus Liebe zu einem römischen Soldaten ihrem Gelübde untreu wird. Sie läßt zu, daß im Tempel die heilige Flamme verlischt, und wird dafür zum Tode verurteilt.

Maria bestand auf der *Vestalin,* und zwar unter der Bedingung, daß Visconti Regie führte. Sie war es, die ihm den Weg in die Scala ebnete. Immerhin hatte er praktisch das ganze Mailänder Establishment gegen sich. Ein Homosexueller, der zu allem Überfluß auch noch Kommunist war!

Doch Maria war die regierende Königin, und Maria wollte Visconti. Ihr ging es darum, für die Oper Männer zu gewinnen, deren Herz dem Drama gehörte. Wenige Jahre später wiederholte sie den Versuch. Sie bat Alexis Minotis, den griechischen Theaterregisseur, für sie in *Medea* Regie zu führen. »Aber in Opernsachen bin ich ein Ignorant«, protestierte er. »Auch mag ich Opern überhaupt nicht.« »Um so besser«, gab sie schroff zurück. »Ich will keinen Opernregisseur, ich will einen *Regisseur.«*

In Visconti hatte sie diesen Regisseur; und mehr als nur das. Ihm lag sozusagen beides im Blut, Oper und Drama. In Mailand geboren und aufgewachsen, hatte er das Gefühl, »praktisch in der Scala großgeworden zu sein«. Er entstammte einem reichen Elternhaus, wo man Kunst mit der Muttermilch in sich einsog. Selbstverständlich verfügte seine Familie in der Scala über eine Stammloge (mit rotem Damast ausgeschlagen), und dort lernte der Junge die Oper schon in frühem Alter kennen und lieben.

1897 hatte sein Großvater, Guido Visconti, Herzog von Modrone, eine Gruppe Mailänder Opernenthusiasten angeführt, als die Stadtverwaltung überraschend die Subventionen für die Scala strich. Doch er erwies dem Haus einen noch größeren Dienst, als er dafür sorgte, daß Toscanini künstlerischer Leiter wurde. Jetzt, 1954, siebenundfünfzig Jahre danach, hatte man Toscanini und den Enkel des Herzogs an die Scala gelockt.

Für Maria war Visconti eine Art Zauberer. Mit enormen Säulen und weißem, wie von Mondlicht übergossenem Marmor suggerierte er auf der Bühne die Atmosphäre des alten Rom. Und für Maria beschwor er jene vestalische Jungfrau herauf, die sie darzustellen hatte: jede Geste, jede Bewegung, jeden Ausdruck. Sie trafen sich an einem Punkt von Intensität, der keine Hemmschwellen mehr zuließ. Maria war fasziniert. Mehr noch: Sie war verliebt. Und das zeigte sie auch, da Konventionen ihr wenig galten.

Zunächst war es sein Bühnengenie gewesen, das sie gefangennahm: ein kettenrauchendes Bündel Energie – das schien er während der Proben zu sein. Doch nach und nach war ihr Interesse für ihn nicht mehr hauptsächlich das der Künstlerin, sondern der Frau.

Visconti seinerseits war von Maria fasziniert. Von der Künstlerin, nicht so sehr von der Frau. Was sein erotisches Interesse betraf, so galt es – obschon niemals erwidert – Franco Corelli, dem jungen Tenor, der an der Scala sein Debüt gab. »Schönheit. Etwas Schönes.« In diese Worte kleidete er sein Urteil über Maria. »Intensität, Ausdruckskraft, alles. Sie war ein unglaubliches Phänomen. Fast schon eine Krankheit – jene Art Schauspielerin, die ein für allemal der Vergangenheit angehört.« Für Maria war Visconti mehr als nur ein unglaubliches künstlerisches Phänomen; er war ein Mann.

Auf den Probenfotos von der *Vestalin* wirkt Maria weicher, jünger und attraktiver als je zuvor. Auf den Fotos von der Aufführung sieht sie geradezu ätherisch aus. Und diese neugewonnene Weiblichkeit brauchte ein Ventil. Was ihr romantisches Verhältnis zu Meneghini betraf, so war dieses schon bald nach der ersten Begegnung auf Alltagsmaß geschrumpft. Meneghini war ein tüchtiger, wenn auch wenig ideenreicher Manager. Dennoch gab es zwischen den Eheleuten gewiß Augenblicke, wo sie sich einander überaus eng verbunden fühlten.

Von Walter Legge stammt folgendes Zeugnis: Um drei Uhr in der Frühe kehrte er zu seinem Hotel zurück (es war in Berlin, und am Abend zuvor hatte Maria in *Lucia* gesungen). Im Hotel informierte man ihn, daß Maria Callas und ihr Gatte auf ihn warteten. »Dort saßen sie beide in ihren Betten. Unter der Nachtkleidung trugen sie Wollsachen, und sie blätterten in italienischen Illustrierten, während sie beide voll Ungeduld auf ein Urteil aus meinem Mund warteten. War sie ihrem eigenen Format gerecht geworden? Und was den Beifall betraf – konnte man ihn länger und ausdauernder nennen als jemals sonst in Berlin? Es gelang mir, sie zufriedenzustellen. Und nun erst drehten sie sich auf die Seite und löschten die Lichter.«

Ende 1954 erwachte in Maria die Leidenschaft für Luchino. Eine wahre Besessenheit, um es genauer zu bezeichnen. Endlich war sie schlank, und zum erstenmal in ihrem Leben hatte sie das Gefühl, für Männer wirklich attraktiv zu sein, nicht nur als Sängerin, sondern vor allem als Frau. »Maria hatte sich in mich verliebt«, sagte Visconti etliche Jahre später. »Wie viele Griechen – oder Griechinnen – neigte sie sehr zu übersteigertem Besitzanspruch. Folglich gab es eine Menge abscheulicher Eifersuchtsszenen. Sie haßte Corelli, weil er hübsch war. Das machte sie nervös – vor Menschen mit einem attraktiven Äußeren hatte sie eine Scheu. Stets achtete sie darauf, daß ich ihm nicht mehr Aufmerksamkeit zukommen ließ als ihr.«

Die Eifersuchtsszenen hörten nicht hinter der Bühne der Scala auf. Sie setzten sich im Biffi Scala (dem Restaurant in nächster Nähe der Oper) fort. Maria kam hereingestürmt und hielt nach Visconti Ausschau. Konnte sie ihn nirgends entdecken, so stürmte sie wieder hinaus, wobei ihr offenbar völlig gleichgültig war, wer sonst noch anwesend sein mochte.

Saß er dort, so witterte sie nachgerade seine Gegenwart; und schon stürzte sie auf ihn zu. Mitunter geschah dies so auffällig, daß sie Gefahr lief, sich lächerlich zu machen.

Irgendwie war es schon sonderbar. Raffinierte oder selbst schlichte weibliche Tricks schienen ihr fernzuliegen; was recht sympathisch wirken mag, aber doch auch recht unglaubwürdig scheint. Dennoch entspricht es offenbar der Wahrheit. Im Alter von dreißig Jahren erlag Maria einer backfischhaften Schwärmerei für ihren Lehrer. Denn genau diese Rolle schien Visconti für sie mehr und mehr zu verkörpern.

»Ich konnte ihr alles verzeihen«, sagte Visconti über die Eifersuchtsausbrüche. »Was immer ich von ihr verlangte – sie wurde allem auf die präziseste, skrupulöseste und wunderbarste Weise gerecht. Bei den Proben sagte ich manchmal zu ihr: ›Na los schon, Maria, tu mal selbst was – etwas, das dir gefällt!‹ Aber dann fragte sie: ›Was soll ich tun? Wie soll ich diese Hand bewegen? Ich weiß gar nicht, was ich damit machen soll.‹ War schon irgendwie verrückt, ihre Abhängigkeit von mir.«

In der Tat: Maria hatte sich offenbar in jenes kleine Mädchen zurückverwandelt, das geleitet und geschützt werden wollte; dem man auch den allerkleinsten Schritt vorzuschreiben hatte. »Wenn ich ihr die Richtung wies, übertraf sie stets alle Erwartungen.«

Noch vor dem Premierenabend waren über die Inszenierung der *Vestalin* allerlei Gerüchte im Umlauf, und die Erwartungen des Publikums spannten sich hoch und höher. Visconti machte ein sensationelles Debüt als Opernregisseur ... Toscanini sollte die Premiere dirigieren ... zur Verfügung standen uns Mittel in Höhe von achtzig Millionen Lire ... hatte es noch nie gegeben ... über der vorhandenen Bühne hatte man eine Hebebühne konstruiert

... die Vorstellung wurde im Rundfunk übertragen ... Maria Callas war schöner denn je ...

Das Spektakel am Premierenabend war einfach überwältigend. Dreidimensionale Kulissen, gefiederter Kopfschmuck. Doch dies war nicht das Entscheidende. Entscheidend war die Tatsache, daß das Publikum glauben konnte, was dort auf der Bühne geschah.

Das Glanzlicht des Abends fiel allerdings weniger auf Visconti als vielmehr auf Maria. Nach dem 2. Akt rief orkanartiger Applaus sie vor den Vorhang. Ein Regen roter Nelken ging über sie nieder. Sie hob eine auf, verbeugte sich vor Toscanini, der in einer Proszeniumsloge saß und überreichte dem alten Maestro die Blume. Das Haus schien sich buchstäblich zu überschlagen. Marias Instinkt schien unübertrefflich, mochte es sich nun um die Rolle selbst handeln oder um das Gespür fürs »Timing« vor Publikum – ihr war es gegeben, einzigartige und unwiederholbare Momente zu schaffen.

Ihre erste Oper des Jahres 1955 sollte eigentlich *Der Troubadour* werden, mit Mario del Monaco als Manrico. Doch fünf Tage vor der für den 8. Januar festgesetzten Premiere gelang es del Monaco, Ghiringhelli zu einem Wechsel zu überreden. Statt des *Troubadour* wünschte er sich Giordanos *André Chénier*. Kaum drei Wochen zuvor hatte er die entsprechende Rolle mit großem Erfolg an der Met gesungen. Maria fühlte sich zu dieser Zeit jeder Herausforderung gewachsen, und sie lernte die Rolle der Madeleine in fünf Tagen auswendig. Es war ganz wie in alten Zeiten. Sie konnte der Versuchung nicht widerstehen.

Risikofreudig war sie ja stets gewesen. Diesmal allerdings ging es ganz und gar nicht glatt. Diesmal purzelte sie vom Drahtseil. Ein halbes Jahr allergrößter Anstrengungen lag hinter ihr, und die strapaziösen Proben für *Chénier* hatten ein übriges bewirkt.

Nach Marias großen Triumphen gab es genügend Leute, die nur darauf warteten, auch den geringsten Mangel an die große Glocke zu hängen. So lauerte man geradezu auf ihre große Arie in dieser Oper: *La mamma morta*. Man lauerte nicht vergeblich. Da war das hohe H, das sie total schmiß. Die Publikumsreaktion blieb nicht aus. Zwar gab es Beifall, doch der wurde übertönt von Pfiffen und Buhrufen.

Später, hinter der Bühne, gratulierte ihr die Witwe des Komponisten zu ihrer Interpretation; doch in Marias Ohren hallten sie noch immer wider, die häßlichen Mißfallenskundgebungen.

Sie war verbittert. Schließlich hatte sie nicht lange gebraucht, um herauszufinden, woher es gekommen war, das Pfeifen und Buhen: von den Tebaldi-Anhängern in der obersten Galerie. Sie war wütend.

Jedenfalls war wieder einmal bewiesen, daß die ganze Welt gegen sie war. Schließlich ging ja das Gerücht um, sie selbst habe die Programmänderung verlangt. »Sie wollen mein Blut«, sagte sie und meinte die Parteigänger der Tebaldi.

Diese Behauptung verriet am ehesten etwas über ihre eigene Gemütsverfassung. Gewiß war sie über alle und alles verbittert, doch die Hauptzielscheibe ihres Zorns blieb Renata. Bei einem Ausbruch, den sie später bereuen sollte, sagte sie: »Wenn die Zeit kommt, wo meine teure Freundin Renata Tebaldi an einem Abend die Norma oder die Violetta singt und am folgenden die Lucia oder die Gioconda oder die Medea – dann werden wir endlich Rivalinnen sein. Sonst ist es, als wollte man Champagner mit Cognac vergleichen. Nein – mit Coca-Cola.«

Schon möglich, daß der Reporter Marias Äußerungen noch zuspitzte. Die Öffentlichkeit glaubte jedenfalls, daß sie Wort für Wort aus Marias Mund stammten, und die Rivalität zwischen der Tebaldi und der Callas eskalierte zum offenen Krieg. Als Maria einige Tage später in Rom die Medea sang, waren die lokalen Tebaldi-Fans *en masse* zur Stelle, und sie wußten es zu verhindern, daß sich das Publikum völlig auf Maria konzentrieren konnte. Erschöpft kehrte sie nach Mailand zurück. Ein schmerzhaftes Geschwür im Genick erinnerte sie ständig daran, wie »fertig« sie war, physisch wie psychisch. Der Arzt verordnete ihr absolute Ruhe; die Premiere von *La Somnambula* (Die Nachtwandlerin) mußte um zwei Wochen verschoben werden – zur großen Freude von Leonard Bernstein, der am Pult stand und so zu achtzehn Orchesterproben kam, bei einer Partitur, die oft genug mit einer einzigen Probe abgetan wurde. Visconti hatte in Bernstein einen gesinnungsgleichen Perfektionisten entdeckt, und oft verbrachten sie Stunden mit der Klärung einzelner Details, bis hin zu den Kostümen für den Chor und gar den Federn für die Käppchen.

Maria – Visconti noch immer verfallen – hielt sich von ihrem Krankenbett im Grandhotel aus über alles, was er tat, genauestens auf dem laufenden. Visconti erinnerte sich später, wie er und Bernstein sie aufsuchten. »Als der Augenblick kam, wo wir wieder gehen mußten, sagten wir: ›Ciao, Maria, werde gesund!‹ und strebten zur Tür. ›Hiergeblieben!‹ befahl sie mir. ›Ich will nicht, daß du wieder mit Lenny fortgehst!‹«

Als sie dann, ein paar Tage später, das Grandhotel verließ, um an den Proben für *Die Nachtwandlerin* teilzunehmen, zeigte sie sich ihrem Luchino gegenüber nicht weniger besitzheischend. Während der *Vestalin* hatte ihre ganze Eifersucht Franco Corelli gegolten; jetzt richtete sie sich gegen Bernstein. Alles, was sie zuvor an ihm eingenommen hatte – sein Aussehen, seine Energie, seine so entspannt klingende Stimme –, wurde urplötzlich zur Bedrohung. Jeden gemeinsamen Schritt der beiden beobachtete sie voll Mißtrauen. Sie spionierte ihnen sogar nach, wenn sie das Opernhaus zusammen verließen – zu einem Spaziergang, oder um irgendwo eine Tasse Kaffee zu genießen.

Während der Probenarbeit verwandelte sich der schwärmerische Teenager jedoch umgehend wieder in eine gehorsame, fast schon ergebene Schülerin, die Luchinos Anweisungen minuziös befolgte. Nur in einem einzigen Fall meldete sie Protest an. *La Somnambula* spielt in einem Schweizer Dorf. Dennoch bestand Visconti darauf, daß sie selbst bei den Proben ihren eigenen echten Schmuck trug. »Aber Luchino«, sagte sie, »ich bin ein Dorfmädchen!« »Nein, du bist kein Dorfmädchen. Du bist Maria Callas, die ein Dorfmädchen *spielt,* und vergiß das ja nicht.«

»Man muß glauben, was man sieht, doch die Wahrheit muß durch die Kunst gefiltert werden«, das war Viscontis künstlerisches Credo, und Maria half ihm, es zum Leben zu erwecken. Er überließ nichts dem Zufall. Mit der Hilfe von Piero Tosi, dem Designer, verwandelte er Marias Amina in eine sichtbare Inkarnation jener Ballerina namens Maria Taglioni, die im vergangenen Jahrhundert gelebt hatte und von deren Gestalt er für diese Rolle inspiriert worden war.

Maria wirkte zart, geradezu zerbrechlich – ja, sogar klein. Luchino schmeichelte die Trippelschritte aus ihr heraus, und er lehrte sie sogar, wie eine Ballerina in der fünften Position zu stehen. »Eine Sylphide, die über einen Mondstrahl strauchelt«, so erinnerte sich Piero Tosi an sie.

Amina wandelt im Schlaf, und eines Nachts führt sie ihr Weg direkt ins Bett eines Fremden. Elvino, ihr Verlobter, der von ihrer Schlafwandelei nichts weiß, ist vor Zorn außer sich, und erst als er sieht, wie sie im Schlaf über eine zerbrechliche Brücke schreitet, glaubt er an ihre Treue. Piero Tosi erinnert sich an die Kostümprobe. »Maria, den See und die Berge hinter sich, wirkte wie ein Schatten, eine Erscheinung, nach oben schwebend. Als sie zu dem zerbrochenen Brückengeländer gelangte – dort mußte sie den Sturz simulieren, während der Chor vor Entsetzen aufstöhnte –, beobachtete ich sie sehr aufmerksam. Sie schien zu fallen, obschon sie völlig reglos verharrte. Sie suggerierte das Gefühl des Sturzes – doch es war wie der Sturz eines Phantoms. In Bühnendingen war sie eine wahre Hexerin, sie kannte alle Tricks.«

Die Hexerin fühlte sich der Wirkung ihrer Hexereien keineswegs so sicher. Immer und immer wieder mußte man ihr Mut machen. Fast sieben Jahre lang war Meneghini ihre Hauptstütze gewesen. Stets stand er in der Seitenkulisse, um ihr wieder und wieder zuzuflüstern: »Los, Maria. Es gibt keine andere wie dich. Du bist die Größte auf der Welt.« Jetzt nahm zum erstenmal ein anderer seinen Platz ein. Visconti war es, der ihr Mut zusprach, Zuversicht einflößte. An ihn wandte sie sich, wenn sie ein paar aufmunternde Worte brauchte; und vor jedem Akt mußte er sie zur Bühne führen, mußte sie zum Weitermachen geradezu anstacheln. Dann bat sie ihn: »Bitte, bringe mich bis zu dieser Stelle«; und wieder »... bis zu dieser Stelle«. Und sie schritten noch einen viertel oder einen halben Meter näher zur Opernbühne.

Da sie Visconti nicht mit auf die Bühne nehmen konnte, dachte sie sich eine Art »Ersatz« für ihn aus, und Luchino beschrieb dieses Utensil nicht ohne ein gewisses Vergnügen. »Ich hatte stets ein Taschentuch bei mir, das mit einem Tropfen eines bestimmten englischen Parfüms gesprenkelt war, und Maria liebte den Duft. Wenn sie sich bei der Wirtshausszene auf den Diwan legen mußte, bat sie mich immer, dieses Taschentuch dort hinzulegen. ›Dann kann ich direkt mit geschlossenen Augen darauf zugehen.‹ Auf diese Weise gelang es uns, jenen Effekt zu erzielen. Zum Glück ›trug‹ keiner der Mitwirkenden je dieses Parfüm, sonst hätte es durchaus passieren können, daß sie direkt in den Orchestergraben hinunterspaziert wäre.«

Es wurde ein weiterer Callas-Visconti-Triumph. Für Maria war es ein unglaubliches Jahr, und sie genoß all dies um so tiefer, als sie Visconti an ihrer Seite wußte.

Meneghini? Nun, er ließ sich nicht verrückt machen durch diese Vernarrtheit seiner Frau in einen anderen Mann; zumindest konnte man ihm davon nichts anmerken. Solange kein Anzeichen dafür sprach, daß sich die Vernarrtheit »konkretisierte«, überwog in

Meneghini der clevere Manager. Der traditionell eifersüchtige italienische Ehemann kam erst an zweiter Stelle.

Im übrigen blieb ihm diesmal nicht allzuviel Zeit, Marias Schatten zu spielen. Schließlich hatte er zu überwachen, wie in der Via Michelangelo Buonarotti ein vierstöckiges Haus in ein der Königin der Scala angemessenes Heim umgewandelt wurde. In Verona, so konnte man mit Fug und Recht sagen, hatte Maria ihre erste richtige Wohnung bezogen. In Mailand würde sie ihren ersten richtigen Palast beziehen.

Dazwischen lagen Jahre, und die zeitliche Spanne sowie Viscontis Einfluß sorgten dafür, daß das vulgäre Flittergold von damals nun nicht mehr dominierte. Allerdings hatte Visconti ihr einen eher arroganten Stil suggeriert, der quasi auch auf seine Umgebung abfärbte. Dennoch war Maria noch immer Madame Meneghini, und die Einrichtung des Hauses in der Via Michelangelo Buonarotti spiegelte Marias Übergangsphase: drei Viertel Meneghini, ein Viertel Visconti, lauter Glas und roter Marmor, reichlich Antiquitäten, bedeutungslose Renaissancegemälde und allerlei *bric-à-brac*.

Meneghini stand inzwischen in harten Verhandlungen mit Lawrence Kelly. Dieser war eigens von Chikago herbeigereist, um Maria für die zweite Saison der Chicago Lyrik Opera unter Vertrag zu nehmen. Und Meneghini spielte wieder einmal sein Lieblingsspiel: Er schraubte seine Forderungen höher und höher.

Kelly wußte, daß Maria für die Chikagoer Saison einfach lebensnotwendig war. Und so gab er denn in allem nach. Nicht nur, was Meneghinis Forderungen betraf, sondern auch bei den Zusatzbedingungen, die Maria stellte (sofern es ihm mal gelang, sie im Biffi Scala aufzuspüren). Zu den eher bizarren Klauseln des Vertrags, den Maria schließlich unterschrieb, gehörte die Vereinbarung, derzufolge die Chicago Lyric Opera sich verpflichtete, sie während der Saison vor gerichtlichen Schritten von seiten Bagarozys zu schützen.

Ein Vorschlag, den Maria im Laufe der endlosen Verhandlungen machte, war zumindest bizarr. »Sie sollten auch Renata Tebaldi engagieren. Dann hätte Ihr Publikum die Gelegenheit, uns miteinander zu vergleichen, und Ihre Saison wird noch erfolgreicher werden.«

Am 26. April 1955 sang die Tebaldi wieder an der Scala, in Verdis *Macht des Schicksals*. Dann kam eine große Pause. Erst am 7. Dezember 1959 trat sie erneut an der Scala auf. In aller Stille hatte Renata ihre Entscheidung getroffen, an die sie sich auch eisern hielt. Für zwei Königinnen erschien ihr die Scala nicht groß genug, und Hofdame für Maria gedachte sie nicht zu spielen.

Sechs Tage vor Renatas vorläufiger Abschiedsvorstellung sang Maria an der Scala zum erstenmal eine komische Partie – die Fiorilla in *Der Türke in Italien*. Für die Regie zeichnete Zeffirelli verantwortlich, und Maria – die ja gerade in dieser Rolle Visconti sehr viel verdankte – war zunächst mißtrauisch. Mancherorts nannte man ihn bereits die große Zukunftshoffnung der Scala. Mithin bildete er – so sah es jedenfalls Maria – für ihren geliebten Luchino eine Gefahr. Seine Bühnenbilder für den *Türken* gefielen ihr allerdings, und während der Proben wurde bald schon klar, daß sie diesem Regisseur ganz unbedingt vertrauen konnte.

»Abseits der Bühne«, erinnert er sich, »war Maria absolut keine sehr humorvolle Dame. Sie nahm sich selbst immer viel zu ernst. Um die Fiorella zum Leben zu erwecken, erfand ich eine Art raffiniertes ›Nebenspiel‹. Maria war ganz wild auf Schmuck. Sie besaß eine Brillanthalskette sowie ein Smaragdcollier, und nach jeder Premiere fügte ihr Mann der Kollektion ein neues Stück hinzu. Also bedeckte ich den Türken – Nicola Rossi-Lemeni – geradezu mit Schmuck und erklärte Maria: Sobald Fiorilla dieses Narren mit all seinem Glitzerzeug ansichtig wird, muß sie zweierlei empfinden: Furcht und Faszination. Jedesmal, wenn Maria seine Hand nahm, betrachtete sie ausgiebig seine Ringe. Einfach großartig machte sie das, auf absolut komische Weise. Einmal tanzte sie dabei sogar eine kleine Tarantella, und ein anderes Mal zog sie sich den Schuh aus, um damit ihre Rivalin Zaida zu schlagen.«

Jedenfalls hatte Maria ihren Spaß, das Scala-Publikum auch. Nach der Premiere drängten sich in ihrer Garderobe Fans, Fotografen und Opernliebhaber. Als dann allerdings Zeffirelli eintrat, waren die übrigen für Maria nur noch Luft. »Hat's deinem Vater gefallen?« war ihre erste Frage. Zeffirellis Antwort: Dem habe es sehr gefallen, und er sei im Begriff, sie aufzusuchen – was allerdings ein bißchen dauern werde, wegen seiner Behinderung.

Maria reagierte spontan. Statt die Rolle der regierenden Primadonna zu spielen, nahm sie Zeffirelli bei der Hand und machte sich mit ihm auf die Suche nach seinem Vater. Als sie den alten Mann fanden, küßte sie ihn, und bevor er ihr gratulieren konnte, dankte sie ihm dafür, daß er zur Aufführung gekommen war. Niemals würde Zeffirelli dies vergessen. Es war einer jener kostbaren Augenblicke, die – viel stärker als die wechselseitige professionelle Achtung – dazu beitrugen, ihre tiefe Freundschaft zu zementieren.

Die letzte Aufführung vom *Türken* fand am 4. Mai 1955 statt. Maria blieben noch genau dreiunddreißig Tage bis zu jener Premiere, die zum größten Callas-Visconti-Giulini-Triumph werden sollte: *La Traviata*. Dies war Viscontis Lieblingsoper, und die gesamte Inszenierung drehte sich um Maria. »Für sie, nur für sie inszenierte ich das Stück, nicht für mich selbst. Ich tat es, um der Callas zu dienen, denn der Callas muß man einfach dienen.« Visconti begann mit seinen kühnen Neuerungen, indem er die Handlung rund vierzig Jahre zurückverlegte, ins Paris des *Fin de siècle*. In den Kostümen jener Zeit würde sich Maria wunderschön ausnehmen – in den Kleidern mit Korsett, schwellender Tournüre und langer Schleppe. In der Tat: Wie ein Traum sah sie aus in jenem Traum, der *Belle Époque*, den Visconti und Lila de Nobili (die für die Kostüme verantwortlich zeichnete) gemeinsam heraufbeschworen hatten.

Im übrigen schien Marias Taille immer schlanker zu werden. Nachdem sie Audrey Hepburn in *Roman Holiday* (Herz einer Königin) gesehen hatte, faßte sie den Entschluß, noch schlanker auszusehen. Folglich schnürte sie ihr ohnehin enges Korsett noch enger und ließ auch Violettas Kleider entsprechend ändern.

Die Umwandlung der dicken, plumpen Opernsängerin in die schlanke, elegante, singende Schauspielerin fand – zumindest in ihrer Vorstellung – offenbar niemals ein Ende. Irgend etwas in Maria starrte angstvoll zurück zu dem häßlich-fetten Entlein, das sie in jüngeren Jahren gewesen war. Stets schien sie einen entscheidenden Rückfall zu befürchten, zumal an solchen Tagen, da sie der Versuchung nicht widerstehen konnte, eine ganze Schachtel *marrons glacés* auf einmal zu verschlingen.

Weit schlimmer aber als diese Angst vor einem Rückfall war jedoch die fixe Idee, sie sei im Grunde häßlich, und bei dem Bild, das sie der Welt bot, handele es sich um eine Maske, eine Verkleidung, ja, geradezu um einen gemeinen Trick.

Bis an ihr Lebensende blieb sie überzeugt, man bewundere die Verpackung, die Kombination von teurer Kleidung, prachtvollen Frisuren, teurem Schmuck, zurechtgetrimmter Figur und kostbaren Pelzen – niemals jedoch die eigentliche Maria. Folglich beschäftigte sie sich schier bis zur Besessenheit mit ihrer äußeren Erscheinung. Schönheit war für sie nicht ein Stück Charme, sondern eine Waffe. Und die allererste Pflicht eines jeden Kriegers ist es, seine Waffe in vorzüglichem Zustand zu erhalten.

Noch zweimal wurde *La Traviata* gegeben, und Maria wirkte zerbrechlicher und hinfälliger denn je. Viscontis Regie der *Traviata* und Marias Interpretation der Violetta machten Operngeschichte. Sie beeinflußten zahllose Regisseure, Bühnenbildner und Sänger. »Eine Oper«, sagte Maria einmal, »beginnt lange bevor der Vorhang hochgeht, und sie endet lange nachdem er sich wieder gesenkt hat. Sie beginnt in meiner Vorstellung, in meiner Phantasie. Dann wird sie zu einem Teil meines Lebens. Und das bleibt sie auch noch eine ganze Zeit, nachdem ich das Opernhaus verlassen habe. Das Publikum erlebt nur einen Ausschnitt.«

Die Kritikerstimmen allerdings stritten für und wider; doch geriet vor allem Visconti unter ihr Feuer. Einer schrieb, der Regisseur habe Verdis *Traviata* »verzerrt und entstellt«. Er und seine Kollegen schossen sich auf zwei Punkte ein, die man später als Viscontis »inspirierte Einfälle« betrachtete: Gegen Ende des ersten Aktes, noch bevor sie *Sempre Libera* sang, schleuderte Maria ihre Schuhe von sich, und am Ende des letzten Aktes starb sie in Hut und Mantel, während sie aus großen Augen in die Leere starrte.

Gegen eine solche Blasphemie liefen die Bewahrer von Verdis Erbe Sturm. Man sprach von Absurdität, gar Vulgarität. Auch Maria versuchte man am Zeug zu flicken, doch gingen die Kritikaster unter im Strom allgemeiner Bewunderung.

Weitaus schwieriger war es, mit jenen Lästerern fertig zu werden, die Maria hinter der Bühne angifteten. Da war Giuseppe di Stefano, auf der Bühne Violettas Liebhaber Alfredo, und in ihm hatten sich offenbar allerlei Ressentiments aufgestaut. Wenn Maria und Visconti endlos über Details brüteten, über allen möglichen Bewegungs- oder Ausdrucksformen, so empfand er dergleichen nur als »ausgemachten Blödsinn«. Als Visconti versuchte, ihn auf der Bühne zu einer »echten« Liebesbeziehung mit Maria zu verleiten, trat er in Streik: Entweder erschien er zu spät zur Probe oder überhaupt nicht. »Du hast keine Achtung vor mir – oder vor der Oper – oder vor dir selbst!« schäumte Maria. Visconti gab sich gelassener. »Mir doch egal, wenn der Idiot zu spät kommt«, sagte er zu Maria. »Wir üben diese Szenen miteinander ein; und wenn er nichts lernt – um so schlimmer für ihn.«

Maria fühlte sich von ihren Kollegen und ihrer Umwelt isoliert, und trotz der Beifallsstürme und Meneghinis Allgegenwart an ihrer Seite war sie oft allein. Daher reagierte sie mit kindlicher Freude, als ihre alte Lehrerin, Elvira de Hidalgo, nach zweijähriger Lehrtätigkeit in Ankara zu einem Besuch nach Mailand kam. Die beiden waren während all der Jahre ständig miteinander in Verbindung geblieben, und jetzt konnte Elvira endlich die verwandelte Maria singen hören, sie bei Einkaufsbummeln auf der Via Monte Napoleone begleiten und sich mit ihr auf den Einzug ins neue Haus freuen.

Der Sommer war hektisch, aber doch nicht zu hektisch für zahlreiche Anproben bei Madame Biki. Zu den letzten Kreationen der Biki kamen noch etliche Dior-Modelle hinzu, aber ihre Eleganz war noch immer sehr streng, vor allem trug sie klassische Kostüme und Jackenkleider. In einem dieser Modelle traf sie am 24. September 1955 in Berlin ein, wo die Scala mit der ursprünglichen *Lucia*-Besetzung in zwei Vorstellungen bei den Festspielen auftrat. Karajan dirigierte, und alle waren zuversichtlich, der Mailänder Triumph werde sich wiederholen. Was dann tatsächlich geschah, übertraf alle Erwartungen. Hunderte verbrachten die Nacht vor der ersten Aufführung vor der Oper, da beide Vorstellungen im Nu ausverkauft waren. Die Rundfunkaufnahme hat die Begeisterung, die Ovationen, das Stampfen der Füße für immer festgehalten.

Anfang Oktober, wieder in Mailand, konnte Maria auf ihr bisher erfolgreichstes Jahr zurückblicken. Dennoch standen einige der größten Triumphe in eben diesem Jahr noch aus. Sie ereigneten sich in Chikago, wo sie am 31. Oktober die Saison mit den *Puritanern* eröffnete. Am 1. November folgte Renata Tebaldi mit *Aida*. Die beiden Superstars benutzten dieselbe Garderobe, doch war (Marias Vorschlag, neben ihr auch die Tebaldi zu engagieren, zum Trotz) alles so arrangiert, daß sie einander nie begegneten.

Auf Renatas *Aida* folgte Maria mit dem *Troubadour*, dann war wieder Renata an der Reihe mit *Bohème*, und Maria replizierte mit der *Butterfly*. »Niemals möchte ich ihre Butterfly wieder hören«, sagte jemand nach der Premiere. »Könnte sonst glatt passieren, daß mir diese abscheuliche Oper noch gefällt.«

Freie Zeit gab es für Maria in Chikago so gut wie gar nicht. Es war ihr eigener Wunsch gewesen, fortwährend in Aktion zu sein, und wenn sie nicht gerade sang, so mußte sie teilnehmen an Cocktailpartys, Lunchpartys, Dinnerpartys, Pressekonferenzen. Und dort hieß es: für die Fotografen lächeln, das Opernmanagement loben, die Stadt in den betörendsten Farben malen – und im übrigen die Tebaldi hochjubeln, mochte sie sich nun als Aida oder Mimi produziert haben.

Nie zuvor hatte eine ganze Stadt ihr als der Königin, Zauberin, Göttin, zu Füßen gelegen. Nie zuvor hatte sie ihrerseits soviel Mühe darauf verwandt, sich Publikumsgunst zu erringen, überall nett und sympathisch zu wirken. »Ruhm ist ein Bumerang«, sagte sie einmal.

In der Tat: All der Anerkennung und Bewunderung, die der Ruhm mit sich brachte, haftete etwas Gefährliches an. Meist war Maria unfähig, sich selbst in gebührender Weise anzuerkennen. Und so hing sie mehr und mehr von der Anerkennung ab, die andere ihr zollten. Doch je größer die Anerkennung, die Verehrung war, desto heimtückischer auch die Falle. Nach eigenem Bekunden wurde sie unaufhörlich von Selbstzweifeln und Minderwertigkeitsgefühlen gequält. »Selbst wenn Menschen mich mit unverkennbarer Zuneigung anschauen, so macht mich das nur doppelt wütend. Ich denke: ›Die betrachten mich voll Bewunderung – weshalb eigentlich? Ich verdien's ja nicht.‹« Zwangsläufig ergab sich daraus für sie die Folgerung: Je weniger ihr eigentliches Selbst die Anerkennung verdiente, desto unausweichlicher wurde es, der Welt ein *Image* zu präsentieren, das all die Bewunderung zu verdienen schien.

Was sich in Chikago am letzten *Butterfly*-Abend ereignete, läßt sich auf den ersten Blick gar nicht so leicht einordnen. Maria selbst sah darin das tragische Ende ihrer leidenschaftlichen Liebesaffäre mit Chikago, doch gab es auch eine Reihe respektloser Seelen, die von billiger Farce sprachen.

Die dritte und letzte *Butterfly*-Aufführung am 17. November war ursprünglich gar nicht vorgesehen. Lawrence Kelly und Carol Fox hatten Maria zu dieser »Zugabe« gedrängt, und sie war schließlich einverstanden. Immer wieder brandete nicht enden wollender Applaus auf, und am Schluß war Maria sichtlich erschöpft. Doch das eigentliche Drama sollte nun erst beginnen.

Zwei Männern war es gelungen, den Sicherheitskordon, den das Management der Lyric Opera rund um Maria errichtet hatte, zu durchbrechen. Dabei handelte es sich um Marshal Stanley Pringle und Hilfssheriff Dan Smith, die in ihren Regenmänteln und Filzhüten aussahen, als seien sie einem frühen Humphrey-Bogart-Film entsprungen.

Triumphierend platzten sie in die Garderobe. Maria, noch in ihrem Cho-Cho-San-Kimono, war vor Wut und Verwirrung zunächst sprachlos. Aber dann fand sie Worte – die Worte einer Göttin, die voll Stolz und Empörung verkündet, daß sie über irdischen Gesetzen steht: »Man kann mich nicht verklagen! Ich habe die Stimme eines Engels! Niemand kann mich verklagen!« Ungerührt führte der Marshal aus, was das Gesetz vorschrieb: körperlichen Kontakt mit dem Adressaten. Er schob die Vorladung wegen der Bagarozy-Klage in Marias Kimono und wandte sich zum Gehen.

Maria sorgte dafür, daß er nicht lange ungerührt blieb. Sie war vor Wut hysterisch, und ihre Hysterie und ihr dunkelglutender Zorn wurden auf einem Foto verewigt, das den Wendepunkt für Marias Publikumsimage markierte. Ihr grellgeschminkter Cho-Cho-San-Mund war grotesk verzerrt, und aus ihren Augen schien buchstäblich Haß zu sprühen.

Im Bruchteil einer Sekunde war Marias neues Image geboren: das der »Tigerin«. Die Weltpresse wurde nicht müde, die Geschichte auszuschlachten. Man berichtete, man erfand hinzu, was immer zu diesem Foto von Associated Press passen mochte – Maria, die Mänade.

Verlockend mußte die Sache für Presseleute wohl sein. Sensationen verkaufen sich gut, Zorn und Haß haben ihren eigenen Reiz, und das Foto einer weltberühmten Frau, aus dem solche Emotionen sprachen, mußte zweifellos Millionen faszinieren.

Maria reiste ab. Zutiefst war sie davon überzeugt, vom Management der Lyric Opera schnöde verraten worden zu sein. Niemals, so schwor sie, würde sie nach Chikago zurückkehren. Am Ende eines Jahres voller Triumphe kam das plötzliche Umschlagen. Sie fühlte sich verzweifelt – und wieder einmal bestätigt in ihrer pessimistischen Anschauung von Leben und Welt. Nach dem Sturz aus höchster Höhe empfand sie alles nur um so schmerzlicher.

Entsprechend war ihre Reaktion, als sie nach ihrer Rückkehr nach Mailand in den Zeitungen Annoncen folgenden Inhalts fand: »La Callas« verdanke ihren Gewichtsverlust der steten Diät mit Pantanellas »psychologischen Makkaroni«. Sie zeigte sich darüber alles andere als amüsiert, zumal die Firma ihr Produkt »abgesichert« hatte – mit Hilfe eines medizinischen Gutachtens von einem gewissen Dr. Cazzaroti.

Von Meneghini angetrieben (und den Chikagoer Zwischenfall kaum erst hinter sich), tat Maria das, wovon ihr selbst ein

Publicity-Novize abgeraten hätte. Sie verklagte Pastificio Pantanella; und dies wurde dann zum zweiten Glied in der Reihe ihrer »Prozeßhanseleien«.

Damit begann, was die Schlagzeilenschöpfer schon bald »die Spaghetti-Schlacht« nennen sollten. Über vier Jahre zog sie sich hin, und Maria avancierte zur Heldin einer Saga, die in ihrer Lächerlichkeit um so pikanter wurde, als man erfuhr, daß der Boß von Pastificio Pantanella kein anderer war als Fürst Marcantonio Pacelli, Vetter von Papst Pius XII.

Im August 1959 wurde in dieser Sache vom Römischen Berufungsgericht zu ihren Gunsten entschieden. Doch zu diesem Zeitpunkt hatte die Presse die Sache fast vergessen: den Fürsten, die Primadonna im wechselseitigen Makkaronistreit. Auch für Maria selbst gab es jetzt Dringenderes als den vier Jahre alten Prozeß. Der Spaghetti-Sieg erwies sich als arg schal.

1955 erlebte die Scala einen Galaeröffnungsabend wie kaum je zuvor. Wie selbstverständlich war Maria die große Ehre zugefallen, mit *Norma*. Unter den Zuschauern war auch Präsident Gronchi. Die Spannung stieg zum Siedepunkt, und schon mischten sich Anti-Callas-Bekundungen hinein. Das war irritierend, störend – wurde jedoch wettgemacht durch noch nie dagewesene Pro-Callas-Ovationen, die Maria immer wieder vor den Vorhang riefen.

Doch es gab etwas, das für Maria viel schmerzlicher war als die Demonstrationen irgendeiner Clique: Seit dem Vorfall in Chikago schluckte die Öffentlichkeit unbesehen jedes noch so negative Gerücht über sie.

Anfang Januar kolportierte die Presse bittere Klagen, die del Monaco über sie führte (der neben ihr den Sever sang): »Als ich zum Schluß von *Norma* die Bühne verlassen wollte, fühlte ich einen heftigen Tritt gegen meine Wade. Verdutzt verhielt ich einen Augenblick, um mir das Bein zu reiben, und als ich wieder gehen konnte, hatte Maria bereits den ganzen Applaus eingeheimst.«

Maria sollte einem Kollegen gegen die Wade getreten haben, um bei einer Soloverbeugung den gesamten Applaus abzukassieren? Kaum glaubhaft. Und gewiß hätte vor dem Chikagoer Zwischenfall niemand del Monaco seine Behauptung abgekauft. Doch nach dem verhängnisvollen Foto gab es wohl nichts, das man nicht geglaubt hätte – je schlimmer, desto besser.

Kein Sänger, keine Sängerin vermochte Gefühle so anzuheizen wie sie. Allein die Erwähnung ihres Namens genügte, um Emotionen aufwallen zu lassen, positive wie negative. War sie eine Göttin, für die es in unserer zweitklassigen Welt keinen Platz gab – oder eine Größenwahnsinnige, wie es sie auf der Bühne noch nie gegeben hatte? Für viele, die sie in keiner musikalischen Kategorie unterzubringen vermochten, klang ihre Stimme fremdartig, verstörend. Wer schönes Singen mit klarer Linienführung und Tongebung gleichsetzte, für den konnte dramatische Gestaltung und entsprechende Klangfärbung niemals ausgleichen, was es an Mängeln gab, schwankend hohe Töne, gelegentliche »Schrille« sowie, im mittleren Bereich, Verschleierungen, unsaubere Tonqualität.

Während der Saison sollte Maria nicht weniger als siebzehnmal als Violetta auftreten, eine geradezu unglaubliche Zahl, und man hoffte sehr, daß dies dazu beitragen würde, etliche ihrer Gegner zum Schweigen zu bringen. Das genaue Gegenteil trat ein, wie sich auf eklatante Weise erwies. Die Gegner zeigten sich keineswegs versöhnt, sondern noch stärker provoziert. Inmitten all der Bouquets und des Blumenregens, der zu Marias Füßen landete, befand sich auch ein Bund Rettiche. Noch bevor die kurzsichtige Primadonna diese gewahrte, hatte das Publikum sie entdeckt und hielt, peinlich berührt, den Atem an.

Doch Maria, die vollendete Schauspielerin, zeigte sich der Situation gewachsen. Sie hob das Rettichbund auf und drückte es an ihren Busen, als handele es sich dabei um die erlesensten Orchideen. Stunden später wurde die »Story« in den Schlagzeilen der Mailänder Presse widergespiegelt, und bald darauf hatte sie den Atlantik überquert.

Allerdings, kaum hatte Maria die Bühne verlassen, so fiel die kühle Maske, und reichlich flossen die Tränen. Die angebetete und umjubelte Primadonna, die mit der linken Hand Millionen verschwendete für ihre Häuser, ihren Schmuck, ihre Garderobe, die in Verehrung und Blumengebinden fast zu ersticken drohte, sie empfand diese feindseligen Demonstrationen geradezu als schmerzhaften, physischen Angriff gegen sich – zumal Meneghini unentwegt ihre Aufmerksamkeit darauf lenkte und alles aufblies, was Maria zweifellos nur noch stärker irritierte.

»Nur ganz selten«, sagte sie einmal, »habe ich das Gefühl, eine wirklich hervorragende Leistung geboten zu haben. Und eben dies ist das Furchtbare, das mich fast um den Verstand bringt: Im Grunde weiß ich nie genau, wann ich etwas Besonderes geleistet habe. Denn dies ist das Paradoxon. Was das Publikum für großartig hält, muß mir noch längst nicht gefallen. Manchmal meine ich, bei einer Rolle ganz und gar danebengelegen zu haben. Trotzdem drängen die Menschen nach Schluß der Aufführung herbei und gratulieren mir und überhäufen mich mit Komplimenten, die mich in Verlegenheit setzen. Dann wieder geschieht es, daß ich glaube, mein Bestes gegeben zu haben, und doch reagiert das Publikum keineswegs in der erwarteten Weise. Es ist und bleibt ein Rätsel. Und verfolgt mich.«

Die Saison an der Scala schloß mit Giordanos *Fedora*. Genau wie *Tosca* ging diese Oper auf ein Theaterstück von Sardou zurück, und beide Stücke waren ursprünglich der großen Schauspielerin Sarah Bernhardt »auf den Leib« geschrieben worden.

Bereits vor der Premiere wetzte man die Messer. Viele meinten, Maria sei ungeeignet für *Fedora*, eine Oper voller Realismus, unlyrischer Musik und schwerfälliger Orchestrierung. Bei der Premiere kam es dann zu Pfiffen und Buh-Rufen. Und später, in den Kritiken, wurde unüberhörbar jenes Thema angeschlagen, das in den folgenden Jahren zum Hauptthema der Callas-Kritik werden sollte: Marias Stimme sei im Begriff, ihre Kraft zu verlieren.

Maria (von der russischen Schauspielerin Tatjana Pawlowa beraten) *wurde* auf der Bühne zur russischen Fürstin Fedora Romanow. Franco Corelli erinnert sich noch an die harte, vierwöchige Probenarbeit. Ganz besonders gilt seine Erinnerung der Kollegin, der es in allererster Linie um die Gesamtwirkung des Dramas zu tun war. »Kann sich niemand vorstellen, was es für mich bedeutete, mit der Callas zusammenzuarbeiten – wo ich auf der Bühne praktisch doch noch Anfänger war, erst das zweite Jahr an der Scala. Maria zeigte sich überaus rücksichtsvoll und versuchte, mir alles leichtzumachen. Sie engagierte sich in einem solchen Maße für diese Oper, daß ich ganz automatisch mitzog. Ich fühlte die Pflicht, mich voll einzusetzen, wie noch nie zuvor. Und zwar mehr vom Instinkt als vom Verstand her.«

Ja, Maria vermochte zu geben. Wenn sie sich richtig verstanden fühlte. Diese Haltung einem Kollegen gegenüber, der am Beginn einer internationalen Karriere stand, ist ein Beispiel dafür.

Anfang Juni 1956. Maria war froh, von Mailand nach Wien zu reisen. Dort hatte die Staatsoper, nach dem Wiederaufbau, ihre erste Saison. Im Rahmen dieser Feierlichkeiten leistete auch die Scala ihren Beitrag: *Lucia di Lammermoor* mit Maria in der Hauptrolle und Herbert von Karajan am Pult.

Die Reise begann, wenn man so wollte, unter einem wenig erfreulichen Vorzeichen. Kaum war Maria im Hotel Sacher abgestiegen, als sie entdeckte, daß diesmal fehlte, was sie sonst stets bei sich hatte: jenes Miniaturgemälde der Madonna, ohne das sie nicht sein mochte.

Hektische Telefonanrufe nach Mailand. Schließlich fand man das Bild in ihrem Schlafzimmer. Ein guter Freund wurde damit beauftragt, den Talisman nach Wien zu bringen. Bis zur Premiere am 12. Juni blieb noch genügend Zeit.

Wenn sie die kleine Madonna in den Händen hielt oder sich vor dem Betreten der Bühne bekreuzigte, so kam dieses einem Akt der Beschwörung gleich, um sich die Götter immer und immer wieder gewogen zu machen.

Das einzige ihrer Rituale, das sich änderte, war das Kreuzzeichen; die Art und Weise, in der sie es ausführte. Solange sie mit Meneghini verheiratet war, bekreuzigte sie sich, wie es die Italiener zu tun pflegen: mit ausgestreckten Fingern. Nachdem dann Onassis in ihr Leben getreten war, begann sie, sich auf griechisch-orthodoxe Weise zu bekreuzigen, mit dicht aneinanderliegenden, eher gekrümmten Fingern. Häufig geschah es, daß sie – zumal in Griechenland – vor einer Kirche verhielt, um dort für die Heilige Jungfrau eine Kerze zu entzünden.

Jedenfalls: An diesem Premierenabend wirkte die Miniaturmadonna für sie wahre Wunder. Der Beifall und die Bravos am Schluß hielten nicht weniger als zwanzig Minuten an, und Theodor Körner, Österreichs Bundespräsident, applaudierte genauso leidenschaftlich wie die übrigen.

Dreimal sang sie in Wien die Lucia, zum letztenmal am 16. Juni. Dann war erst einmal Pause bis zum Beginn von Schallplattenaufnahmen im August. Maria fühlte sich erschöpft, physisch wie psychisch. Den Juli verbrachte sie auf Ischia, jener wunderschönen Insel bei Neapel, und betete und bangte darum, daß ihre Kraft wiederkehren möge. Schließlich war es nicht mehr sehr weit bis zum Oktober – und ihrem seit langem erwarteten Debüt an der Met.

Noch während sie auf Ischia das Schwimmen und Sonnenbaden genoß, erfuhr sie, daß sie in der Woche ihres Met-Debüts auf dem Cover des Nachrichtenmagazins *Time* erscheinen würde – das authentische Siegel für internationalen Starruhm. Henry Koener war damit beauftragt worden, sie zu diesem Zweck zu porträtieren.

Wieder in Mailand, saß sie zum erstenmal für Henry Koener. Als er in der Via Buonarotti eintraf, fand er sich unversehens nicht mit der Glamourkönigin der Oper konfrontiert, sondern mit einer ganz anderen Maria: »Sie wirkte nicht übermäßig anziehend. Wie so ein Karrieremädchen in New York; schwarzes Kleid, dunkel umrandete Brille.«

Inzwischen hatte Maria, unter Karajan, den *Troubadour* aufgenommen. Als nächstes folgte eine Aufnahme von *La Bohème* unter Antonino Votto. Speziell für diese Aufnahme hatte Maria die Partie der Mimi gelernt, auf der Bühne sang sie diese Rolle nie. Antonino Votto war auch bei der dritten Schallplattenaufnahme Marias in diesem Jahr der Dirigent, bei *Ein Maskenball*.

Es fällt auf, daß der Name Serafin bei Marias Aufnahmen in diesem Jahr durch Abwesenheit glänzt. Nun, der Maestro (ihr bedeutendster musikalischer Mentor seit den Tagen Elvira de Hildalgos) war in allerhöchste Ungnade gefallen. Er hatte es gewagt, ein Angebot der EMI zu akzeptieren und die *Traviata* mit Antonietta Stella aufzunehmen, während Maria, laut Vertrag mit der Cetra, dies erst wieder 1957 tun konnte.

Auf das, was sie als »Treuebruch« empfand, reagierte Maria so empfindlich wie eh und je (mochte es sich dabei auch um totale Hirngespinste handeln); und so blieb die prompte Rache nicht aus. Von der Via Michelangelo Buonarotti kam die herrische Ankündigung: niemals wieder eine Aufnahme mit Serafin. Bald sollte dieser Entschluß Teil jener Undankbarkeitslegende werden, die Maria umrankte – zusätzlich zu anderen wenig erbaulichen Geschichten.

Abschied von der Scala

Am 15. Oktober 1956 – also etwa zur Zeit der Suezkrise und des ungarischen Volksaufstands – landete Maria auf dem New Yorker Flughafen Idlewild. Dort wurde sie von ihrem Vater erwartet.
Doch anders als elf Jahre zuvor, als er sie im New Yorker Hafen von der *SS Stockholm* abgeholt hatte, war er diesmal nicht allein. In seiner Begleitung befanden sich Francis Robinson von der Met, Dario Soria von EMI sowie – für den Fall juristischer Verwicklungen – ein Anwalt.
Auch Maria war nicht allein. Mit ihr kamen ihr Mann, zwei Sekretärinnen und ihr Pudel Toy.
Und diesmal hatte George Kalogeropoulos nicht erst durch einen Zufall – das beiläufige Überfliegen irgendwelcher Passagierlisten – von der bevorstehenden Ankunft seiner Tochter erfahren. Selbst wenn ihn Maria nicht unterrichtet hätte: Die New Yorker Presse war voll von ihrem baldigen Debüt an der Met.
Und George sammelte sämtliche Artikel, in denen der Name seiner Tochter auch nur erwähnt wurde. Säuberlich bewahrte er alle Ausschnitte auf, und sie schienen ihm wichtiger zu sein als die Schallplatten, die Maria ihm schickte. Ein Opern-Fan wurde er nie, dennoch war er bereit, bis ans Ende der Welt zu reisen, nur um seine Tochter singen zu hören. Mexiko, Italien, Griechenland – oder auch der Idlewild Airport: Wenn Maria ihn bat, zur Stelle zu sein, so war das für ihn eine Art königlicher Befehl.
In dreizehn Tagen sollte sie, zur Eröffnung der Saison an der Met, in *Norma* singen. Geeinigt hatte man sich nahezu ein Jahr zuvor. Unmittelbar vor ihrem Auftritt an der Chicago Lyric Opera (als Leonora im *Troubadour*) unterzeichnete Maria den Vertrag für die New Yorker Metropolitan Opera. Rudolf Bing verbeugte sich und küßte ihr die Hand – eine Prozedur, die er für den Schwarm der Fotografen mehrmals wiederholte: Jeder war auf einen perfekten »Schuß« aus – für die Spätausgaben der jeweiligen Blätter.
»Auf welche Gage haben Sie sich geeinigt? Tausend Dollar pro Abend? Tausendfünfhundert? Zweitausend?« Daß Bing in diesem Punkt bislang einem geheiligten Grundsatz gefolgt war, wußte

man allgemein: pro Abend höchstens tausend Dollar und keinen Cent mehr. Natürlich begriffen die Presseleute, daß dieses Limit gesprengt worden war. Was sie interessierte: um wieviel? Um einen womöglich »dramatischen« Prozentsatz?

Doch Bing konnte die Verschwiegenheit in Person sein – und ein Diplomat der wirklich alten Schule. »Aber, aber, unsere Künstler arbeiten der Kunst zuliebe! Mitunter auch für ein paar Blumen … Lassen Sie mich es so ausdrücken: Sie wird diesmal ein paar Blumen mehr bekommen.«

Auch jetzt, in den knapp zwei Wochen bis zum Eröffnungsabend an der Met, erwies sich Rudolf Bing als die verkörperte Höflichkeit – und Hilfsbereitschaft. »Wir behandelten Miß Callas wie noch nie einen Sänger oder eine Sängerin zuvor«, schrieb er in seinen Memoiren. Und Maria erklärte: »Er war freundlich und hilfsbereit, ohne dabei aufdringlich zu sein.«

Und sie brauchte Hilfe. Denn wenn sie sich nach außenhin auch kühl und profihaft gab, die Met war halt nicht irgendein Opernhaus. »Ist New York begierig, mich zu hören?« hatte sie aus Mailand geschrieben. Das sei in der Tat der Fall, erwiderte Bing, der in seinen Memoiren die Premiere mit Maria bezeichnet als »das Erregendste, das ich in meiner ganzen Zeit an der Met erlebte«.

Maria wußte, daß sie sich auf dem Prüfstand befand, und irgend etwas in ihr sträubte sich dagegen – war es leid, sich immer und immer wieder aufs neue bewähren zu müssen. Den Zenit ihrer Karriere hatte sie erreicht, in Mailand, in London, in Berlin, Wien und in Chikago. Dennoch, das wußte sie, war sie in den Augen der Welt – wie auch in ihren eigenen – nur so gut wie bei ihrer nächsten Leistung.

Zwei Tage vor dem Eröffnungsabend kam *Time* heraus, mit Marias Bild auf dem Cover und einer vier Seiten langen Titelgeschichte – und ihre Reaktion, noch lange nach der Lektüre, waren Zorn und Verzweiflung.

Ihren üblichen Methoden gemäß hatten die *Time*-Leute Fragebogen verteilt, an Marias Freunde wie an ihre Feinde; und sie hatten es verstanden, so manchen zum Plaudern zu bewegen. Alle möglichen Geschichten wurden erzählt, zum Teil ausgeschmückt, zum Teil erfunden. Der größte Coup allerdings bestand darin, daß es gelungen war, von Marias Mutter einen Auszug aus dem letzten Brief ihrer Tochter zu erhalten: »Komm uns nicht mit Deinen Sorgen. Ich habe für mein Geld arbeiten müssen, und Du bist jung genug, um Deinerseits zu arbeiten. Wenn es Dir unmöglich ist, für Deinen Lebensunterhalt genügend Geld zu verdienen, dann kannst Du ja aus dem Fenster springen oder Dich ertränken.«

Gar keine Frage: Wortwörtlich war das gewiß nicht gemeint. Andererseits drückten sich darin doch tiefverwurzelte, dunkle Ressentiments gegen ihre Mutter aus. Maria selbst sagte einmal: »Niemals werde ich's ihr verzeihen, daß sie mir meine Kindheit genommen hat. In den Jahren, wo ich hätte spielen, ganz einfach aufwachsen sollen, mußte ich singen oder Geld verdienen. Was ich für die getan habe, war in der Hauptsache gut, und was die mir angetan haben, war in der Hauptsache schlecht.« 1950 hatte sie ihrem Patenonkel geschrieben: »Was Mutter betrifft, so habe ich ihr für dieses Jahr alles gegeben, was ich konnte. Es ist allmählich an der Zeit, daß jeder mit seinem Leben so fertig wird, wie ich mit meinem fertig werde.«

Solche »Enthüllungen« wirkten sich für Marias öffentliches Image naturgemäß verheerend aus. Aber da war noch eine weitere Zielscheibe, auf die sich *Time* gnadenlos eingeschossen hatte: Marias Verhältnis zu ihren Kollegen. Gleich am Anfang der Titelgeschichte fand sich folgender Passus: Maria sei eine Diva, die mehr als jede andere lebende Sängerin »von ihren Kollegen gehaßt und vom Publikum geliebt« werde. Ein, namentlich nicht genannter, Kollege hatte angeblich gesagt: »Der Tag wird kommen, an dem Maria allein singen wird.« Wie um diese Behauptung des Namenlosen zu stützen, zitierte man di Stefano: »Nie wieder werde ich mit ihr eine Oper singen, das steht endgültig fest.« Marias Pech: Im steten Auf und Ab ihrer Freundschaft hatte man di Stefano gerade bei einer reinen Ebbe erwischt. Sieben Monate später nahm der Mann, der doch *nie wieder* mit ihr eine Oper singen wollte, gemeinsam mit ihr *Manon Lescaut* auf. Doch selbst wenn er die vorschnellen Worte wieder geschluckt hätte, es war zu spät. Gedruckt fanden sie sich in der Titelgeschichte und trugen mit zu der verheerenden Wirkung bei.

Genau dies, die schlimme Auswirkung, war am Eröffnungsabend geradezu mit Händen greifbar. In der *New York Times* hatte man lesen können, noch nie hätten so viele Amerikaner soviel Geld ausgegeben, um eine Oper zu hören. Tatsache war jedoch, daß sie kamen, um Maria zu sehen, nicht um eine Oper zu hören. Als sie dann auf der Bühne erschien, klang Applaus auf, kalter, förmlicher, fast feindseliger Applaus – dies in ominösem Kontrast zu dem herzlichen Beifall, der Zinka Milanov begrüßte, als sie durch den Gang zu ihrem Sitz ging. New York, an sich so etwas wie ein Zufluchtsort für *monstres sacrés*, war offenbar der Meinung, Maria habe die entscheidende Grenze verletzt. Exzentrisch und extravagant zu sein oder auch unbezähmt und fast unzurechnungsfähig, das war eine Sache. Doch ein undankbares und geradezu gemeines Verhalten gegenüber der eigenen Mutter – das war etwas ganz anderes.

Nun denn. Das musikliebende – und zumal das *fashionable* – New York hatte einen Haufen Geld bezahlt, um »zugegen« zu sein an diesem Abend – und um sich völlig unbeeindruckt zu zeigen von dem, was immer Maria bieten mochte. Sich von ihr bewegen, sich anrühren lassen? Man würde ihr schon zeigen, daß sie, summa summarum, nichts weiter war als eine Legende.

Und dennoch gelang es ihr.

Der erste Akt war schwierig, fast unmöglich. Die Hitze des New Yorker *Indian Summer* schien die letzten Kräfte aufzuzehren, die Spannung war unerträglich, und Maria, sichtlich nervös, hätte wahrhaftig besser bei Stimme sein können.

Doch dann, im zweiten Akt, geschah das Wunder. Was sich im ersten Akt nur hie und da angedeutet hatte, gelangte nunmehr voll zum Durchbruch und schlug das Publikum in Bann. Maria Callas, die Opernsängerin, die mit Hilfssheriffs rüde umsprang und zu ihrer Mutter so häßlich war, sie verschwand – und was zurückblieb, war einzig die von Maria mit Leben erfüllte Norma.

Zehn Jahre später, als Marias Stimme kaum mehr als eine Ruine war, definierte Harold Schonberg den Grund hierfür: »In dieser Frau, da ist irgendwas, das fast jeden im Publikum mitten ins Innerste trifft. Und solange sie diese Fähigkeit besitzt, wird man Türen einrennen und sich heiser schreien, und was immer ich oder andere dazu sagen mögen, macht nicht den geringsten Unterschied.«

Was diesen seit langem erwarteten Abend betraf: Das Publikum schrie sich heiser, während es insgesamt sechzehn Vorhänge gab. Am Schluß, ganz am Schluß, kam (Bings Ermahnungen zum Trotz) Marias Soloknicks, indes Mario del Monaco und Cesare Siepi sich bereits zurückzogen. Maria hob einen auf die Bühne geschleuderten Blumenstrauß auf – und teilte diesen mit ihren beiden Kollegen. Wer hätte ihrem Lächeln widerstehen wollen?

Dennoch: Die *Show* war noch längst nicht vorüber. Der Trianon-

Saal im Ambassador Hotel war von Angel Records gemietet worden: für eine große Party zu Ehren von Maria. Die Gäste bildeten so etwas wie einen repräsentativen Querschnitt durch die gesellschaftliche Welt der Musik, der Diplomatie, der Presse usw. Da waren der griechische und der italienische Gesandte, da waren Marlene Dietrich und Elsa Maxwell, die Superklatschtante, die für zahllose Zeitungen schrieb.

Etliche Tage später kam *Tosca*. Am Pult stand Dimitri Mitropoulos, Grieche wie Maria und in der Musikwelt gleichfalls ein Star. Den Scarpia sang George London. Wer in die Aufführung kam, um bestimmte berühmte Bravourstücke zu hören, fühlte sich enttäuscht. Ja, wo denn, guter Gott, blieben die hinreißend flutenden Gesänge einer Tebaldi oder einer Milanov? Elsa Maxwell – Klatschtante und bedingungslose Tebaldi-Parteigängerin – schien zu einer Totaloffensive gegen Maria entschlossen. Doch im Publikum fanden sich auch andere – begeisterte Menschen, denen vokalischer Purismus noch längst nicht alles bedeutete. Für sie war Maria eine große – nein, die allergrößte – Tosca. Es gab sogar welche, die meinten, sie sei eine größere Tosca, als *Tosca* es überhaupt verdiene. Bis in die kleinste Geste und die geringste Bewegung wirkte sich dies bei ihr aus.

Zehn Tage nach dieser Premiere gesellte sich die Tebaldi offiziell der Callas-Opposition zu. An *Time* richtete sie einen Brief, der in der gesamten musikalischen Welt ein nachhaltiges Echo erzeugte. Voll Zorn reagierte sie auf jene Anschuldigung, die Maria angeblich gegen sie vorgebracht hatte: daß sie, die Tebaldi, kein Rückgrat besitze. Renatas erzürnte Antwort: »Ich besitze etwas Wunderbares, das ihr fehlt – ein Herz.«

Marias dreiunddreißigster Geburtstag stand bevor, und die Atmosphäre schien geladen mit allerlei widersprüchlichen Elementen: Bewunderung, Feindseligkeit ... Kaum tauchte sie irgendwo auf, und sei es in einem Warenhaus, so konnte es geschehen, daß wie aus dem Nichts Kameras und Mikrofone vor ihr auftauchten.

Am 3. Dezember 1956, am Abend nach ihrem Geburtstag, sang Maria an der Met zum erstenmal die Lucia. Im allgemeinen schien sich die Kritik einig: Ihre dramatische und ihre gesangliche Kunst ergänzten einander zur Einheit. Elsa Maxwell allerdings schoß Gift: »Ich muß gestehen, daß mich die Schauspielerei der großen Callas in der Wahnsinnsszene völlig ungerührt ließ ... Was mich faszinierte, war die rote Perücke, die sie während der ersten beiden

Akte trug. In der Wahnsinnsszene erschien sie dann plötzlich als Platinblondine. Aus welchem Grund dieser plötzliche Farbwechsel? Was bedeutet er für diese egozentrische Extrovertierte?«

Marias zweimonatiger Aufenthalt in New York näherte sich seinem Ende. Allerdings sollte es noch zu einer recht ungewöhnlichen Versöhnung kommen. Der griechische Filmtycoon Spyros Skouras hatte sie und Battista zu einem speziellen Dinnertanz ins Waldorf Astoria geladen. Unter den Gästen war auch Elsa Maxwell, allgegenwärtiges Barometer des internationalen *Society*-Klimas.

Was Maria betraf, so war sie inzwischen offenbar zu dem Entschluß gekommen, die Maxwell unbedingt zu »erobern«. Keine leichte Sache. Kenner dieser Institution warnten Maria. Nicht nur, daß sie in ihrer Klatschkolumne von einer einmal begonnenen Vendetta nicht mehr abließ, sie war auch noch ungeheuer stolz darauf. »Ich sehe wie eine Bulldoge aus«, sagte sie, »und ich bin auch genauso zäh.«

Doch Maria ließ sich nicht schrecken. Sie bat Spyros Skouras, sie mit der Maxwell persönlich bekannt zu machen – und stülpte sich an diesem Punkt eine Maske über, die für sie völlig ungewöhnlich war und bleiben sollte. »Ich schätze Sie«, sagte sie zur Maxwell (die dies in ihrer nächsten Kolumne wortwörtlich wiedergab), »als eine Dame absoluter Ehrlichkeit, der es einzig um die Wahrheit geht.«

Die große Callas – um Madame Maxwell für sich zu gewinnen, nahm sie ihre Zuflucht zu ganz fadenscheinigen Schmeicheleien. Doch es gelang ihr, und sie erreichte noch mehr als erhofft.

»Als ich in ihre ungewöhnlichen Augen blickte, die so voll Schönheit und Glanz und hypnotischer Kraft sind, wurde mir bewußt, daß sie eine ganz außerordentliche Person ist.« Nun, um Liebe auf den ersten Blick handelte es sich zweifellos nicht, aber doch um so etwas wie um Anhänglichkeit auf den zweiten, von Elsas Seite mit Beharrlichkeit ausgeübt, was Maria dann immer weniger behagte. Stets sorgte sie dafür, daß sie mit Elsa nicht allein blieb, und sei es auch nur für wenige Minuten. Gleichzeitig war sie jedoch auf geradezu kindliche Weise darüber entzückt, nunmehr – anstelle von Renata – Mama Maxwells Lieblingskind zu sein.

Und auf ihre eigene Weise erwiderte Maria sogar Elsas Zuneigung oder Anhänglichkeit. Die rebellische Tochter auf der Suche nach der Ersatzmutter – sie hatte diese endlich gefunden. Zwar hätte die Maxwell, mit ihren dreiundsiebzig Jahren, mühelos Marias Großmutter sein können; doch das machte das Verhältnis nur um so sicherer und attraktiver.

Aber mehr, weit mehr als nur dies. Elsa Maxwell besaß die Macht, Maria in eine ganz neue Welt einzuführen, in die Welt der Jachten, der *Grandes Soirées,* der exilierten Prinzen und der regierenden Millionäre.

Und Maria, Eroberin der Welt der Oper, ließ sich nun faszinieren von neuen, noch unerforschten Perspektiven. Für Elsa Maxwell war das altvertrautes Gelände. Allerdings schien sie entschlossen, eben dies Territorium – mit Hilfe ihrer pompösen Partys – mindestens dreimal pro Jahr wiederzuerobern. Ob es nun in Paris, in New York, in Venedig oder in Monte Carlo war, sie verschwendete andrer Leute Vermögen, um Feste aus dem Boden zu stampfen, »wie sie die Welt noch nicht gesehen hatte«, ebenso unerwartet wie unkonventionell.

In ihrer Autobiographie schrieb sie: »Man hat mich eine Parasitin genannt, weil ich von der Großzügigkeit der Reichen ausgiebig Gebrauch machte. Aber ich habe mindestens soviel gegeben, wie ich erhalten habe. Ich besaß die Phantasie, die anderen das Geld – ein fairer wechselseitiger Austausch, wobei sich beide Seiten als völlig großzügig erwiesen.«

In der Tat: Eine Eintagsfliege war die Maxwell ganz und gar nicht. Bereits in den dreißiger Jahren galt sie als Partyveranstalterin Nummer eins auf der Welt. Sie gab Partys, auf denen die Damen ohne Röcke und die Herren ohne Hosen erschienen; sie organisierte eine *fête champêtre,* auf der Serge Lifar, eine von Diaghilevs letzten Entdeckungen, nackt erschien: goldbemalt auf einem Schimmel; sie gab ein Schatzsuchfest im Ritz in Paris, bei dem die Gäste die Schuhe der Mistinguette stahlen sowie einen schwarzen Schwan aus dem Bois de Boulogne; bis hin zu ihrem siebzigsten Geburtstag im Maxim's, wo Albert, der Oberkellner, »Mademoiselle« am Ende informierte, die Rechnung sei »verlorengegangen«.

Das lag inzwischen drei Jahre zurück. Jetzt, im Waldorf Astoria, verliebte sich »Mademoiselle« Hals über Kopf in Maria. »Mit sechzehn entdeckte ich«, schrieb Elsa, »daß es mir unmöglich war, mich von einem Mann küssen zu lassen. Mag sein, daß es Egoismus oder falscher Idealismus war, was mich davon abhielt, irgendeinem Mann eine solche Intimität zu vergönnen.« Wie dem auch sein mochte – für die folgenden drei Jahre wurde Maria für die

Maxwell zum Objekt einer geradezu jugendlichen Leidenschaft. Und was Maria betraf: Für sie wurde Elsa zur unbedingten Meisterin und Führerin in diese unbekannte Welt.

Maria kehrte zur Scala zurück, mit der *Nachtwandlerin*. Dann, am 14. April 1957, kam die Premiere von Donizettis *Anna Bolena* mit Gianandrea Gavazzeni am Pult. Es war ihre neunzehnte Rolle an der Scala. Visconti und Nicola Benois hatten Bühnenbilder von solcher Schönheit und Eindringlichkeit erschaffen – sämtlich in schwarz, weiß und grau –, daß das Publikum jedesmal in lauten Beifall ausbrach. Doch Visconti sprach es aus: »Für *Anna Bolena* braucht man mehr als Bühnenbilder und Kostüme. Man braucht die Callas. Tagtäglich ging ich mit ihr zum Schneider, um jedes Detail ihrer Gewänder zu überwachen – in allen Schattierungen und Nuancen von Blau gab es sie. Riesenhafte Juwelen. Sie mußte zu allem bei ihr passen – ihren Augen, ihrem Kopf, ihren Zügen, ihrer Statur.« Und er fügte hinzu: »Was immer sie dann auf der Bühne tat, sie war großartig.«

Der Kritiker John Ardoin schrieb, dies sei »der Gipfelpunkt jener geknechteten und verwundeten Gestalten, die sie zuvor auf der Bühne dargestellt hatte«. Hier fand sich auch die Antwort für jene, die Maria so glattzüngig als große Schauspielerin ohne große Stimme abtaten. Sie war eine großartige Schauspielerin, *und* sie verfügte über die einzigartige Fähigkeit, mit ihrer Stimme zu agieren. Genau diese Kombination machte ihre Einmaligkeit aus. Und das ist auch der Grund, warum Tausende und Abertausende der Ausdruckskraft der Callas-Stimme verfielen, ohne Maria jemals auf der Bühne erlebt zu haben.

Am Ende ihrer Karriere war Marias Stimme gewiß nicht mehr, was sie einmal gewesen war; doch bei dieser Premiere in der Scala kamen die Kraft der Stimme und die inspirierte Art des Vortrags noch voll zur Geltung. Sie verstand es, das *Drama* zu gestalten, und es gibt kaum ein besseres Beispiel als eben *Anna Bolena,* um zu zeigen, wie sie die beiden Künste, die der Opern- und die der Theaterbühne, miteinander verschmolz. Gegen Schluß der Oper schwingt ihre Stimme mit allergrößter Sicherheit zu den hohen Cs empor, und Annas Schlußzeilen werden in einem derart »rauhen Brustton« hervorgestoßen – *Vendetta*, lautet die Parole –, daß das Publikum wie erstarrt war. Dann, noch ehe die Schlußakkorde des Orchesters verklangen, brauste Jubel auf, Riesenapplaus; und an diesem Abend brach Maria den Scala-Rekord an Solovorhängen: vierundzwanzig Minuten ununterbrochener Applaus.

Wenige Tage später zeigten Bilder in der italienischen Presse, was die Zukunft bergen mochte: Elsa Maxwell, soeben auf dem Mailänder Flughafen eingetroffen, lag in Marias Armen. Sie war Marias Einladung zur *Anna Bolena* gefolgt. Inzwischen gab es bereits Proben zu Glucks *Iphigenie auf Tauris*. Dennoch hatte Maria die Zeit gefunden, zum Flughafen hinauszufahren, um rechtzeitig zur Stelle zu sein. Die Maxwell ihrerseits bereitete in Venedig einen Ball vor, zu Ehren Marias. In ihrer Klatschspalte sprach sie von »üblen Gespinsten«, die sich um Maria rankten, wobei sie ganz vergaß, daß sie selbst noch vor nicht allzu langer Zeit die »Hauptspinne« gewesen war.

Bei der Generalprobe zur *Iphigenie* war die Maxwell jedenfalls zugegen. Als Resultat gab es eine weitere Kolumne: Wer sich unterstehe, Gift zu spritzen, so in etwa der Tenor, den werde sie, Elsa Maxwell, zur Strecke bringen.

Diese Bemerkung zielte in Richtung Karajan und Wiener Staatsoper. Dort hatte man verlauten lassen, aus Marias geplantem Wiederauftreten in Wien werde wohl nichts werden: Im Laufe der Verhandlungen hatte Meneghini urplötzlich verkündet, die Gage für seine Frau habe sich verdoppelt. Doch Wien weigerte sich, mehr zu zahlen als 1600 Dollar pro Abend.

»Geld interessiert mich nicht weiter«, hatte Maria erklärt, »solange die Gage höher ist als die von irgendwem sonst.« Eine kindische Forderung; offenbar wollte sie eben hierdurch bestätigt sehen, daß sie die Beste war. Was den Manager Meneghini anlangte – für ihn war die Durchsetzung höherer und immer höherer Gagen für seine Frau praktisch die *raison d'être,* nur: In Wien prallten Gier und Geiz hart aufeinander. Und Maria sah sich hartem Tadel ausgesetzt, weil sie unmäßige Forderungen über ihre Kunst stellte. Was die Situation besonders kompliziert machte: Ihre Sachwalterin – in halboffizieller Funktion, wenn man so wollte – war ausgerechnet die Repräsentantin jener betuchten *beau monde,* Elsa Maxwell.

Indes die Kontroverse noch hin und her wogte, konzentrierte Maria sich völlig auf die Gestaltung ihrer fünften Heroine unter Viscontis Regie. Glucks *Iphigenie* sollte ihre letzte gemeinsame Arbeit werden, was sie damals allerdings beide noch nicht ahnen konnten.

Zum erstenmal zeigte sich Maria mit einer Interpretation Viscontis ganz und gar nicht einverstanden. Er hatte die Oper im 18. Jahrhundert angesiedelt, inmitten eines geradezu üppigen Rokokostils. »Was soll das?« fragte Maria immer wieder. »Es ist ein griechischer Stoff, und ich bin eine Griechin, also möchte ich auch auf der Bühne wie eine Griechin aussehen.« Immer wieder kam sie während der Proben darauf zurück, und selbst die herrlichen Kostüme konnten sie mit der ungewohnten Konzeption nicht versöhnen. Visconti seinerseits hielt *Iphigenie* für seine schönste Produktion mit Maria. Das entsprach zwar nicht der allgemeinen Meinung, zweifellos gab es einige tief anrührende Momente. Die Oper beginnt mit einer Sturmszene. Iphigenie (Maria) erscheint, und sie steigt die hohe Treppe empor. Wenig später jagt sie die steilen Stufen hinab, indes der schleppenartige Umhang, über zwanzig Meter lang, vom Wind wild hin und her gezaust wird.

»Jeden Abend«, erinnert sich Visconti, »traf sie ihren höchsten Ton genau auf der achten Stufe, so außerordentlich hatte sie Musik und Bewegung miteinander koordiniert. Sie war wie ein Zirkuspferd – darauf gedrillt, jeden eingeübten Trick aufs präziseste auszuführen.«

Iphigenie war Marias zwanzigste Produktion an der Scala, und am 21. Juni verlieh ihr Präsident Gronchi in Anbetracht ihrer künstlerischen Verdienste den überaus begehrten Ehrentitel Commendatore. Drei Tage später bedachte Elsa Maxwell sie mit einer weiteren Ehre, einer Maxwell-Tour durch Paris: Tee mit den Windsors, Cocktails mit den Rothschilds, Diner im Maxim's, Pferderennen mit Ali Khan.

Eine Erholungspause, vom Singen jedenfalls. Doch auf die Dauer kaum weniger strapaziös als dieses. Vor ihr lag jedoch ein langer Sommer mit Schallplattenaufnahmen. Außerdem bereitete sie sich, nach zwölf Jahren, darauf vor, wieder in Athen zu singen.

Aber noch schien ihre Heimat nicht bereit, sich auf ihre bevorstehende Rückkehr zu freuen. Dabei spielten verschiedene Faktoren mit. Evangelias Behauptungen über ihre Tochter hatten eine sehr negative Reaktion hervorgerufen, die noch immer nachwirkte. Womöglich noch verheerender: Die Oppositionsparteien versuchten, aus ihrem geplanten Gastspiel für sich politisches Kapital zu schlagen. Die Karamanlis-Regierung, so tönten sie, lasse jedes Maß für Prioritäten vermissen: obschon das Land seine Finanzen verzweifelt für wahrhaft Dringlicheres benötige, sei man bereit, einer Opernsängerin eine exorbitante Gage zu zahlen. Das Ganze begann, sich zur Farce auszuwachsen. Die allgemeine Atmosphäre war so angespannt und so gereizt, daß die Regierung einen ganz speziellen »Coup« ausheckte. Man verstand es so zu arrangieren, daß Evangelia und Jackie abwesend waren: Als Maria in Athen landete, befanden sie sich bereits in Amerika.

Maria traf ein, und sie fühlte sich, nach den Anstrengungen des vergangenen Jahres, sehr erschöpft. Wonach sie sich sehnte, war ein sicherer Zufluchtshafen. Statt dessen fand sie sich plötzlich inmitten einer stürmischen See – und sie geriet in Panik. Sie fühlte sich nicht stark genug, einem Publikum gegenüberzutreten, das entschlossen sein würde, sich nicht aus seiner steinernen Reserviertheit herauslocken zu lassen. Andererseits glaubte sie auch nicht, in der Verfassung zu sein, in der es ihr gelingen würde, die Menschen gegen deren Willen für sich zu erobern.

Was also tun?

Maria war unschlüssig. Eine Weile schwankte sie, flüchtete sich in allerlei Ausreden, faßte endlich einen Entschluß. Das erste Konzert, im Theater des Herodes Atticus, sollte abgesetzt werden. Teils wegen ihrer eigenen Unschlüssigkeit, teils wegen griechischer Schlamperei wurde diese Entscheidung erst zehn Minuten vor dem geplanten Konzertbeginn bekanntgegeben. Kein Wunder, daß die Reaktion nicht nur Enttäuschung war, sondern schierer Zorn.

Fünf Abende später (genau dreizehn Jahre, nachdem sie dort im *Fidelio* gesungen hatte) betrat Maria wieder die Bühne des uralten Theaters – und sie stieß auf eine eisige Mauer aus Feindseligkeit. Aber diesmal war sie bereit. War bereit, diese Feindseligkeit als Herausforderung zu nehmen: um sie zu überwinden, um sie in nichts aufzulösen, um sie ins Gegenteil zu verkehren.

Marias letzte Arie, die Wahnsinnsszene aus *Hamlet;* und der Applaus am Schluß war so ekstatisch, daß sie sich zu einer Wiederholung gezwungen sah. Die so angespannte Atmosphäre der letzten Wochen – endlich schien sie sich zu entladen.

Dann war sie wieder in Mailand.

Jetzt wurde besonders deutlich, wie verheerend sich die Lebensweise auswirken mochte, deren Muster sie nun schon seit Jahren folgte: Arbeit bis zur totalen Erschöpfung; innere Unruhe, bis hin zum Kollaps – eine überaus gefährliche Tendenz. Sie war dünner denn je. Trug sie ein Kleid mit Ausschnitt, so ragten deutlich ihre Schlüsselbeine hervor. Im übrigen war ihr Blutdruck erschreckend tief. Der Arzt riet ihr, vorerst sämtliche Verpflichtungen abzusagen, berufliche wie gesellschaftliche. Doch Maria befand, die Streichung ihres Gastspiels bei den Edinburgher Festspielen könne nur fatale Folgen haben. Und was die Absage ihres Besuchs in Venedig, anläßlich des von Elsa Maxwell gegebenen Balls, betraf – auf ein derart glanzvolles Ereignis zu verzichten, wäre doch jammerschade!

Bei ihrer Ankunft in Edinburgh herrschte kaltes Wetter. Die Eröffnungsvorstellung für die Festspiele: *Die Nachtwandlerin* mit Maria in der Hauptrolle. Nun, der Premierenabend litt zweifelsohne darunter, daß sie sich nicht in der besten Verfassung befand. Doch über die vierte Vorstellung schrieb Harold Rosenthal in *Opera:* »Vom dramatischen Aspekt her ist ihre Interpretation eine wahre *Tour de force.*«

Aber all dies ging unter in dem reißenden Sturzbach der Publicity, der Marias Absage für die fünfte Vorstellung der *Nachtwandlerin* folgte. »Wieder eine Callas-Laune«, so oder so ähnlich interpretierte es die britische Presse.

Die Tatsachen allerdings sahen ganz anders aus. Zu einer fünften Vorstellung hatte sich Maria von Anfang an nicht bereiterklärt. Vielmehr hatte sie Ghiringhelli von Anfang an gesagt, viermal, das sei das äußerste. Allerdings glaubte man, sie nur vor vollendete Tatsachen stellen zu müssen – dann werde schon alles seinen Weg gehen. Ein Irrtum.

Maria dachte nicht daran, sich kaputt zu machen, nur damit die Scala bei den Edinburgher Festspielen ihr Gesicht wahren konnte. Der Oberbürgermeister der Stadt und seine Frau, die sich in Marias Hotel herzlich von ihr verabschiedeten, zeigten Verständnis. Nicht anders verhielt es sich mit den Musikkritikern. Einer von ihnen schrieb: »Um ihres Wohles willen war man froh, daß sie in Richtung warmer Süden abreiste.«

Doch die Weltpresse, mit ihren übereifrigen Wächtern über künstlerische Ethik, zeigte weder Verständnis, noch dachte sie daran zu vergeben. Und was hieß dies denn schon: Abreise in Richtung warmer Süden? Natürlich Venedig – also großer Ball, von Elsa Maxwell zu Ehren von Maria gegeben.

Zum Singen war sie zu erschöpft, aber keineswegs zu erschöpft, um die ganze Nacht auf diesem Ball zuzubringen. In der Tat: Die Gazetten schwappten über von Fotos, die Maria in geradezu blendender Verfassung zeigten: strahlend, wie auf Hochglanz, voller Selbstvertrauen.

Und zu allem brüstete sich die Maxwell, die zuzeiten Taktgefühl und Diskretion eines Rhinozeros besaß: »Ich habe mich in meinem Leben schon so mancher Aufmerksamkeit erfreuen können ... doch nie zuvor ist es geschehen, daß ein Opernstar eine Vorstellung sausen ließ, weil sie ihrer Freundin gegenüber auf gar keinen Fall wortbrüchig werden wollte.«

Ewig witterte Maria Verrat, Treulosigkeit. Doch wenn dergleichen direkt vor ihren Augen lag, war sie zu blind dafür.

Nun, im Augenblick *konnte* Elsa einfach kein Unrecht begehen. Denn verzweifelt benötigte Maria eine all-gute, allmächtige Mutterfigur; und die Maxwell war beglückt, diese Stelle einnehmen zu können. Was denn war ihr Leben? Ein Exzeß an Trivialität, ein Kratzen an der Oberfläche. Da war die Society, Titel und Titelträger, da waren Geld und reiche Leute, natürlich Galabälle und ähnliches – die einzige Realität für Elsa Maxwell.

Die Opernhäuser rund um die Welt, die sich um Maria rissen – wie konnten sie mit den Verlockungen und Verheißungen konkurrieren, die Elsa Maxwell und die *beau monde* zu bieten schienen? *Die Nachtwandlerin?* Diese Rolle hatte Maria inzwischen zweiundzwanzigmal auf der Bühne gesungen. Und man hätte endlos fortfahren können mit der Aufzählung: zweiundfünfzigmal *Traviata,* einundvierzigmal *Lucia,* dreiundsiebzigmal *Norma;* – und weitere achtundzwanzig Bühnenrollen seit 1947. Alles gut und schön, doch wieviel *richtige Bälle* hatte sie während dieser ganzen Zeit wohl erlebt?

Alexander der Große, so heißt es, weinte bittere Tränen, als es keine weiteren Welten mehr zu erobern gab.

Nun, aus der Sicht der Öffentlichkeit und zumal der Opernfans mag die Welt der internationalen Café-Society ein wahres Nichts sein gegenüber der Welt der Oper; doch für Maria war dies zumindest eine neue Welt.

Bis zum frühen Morgen harrte Maria auf dem Ball aus. Dies war so etwas wie eine Aufführung, und sie machte mit, ohne sich auch nur im geringsten zu schonen. Sie sang sogar einen Blues. Mit der Maxwell am Klavier trug sie *Stormy Weather* vor. Daß Elsa Maxwell so etwas konnte, durfte nicht verwundern. Sie hatte als Pianistin angefangen, im guten alten Kintopp, wo sie – man zeigte ja noch Stummfilme – pro Tag zwölf Stunden auf den Tasten herumhämmern mußte. Nach dem Ersten Weltkrieg machte sie sich in Europa einen Namen, indem sie auf Partys Klavier spielte und eine

Reihe von Songs aus den jüngsten Broadway-Shows sang – oder auch ein paar Lieder, die sie selbst geschrieben hatte. Jetzt, im Sommer 1957, hatte sie den Gipfel ihrer Pianistinnenkarriere erklommen, indem sie Maria Callas begleitete.

Mehr als irgend jemand sonst schien Maria im Mittelpunkt der Aufmerksamkeit zu stehen. Und es gab jemanden, der – aus Griechenland wie sie und nicht weniger prominent – sich voll und mit großer Bewunderung auf sie konzentrierte: Aristoteles Sokrates Onassis. »Nie in meinem ganzen Leben«, schrieb die Maxwell in ihrer Klatschspalte, »habe ich ein besseres Dinner und einen schöneren Ball gegeben. All die Freude und Glückseligkeit, die sich verbreiteten. Da waren zwei Prinzessinnen, die einander auf den Tod haßten – und einander nunmehr zulächelten ...« Im Grunde dauerte die Party sieben Tage. Vom Lido ging's zu Harry's Bar, und von Harry's Bar zu Florian's, von Florian's auf Onassis' *Christina*, die in der Mündung des Grand Canal vor Anker lag. Sein Motorboot, mit zwei ganz in Weiß gekleideten Seeleuten, stand Maria zur Verfügung. Er machte ihr den Hof, mit Jachten und Motorbooten, doch von Trompeten oder Fanfaren konnte noch nicht die Rede sein. Der allgemeinen Aufmerksamkeit entging dies jedoch nicht, mit einer einzigen Ausnahme: Meneghini. Nur er begriff nicht, daß Maria zum Objekt von Onassis' ganz besonderem Interesse geworden war. Was Maria selbst betraf: Sie fühlte sich überaus geschmeichelt und fand dieses »neue Leben« ungeheuer erregend – für den unmittelbaren Augenblick, aber auch nicht mehr.

Dann war sie wieder in Mailand. Und nun schwappte die Verdammungswelle vollends hoch. Selbst nahe Freunde oder Freundinnen – wie Wally Toscanini – bildeten da keine Ausnahme. Wally war auf Maria so wütend, daß sie sich, noch Monate nach Marias Rückkehr nach Mailand, schlicht weigerte, auch nur ein Wort mit ihr zu wechseln. Maria ihrerseits verlangte, Ghiringhelli solle sich äußern, damit die Öffentlichkeit endlich erfahre, was es mit ihren angeblichen Absagen auf sich hatte.

Ghiringhelli weigerte sich jedoch, und so fügte sich die Edinburgh-Affäre nahtlos ein in die vielpublizierte Legende von den dauernden Absagen der Callas. Wien und Athen waren vorausgegangen, San Francisco sollte bald hinzukommen.

Eröffnung der Opernsaison in San Francisco am 13. September. Ihr Arzt sprach sich gegen ihren Auftritt dort aus, aber der hatte sich ja auch schon gegen ihre Teilnahme am Maxwell-Ball ausge-

sprochen. Als es allerdings darum gegangen war, sich Abwechslung zu verschaffen von der altgewohnten Routine, hatte Maria
seinen Rat in den Wind geschlagen, weil sie auf Entspannung, auf
Erholung hoffte. Jetzt hingegen beherzigte sie den ärztlichen Rat –
aus lauter Angst vor einer weiteren Premiere, die, wie sie nur zu
genau wußte, abermals Anspannung und Beklemmung mit sich
bringen würde.

Wenige Tage vor dem Eröffnungsabend erhielt Kurt Adler, der
Direktor der San Francisco Opera, von Maria ein Telegramm, in
dem sie, für den September, sämtliche Verpflichtungen absagte. Im
Oktober jedoch, so versicherte sie, werde sie alle Vereinbarungen
einhalten.

Kurt Adler explodierte. Dann strich er ihre sämtlichen Auftritte
vom Programm, ließ aus Mailand Leyla Gencer einfliegen (damit
diese die Lucia sang), engagierte Leonie Rysanek (für die Lady
Macbeth) und meldete die ganze Angelegenheit der American
Guild of Musical Artists. Folglich durfte Maria mit einer quasi-
gerichtlichen »Anhörung« rechnen. Offiziell ging es darum, ob sie
ihre Verpflichtungen hätte einhalten können. Doch darüber hinaus
stand Maria, gleichsam symbolisch, wegen eines viel schlimmeren
Verbrechens unter Anklage. Bei der Kunst, die Maria ausübte,
spielte ein Element eine große Rolle, das sich nur mit fast-religiöser
Inbrunst bezeichnen ließ. Und eben hiergegen schien sich Maria
versündigt zu haben. Da sie nicht die absolute Ergebenheit der
Hohenpriesterin zu demonstrieren schien, fühlten sich die Gläubigen betrogen.

Die Zahl von Marias Kritikern wuchs, und die Kritik ließ sich stets
auf diesen Generalnenner bringen: Zügellosigkeit? Pflichtvernach-
lässigung, Verrat an der Kunst.

Von nun an machte Maria bei dem althergebrachten Spiel nicht
mehr mit. Von nun an war sie es, die vor ihrer Kunst kam – und
zwar aus Treue zu sich selbst. Daß sich diese, wenn man so wollte,
Selbstverwirklichung ausgerechnet im Dunstkreis der Elsa Maxwell vollzog, machte es ihren Fans so schwer, eben dies zu akzeptieren.

Für den Augenblick gab es eine besonders akute Angelegenheit, die
erst einmal durchgestanden sein wollte: der von Bagarozy gegen
sie angestrengte Prozeß. Am 5. November traf sie in New York ein
– und zwölf Tage später hieß es auf einmal, die Callas-Bagarozy-
Angelegenheit sei beigelegt, und zwar ironischerweise –

nach all dem Riesengeschrei – außergerichtlich. Marias einziger Kommentar lautete: »Ich bin es leid, als Prozeßhansel zu gelten.« Über die Bedingungen wurde nichts verlautet, doch zweifellos waren sie keineswegs günstiger als jene, die Nicola Rossi-Lemeni für sich schon vor Jahren ausgehandelt hatte.

Wieder Mailand, Probe zum *Maskenball*. Inzwischen war Maria die unumstrittene Königin der Scala – eine Königin, die sich derzeit bei ihrem Publikum in Ungnade befand. Dabei hätte ein Wort Ghiringhellis genügen müssen, um sie freizusprechen von aller Kritik wegen des Edinburgh-Festivals. Doch Ghiringhelli dachte offenbar nicht daran, ein solches Wort öffentlich auszusprechen. Was die Situation noch erschwerte: ihr angespanntes Verhältnis zu di Stefano, der den Ricardo sang. Die Beziehungen zwischen beiden waren so brüchig, daß das Liebesduett im 2. Akt selbst für eine routinierte Schauspielerin wie Maria zur kaum noch erträglichen Nervenprobe wurde.

Dennoch: Die Anwesenheit eines erwartungsvollen Publikums kann sämtliche »Hinterbühnen-Spannungen« in nichts auflösen und die Vorstellung sogar anfeuern. Der Premierenabend am 7. Dezember wurde ausgestrahlt, und die Aufzeichnung bewahrte uns einen von Marias erregendsten Verdi-Abenden.

Unmittelbar nach der fünften und letzten Aufführung des *Maskenball* reiste Maria von Mailand nach Rom, um dort mit den Proben für *Norma* zu beginnen. Am 2. Januar 1958 sollte in der Römischen Oper Premiere sein. Bevor es soweit war, erlebte sie Silvester im fashionablen Rom-Nachtclub *Circolo degli Sacchi*. Von Bedeutung für das neue Jahr sollte für sie werden: daß man sie in der Silvesternacht sah, daß sie Champagner trank, daß sie lange aufblieb. Wie lange, das war bald heiß umstritten. Bis halb zwei? Bis zwei, gar bis drei? Es gab sogar welche, die hinter vorgehaltener Hand von vier Uhr früh sprachen.

Was solche Details urplötzlich so ungeheuer wichtig erscheinen ließ, war dies: Als Maria am folgenden Morgen – keine sechsunddreißig Stunden vor Premierenbeginn – aufwachte, besaß sie auf einmal keine Stimme mehr. Sie konnte kaum flüstern. Und nur zu bald wurde ihr bewußt: An Singen war überhaupt nicht zu denken.

Folglich: Dringender Anruf bei der Römischen Oper. Ersatz mußte gefunden werden. Der Künstlerische Direktor raste zum Hotel Quirinale. »Ersatz? Unmöglich«, keuchte er. »Schließlich handelt es sich nicht um eine x-beliebige Aufführung. Sondern um einen Galaabend! Das Haus ist ausverkauft, und das Publikum hat dafür bezahlt, die Callas zu sehen und zu hören.« Selbst der italienische Staatspräsident samt Gemahlin sollte anwesend sein sowie ein beträchtlicher Teil der italienischen Hautevolee. Seit vielen Monaten war alles vorausgeplant, und es sollte zum Kunstereignis des Jahres werden.

Also: Ein Rückzieher für Maria ist unmöglich, beharrte die Opernleitung. Meneghini hallte echogleich: unmöglich. Und Elsa Maxwell schloß sich dem Schiedsspruch an: unmöglich. Die Maxwell hatte inzwischen in Marias Suite Wache bezogen. Und Maria? Nun, sie schluckte Medikamente, besprühte ihre Kehle und betete zu der kleinen Madonna. Mit Kompressen behandelte sie ihre Brust, doch die Stimme wollte und wollte nicht gehorchen. Einzig ein Wunder konnte sie zurückbringen, und ein solches Wunder wollte sich einfach nicht ereignen.

Für Maria gab es keinen Zweifel: Sie konnte nicht singen, würde nicht singen können. Und doch gab diese Frau den allgemeinen Beschwörungen nach; sie, die angeblich doch so stark, so zäh, so stur war; die man allgemein die Tigerin nannte; schwächlich gab sie nach – der Adler, der sich von einem Sperlingsschwarm bezwingen ließ.

»Ich will niemanden, der mir in irgend etwas hineinredet«, hatte sie einmal gesagt. »Meine Überzeugungen und Instinkte verraten mir schon, was ich zu tun habe. Kann sein, daß diese Gefühle richtig sind, kann auch sein, daß sie falsch sind; aber ich stehe dazu, und mir fehlt es dabei auch nicht an Mut.«

Nun, in diesem Fall ließ sie sich hineinreden. Ihren innersten Instinkten zum Trotz erklärte sie sich bereit, der Forderung nachzukommen. Was schließlich zum größten Skandal ihrer Karriere führen sollte, ja, zum am meisten publizierten Skandal in der Operngeschichte überhaupt.

»Norma nähert sich, und der Stern Roms verhüllt sich vor Entsetzen«, singen die Druiden-Priesterinnen am Anfang der Oper. Maria hatte ihren ersten Auftritt, und vom ersten Ton an wußte sie, daß sie es unmöglich würde durchstehen können. Ihre Stimme klang schrill, sie bekam sie einfach nicht unter Kontrolle. Wenn man die Aufnahme hört, so kann es gar keinen Zweifel geben: In Marias Kopf und Kehle war unter diesen Umständen kein Platz für dramatische Gestaltung, für Interpretation. Ihr ging es nur um eines: Durchstehen.

Und das Publikum? Es verharrte in verdutztem Schweigen; fast hätte man meinen können, daß es peinlich berührt war. Am Ende des ersten Aktes fanden einige Zuhörer ihre Stimme. »Mach, daß du nach Mailand zurückkommst!« und: »Du hast uns eine Million Lire gekostet!«

Dennoch blieb, unter diesen lauten Gefühlsausbrüchen, das benommene Schweigen deutlich spürbar.

Maria saß in ihrer Garderobe, kreidebleich, vor Erschöpfung zitternd. Und jetzt traf sie ihre Entscheidung, sechsunddreißig Stunden zu spät: Sie könne nicht weitermachen. In der Direktion machte sich Panik breit. Niemand hatte daran gedacht, für eine »Ersatzsängerin« zu sorgen, die gegebenenfalls einspringen konnte. Dabei hatte es an warnenden Vorzeichen gewiß nicht gefehlt. Schließlich war jeder über Marias Zustand im Bilde gewesen.

Man beschwor sie, unbedingt weiterzumachen. Elsa Maxwell betupfte ihr das Gesicht mit Kölnisch Wasser. Margherita Wallmann, die Regisseurin, versuchte ihr weiszumachen, daß sie den schwierigsten Part der Oper hinter sich habe; Santini, der Dirigent, appellierte an ihren künstlerischen Stolz, weitere Stimmen sprachen von dem, was sie Italien schuldig sei – und daß sich unter den Zuhörern der Staatspräsident in höchst eigener Person befände. Manche meinten sogar, der Abend könne gerettet werden, wenn Maria sozusagen pantomimisch ihre Rolle auf der Bühne absolviere – oder deklamatorisch, auf Gesang verzichtend.

Indessen nahm und nahm die Pause kein Ende. Das Publikum wurde immer unruhiger, wilde Gerüchte gingen um. Immer wieder blickten alle zur ehemaligen Königsloge. Nein, der Präsident befand sich noch immer dort. Ja, der Präsident wartete noch. Und dann, auf einmal, war der Präsident nicht mehr da. Wenige Minuten, bevor es das Publikum erfuhr, hatte man ihn informiert. Als der höchste Repräsentant des Staates allerdings in seine Limousine steigen wollte, glänzte der Chauffeur durch Abwesenheit. Der gute Mann hatte sich erkundigt, wann in etwa die Vorstellung zu Ende sein werde – und war sodann ins Kino gegangen. Er verlor seinen Job, war jedoch längst nicht das einzige Opfer des Abends. Überall in Rom kamen Ehemänner und Ehefrauen unerwartet früh nach Hause, was nicht selten betrübliche Konsequenzen nach sich zog. Mitunter ging die Prozedur auch den umgekehrten Weg. Es gibt da die Mär von jenem Gatten, der zur »ordnungsgemäßen« Zeit heimkehrte und seiner Gemahlin anschaulich und in allen Einzelheiten von der gesamten Aufführung berichtete, während sie schon längst von der abgebrochenen Vorstellung wußte.

Maria verließ das Opernhaus durch eine Unterführung, durch die sie direkt zum Hotel Quirinale gelangte. Und das war gut so. Denn sämtliche Ausgänge zur Straße, inklusive Bühnenausgang, wurden inzwischen von der wütenden Menge belagert. Man wartete auf Maria. Als die Menschen dann begriffen, daß ihnen die Beute irgendwie entschlüpft war, zogen sie, noch immer rufend und wild gestikulierend, zu Marias Hotel. Manche verharrten dort bis in die frühen Morgenstunden.

Es schien überhaupt kein anderes Thema für die Zeitungen zu geben. Die Blätter gebärdeten sich wie wild – »Scandalo!«, »Disgrazia«, »Insulta«. Doch zum Glück brachte der neue Tag nicht nur fanatische Presseberichte, er brachte auch Telefonanrufe und Telegramme aus aller Welt; Kollegen und Freunde bekundeten Verständnis und Anteilnahme. Zu den ersten Telegrammen gehörte das von Visconti. Bald darauf meldete sich, telefonisch und höchstpersönlich, die Gattin des Präsidenten. Maria hatte ihr und ihrem Mann sofort einen Brief geschickt, der Erklärung und Entschuldigung enthielt. Signora Gronchi ihrerseits versicherte nun, eine Entschuldigung erübrige sich, da weder sie noch ihr Mann im Vorgefallenen einen Affront erblickt hätten.

Dennoch schlugen die Wellen der Erregung nach wie vor hoch. Im Mailänder Biffi Scala kam es buchstäblich zu einer Schlägerei, als einer der Gäste es wagte, für Maria ein gutes Wort einzulegen; und im italienischen Parlament brandmarkte der Abgeordnete Bozzi Maria wegen ihrer »Schmähung« Italiens und seines Staatsoberhaupts.

Und Maria? Welche Wahl blieb ihr schon in ihrer Verbitterung, Erschöpfung, Einsamkeit? Sie flüchtete aus Rom nach Mailand. Allerdings sorgte sie dafür, daß aus dieser Reise so etwas wie eine besonders üppige Operninszenierung wurde. Ein streng geschnittenes Kostüm trug sie, ein geradezu dramatisches Make-up und einen Gesichtsschleier: So erschien sie nach fünf Tagen Isolation in der Lobby vom Quirinale, wo eine riesige Menge von Fotografen auf sie wartete.

Doch vergessen war die Demütigung durch die Römische Oper damit ganz und gar nicht. Monate später verklagte sie das Opernhaus auf eine Gesamtsumme von 2 700 000 Lire: für entgangene Gagen. Auch waren Spesen angeführt sowie Schadenersatz in nicht genau bezifferter Höhe.

Wieder ein Prozeß, wieder ein juristisches Gefecht, das sie schließlich gewinnen sollte. Nur war es ein Pyrrhussieg, wieder einmal, denn er schien allzu teuer bezahlt – mit Sorgen, unablässig kreisenden Gedanken. »Immer Kämpfe – so war's bei meiner Karriere von Anfang an, ich habe immer kämpfen müssen. Dabei mag ich das nicht. Ich mag keinen Zank und keinen Streit. Die nervliche Anspannung, die sie erzeugen, ist mir zuwider. Aber wenn ich kämpfen muß, dann kämpfe ich. Bisher habe ich im allgemeinen gewonnen, doch stets ohne ein Gefühl der Euphorie. Es sind irgendwie kahle Triumphe. Schon weil mir gar nichts anderes übrigblieb, als zu kämpfen.«

Es sollte noch weitere Triumphe geben – vor der dramatischen Änderung in ihrem Leben, die jetzt nicht mehr fern war. Doch samt und sonders handelte es sich um »kahle« Triumphe, errungen vor dem Hintergrund wachsender Isolation. Die Welt, die sich Maria erobert hatte, zerfiel mehr und mehr. Ihre Arbeit, wieviel hatte sie ihr doch bedeutet! Mit jeder neuen Aufgabe verband sich immer wieder Freude, Liebe, Herausforderung. Doch das war vorbei, und sie wußte es. Jenen, die nicht begriffen – und vielleicht heute noch nicht begreifen –, wie es dazu kommen konnte, daß nach 1958 die Zahl ihrer Vorstellungen und neuen Rollen immer mehr schrumpfte, gab sie selbst die Antwort, klar und ohne Umschweife: »Wenn man jung ist, möchte man gleichsam seine Stimme strecken. Das Singen, man genießt es, liebt es. Das ist keine Sache der Willenskraft, es hat nichts zu tun mit verzehrendem Ehrgeiz. Es ist ganz einfach so, daß man seine Arbeit liebt – diese wunderschöne, unfaßbare Sache, die man Musik nennt. Wenn man aus Lust und Freude singt, kommt dabei Wunderbares heraus. Man fühlt sich wie berauscht, nicht nur von dem Vergnügen als solchem, sondern auch von der Befriedigung, die es bereitet, etwas wirklich zu können. Genau wie es wohl bei einem Artisten ist, wenn er sich in Hochform befindet und die Begeisterung des Publikums spürt, was ihn zu weiteren und noch größeren Wagnissen befeuert. Je mehr Spaß es einem macht, desto stärker treibt es einen, eben dies zu tun.«

Und je weniger Spaß es macht, desto weniger treibt es einen, etwas Bestimmtes zu tun – auch diese Wahrheit gilt, und sie galt ganz besonders nach der offenen Feindseligkeit, die man sie in der Scala von allen Seiten spüren ließ. Von den angestrengten Höflichkeiten, deren Ghiringhelli sich während der letzten Monate befleißigt hatte, gab es nun nicht mehr die geringste Spur. »Ich liebe die Scala vor allen anderen Opernhäusern«, hatte Maria gesagt. »Ich betrachte sie als mein Zuhause.« Doch ihr Zuhause, ihre Heimat, wollte offenbar nichts mehr von ihr wissen. Das war für Maria der härteste Schlag.

So empfand sie eine eigentümliche Mischung aus Schmerz und Erleichterung, als sie Mailand diesmal verließ. Ein Konzert in Chikago, die Anhörung vor der *American Guild of Musical Artists* und, wenn alles gut lief, eine Saison an der Metropolitan – das war es, was sie erwartete.

In Paris machte sie für sechs Stunden Zwischenstation. Bei ihrem niedergeschlagenen Zustand konnte es kaum wundernehmen, daß sie geradezu überwältigt wurde von dem Empfang dort. Es tat ihr unendlich gut – und prägte ein für allemal das Bild der Seine-Metropole, wo sie schließlich ihren Wohnsitz nehmen sollte. Auf dem Flughafen von Orly wartete eine riesige Menge von Fotografen sowie Rundfunk-, Fernseh- und Zeitungsreportern. Maria, in beigefarbenem Nerzmantel, mit Samthut und Pudel Toy, war bereit, sich der französischen Presse zu stellen, zum erstenmal. Sie war sichtlich bewegt – als seien alle gekommen, um ihr zu beweisen, daß sie noch immer geliebt und berühmt sei.

Ihr, die noch nie in Paris gesungen hatte, lag Paris nun zu Füßen. Nach raschem Umkleiden im Hotel Crillon fuhr sie zum Maxim, wo ihre Plattenfirma ihr zu Ehren ein Diner gab. Das Maxim's ließ es sich nicht nehmen, auf der Umschlagseite seiner monatlichen Hausgazette zu protzen: »*350 minutes à Paris – 84 au Maxim's.*« Der Chefkoch hatte für sie ein spezielles Gericht kreiert, *La selle d'agneau à la Callas,* und neben ihrem Gedeck stand ein kleines Transistorradio, aus dem ihre *Troubadour*-Aufnahme klang, gerade vom französischen Rundfunk gesendet. Nichts, aber auch gar nichts schien man übersehen zu haben. Selbst an jenen Aberglauben hatte man gedacht, den sie mit vielen teilte: daß die Zahl dreizehn bei Tisch eine Unglückszahl sei. Dementsprechend war jeder Anwesende dahingehend instruiert, daß es auf gar keinen Fall dazu kam. Je nach den Umständen hätte sich halt jemand zusätzlich empfehlen müssen, und sei es auch nur für wenige Augenblicke.

Der *Figaro* fand für das Ganze folgende Formulierung: »Paris ließ Maria ein Willkommen zuteil werden wie sonst nur gekrönten Häuptern und verehrungswürdigen Propheten.«

Dann Chikago. Im Vergleich zum Pariser Empfang wirkte der zehnminütige Applaus noch vor Konzertbeginn fast blaß. Doch Marias Sorge galt inzwischen ihrem Erscheinen vor dem entsprechenden Gremium der *American Guild of Musical Artists*. Es ging um ihre damalige Absage in San Francisco, und zwei Stunden lang legte sie die unsichtbaren Insignien der Opernkönigin ab und rechtfertigte sich und ihr professionelles Verhalten vor diesem Gremium von zwanzig Männern, deren Schiedsspruch darüber entscheiden würde, ob sie acht Tage später an der Met würde auftreten können.

Das Urteil fiel keineswegs eindeutig aus. Zwar wurde sie nicht suspendiert, doch sie erhielt eine Rüge. Also durfte sie singen, doch blies ihr, wenn man so wollte, von nun an der Wind noch stärker ins Gesicht.

6. Februar, der erste *Traviata*-Abend an der Met. Er sollte zu einem von Marias größten persönlichen Triumphen werden. Zwar war es keine perfekte *Traviata,* doch zweifellos erlebten die Zuschauer die erregendste und dramatischste, die wahrste Violetta, die New York je gesehen hatte. Eine halbe Stunde dauerte der Schlußapplaus, und immer wieder wurde Maria vor den Vorhang gerufen.

»Wir bezahlen für diese Abende«, äußerte Maria einmal über die Hysterie des Publikums, zumal bei ihren Premieren. »Ich kann so etwas ignorieren. Doch mein Unbewußtes kann das nicht. Und das ist schlimmer. Ich muß gestehen, manchmal fühlt sich etwas in mir geschmeichelt durch das hochemotionale Klima, doch im allgemeinen gefällt mir das Ganze überhaupt nicht. Man fängt an, sich wie eine Verdammte vorzukommen.«

Sie sehnte sich nach Entspannung, nach Frieden, nach psychischer Stabilität – solche Begriffe tauchen immer wieder auf in dem, was sie sagte und was sie schrieb.

In New York erwählte sie (zwischen zwei *Traviatas,* drei *Lucias* und zwei *Toscas*) ausgerechnet Elsa Maxwell zu ihrer Führerin in Sachen Entspannung und Erholung.

Die Folge? Erschöpfung und Erregung. Erregung, weil die Maxwell und ihre Freunde Maria in eine Welt voller Luxus und Glamour einführten. Erschöpfung, weil eine solche Welt wahrhaftig alles andere war als ein Hort der Ruhe und Stille: Hier stand man unausgesetzt auf einer erbarmungslos angestrahlten Bühne.

George Bernard Shaw, irischer Dramatiker und berüchtigtes Lästermaul, hatte die Maxwell einmal das achte Weltwunder genannt. Aber von Shawscher Ironie mal ganz abgesehen, so etwas Ähnliches war sie in der Tat. Man stelle sich vor, daß es diese Dreiundsiebzigjährige noch immer schaffte (wie ja seit Jahr und Tag schon), mitten im Zentrum der *Beautiful People* zu verharren, wobei die Reichen es sich nicht nehmen ließen, geradezu schamlos um ihre Gunst zu buhlen.

Maria, noch sehr darauf erpicht, für sich ein Erster-Klasse-Ticket für die Maxwell-Welt zu ergattern, feierte gleichzeitig in *Tosca* künstlerische Triumphe. Diesmal war es nicht der Regisseur, der sie inspirierte, sondern der Dirigent, ihr griechischer Landsmann Dimitri Mitropoulos. Er hatte 1956 bereits ihre erste *Tosca* an der Met dirigiert. Doch diesmal nährte ein neues Feuer, ein tieferes Verständnis ihre Zusammenarbeit.

»Man muß das Publikum das Frösteln lehren«, sagte Maria fünfzehn Jahre später in der Juilliard School zu einer jungen Studentin im Fach Sopran.

Am 28. Februar 1958 gelang Maria mit ihrer Tosca in New York genau dies. Am 5. März gelang es ihr erneut und in noch stärkerem Maße. Und dieses »Frösteln« war nicht nur gegenwärtig, wenn das Publikum das Messer blitzen sah, mit dem sie Scarpia töten wollte; es war auch da, wenn sie niederkniete, um zu beten. »Sie betete wirklich«, erinnerte sich Mitropoulus. »Sie tat's nicht nur wegen des Publikums.«

Am Premierenabend war auch Marias Vater anwesend. Ebenso, natürlich, Elsa Maxwell. »Aus welchem Grunde«, schrieb sie, »sollte eine Frau, die in der klassischen Kunst eine so wahrhaft noble Ausdrucksfähigkeit besitzt, zu einem Schicksal verurteilt sein, das Glück für sie fast unerreichbar erscheinen läßt? Grundursache für diese Situation scheint mir – und ich zweifle nicht im geringsten daran – ihre Mutter zu sein.«

Maria teilte natürlich die Überzeugung der Maxwell. Obschon Evangelia, inzwischen von ihrem Mann geschieden, nunmehr seit über einem Jahr in New York lebte, hatte sich Maria, den Bitten und dem Drängen der Freunde und Verwandten zum Trotz, eisig gegen ein Wiedersehen mit ihrer Mutter gesträubt. Diese Tür, die sie von ihrer Vergangenheit und all dem Schmerz trennte, war ein für allemal geschlossen, und nichts sollte sie dazu bewegen, das Tor wieder zu öffnen.

Rückreise nach Mailand. Unterwegs machte sie in Brüssel Station, wo die Malibran begraben liegt. Es war ein kurzer Besuch am Grab, um die große Sopranistin des 19. Jahrhunderts zu ehren. Doch war dies nicht das einzige, was zwischen zwei Flüge eingeschoben wurde. Es gab eine ganze Reihe von Zusammenkünften und Leuten, die unbedingt vorstellig zu werden wünschten.

Je mehr Marias Ruhm wuchs, desto länger wurde die Schlange der Operndirektoren, Konzertorganisatoren und Festivalmanager. Und Meneghini sorgte dafür, daß sie auch gebührend lange zu warten hatten.

»Jetzt bleibt uns für Verhandlungen leider keine Zeit«, pflegte er zu sagen, während er seinen Terminkalender konsultierte. »Aber wenn Sie nach Mailand, London, New York kommen, wird sich das schon einrichten lassen.« Und dann: »Ich bin jetzt zu beschäftigt. Doch in zwei Wochen bleibt mir auf dem Flugplatz eine halbe Stunde zwischen zwei Maschinen. Dann können wir uns unterhalten.« Dem hochwichtigen Mr. Meneghini folgte man von Stadt zu Stadt, von Flughafen zu Flughafen, von Hotel zu Hotel.

Peter Diamand versuchte Maria für das Holland-Festival zu buchen. Meneghini forderte ihn auf, sich auf dem Brüsseler Flughafen bereitzuhalten; dort werde man miteinander sprechen. Nur – dazu kam es nicht.

»Ich folgte ihnen überall durch die Stadt, sah alle möglichen Leute und was nicht noch. Dann ging's zum Flughafen zurück, ohne daß es mir gelungen wäre, auch nur ein richtiges Wort mit ihnen zu wechseln. Zum Glück hatte ich so etwas schon vorausgesehen – und für die Maschine nach Mailand einen Sitz gebucht. Noch mehr Glück für mich: Meneghini schlief praktisch sofort ein und wachte erst kurz vor der Landung in Mailand wieder auf. Und so blieb mir Zeit für ein ausgiebiges Gespräch mit Maria, wobei wir in bestem Einvernehmen sämtliche Vereinbarungen für ihre Teilnahme an unserem Festival trafen.«

9. April in der Scala: Marias erstes öffentliches Auftreten in Italien seit dem römischen Skandal. Die Oper war *Anna Bolena,* und der gegen Maria geschürte Haß brandete so hoch, daß man, auf dem Platz vor dem Opernhaus, für alle Fälle eine ganze Kompanie Polizisten bereitgestellt hatte. Und im Opernhaus selbst bezogen Polizeibeamte in Zivil an strategischen Stellen Posten, in den Gän-

gen, in den Foyers, in den Logen. Vor einem mochten sie Maria allerdings nicht zu beschützen: vor der ostentativen Gleichgültigkeit des Publikums während der ersten beiden Szenen.

Dann kam die dritte Szene – und die dramatische Wende. Piero Tosi war Augen- und Ohrenzeuge: »Als die beiden Wächter kamen und sie packen wollten, stieß die Callas sie heftig beiseite und schleuderte sich zum Vorderteil der Bühne, wo sie dann ihre Zeilen regelrecht ins Publikum hineinspie: *Giudici! ad Anna! ... Giudici!* (Richter! Für Anna! ... Richter!) Das war keine Opernbühne mehr, das war Wirklichkeit. Die Callas verteidigte sich, und was sie sagte, war praktisch dies: ›Wenn dies mein Prozeß ist, so richtet doch über mich ... Aber vergeßt nicht: Ich bin eure Königin!‹ Sie hielt ihren Anklägern stand, wobei sie all ihre dramatischen Leistungen noch übertraf. Und wie sie sang – mit geradezu versengender Brillanz. Als schließlich der Vorhang fiel, überschlug sich das Publikum. Ein Hexensabbat, schierer Wahn. Dann erschien die Callas, um die Huldigungen entgegenzunehmen. Irgendwie wirkte sie riesenhaft, in ihrer Macht, in ihrem Sieg, in ihrer Pracht und Herrlichkeit. Und mit jedem weiteren Mal, da sie vor den Vorhang trat, schien sie noch mehr zu wachsen.«

Der Abschluß des Spektakels ereignete sich, als Maria sich dem Bühnenausgang näherte, um die Oper zu verlassen. Sie war für die Konfrontation gekleidet: langes, schwarzes Chiffonkleid, dazu all ihr Schmuck – und ein Gesicht, das geradezu erschreckend weiß wirkte nach der Anspannung und Anstrengung des Abends.

Sie rechnete damit, jener feindseligen Menge gegenüberzutreten, der sie bereits begegnet war, als sie vor der Vorstellung über den Platz zum Opernhaus fuhr. Doch Wunder über Wunder: Die Masse jubelte. Kaum daß die ersten Zuschauer die Oper verließen, hatte sich in Windeseile ihr Triumph herumgesprochen, und prompt war die Stimmung bei der auf dem Platz verharrenden Menge umgeschlagen: von schierem Haß zu reiner Anbetung.

Durch die lange Loggia schritt Maria zum Biffi Scala, wo ihr Auto stand, und sogleich verwandelte sich dies in eine langsame Prozession: in das Dahinwandeln einer Königin durch die jubelnde Menge. Die Polizisten, vor kurzem noch bereit, gegebenenfalls mit gezückten Pistolen einzugreifen, schüttelten nur verdutzt die Köpfe. Ein paar jubelten sogar kräftig mit.

»Nachdem die Callas abgefahren war«, erinnerte sich Piero Tosi, der nach der Vorstellung sofort zum Bühnenausgang jagte, »schien niemand in der Stimmung, nach Hause zu gehen, um sich schlafen zu legen. Stundenlang noch wirbelten wir durcheinander, wie in einem Zustand von Schock und Ekstase.«

In einem Zustand der Ekstase befand sich auch Maria, als sie nach Hause fuhr. Es gab nichts, das sie tiefer zu erregen und stärker zu entzücken vermochte als eben dies: wenn es ihr gelang, eine prophezeite Niederlage in einen Sieg zu verwandeln. Der Schock für sie kam erst, als sie vor ihrem Haus in der Via Buonarotti anlangte: Die Tür, die Mauern, die Schwelle, die Fenster, der Eingang, praktisch die ganze Fassade ihres geliebten Heims – alles war mit Mist vollgekleistert und mit gemeinen Sprüchen beschmiert.

Wie durch Magie war es ihr gelungen, die feindselige Masse vor der Oper in eine ihr zujubelnde Menge zu verwandeln. Jetzt fand der umgekehrte Prozeß statt: Der Anblick des sichtbar gewordenen Hasses verkehrte ihr Glücksgefühl in Schmerz, ihren Triumph in tiefe Demütigung. »Ist es das wert?« lautete die Frage, die sich wieder einmal für sie erhob – und sie verlangte eine Antwort. Es schien nicht viel zu fehlen zur absoluten Verneinung. Mehr noch: Als Meneghini die Polizei verständigte, zeigte diese sich bemerkenswert uninteressiert, und von der Scala gab es auch nicht gerade überströmende Sympathiebekundungen.

So konnte es kaum wundernehmen, daß Maria sich umstellt sah von Feindseligkeit und Neid, Gleichgültigkeit und Übelwollen. Sie fürchtete, fast zu ersticken, und sofort nach der letzten Aufführung von *Anna Bolena* flüchtete sie mit Meneghini aus Mailand nach Sirmione am Gardasee, wo sich beide vor Monaten ein Haus gekauft hatten. Wieder einmal war es Meneghini gewesen, der sich die Überwachung der gesamten Angelegenheit angelegen sein ließ: Umbau der Villa, Neueinrichtung – bis hin zum Rasen, zu den Hecken, den Blumenbeeten.

Was Maria betraf, so teilte sie ihre Zeit in Sirmione zwischen zwei Hauptbeschäftigungen auf. Zum einen widmete sie sich ihrem Klavier, zum anderen der Rolle der Imogene in Bellinis *Il Pirata,* ihrer nächsten Partie an der Scala. Am liebsten arbeitete sie nachts. Sie lag im Bett, in der einen Hand die Partitur, Meneghini neben sich und im Arm das Pudelchen Toy. Dies, so erklärte sie, sei für sie die glücklichste Zeit, noch glücklicher als jene Premierenabende, mit all ihrem Glanz, ihrer nervösen Anspannung und – oft genug – auch Enttäuschung.

Nun, eine weitere Premiere stand bevor. Am 9. Mai sang Maria die Imogene. Ghiringhelli ignorierte sie betont während der gesamten Probenarbeit, und trotz der Anwesenheit einer Reihe mitfühlender Kollegen fand Maria die Atmosphäre in der Scala kalt, künstlich, hassenswert. Wie sie in *Life* schrieb: »Wenn die Bühne, an der man gastiert, durch ständige Reibereien und Grobheiten noch zur Anspannung beiträgt, wird die Kunstausübung physisch wie psychisch unmöglich. Meiner Würde und meinem Selbsterhaltungstrieb zuliebe bleibt mir gar keine andere Wahl: Ich muß die Scala verlassen.«

Derartige Gerüchte liefen schon seit Monaten um. Sie »verdichteten« sich wenige Tage vor der letzten Aufführung am 31. Mai. Es war Marias 157. Auftritt in der Scala, und für zweieinhalb Jahre sollte es keinen weiteren geben.

In der Schlußszene der Oper – Imogene weiß, daß der Pirat, ihr Geliebter, sterben muß – singt sie beim Anblick des Blutgerüsts, auf dem er hingerichtet werden soll: *La ... vedete ... il palco funesto* (Da, seht nur, das verhängnisvolle Gerüst). Der Zufall wollte es, daß *»palco«* auf italienisch sowohl Gerüst als auch Loge heißt. Maria ließ sich diese Gelegenheit nicht entgehen, und mit jener dramatischen Kühnheit, die zu ihren unverwechselbaren Eigenschaften gehörte, verschmolz sie Darbietung und Wirklichkeit miteinander. Quer über die Bühne schritt sie hinweg, und mit Hohn in den Augen und Verachtung in den Gesten spie sie den Passus *»il palco funesto«* in Richtung von Ghiringhellis leerer Loge.

Es war eine Anspielung, die niemandem entgehen konnte, und das Publikum, das sehr wohl witterte, daß es im Begriff war, sie zu verlieren, rief sie wieder und wieder vor den Vorhang.

Nunmehr schien es für Ghiringhelli an der Zeit, Rache zu üben. Auf sein Zeichen ging der eiserne Vorhang nieder, und schroff fand sich Maria abgeschnitten vom Publikum, vom Jubel, vom Applaus, von den Blumen, mit denen ihre Fans sie überschütten wollten. »Als ich zum letztenmal das Haus verließ, das sieben Jahre lang meine Opernheimat gewesen war«, erinnerte sich Maria, »stand man dort draußen auf der Straße und schleuderte mir Blumen zu. Endlich hatten die Menschen einen Ort gefunden, wo sie auf Wiedersehen sagen konnten.«

Was Ghiringhelli betraf, so beharrte er bei seiner berühmten Arroganz: »Die Primadonnen gehen, die Scala bleibt«, lautete sein lakonischer Kommentar.

Der Bruch mit der Scala bedeutete für Maria so etwas wie eine Entwurzelung, emotional wie professionell. Und das war entscheidend. Seit ihrem Debüt in Verona, seit ihrer Heirat mit Meneghini hatte sie in Italien Wurzeln geschlagen. Inzwischen war Mailand zu ihrer Heimatstadt geworden, und das Haus dort sowie die Villa in Sirmione hatten diese Wurzeln des weiteren genährt, und was ihre Verbindung mit der Scala anging, so bildete diese zweifellos die Pfahlwurzel, jene also, von der das Leben des Baums abhängt.

Ein Grieche namens Onassis

Anfang Juni 1958 traf Maria in London ein, um an der Galafeier anläßlich des hundertjährigen Bestehens von Covent Garden teilzunehmen. In London fühlte sie sich jetzt viel wohler als in Mailand, und nach der »rauhen See« der Scala wirkte Covent Garden fast wie eine Art Hafen der Seligen.

Und die Behandlung von seiten der Direktion war das genaue Gegenteil dessen, was sie in der Scala hatte hinnehmen müssen. Lord Harewood überließ ihr sogar sein Privatbüro, als Garderobe, wobei er übrigens zwei Fliegen mit einer Klappe schlug: Zum einen hielt er so Maria bei Laune, und zum anderen löste er unauffällig das Problem, in welcher Rangfolge die eigentlichen Garderoben an die Stars zu verteilen seien, denn außer Maria wollten auch noch Margot Fonteyn, Jon Vickers, Joan Sutherland und Blanche Thebom bedacht sein. Die Nummer eins (die in Covent Garden zufälligerweise die Nummer fünf hat) sollte laut salomonischem Urteil Margot Fonteyn zufallen. Also wurde Lord Harewoods Büro leergeräumt und in eine Garderobe verwandelt, samt prunkender Blumenpracht.

Am Abend des 10. Juni 1958 strahlten in Covent Garden die Stars, doch Maria überstrahlte sie alle. Sie sang die Wahnsinnsszene aus den *Puritanern* und wurde achtmal hervorgerufen. Nach der Vorstellung reihten sich rund zweihundert Künstler auf, um der Königin vorgestellt zu werden. Unter den ersten, denen diese Ehre zuteil wurde, befand sich auch Maria. In ebenso entspannter wie angeregter Stimmung verließ sie das Opernhaus und nahm dann mit Lord und Lady Harewood noch ein spätes Souper ein. Sie war, wie eine Zeitung schrieb, der Star der Woche.

Wieder drei Tage später: *Live*-Übertragung der *Traviata*-Premiere. Schon in den Pausen setzten, im Opernhaus wie bei den Zuhörern daheim, hitzige Debatten ein. Maria war wirklich nicht besonders gut bei Stimme, und Hauptthema des Disputs war: Inwieweit beeinträchtigten die stimmlichen Mängel die Gesamtinterpretation.

Während die Callas-Kontroverse noch im Gange war, reiste Maria von London nach Mailand und von dort weiter nach Sirmione, zu einer zweimonatigen Ruhepause. Doch ihre ständige innere Unrast blieb, wollte sich nicht legen, während ihr Mann hauptsächlich damit beschäftigt schien, ihre Engagements für den Herbst und den Winter zu arrangieren. Soweit war alles unter Dach und Fach: zwei Schallplattenaufnahmen in London, eine Konzerttour durch die Vereinigten Staaten, *Traviata* und *Medea* in der Dallas Civic Opera. Ein »Loch« allerdings blieb, unübersehbar – die Met. Rudolf Bing hätte Maria liebend gern für eine Serie von sechsundzwanzig Vorstellungen gehabt, in insgesamt drei Opern – *Macbeth, Tosca* und *Lucia* (oder *Traviata*). Doch Maria schien sich nicht entscheiden zu können.

Am 7. Oktober reiste sie nach New York, ohne einen Entschluß gefaßt zu haben. Von New York ging's weiter nach Birmingham in Alabama, der ersten Station auf ihrer Konzerttournee. Noch immer keine Entscheidung, was die Met betraf. Die Konzerttournee selbst war tadellos organisiert von Sol Hurok, einem Amerikaner russischer Abstammung. Von Birmingham ging's nach Atlanta, von Atlanta nach Montreal und von Montreal nach Toronto. Von Toronto flog sie schließlich nach Dallas. Die Met-Saison stand unmittelbar bevor, und noch immer war keine Entscheidung gefallen.

Am 31. Oktober, dem Premierenabend ihrer *Traviata* in Dallas, erhielt sie von Bing ein Glückwunschtelegramm. »Aber warum Dallas?« lautete die Frage am Schluß.

Nun, eine naheliegende Antwort bot sich an. Dallas hatte ihr alles gegeben, was sie sich wünschte, und eigentlich noch mehr: eine Neuinszenierung der *Traviata* (mit Zeffirelli); eine Neuinszenierung der *Medea* (mit Alexis Minotis, dem großen griechischen Regisseur, den sie selbst zum erstenmal zur Oper »verführt« hatte). Ihr Jason war Jon Vickers, später einer der größten Tristans und Othellos unserer Zeit; am Pult stand Nicola Rescigno, ihr derzeitiger Lieblingsdirigent; rückhaltlose Begeisterung und Bewunderung vereinten sich mit Dankbarkeit: weil sie da war und durch ihre Gegenwart eine kulturelle Provinz in das Zentrum aktueller Opernereignisse verwandelte. Genau hierin lag die eigentliche Antwort auf Bings Frage: »Warum Dallas?« Maria hatte es satt, ganz einfach satt. Die ewigen Kämpfe; die Verdrehungen, wenn nicht Verleumdungen in der New Yorker Presse. Die Aufgabe, das blasierte Met-Publikum wieder einmal erobern zu müssen, erschien ihr wenig verlockend.

Vorhergehende Seite: Ein aufgehender Stern am italienischen Opernhimmel; Maria Callas 1949 in Verona.

Links: Mit ihrem Vater George Callas in ihrer Geburtsstadt New York.

Oben: Marias Mutter Evangelia plante die Karriere ihrer Tochter in allen Einzelheiten, förderte deren Ehrgeiz, versagte ihr jedoch Liebe, Geborgenheit, kindliche Sorglosigkeit. Maria war dick, hielt sich für häßlich und wagte nicht, sich im Spiegel anzusehen. Ihre ältere Schwester Jackie dagegen war schön und charmant, stets freundlich und der Liebling der Familie. „Nur wenn ich sang, wurde ich geliebt", sagte Maria später.

Oben: Maria Callas mit Elisabeth Schwarzkopf 1959 in London. Als die große deutsche Sopranistin Maria in „La Traviata" gehört hatte, erklärte sie, sie wolle niemals wieder in Verdis Oper auftreten: „Welchen Sinn hätte es, sich an einer Rolle zu versuchen, die von einer Kollegin so vollkommen dargeboten wird?"

Rechts: 1960 mit Arturo Toscaninis Tochter Wally nach ihrem Triumph als Norma vor zwanzigtausend Zuschauern im altgriechischen Theater von Epidaurus. Stolzerfüllt saßen zwei Männer, die Maria verehrten, in der ersten Reihe: George Callas und Aristoteles Onassis.

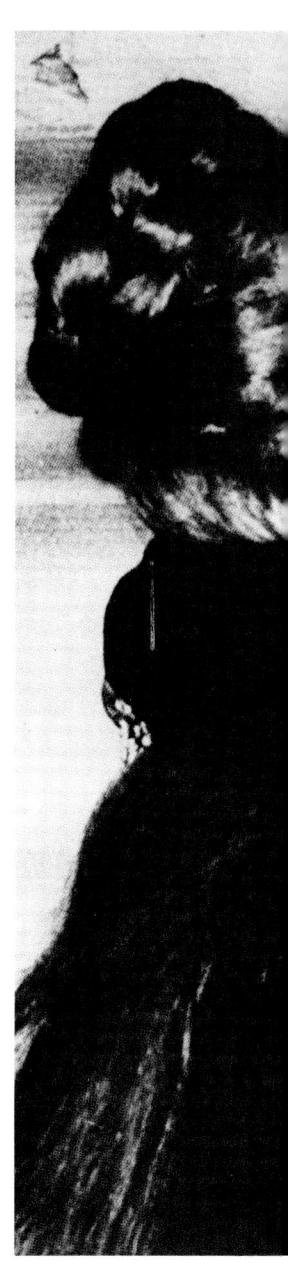

Oben: Primadonnen unter sich; Maria Callas gratuliert der großen Tänzerin Margot Fonteyn nach deren Auftritt in Athen 1966.

Rechts: Mit Pier Paolo Pasolini bei den Dreharbeiten zu „Medea" 1969. Der Regisseur über seinen Star: „Hier ist eine Frau, die als die modernste aller Frauen gelten kann; doch in ihr lebt eine Frau aus uralten Zeiten – fremdartig, mysteriös, magisch, mit furchtbaren inneren Konflikten." Maria über Medea: „Eine Frau mit allen Erfahrungen einer Frau, nur größer – größere Opfer, größere Schmerzen. Ich begann, in die Tiefe von Medeas Seele zu spähen."

Vorhergehende Seiten: In Puccinis „Tosca", einer ihrer Glanzrollen, 1965 an der Pariser Oper.

Links: Mit Fiorenza Cossoto 1964 in der Pariser „Norma". Die Gala wurde für sie zum Alptraum. Marias Nerven waren überstrapaziert, der Arzt wollte ihr den Auftritt verbieten. Aber sie wollte und konnte sich keine weitere Absage, keinen neuen Skandal leisten. Sie hielt kaum durch, und obendrein machte Fiorenza Cossoto aus dem großen Duett ein Duell. Als der Vorhang fiel, brach Maria zusammen.

Oben: 1963 in Cherubinis „Medea" am Londoner Covent Garden.

Oben: Maria Callas mit Elsa Maxwell und Giovanni Battista Meneghini. Bevor sie den fast dreißig Jahre älteren Veroneser Fabrikanten kennenlernte, hatten Männer in ihrem Leben so gut wie keine Rolle gespielt, und auch er war nicht der Mann, der sie wirklich faszinierte. Trotzdem wurde er ihr Ehemann und ihr allgegenwärtiger Manager, der mit den Intendanten um Gagen feilschte, Marias Alltag organisierte und wie eine Furie auf Kritiker losging.

Rechts: Ihre Beziehung zu Giuseppe di Stefano und die Tournee mit dem einst berühmten Tenor waren Marias letzte Versuche, Anerkennung zu finden.

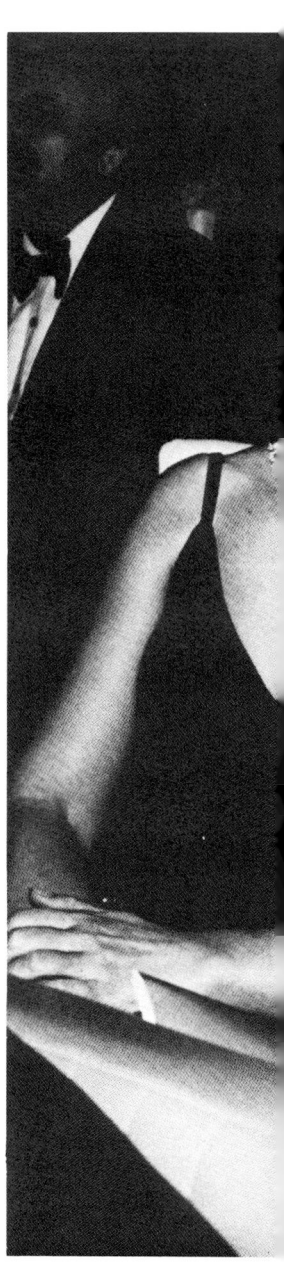

Oben: In „Norma" an der Pariser Oper 1964. Maria über ihre Lieblingsrolle: „Ein zorniges Weib, das zu stolz ist, seine wahren Gefühle zu zeigen."

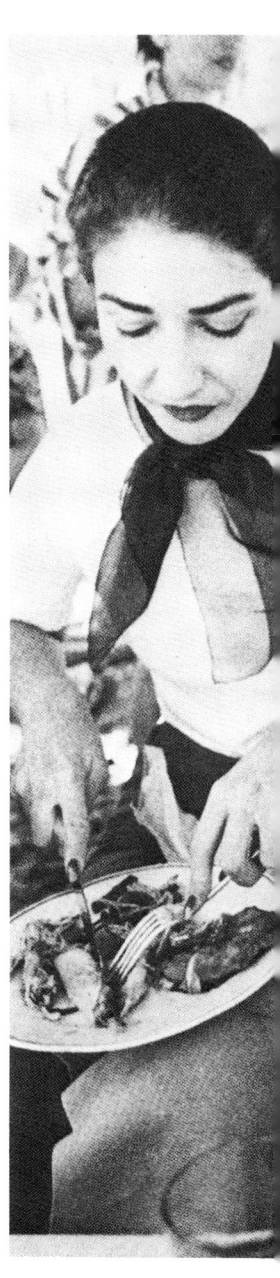

Rechts: Mit Aristoteles Onassis, dem einzigen Mann, den Maria heftig und selbstzerstörerisch geliebt hat. Der kleine Tankerkönig aus Smyrna mußte immer wieder vielbewunderte Frauen erobern, um sein Selbstwertgefühl zu bestätigen. Als er nach acht bewegten Jahren in Jackie Kennedy eine Begleiterin fand, die ihm noch „hochkarätiger" schien als die Primadonna des Jahrhunderts, mußte Maria ihre Hoffnung auf bürgerliches Familienglück aufgeben.

Während der Generalprobe zu *Medea* traf in Dallas für Maria ein Telegramm ein, von Rudolf Bing. Darin forderte er, bis spätestens zehn Uhr am folgenden Morgen, ihre Einwilligung zum vorgesehenen Met-Programm. Aber Maria dachte nicht daran. Zum einen war sie innerlich völlig für *Medea* engagiert, zum anderen gefiel es ihr nicht, daß er ihr, wie sie fand, die Pistole auf die Brust setzte. Und so ignorierte sie Telegramm samt Ultimatum.

Am Morgen des nächsten Tages (am Abend sollte die *Medea*-Premiere stattfinden) traf ein weiteres Telegramm ein. Maria wurde davon in Kenntnis gesetzt, daß von Stund an ihr Vertrag mit der Met null und nichtig sei. »BING FEUERT DIE CALLAS«, brüllten die Schlagzeilen. Die Musikwelt war geschockt; und in Marias Hotel ereignete sich eine Invasion der internationalen Presse.

Für Maria gab es ein ungeschriebenes Gesetz. Am Tag einer Premiere sprach sie mit niemandem, es sei denn, es hatte etwas mit dem bevorstehenden Premierenabend zu tun. Doch am 6. November 1958 hörte sie, bis kurz vor ihrem Auftritt, überhaupt nicht mit dem Reden auf. Aber der ganze Tag war im Grunde ein Auftritt – ein elektrisierender Auftritt – gewesen. Mary Mead, in Dallas ansässig und damals mit Maria eng befreundet, erinnert sich an jede Einzelheit: »Das ging schon früh los, mit einem Telefon-Interview mit *Time,* und danach schien sie den Hörer überhaupt nicht mehr aufzulegen. Wie sie sprechen und sprechen und sprechen konnte – vom Singen dann ganz zu schweigen –, ich weiß es einfach nicht.«

An jenem Abend *war* Maria Medea, und sie sang all ihren aufgestauten Zorn hinaus. Großartig war sie, einfach hinreißend. Nur galt ihre Darbietung im Grunde weniger dem Publikum in Dallas als vielmehr Rudolf Bing und all jenen, von denen sie sich gedemütigt fühlte.

Mit der Vorstellung war die »Vorstellung« allerdings längst noch nicht zu Ende. *Maria Seconda* (so hatte Maria inzwischen Mary Mead getauft) gab ihr zu Ehren eine Party, und als sie um ein Uhr früh dort eintraf, stand draußen im Vorderhof der voluminöse Bus einer Fernsehgesellschaft; überdies klingelte das Telefon wie verrückt.

Um fünf Uhr morgens verließ sie Mary Meads Haus, und nach wenigen Stunden Schlaf begann sie, die *primadonna assoluta* von Dallas, wieder zu reden: mit der amerikanischen Presse, mit der italienischen, mit wem wohl nicht. »Ich kann meine Stimme nicht herumkommandieren. Meine Stimme ist kein Fahrstuhl, der nach Belieben hoch- und runterfährt ... Mr. Bing streicht also den Vertrag über sechsundzwanzig Vorstellungen wegen drei *Traviatas*. Wenn ich an die lausigen *Traviatas* denke, die ich bei ihm singen mußte, ohne Proben und ohne auch nur meine Partner zu kennen. Ist das Kunst? Und dann wieder jene Aufführungen, bei denen von Mal zu Mal der Tenor oder der Bariton wechselte ... Ist das Kunst?«

Bing seinerseits blieb keineswegs sprachlos. »Ich denke nicht daran«, begann seine Presseerklärung, »in eine öffentliche Fehde mit Madame Callas einzutreten, da mir sehr wohl bewußt ist, daß sie diesbezüglich über weit mehr Erfahrung und Fähigkeit verfügt.« Beredtsamkeit, Ironie, Sarkasmus – dies waren ein paar Waffen aus Bings Arsenal, und er wußte sie alle zu benutzen.

Maria hatte sich mit einem nicht zu unterschätzenden Widersacher eingelassen: mit einem Mann, für den »öffentliche Florettgefechte« – oder auch Kämpfe mit schweren Degen – zur zweiten Natur gehörten. Sein ätzender Witz fand Formulierungen wie: »Miß Peters hat vielleicht einen schlechten Abend gehabt, aber für die Pariser Oper war's ein schlechtes Jahrhundert.«

In seiner Presseerklärung fuhr er fort: »Was Madame Callas' künstlerische Qualitäten betrifft, so sind diese zwischen Freund und Feind zwar heftig umstritten; doch genießt sie einhellig den Ruf, ihr unbezweifelbares schauspielerisches Talent auch in ihre geschäftlichen Angelegenheiten einzubringen ...« In diesem Tenor fuhr er fort – bis Maria sich eine zwar schroffe, aber doch klare Absage in der Art Ghiringhellis herbeizusehnen begann.

Sie setzte ihre Konzerttournee durch Amerika fort, von Cleveland nach Detroit, von Detroit nach Washington, von Washington nach San Francisco und Los Angeles. Inzwischen schwelte die Met-Kontroverse fort. Und als Maria, Anfang Dezember, wieder in Mailand war, bekam sie auch die praktischen Auswirkungen zu spüren. Sie feierte ihren fünfunddreißigsten Geburtstag und sah einem fast beschäftigungslosen Winter entgegen.

Fast, aber eben doch nicht ganz. Am 19. Dezember war endlich ihr Debüt in Paris fällig. Es handelte sich um ein Wohltätigkeitsgalakonzert, dessen Einnahmen der Ehrenlegion zufließen sollten. Also: Höchstpreise für die Sitze in der Oper – und zu den Gästen würden gehören: Charlie Chaplin, Brigitte Bardot, Emile de Roth-

schild, Juliette Greco, Françoise Sagan, die Windsors, Jean Coc-
teau und Aristoteles Onassis.

Unter den Blumen, die Maria am Morgen dieses Galatags in ihrem Hotel erhielt, war ein riesiger Strauß roter Rosen. Die guten
Wünsche waren auf griechisch abgefaßt, die Unterschrift lautete:
Aristoteles Onassis. Um die Mittagszeit traf, zusammen mit anderen Blumenspenden, eine weitere Fülle roter Rosen ein –
abermals mit einem griechischen Glückwunsch und der Unterschrift: Aristoteles. Und am Abend, unmittelbar bevor sie zu ihrem Auftritt aufbrechen mußte, wiederholte sich das Ganze
abermals. »Wie romantisch er ist«, war Marias einziger Kommentar ihrem Mann gegenüber. Später erinnerte sich Meneghini,
daß ihre Stimme hierbei einen ganz eigentümlichen Klang gehabt
habe.

An das Konzert sollte sich ein üppiges Souper für 450 Gäste an-
schließen, und schon Tage zuvor war die Presse voll von dem
bevorstehenden Ereignis. »*L'impératrice du bel canto*« hatte eine
französische Zeitung Maria genannt, und man erinnerte sie an
das, was sie einmal gesagt hatte: Sollte sie je unter den Franzosen
leben, so würde sie nie wieder zornig sein. Bei einer Pressekonferenz in ihrer Hotelsuite bekräftigte Maria diese Behauptung. Ja,
»nur die Franzosen haben versucht, mich zu verstehen«.

Am Abend der Vorstellung machte eine italienische Zeitung so
etwas wie eine demoskopische Umfrage aus dem Handgelenk.
»Weshalb sind Sie hier?« fragte der Reporter die Menge, die sich
vor dem Opernhaus drängte. »Um die Callas zu hören«, lautete
eine Antwort. »Wir hoffen auf einen Skandal«, lautete eine
zweite.

Aber es gab keinen Skandal, einzig Triumph. Maria sang Arien
aus *Norma,* dem *Troubadour* und dem *Barbier* sowie den gesamten zweiten Akt von *Tosca,* gemeinsam mit Tito Gobbi und Albert Lance. Das Fernsehen übertrug den Abend in neun Länder,
und Marias Triumph sowie das ihr dargebrachte Delirium an
Ovationen drangen also weit über die französischen Grenzen
hinaus.

Später dann das Souper. Sie sah hinreißend aus. Die Brillantkette,
die sie trug, hatte einen Wert von über einer Million Dollar (sie
wurde ihr leihweise von Van Cleef und Arpels überlassen). Selbst-
bewußt nahm sie die Glückwünsche ihrer enthusiastischen Bewunderer entgegen. Unter den ersten war Aristoteles Onassis.

Eher vierschrötig, schwarzhaarig, mit olivfarbener Haut, sah er aus wie ein griechischer Bauer; dennoch strahlte er in seinem Smoking eine natürliche Eleganz aus, um die ihn wohl so mancher beneidete.

Alles schien sich zu vereinen, um an diesem Abend Maria zu huldigen. Ihre Sympathie für die Franzosen wurde voll erwidert. Nach den Mißhelligkeiten in Rom, an der Scala und bei der Met schien sie sich, noch vor Ablauf dieses Jahres, ein neues Reich erobert zu haben, im Sturm.

So sah es aus, auch noch Anfang 1959. Doch bald schon sollte sich zeigen, daß sie jetzt vor einer völlig anderen Art von Eroberung stand.

Zunächst allerdings überquerte sie wieder einmal den großen Teich, für zwei Konzerte – das eine in St. Louis, das andere in Philadelphia (beide abermals von Sol Hurok organisiert). Dann, am 27. Januar 1959, kam ihr erster Auftritt in der Carnegie Hall, in einer Konzertaufführung von *Il Pirata*. Am folgenden Morgen fand sich unter den vielen Kritiken eine, in der man Rudolf Bing ausdrücklich dafür dankte, daß er diesen Abend in Marias Terminkalender *frei*gelassen hatte für diese ihre Darbietung im *Pirata*.

Es war schon eine eigentümliche Situation, das zeigte sich besonders deutlich am folgenden Morgen. Hier, in ihrer Geburtsstadt, aus der berühmten Met verbannt, wurde Maria offiziell hochgeehrt, und Robert Wagner, der New Yorker Bürgermeister, sprach von der »verehrten Tochter« der Metropole, »deren wunderbare Stimme und überragendes Künstlertum zum Genuß von Musikliebhabern in aller Welt beigetragen haben«.

Wenige Tage später machte Leonie Rysanek ihr Debüt an der Met – als Lady Macbeth, in jener Rolle also, die eigentlich Maria zugedacht gewesen war. Und das Publikum konnte schlechterdings nicht umhin, Vergleiche zu ziehen.

Nun, Bing hatte dies vorausgesehen – und entsprechend vorgesorgt. Ein von ihm engagierter Claqueur hatte in den Saal zu brüllen: »Bravo, Callas!« – genau in jenem Augenblick, da die Rysanek auftrat. Und er hatte diesen Claqueur so postiert, daß die Rysanek ihn möglichst nicht – oder nur undeutlich – hören konnte. Die Absicht hinter allem? Nun, er wußte, daß Maria Callas hier eine starke Anhängerschaft besaß, und diese versuchte er zu neutralisieren, indem er die amerikanische Sympathie für die *Underdogs* ins Spiel brachte – das Fair play einem Außenseiter oder einer

Außenseiterin gegenüber, in diesem Fall Leonie Rysanek. Und unter den gegebenen Umständen schlug sie sich ausgezeichnet, die mehr oder minder unfreiwillige Callas-Konkurrenz. Trotz allem empfanden viele sie nur als Ersatz.

Maria, wieder in Mailand, sah sich einem völlig veränderten Lebensrhythmus gegenüber: Für den gesamten Februar stand auf ihrem beruflichen Terminkalender – nichts. Erst am 16. März fand sich wieder etwas, eine Schallplattenaufnahme in London, die *Lucia*. Fast mochte man meinen, sie selbst habe alles so arrangiert, daß ihr eine Atempause blieb – vor den dramatischen Änderungen, die noch bevorstanden.

Dennoch setzte sie alles daran, die Welt – und sich selbst – davon zu überzeugen, daß im Grunde alles genauso sei wie bisher. Ihr zehnter Hochzeitstag, am 21. April, bot er nicht eine Gelegenheit, eben dies zu demonstrieren? Am Arm von Battista betrat sie das Maxim's, wo ein Dinner angesetzt war, inmitten einer Flut von Briefen, Telegrammen, Geschenken, Blumen und noch mehr Blumen.

»Ohne Battista könnte ich nicht singen«, betonte sie. »Wenn ich die Stimme bin, so ist er die Seele.« Und gemeinsam absolvierten sie das gesamte Ritual von Festivitäten, ein scheinbar immer noch überaus glückliches Ehepaar.

Je mehr in Maria, während der letzten Jahre, bestimmte Zweifel gewachsen waren, desto nachdrücklicher äußerte sie sich öffentlich über ihre Ehe, als wollte sie eigene Bedenken in Schach halten. »Ich kleide mich für meinen Mann. Er mag es, wenn ich mich immer gut kleide.« Und so weiter und so fort; bis hin zu der Behauptung: »Wenn er es wollte, würde ich sogar aufhören zu singen.«

Marias »öffentliche Verlautbarungen« standen auf demselben Blatt wie die der meisten Prominenten: Sie waren ein Gemisch aus Wahrheiten, Halbwahrheiten und Lügen. Was ihre Ehe betraf, so spiegelten ihre Äußerungen hierzu letztlich genau ihren inneren Zwiespalt: übertriebene Dankbarkeitsbekundungen, übertriebene Harmoniebezeigungen und dazwischen immer wieder – Schweigen.

Verzweifelt sehnte sie sich nach einer vollkommenen Ehe: nach menschlicher Treue, nach Sicherheit – nach einem Stützpfeiler unter dem ebenso dünnen wie glatten Lack der äußeren Welt. Und sie glaubte – oder hoffte doch –, all dies durch Wörter gleichsam beschwören zu können – Sandburgen, über welche die Wogen der Realität rücksichtslos hinwegspülten.

Konzerttournee durch Deutschland. Sie dauerte fast den ganzen

Mai hindurch und war ein Riesenerfolg; bei jeder Gelegenheit beteuerte Maria wieder und wieder, wie ungeheuer viel sie ihrem Mann verdankte. In knapp einem Monat sollte es nach London gehen: *Medea* in Covent Garden, und zwar in der hochgepriesenen Zeffirelli-Inszenierung, in der Maria schon in Dallas aufgetreten war. Dallas und London partizipierten gleichsam an wechselseitigen Errungenschaften. Maria sollte sowohl in *Lucia* als auch in *Medea* singen, obschon diese Rollen ursprünglich für Joan Sutherland vorgesehen waren.

Maria flog von Mailand nach London, und sie war bei der Generalprobe der Sutherland zugegen. In Zobelmantel und Zobelhut saß sie auf dem besten Platz und lauschte verzückt. »Auf jede, die so gut singt, wäre ich neidisch gewesen«, sagte sie zu der Frau, die sieben Jahre zuvor den winzigen Part von Normas Vertrauter gesungen hatte, »aber nicht auf Sie.« Tatsächlich hatte sich die Sutherland damals geschworen, eines Tages, genau wie Maria, im Mittelpunkt der Bühne zu stehen.

»Was die Presse auch immer behaupten mag«, sagte Maria zu David Webster in seinem Büro in Covent Garden, »Sie haben eine großartige Lucia. Bitten Sie mich nie wieder, diese Rolle bei Ihnen zu singen. Sie besitzen jetzt eine hervorragende britische Lucia, und Sie sollten stolz auf sie sein.« Wie stets, wenn sich Maria einer wirklichen künstlerischen Begabung gegenübersah, sparte sie nicht mit Anerkennung.

Doch vor London samt *Medea* kam noch etwas anderes: Venedig und ein weiterer großer Ball, diesmal von der Contessa Castelbarco veranstaltet. Maria war Ehrengast. Viele schöne Frauen gab es zu sehen, zu den allerschönsten gehörte Tina Onassis, in einem Jean-Dessès-Kleid und mit spektakulärer Tiara. Wunderhübsche Augen besaß sie, die verträumt unter tiefhängenden Wimpern zu blicken schienen; dennoch bemerkte sie schon recht bald, daß die Aufmerksamkeit ihres Mannes, wie von Magneten angezogen, in eine ganz bestimmte Richtung ging.

Nun, Ari brauchte nicht lange, um neben Maria einen freien Sitz zu finden. Tina ihrerseits brauchte nicht viel länger, um ganz in der Nähe der beiden Platz zu nehmen. Das Onassis-Ehepaar war Maria erst zweimal begegnet; einmal beim Venedig-Ball der Maxwell; und dann nach dem Galaabend an der Pariser Oper. Ohne lange zu zögern, hatte Ari das Ehepaar Meneghini-Callas an Bord der *Christina* eingeladen. »Unmöglich«, erklärte Maria, »ich singe in

Covent Garden in *Medea.*« »Wir werden dort sein«, erwiderte Onassis prompt – zur Verblüffung von Tina, die nur zu genau wußte, daß er die Oper verabscheute.

Gar so einfach, wie sich das zunächst anhören mochte, war das natürlich nicht. Mit einem einfachen Besuch der Vorstellung sowie einer Gratulationscour hinter der Bühne war es keineswegs getan. Erst einmal lud Onassis zur eigentlichen Vorstellung gleich noch ein paar Freunde ein, siebenunddreißig an der Zahl. Sodann gab es anschließend eine große Party, zu der »Mr. und Mrs. Aristoteles Onassis um die Ehre ersuchen ...«

Schon vor Beginn der Vorstellung spendierte Onassis in der Crush Bar von Covent Garden mit sichtlicher Erregung Champagner und verteilte an seine Freunde Eintrittskarten, als sei die *Medea* seine ureigene Schöpfung. Wenige Minuten ehe die Ouvertüre einsetzte, eskortierte er Lady Churchill zu ihrem Sitz und nahm seinen Platz neben Tina ein. Es war das erste Mal, daß er Maria in einer ganzen Oper erleben sollte.

Wer will schon wissen, was in ihm vorging, während er, neben Tina sitzend, auf der Bühne jene Frau verfolgte, die dann praktisch Tinas Platz einnehmen sollte, von ihm weit mehr geliebt als vermutlich irgendeine andere zuvor. Fest steht jedenfalls dies: Als er später am Abend im Dorchester für sie die Party gab, existierte für ihn nur ein einziger Mensch – Maria. Jene Redewendung, die da lautet: jeden Wunsch von den Augen ablesen – hier schien sie Wirklichkeit zu werden.

Der Ballsaal im Dorchester war rosafarben dekoriert, und von derselben Tönung war auch der Blumenschmuck. Dazu die Gäste, ein Querschnitt durch die Creme der Gesellschaft. Unter ihnen befanden sich Randolph Churchill, Margot Fonteyn, Cecil Beaton und John Profumo. Maria wie auch Battista waren Luxus durchaus gewöhnt. Dennoch, so etwas hatten sie noch auf keinem Fest erlebt, das Maria zu Ehren gegeben wurde. Eine derart schrankenlose Gastlichkeit kannten sie beide noch nicht. Und vor allem waren da die Energie, die Lebensfülle, ja, fast mochte man sagen, die *Grandeur*, die von diesem kurzwüchsigen, untersetzten, froschartigen Mann ausgingen – und offenbar auf alle ausstrahlten, auf den Hotelmanager ebenso wie auf den jüngsten Kellner.

In der Nacht des 18. Juni bildete Maria das ausschließliche Zentrum seiner Aufmerksamkeit. Was möchte sie hören? Einen Tango? Schon wird der Bandleader herbeigewinkt, schon sind fünfzig

Pfund in seine Hand gedrückt, und die Order lautet, nur noch Tangos.

Als Maria sich anschickte, das Dorchester zu verlassen, war es bereits nach drei Uhr, und in der Lobby schoß man von ihr ein geradezu prophetisches Foto: in einer Art Dreierumarmung, mit ihrem Mann auf der einen, Onassis auf der anderen Seite.

Im übrigen: Die Einladung, zu einer Kreuzfahrt an Bord der *Christina* zu kommen, war von Onassis während der Nacht mehrfach wiederholt worden, und Maria hatte versprochen, ihm darauf schon bald Antwort zu geben.

Zunächst gab es jedoch wieder Arbeit. Viermal noch *Medea* in London, dann ein Konzert beim Holland-Festival. Als sie auf dem Amsterdamer Flughafen landete, hießen sie Tausende von Menschen willkommen. Der Empfang rührte sie tief. Mit Peter Diamand, dem Direktor des Festivals, fuhr sie zum Amstel-Hotel. Nach ihrem Konzert am 11. Juli, das zu einem triumphalen Erfolg wurde, gab es ihr zu Ehren in ihrem Hotel einen offiziellen Empfang, der bis zum Morgen dauerte. Bei dieser Gelegenheit sagte sie zu Peter Diamand: »Wir müssen uns unterhalten, wir beide, ohne Titta.« Am nächsten Tag fuhren sie nach Keukenhof bei Leiden, wo sie inmitten der Tulpen zunächst einmal etwas aßen. Beim anschließenden Spaziergang im Park, bat sie Peter, ihre Gage nicht auf das gemeinsame Callas-Meneghini-Konto zu überweisen. »Behalten Sie das Geld, bis Sie von mir hören. In den nächsten Monaten wird es in meinem Leben allerlei Änderungen geben. Das sagen mir all meine Instinkte. Sie werden vieles hören ... Bitte, bleiben Sie mein Freund.« »Maria, *che melodramma!*« protestierte Peter Diamand. »Nein, kein Melodrama, Peter – Drama«, sagte sie strahlend.

Sie hatte sich entschieden: Gemeinsam mit ihrem Mann wollte sie an Bord der *Christina* gehen.

Tina Onassis hatte zweimal angerufen: »Wir hoffen so sehr, daß Sie kommen werden.« Meneghini setzte sich zur Wehr, so gut er konnte: »Ich muß unbedingt mit meiner erkrankten Mutter in Verbindung bleiben«, sagte er schließlich, fast verzweifelt. »Kein Problem«, erwiderte Onassis, »auf der *Christina* gibt es zweiundvierzig Funktelefone.« Meneghini hatte seine letzte Karte ausgespielt und verloren. Er konnte nicht schwimmen, sprach kaum Englisch oder Französisch und wurde regelmäßig seekrank. Doch die Entscheidung war gefallen. In Rekordzeit fertigte die Biki für

Maria eine grandiose Kreuzfahrt-Garderobe: zweiundzwanzig Kleider, Hosenanzüge, Negligés, Badeanzüge.

Am 22. Juli flogen sie nach Monte Carlo. Dort wurden sie von Tina, Ari sowie Aris Schwester Artemis begrüßt. Am nächsten Tag trafen die anderen Gäste ein: Sir Winston und Lady Churchill, ihre Tochter Diana, ihr Kanarienvogel Toby, Churchills Sekretär Anthony Montague Browne, Churchills Arzt, Lord Moran, und der Fiat-Direktor, Umberto Agnelli, mit seiner Frau. Und als die *Christina* auslief, war zum Abschied auch Fürst Rainier zur Stelle.

Es war schon das zweite Mal, daß Maria den großen Churchill sah. Damals, im Bürgerkriegs-Athen, hatte sie inmitten einer Menschenmenge vor der britischen Botschaft gewartet, während er im gepanzerten Auto eintraf.

Noch vor Ankunft der Churchills und der anderen Gäste hatte Maria Gelegenheit gehabt, jenen »See-Palast« kennenzulernen, wo sie die nächsten drei Wochen zubringen sollte, und die erfahrene *femme du monde* verwandelte sich in ein staunendes Mädchen. Sie lachte, sie plauderte, sie stellte Fragen, sie genoß, was sie hörte und was sie sah: Lapislazuli-Geländer, in jedem Badezimmer Installationen aus massivem Gold, von Dior entworfene Puppen für die Kinder, in Onassis' Arbeitszimmer ein El Greco, überdies eine Buddha-Statue von unschätzbarem Wert (die älteste im Westen, soweit man wußte), ein Swimmingpool, geschmückt mit der vergrößerten Reproduktion eines Mosaiks aus dem Palast von Knossos, marmorne Badezimmer, kostbar eingerichtete Ankleideräume für die Gäste ... Tina hatte einmal gesagt, die *Christina* sei für Ari nicht »ein phantastisches Spielzeug, sondern eine echte Leidenschaft. Mitunter gleicht er fast einer Hausfrau, die sich unaufhörlich um ihr Heim sorgt, sich um fast jede Kleinigkeit kümmert. Dauernd versucht er, alles noch schöner zu gestalten.«

Die Besatzung zählte nicht weniger als sechzig Leute, und zum Personal gehörten Kellner, Kammerdiener, Näherinnen, Masseure und zwei Chefköche – der eine speziell für französische Küche, der andere nur für griechische. Die Gäste konnten jeweils nach Belieben wählen. Maria ließ sich meist rohes Fleisch und grüne Salate servieren, um dann von sämtlichen erreichbaren Tellern zu stibitzen, wonach ihr der Gaumen kitzelte – eine Gewohnheit, die sie ihr Leben lang beibehielt.

Sie hatte eine Art Märchenwelt betreten, und dieses Gefühl überwältigte sie. In ihrem Gepäck befand sich die Partitur von Bellinis *La Straniera*. Sie rührte sie nicht an.

Was Meneghini betraf, so wirkte er mißgelaunter und mürrischer denn je. Im übrigen war er völlig lethargisch, bis auf eine einzige Aktivität: Er wurde nicht müde, all jene Kränkungen aufzuzählen, die ihm die anderen Gäste angeblich zugefügt hatten. Onassis war nur neun Jahre jünger als der Italiener, doch Meneghini wirkte wie ein kränkelnder, ewig nörgelnder Großvater.

Der innere, noch ungelöste Konflikt für Maria: einerseits ihre eheliche Bindung, andererseits die Sehnsucht, Onassis möglichst nahe zu sein.

Noch ehe die *Christina* den Hafen von Piräus erreichte, schienen die griechischen Götter das Spiel entscheiden zu wollen. Die See wurde rauh, das Wetter stürmisch. Meneghini und die meisten anderen Gäste zogen sich in ihre Räume zurück. Schließlich blieben Maria und Onassis allein in dem Spielsalon. Sie blickten ins prasselnde Feuer des Kamins aus Lapislazuli und unterhielten sich bis in die frühen Morgenstunden. Mit Maria ging etwas Sonderbares vor sich: Zum erstenmal in ihrem Leben hörte sie auf, das einzige Objekt ihrer eigenen hingebungsvollen Aufmerksamkeit zu sein. Gewiß, dieses Versenktsein in sich selbst hatte dem Ruhm ihrer Kunst gedient; doch änderte dies nichts an der Tatsache, daß daneben alles zur Unwesentlichkeit schrumpfte. Die Aufmerksamkeit, die sie ihrem Mann zugewandt hatte, war nicht mehr als ein Ausdruck der Dankbarkeit dafür, daß auch er anerkannte – und offenbar guthieß: Die Welt drehte sich um sie und ihre Kunst.

Jetzt auf einmal bildete Maria nicht mehr das Zentrum ihrer eigenen Welt. Sie liebte, tief, leidenschaftlich. Tagelang noch kämpfte sie gegen dieses Gefühl an. Sie mochte es selbst nicht wahrhaben. Daß sie sich in Aris Gegenwart so glücklich fühlte, führte sie auf andere Gründe zurück: auf seinen Charme, auf seine Faszination, und im übrigen – waren sie nicht beide Griechen? Doch das waren alles nur Vorwände, und es dauerte nicht lange, bis sie sich die Wahrheit eingestand.

Was Ari betraf, so verhielt er sich, als habe er in den vergangenen Monaten einzig und allein an Maria gedacht. In gewisser Weise entsprach dies sogar der Wahrheit. Allerdings sollte Maria noch entdecken, daß er die Fähigkeit besaß, zu gleicher Zeit in verschiedene Richtungen monomanisch besessen zu sein. Obschon er erwiesenermaßen für die Oper im allgemeinen wenig übrig hatte, zeigte er sich von der *Medea* fasziniert; und er war voller Enthusiasmus und Ideen für Marias Zukunft, obwohl seine Ignoranz in Sachen Oper mindestens so groß war wie seine Abneigung. Stundenlang sprach er über die Möglichkeit, eine »Monte Carlo Opera Company« für sie und um sie aufzubauen. Schließlich besaß er in Monte Carlo bei fast allen wichtigen Geschäftszweigen einen Kontrollanteil.

Während der langen Stunden, die sie miteinander verbrachten, redeten sie meist griechisch. Von der Zukunft sprachen sie, aber noch mehr von der Vergangenheit, hauptsächlich von seiner Vergangenheit. Maria konnte sich einfach nicht satthören. Er sprach von Smyrna an der türkischen Küste, wo er, siebzehn Jahre vor Marias Geburt, zur Welt gekommen war. Er beschrieb das griechische Viertel, wo er gelebt hatte; er sprach von seinem Vater Sokrates und seinem Onkel Homer, wohlhabende Händler in Baumwolle, Rosinen, Tabak, Feigen und allem übrigen, was das anatolische Hinterland produzierte. Er sprach von seiner Mutter Penelope, die an den Folgen einer Nierenoperation starb, als er sechs Jahre alt war; von der Wiederverheiratung seines Vaters mit ihrer Schwester; von seiner Großmutter Gethsemane, die er innig liebte; von seiner Zeit als Chorknabe in goldverziertem Chorrock mit Chorhemd (»Ich besitze noch immer eine hübsche Singstimme«, scherzte er lachend); von der Zeit, wo er seiner attraktiven Englischlehrerin ins Hinterteil gekniffen hatte, woraufhin er für mehrere Tage vom Unterricht verbannt worden war; von seiner ersten Liebe und seiner ersten Geliebten, als er dreizehn gewesen war; er sprach vom türkischen Angriff auf Smyrna, bei dem Tausende von Griechen das Leben verloren hatten; von der Verhaftung seines Vaters und den darauffolgenden Schrecken; von seinem Entschluß, nach Argentinien auszuwandern; von seiner Ankunft in Buenos Aires 1923 – nach einer Überfahrt, bei der er mit Hunderten von Auswanderern aufs engste zusammengepfercht gewesen war. Ganze sechzehn Jahre zählte er, und in der Tasche hatte er sechzig Dollar. Drei Monate später (zum Zeitpunkt von Marias Geburt) arbeitete er für eine Telefongesellschaft. Miese Bezahlung, versicherte er, jedoch eine Menge hübscher Telefonistinnen.

Oft sprach er Maria gegenüber von »seinen Frauen«, doch stets auf eine Weise, die ihr das schmeichelhafte Gefühl gab, der Kulminationspunkt zu sein: auf dem Weg seiner immerwährenden Suche nach der festen Partnerin – einer Suche, die er bereits im Alter von sechzehn Jahren begonnen hatte.

Mit noch nicht ganz vierundzwanzig Jahren hatte er es in Argentinien zum griechischen Vizegeneralkonsul gebracht. Zwar – die perfekte Partnerin war noch nicht gefunden, dafür jedoch bald schon die perfekten Schiffe, mit denen er den Aufbau seiner einzigartigen Reederkarriere in Angriff nehmen konnte: zwei kanadische »Kähne«, ursprünglich Eigentum einer Firma, die dann von der Depression hart gebeutelt worden war.

Mit Vorliebe sprach er von seinen Kämpfen (über seine Siege verbreitete er sich weniger), und gern hörte er Maria von ihren eigenen Kämpfen sprechen. Er sagte es später selbst: »Stets habe ich für Madame Callas große Bewunderung empfunden. Was mich noch stärker beeindruckte als ihre künstlerische Begabung oder ihr Erfolg als Sängerin, war die Geschichte ihrer Kämpfe als armes Mädchen, als sie wirklich allerlei mitzumachen hatte.« Beide hatten einen langen, harten Weg hinter sich, genauer gesagt: zwei fast parallel laufende Wege – bevor sie das wurden, was die Massenpresse schier unermüdlich »die zwei weltberühmtesten Griechen« nannte. Schien es nicht wirklich, als sei es ihnen vorherbestimmt gewesen, daß sich ihre Lebenswege kreuzten? Jeder schätzte am anderen, daß er kämpfen und siegen konnte, gleichgültig was für Karten ihm das Schicksal in die Hand drückte. (Im übrigen legte Aristo – wie ihn seine Familie genannt hatte und wie ihn auch Maria gern nannte – Wert darauf, die Wohlhabenheit seiner Familie vor der Smyrna-Katastrophe herunterzuspielen: Um so stärker wirkte naturgemäß das romantische Bild eines Mannes, der buchstäblich aus dem Nichts angefangen hatte.)

In Smyrna erhielt der Kapitän der *Christina* Befehl, vor Anker zu gehen. Augenscheinlich wollte Ari seinen Gästen den Ort seiner Geburt zeigen. Doch in viel stärkerem Maße ging es ihm darum, für Maria seine Vergangenheit lebendig werden zu lassen. Am Morgen des 6. August ankerte die Jacht bei dem Berg Athos, für viele orthodoxe Griechen der heiligste Ort ihrer Kirche. Am folgenden Tag empfing der Patriarch Onassis und seine Gäste. Als sie niederknieten, um seinen Segen zu empfangen, befanden sich Maria und Ari unmittelbar nebeneinander. Der Patriarch nannte sie: »Die größte Sängerin der Welt und der größte Seemann der modernen Welt, der neue Odysseus.«

Maria fühlte sich von allem tief angerührt. Da war das byzantinische Ritual, die Feierlichkeit des alten Patriarchen, der spezielle Segen, den er ihnen beiden erteilte – all dies schien genau dem Drama zu entsprechen, das sich in ihrem Inneren abspielte. Mehr noch: Der Segen des Patriarchen galt gleichsam ihrer Verbindung mit Ari – eine Art offizieller Billigung für die Verwirklichung zurückgestauter Gefühle.

»Aber sie ist doch bereits verheiratet«, soll Meneghini verbittert geflüstert haben. Obschon von keiner Seite ein einziges deutliches Wort gefallen war, wußte er doch, was die Uhr geschlagen hatte. Später behauptete er: »Es war ein Ausbruch nationaler Gefühle... Maria wurde eine ganz andere. Wie hätte ich ihn abwehren können, den neuen Odysseus?«

Aristo – Marias erste tiefe Erfahrung im Lieben und Geliebtwerden. Und auf einmal erschien ihr die Welt, erschien ihr alles in einem gänzlich anderen Licht. Meneghini hatte recht. Maria war nicht mehr diè, die sie zuvor gewesen. Aristo hatte Liebe, Leidenschaft, Zärtlichkeit, auch Frivolität in ihr Leben gebracht – in das Leben einer Nonne, die ihr lebenfressendes Gelübde inzwischen ziemlich leid war.

Er hatte es geschafft, diese Einbahnstraße beruflicher Besessenheit aufzubrechen und ihren Sinn – ihre Sinne – für anderes, das ihr bislang verschlossen geblieben war, zu öffnen. Zum erstenmal fühlte sie sich nicht gejagt von Terminen, von Auftritten, von Verpflichtungen, von nervenzehrenden Premieren.

Wenn sie morgens erwachte, so geschah dies mit einem Gefühl der Vorfreude; am Tage schlürfte sie dann die Sonne in sich auf; abends, oftmals spät, waren da Aris Geschichten, als gäbe es keinerlei Konflikte und Probleme. So richtig lebendig, mochte man meinen, wurde Ari erst nachts, zumal nach Mitternacht. Und er liebte es, Geschichten von griechischen Mythen zu erzählen – oder auch jene Fabeln von Seeungeheuern, die er von Matrosen gehört hatte. Und er besaß Erzählertalent – die Gabe, Dinge mit Worten heraufzubeschwören.

Maria ließ sich von ihm mitreißen wie von einem Hurrikan, und nach jenem Tag auf dem Berg Athos zerbröckelte dann der letzte Widerstand. Am Abend gab in Istanbul Hilton für alle eine Party, so wie es immer und überall für sie eine Party gegeben hatte. Da er sich zu erschöpft und zu müde fühlte, blieb Meneghini an Bord zurück. Als Maria dann in den frühen Morgenstunden wiedererschien, fand sie ihren Mann wach – er wartete auf sie.

Ein kurzes Zögern, allerdings nur ein ganz kurzes. Wie bringt eine Frau ihrem Mann bei, daß sie ihn verläßt – ihn, der für sie so wichtig war, dem sie soviel verdankt?

Für Maria gab es da nur eine Lösung. »Ich liebe Ari.«

»Beinahe wäre ich in Tränen ausgebrochen«, erinnerte sich Meneghini später, »und das in meinem Alter ... Ein Feuer schien beide zu verzehren.« Der Rest der Reise glich einem endlos langen Flehen Meneghinis. Es wurde akzentuiert durch Streitgespräche, die oft bis in die Nacht dauerten und nicht selten in Gebrüll ausarteten, bis Meneghini am Ende dann doch in eine Art weinerlicher Passivität versackte. Unvermeidlich sprang die nervöse Anspannung auch auf die anderen Gäste über. Die einzige Ausnahme bildete Sir Winston, der viel zu weit entrückt schien, um sich von derartigen Vorkommnissen irgendwie berühren zu lassen. Allerdings wurden die anderen das Gefühl nicht los, daß er während seines Nachmittagsschläfchens auf der *Christina,* Hut über die Augen gezogen, auffallend behaglich vor sich hin griente. Für die Zeit dieser seiner Siesta gingen die Maschinen stets auf langsame Fahrt, damit die Vibrationen seine Ruhe möglichst wenig störten. Allerdings: Zum erstenmal, seit sie einander begegnet waren, bemühte sich sein Gastgeber nicht unablässig um ihn. Es gab da etwas, das die Ehre seiner Anwesenheit noch überglänzte: eine emotionale Explosion an Bord. Was die schöne Tina betraf, so spielte sie die neutrale Gastgeberin, die Hüterin der Konvention, all den unübersehbaren, nein, unüberhörbaren Debatten, den Vorwürfen und Gegenvorwürfen zum Trotz.

Schließlich, etwa eine Woche nach Istanbul, lief die *Christina* Venedig an. Was die Besatzung betraf, die hatte alles still beobachtet und insgeheim Wetten abgeschlossen – wer wohl mit wem von Bord gehen werde. Als erste reisten Maria und Meneghini ab, in einem von Onassis' Privatflugzeugen.

Sie landeten in Mailand und begaben sich schnurstracks nach Sirmione. An Marias Handgelenk befand sich ein schweres Armband mit den eingravierten Initialen: »TMWL« (»To Maria With Love«, Für Maria in Liebe). Tatsache ist, daß Onassis ein solches »TTWL«-Armband auch schon seiner Tina geschenkt hatte und wenige Jahre später ein »TJWL«-Armband der Jackie Kennedy verehren sollte. Doch was ihr eigenes Armband betraf, so trug Maria es jetzt mit Stolz und Freude – und nicht zuletzt sichtbar für ihren Mann.

Am nächsten Tag, dem 17. August, tauchte um neun Uhr abends Onassis in Sirmione auf. »Ich mochte kaum meinen Ohren trauen«, erinnerte sich Meneghini, »als ich hörte, wie seine Stimme unter unserem Fenster sang: ›Maria, Maria‹.« Onassis war gekommen, um Meneghini davon in Kenntnis zu setzen, daß er dessen Frau zu heiraten beabsichtige und ihn nichts davon abbringen könne. Meneghini fühlte sich völlig machtlos – nicht nur, was die Entscheidung seiner Frau betraf, sondern vor allem wegen der absoluten Siegesgewißheit, die Onassis ausstrahlte. »Dieser Mann besitzt Milliarden, müssen Sie verstehen«, sagte er zu einem der vielen Journalisten, die es in den nächsten Monaten nach Sirmione zog. Es war die ohnmächtige Klage eines Reichen gegenüber einem Superreichen, das Ressentiment eines geizigen Millionärs gegenüber einem extravaganten Multimillionär, der nicht nur weiß, wie man Multimillionen scheffelt, sondern auch, wie man sie ausgibt.

Meneghini warnte Maria, dies werde das Ende ihrer Karriere sein; er bezichtigte sie der Undankbarkeit; er flehte sie an. Doch Drohungen, Vorwürfe, Bitten, alles war vergeblich. Um vier Uhr in der Frühe reiste Maria mit Onassis nach Mailand ab. In der Tat veränderte sich ihr Leben dramatisch – wie sie es instinktiv bereits Monate zuvor geahnt hatte, dort zwischen den Tulpen außerhalb von Amsterdam. Onassis, der Maria den – nicht allzu widerstandsfähigen – »Klauen« ihres Gatten entrissen hatte, mußte nun entscheiden, wie es weitergehen sollte – mit seiner eigenen Ehe. Von Mailand flog er nach Venedig, wo Tina auf der *Christina* auf ihn wartete.

In Mailand ging Maria nach Möglichkeit allen aus dem Weg. »Sie mied jeden«, sagte Biki. »Schämte sich fast dessen, was geschehen war. Bei ihrer so direkten und aufrichtigen Art konnte sie an verlogenen Situationen und falschen Kompromissen kaum irgendwelche Freude haben.« Man mag es auch so ausdrücken: Die griechische Matrone in Maria mißbilligte aufs schärfste, was Maria getan hatte. Ihre moralische Einstellung, obschon niemals eindeutig definiert, war zweifellos eng und häufig intolerant. Die Rolle der Geliebten war so ziemlich das letzte, was ihr lag. Daß sie sich dazu bereitfand, über so viele Jahre hinweg, ist ein Beweis für ihre tiefe Liebe zu Onassis.

O ja, die griechische Matrone in ihr krittelte wohl unentwegt. Doch war da immer wieder die Hoffnung, die alle Zweifel zum Schweigen brachte – oder zum Schweigen zu bringen versuchte.

»Mir war, als sei ich unendlich lange in einem Käfig gehalten worden«, sagte sie später. »Und als ich Aristo kennenlernte, ihn, der so voller Leben war, wurde ich eine andere Frau.« Die Verwandlung schien zwar weniger sichtbar, war jedoch keinesfalls weniger dramatisch als jene Schlankheitskur, mit der sie die Welt bewegt hatte.

Was sie bei dieser Gelegenheit verlor, waren nicht irgendwelche überflüssigen Pfunde, sondern die Ecken und Kanten, mit denen sie – in aggressiver Verteidigungshaltung – der Welt stets begegnet war.

Die tiefgreifende Veränderung schien unübersehbar. Jedenfalls, als sie mit Ghiringhelli zu verhandeln begann (es ging um die Möglichkeiten von Schallplattenaufnahmen für die *Gioconda* an der Scala), schmolz der eiskalte Superintendent vor all der unerwarteten Weichheit und dem überraschenden Charme dahin wie ein Schneemann in der Frühlingssonne. Im Handumdrehen ließ er sich zu der Frage hinreißen, ob Maria nicht wieder an der Scala singen wolle, in welcher Rolle auch immer und zu den ihr genehmen Bedingungen. Blieb eigentlich nur noch, daß man die Aussöhnung publik machte.

Die Scala war entzückt, Maria auch. Am 2. September 1959 fuhr sie vor der Scala vor, um mit den Proben für die Schallplattenaufnahmen zu beginnen. »Man mußte sie buchstäblich physisch vor der Presse schützen und vor den Fotografen«, erinnert sich Peter Diamand, der sie begleitete, als sie zum Mittagessen hinübergehen wollte ins Biffi Scala. »Man knöpfte sich jeden vor, der irgendwie mit ihr in Beziehung stand und quetschte ihn aus. ›Wer sind Sie? Wer sind Sie?‹ Einem italienischen Reporter erklärte ich auf eine solche Frage: ›Ich bin ihr ägyptischer Friseur.‹ Unter der Titelzeile *Parla il parruchiere della Callas* wurde alles getreulich abgedruckt, jede Einzelheit – wie ihr Haar ganz weich und sanft wird, wenn sie die Violetta singt, und ganz spröde und störrisch, wenn sie Medea ist.«

Am 3. September wurden Maria und Aristo in Mailand um drei Uhr früh dabei »ertappt«, wie sie *tête-à-tête* miteinander dinierten. Im Hintergrund spielte leise Violinmusik. Arm in Arm wurden sie fotografiert (Maria mit einem Strauß roter Rosen), während sie das Hotel Principe e Savoia betraten.

Am folgenden Tag befand sich die Via Buonarotti im Belagerungszustand, doch die Presseleute warteten vergeblich. Zwei Tage später gab Maria diese Erklärung ab: »Ich bestätige, daß der Bruch zwischen meinem Mann und mir vollständig und endgültig ist. Er hatte sich bereits seit geraumer Zeit angebahnt, und die Kreuzfahrt auf der *Christina* steht damit rein zufällig in Verbindung. Die Rechtsanwälte sind mit der Angelegenheit befaßt und werden sich zu gegebener Zeit äußern. Ich bin jetzt mein eigener Manager. Ich bitte um Verständnis für diese schmerzliche private Situation ... Zwischen Signore Onassis und mir besteht seit etlicher Zeit eine profunde Freundschaft. Auch gibt es zwischen uns geschäftliche Beziehungen. Von der Monte Carlo Opera habe ich ein Angebot erhalten, überdies plant man einen Film. Sofern ich weiteres zu erklären habe, werde ich das zur gegebenen Zeit tun, allerdings gedenke ich nicht, eine Pressekonferenz anzusetzen.«

Es war ein Verschleierungsversuch von geradezu unentschuldbarer Naivität. Sie unternahm ihn auf Drängen ihrer Anwälte, die sich auf diese Weise eine einvernehmliche Scheidung erhofften.

Als, noch am selben Tag, die Reporter Onassis in Harry's Bar in Venedig belagerten, gab sich dieser wesentlich weniger diskret. »Natürlich – wie hätte ich mich wohl nicht geschmeichelt fühlen sollen, wenn sich eine Frau von der Klasse einer Maria Callas in jemanden wie mich verliebt? Wem würde es wohl anders gehen?«

Diese seine Erklärung verriet – unabsichtlich – ungeheuer viel über ihn: Der kleine Auswanderer aus Smyrna mit all seinen Tankern und seinen Milliarden brauchte Frauen »mit Klasse«, damit er sich in seinem Selbstwert bestätigt fühlte. Er brauchte so etwas nicht weniger nötig als ein Drogensüchtiger seinen »Schuß.« Und je älter er wurde, desto stärker mußte die Dosis bemessen sein, damit noch immer die gleiche Wirkung erzielt wurde. Die berühmteste Sängerin der Welt war als Dosis gerade gut genug – bis zu dem Zeitpunkt, da es nur eine noch größere Dosis tat: die weltberühmte Witwe eines amerikanischen Präsidenten.

Dies besagt keineswegs, daß er Maria nicht liebte. Doch handelte es sich hierbei um eine sonderbare Mischung, bei der zweifellos ihr Ruhm eine nicht unbedeutende Rolle spielte. Was immer im einzelnen das auslösende Moment gewesen sein mochte – vielleicht die *Medea*-Aufführung –, Aristoteles Onassis war entflammt. »Er wollte seine Tanker nur ein bißchen in Glanz tauchen, mit Hilfe des Namens einer großen Künstlerin«, sagte Meneghini bei einem seiner Ausbrüche. »Sie liebten einander wie Kinder«, erklärte er in einem ruhigeren Augenblick. Zwei extreme Ansichten, die ihm nicht recht vereinbar schienen. Und doch waren sie's, beide enthielten ein Stück Wahrheit.

Im Gegensatz zu Meneghinis schier übermäßiger Geschwätzigkeit bewahrte Tina Onassis ein würdiges Schweigen – ohne es sich jedoch nehmen zu lassen, auf dem alljährlichen Maxwell-Ball in Venedig Flagge zu zeigen. Fotos zeigten sie beim Tanz in den Armen des sonnengebräunten Grafen Brando d'Adda. Die Presse konnte einfach nicht genug bekommen. Da die Hauptfiguren, mit Ausnahme von Meneghini, wenig Neigung zeigten, von sich aus ins Rampenlicht zu treten, mußte man mit Nachdruck einige Nebenfiguren ins Spiel bringen, damit das Drama auch weiterhin in Gang gehalten wurde. Für etliche Zentimeter Klatschspalte war Evangelia allemal gut genug.

Man spürte sie auf. Und zwar in Jolie Gabors Juwelengeschäft in New York, wo sie angestellt war. Evangelia und Zsa Zsas Mutter waren gemeinsam in einem Fernsehprogramm aufgetreten, das sich mit Müttern und ihren berühmten Töchtern befaßte, und am Schluß hatte Madame Gabor dann Marias Mutter einen Job angeboten.

»Meneghini war für Maria Vater und Mutter«, erklärte Evangelia plötzlich – unversehens erleichtert hinsichtlich der bislang mißachteten Qualitäten ihres Schwiegersohns. »Nun braucht sie ihn nicht mehr. Aber Maria wird niemals glücklich sein, das sagt mir meine Seele. Frauen wie Maria können wirkliche Liebe niemals kennenlernen.«

Von ihrer Mutter hatte Maria gewiß keine Hilfe erhofft, aber zweifellos doch von ihrer seit langem getreuesten (und am wenigsten verschwiegenen) Parteigängerin – Elsa Maxwell. Doch das war eine vergebliche Hoffnung. Elsa bewahrte striktestes Stillschweigen – das Stillschweigen einer betrogenen Geliebten. Und als sie es schließlich brach (in ihrer Rolle als selbsternannter Wachhund der öffentlichen Moral), stellte sie sich rückhaltlos auf Tinas Seite. Mit ihr ließ sie sich oft sehen, während sie Maria betont aus dem Wege ging. Und als man sie in ihrer Suite im Hotel Danieli in Venedig fragte, ob ihr Freund Ari ihre Freundin Maria heiraten werde, erwiderte sie mit lakonischer Kürze (und unverkennbarer Mißbilligung): »Kaum.«

»Wir gleichen alle Personen in einem Drama«, erklärte Meneghini, der entschlossen schien, zehn Jahre Anonymität innerhalb von zehn Tagen Publicity wettzumachen. »Da ist Maria, eine Medea; da bin ich selbst, der ein ziemlich harter Brocken sein kann; und da ist Mr. Onassis, ein Multimillionär.«

Die Geschichte hätte wohl so ziemlich jeden Opernkomponisten faszinieren können, von Donizetti bis Kurt Weill; statt dessen inspirierte sie die Redakteure von *Time*. Unter dem Titel *Liebe und Geld* fand man folgende »Besetzung«:

Maria Meneghini-Callas, eine berühmte Diva	Sopran
Giovanni Meneghini, ihr alternder Gatte	Baß
Elsa Maxwell, ihre Vertraute	Bariton
Evangelia Callas, ihre entfremdete Mutter	Kontraalt
Aristoteles Onassis, ein reicher Reeder	Tenor
Athena Onassis, seine schöne junge Frau	Mezzo

Mochte Meneghini in dieser Besetzung auch der Baß sein, so gewährte er sich selbst jedenfalls den größten Gesangspart, wobei er die Gesamtpalette dramatischer Emotionen ins Spiel brachte, von Jovialität über Selbstmitleid bis hin zu unverhülltem Ressentiment. »Die Callas ist mein Geschöpf, und sie hat es mir mit einem Dolchstoß in den Rücken entgolten. Als ich sie kennenlernte, war sie eine fette, schlechtgekleidete Frau, ein Flüchtling, eine Zigeunerin. Keinen Heller besaß sie und keine Aussichten auf eine Karriere. Ich mußte für sie ein Hotelzimmer mieten und 70 Dollar hinterlegen, damit sie in Italien bleiben konnte. Und jetzt höre ich, daß ich beschuldigt werde, sie ausgebeutet zu haben.«

Selbstmitleid, gelegentlich aber auch Selbstironie. »Sie werden sehen, wenn alles zwischen uns aufgeteilt wird, so schließt das wohl auch unseren Pudel mit ein. Maria bekommt die vordere Hälfte, ich die hintere – samt Schwanz.« Überraschenderweise schien der Mann, der so lange im Hintergrund gestanden hatte, in diesem Stück jetzt die meisten Pointen für sich zu buchen – der über viele Jahre hinweg aufgestaute Groll schaffte sich Luft. Doch gerade in dieser Hinsicht hatte er eine Konkurrentin: Evangelia, die keinesfalls daran dachte, in puncto öffentlicher Aufmerksamkeit etwa zu kurz zu kommen: »Ich war Marias erstes Opfer. Jetzt ist es Meneghini. Onassis wird das dritte sein.« Sie fügte hinzu: »Maria würde Onassis heiraten, um ihren grenzenlosen Ehrgeiz zu befriedigen.«

Doch wieder einmal bewies sie für ihre Tochter nicht das mindeste

Verständnis. Ehrgeiz war gewiß das letzte, was Maria trieb, als sie am 10. September, unmittelbar nach Beendigung der Aufnahme der *Gioconda,* zum Mailänder Flughafen fuhr und in das Privatflugzeug stieg, das Onassis für sie geschickt hatte. Sie flog nach Venedig, wo sie mit Toy (samt Hinterteil und Schwanz) an Bord der *Christina* ging. Von der Brücke aus gab Onassis mit schwungvoller Gebärde ein Signal, die Sirene schrillte, und die *Christina* begann abzulegen. Außer Maria befanden sich nur zwei Gäste an Bord: Onassis' Schwester Artemis und ihr Mann Theodore Garoufaldis.

Wenige Tage zuvor war Tina mit ihren beiden Kindern nach Paris geflüchtet, zu ihrem Vater in der Avenue Foch. Sie hatte einfach genug. Onassis war ihr in seinem Privatflugzeug gefolgt. (»So oft war die Kiste noch nie in der Luft, seit er sie gekauft hat«, hörte man den Piloten murmeln.) Über seine Gefühle war sich Ari wohl kaum im klaren. Halb wünschte er eine Versöhnung, halb fürchtete er sie. Tina hingegen wußte, daß sie keine wollte. Die Kränkung und Demütigung vor aller Öffentlichkeit – das hatte sie zu tief getroffen, und sie dachte nicht daran, seinen halbherzigen Beteuerungen zu glauben.

Was Onassis betraf, so war er gewiß alles andere als glücklich über den Bruch mit Tina, der Mutter seiner Kinder und der Tochter von Stavros Livanos, einem der angesehensten griechischen Reeder. Aber nun gut: Da sich Tina nun mal in Paris befand, stand ihm frei, genau das zu tun, was er wirklich tun wollte: eine zweiwöchige Kreuzfahrt mit Maria.

Im übrigen hatte er, zumal aus griechischen Reederkreisen, immer wieder hören müssen, wie töricht es von ihm sei, Livanos' Tochter in dieser Weise zu behandeln. Schließlich war er einem Reporter gegenüber explodiert: »Mein Schwiegervater besitzt nicht genug, um die Niarchos-Kunstsammlung zu kaufen, von meinen Hobbyunternehmen ganz zu schweigen.«

An Bord der *Christina* gab es keine Explosionen – die Crew konnte sich nicht erinnern, Onassis jemals so entspannt und friedfertig gesehen zu haben. Und was Maria betrifft, so sieht sie auf den Fotos, die sie an Deck der *Christina* zeigen, glücklicher aus als auf irgendwelchen anderen. Innerhalb weniger Tage schien sie sich vollgesogen zu haben mit jener besonderen mediterranen Atmosphäre, die so etwas war wie eine Kombination aus Gelassenheit, Müßiggang, Genuß. Ihre Sehnsucht, mit einem anderen Menschen zu verschmelzen, war jetzt voll erwacht.

Allerdings war dies für ihr Publikum schwer zu verstehen. Und das Begreifen sollte immer schwerer werden. Ihre Schallplattenaufnahmen und Bühnenauftritte schrumpften mehr und mehr. Nackte Zahlen können mitunter erstaunliche Aufschlüsse geben. Im Jahr vor Onassis (wir nehmen hier das komplette Jahr 1958) hatte sie achtundzwanzig Vorstellungen von sieben verschiedenen Opern in sechs Orten rund um die Welt. Später – wir nehmen das Jahr 1960 – waren es ganze sieben Aufführungen von zwei Opern an zwei verschiedenen Orten. Die Zahlen werden immer verblüffender. 1961 erschien sie in insgesamt fünf Vorstellungen (ausschließlich *Medea*, zweimal in Epidaurus und dreimal in der Scala). 1962 trat sie zweimal als *Medea* in der Scala auf, und 1963 sang sie in keiner einzigen Opernvorstellung. Es gab nur Konzerte und etliche Schallplattenaufnahmen. 1964 schließlich kehrte sie wieder an die Oper zurück, für ihre allerletzten Bühnenauftritte – ein einzigartiger Schwanengesang, und dies zu einer Zeit, da sie spürte, wie ihr alles entglitt: Onassis und ihr Traum vom Familienleben mit ihm.

»Onassis hat ihr Leben zerstört«, sagte Biki, und Tausende von Musikliebhabern sprachen – oder dachten – ganz ähnlich: »Für diesen Mann hat sie ihre Stimme, ihre Kunst, ihre Karriere geopfert.«

Doch bei eingehender Betrachtung kommt man kaum um den Schluß herum, daß Onassis genau zu dem Zeitpunkt in Marias Leben trat, als sie mehr oder minder unbewußt Ausschau hielt nach einem Grund, um sich endlich zu lösen aus jener erbarmungslosen Tretmühle, in die sie seit ihren Tagen am Athener Konservatorium eingespannt war. In Aristo fand sie – zum erstenmal – eine Art Gegenpol zu ihrer Kunst, einen Gegenpol von ungeheuer starker Anziehungskraft. Sein Opfer konnte man sie kaum nennen. Vielmehr war sie selbst es, die ihn zu einem Teil ihres Lebens gemacht hat.

Etliche Jahre später sagte Maria, im Rückblick: »Ich war vorzeitig stumpf und alt geworden. Wie beschränkt war ich doch – dachte nur noch an Geld und Position. Für mich begann das Leben wirklich mit vierzig – oder doch fast vierzig.«

Wenn eine Frau, wenn auch nicht ohne eine gewisse Übertreibung, feststellen kann, ihr Leben habe eigentlich erst nach der Begegnung mit einem bestimmten Mann begonnen, so darf man sie wohl kaum als Opfer betrachten, nicht einmal als Opfer ihrer eigenen

Wünsche. Marias Tragödie bestand darin, daß sie eine falsche Schlußfolgerung zog. Da Ari es war, der in ihr soviel Leben geweckt hatte, so viele Gefühle und Empfindungen, glaubte sie, er sei die ausschließliche Quelle dafür – als könne er, im Gegensatz zu ihr, auf das Neugewonnene durchaus verzichten. Ihre Furcht, ihn zu verlieren, wurde noch verstärkt durch die Angst vor dem Verlust all dessen, das er in ihr Leben gebracht hatte, Empfindungs- und Erlebnisfähigkeit.

Auf der *Christina,* so entdeckte Maria für sich, lebte sie ganz in der Gegenwart, oder eher noch: in einem Zustand heilsamer Zeitlosigkeit. Onassis bemerkte dies sehr wohl, und er setzte alles daran, ihr dieses Stadium so lange wie irgend möglich zu erhalten. Hierbei stützte er sich auf die Hilfe von Freunden in der griechischen Marine. Eine halbe Stunde, bevor irgendwer die *Christina* am Horizont erspähen konnte, waren am Anlegeplatz in der Bucht von Glyfada unweit von Athen zwanzig weißgekleidete Seeleute zur Stelle. »Auf Anordnung des Hafenmeisters« scheuchten sie die Zuschauer davon. Gleichzeitig holten Marinestreifen Schwimmer und Sporttaucher aus dem Wasser. Als dann die Beiboote der *Christina* an der Landestelle festmachten, stieg nur ein einziger Gast aus, Onassis' Schwager. Mit lauter Stimme verkündete er einem Marineoffizier: »Madame Callas hat die *Christina* in Brindisi verlassen.« Doch die Reporter, die in einem Fischerboot hinausfuhren, wußten es besser. Tatsächlich dort auf dem Deck der strahlend weißen Jacht stand sie, und neben ihr war er.

Wenige Tage zuvor hatte Meneghini die Scheidungsklage eingereicht. Es kam zu einer Verzögerung, aber dann wurde die Verhandlung festgesetzt. Sie sollte am 14. November in Brescia stattfinden.

Schon am frühen Morgen versammelte sich vor dem Gericht dieser kleinen Industriestadt eine große Menschenmenge. Als erster traf Meneghini ein. In den vergangenen Monaten hatte er Briefe erhalten, in denen man ihm dazu gratulierte, daß er »endlich seinen Frieden wiedergefunden« habe und »sie jetzt endlich los« sei. »Nehmen Sie das nächste Mal ein nettes italienisches Mädchen«, hatte ihm ein Korrespondent geraten. Jetzt, in Brescia, erscholl für ihn lauter Beifall. Bei Marias Ankunft hingegen rührte sich keine Hand. Aber es wurden auch keine Mißfallenspfiffe oder -rufe hörbar. Was immer die Menge an Demonstrationen gegen

Maria geplant haben mochte, alles blieb still. Da war etwas in ihrer Erscheinung und ihrem Auftreten, das Respekt heischte.

Sechs Stunden später traten sie aus dem Gebäude wieder hervor. Zunächst hatte der Richter Cesare Andreotti den formalen Versuch einer Aussöhnung unternommen. Sodann ging es zur Sache: an die Aufteilung des Vermögens. Doch gab es dabei erstaunlich wenige Mißstimmigkeiten. Maria behielt das Haus in der Via Buonarotti, den größten Teil ihres Schmucks und ihre beiden – ungeteilten – Pudel. Meneghini behielt Sirmione sowie alle sonstigen Immobilien. Die Gemälde und alle übrigen Wertgegenstände wurden gerecht zwischen ihnen aufgeteilt. In Meneghinis Scheidungsklage war davon die Rede gewesen, daß Maria »mit einem Mann, den sie als ihren Geliebten bezeichnete, Nachtclubs und ähnliche Lokalitäten« besucht habe und sich im übrigen in »einer Art und Weise aufführt, die mit elementarem Anstand nicht zu vereinbaren« sei. Die Klage war ursprünglich also auf einen Schuldspruch gegen Maria hinausgelaufen; doch am Ende der sechsstündigen Verhandlung trennte man sich »einvernehmlich«.

Am folgenden Morgen flog Maria nach New York; von dort sollte es weitergehen nach Dallas, zum letzten Engagement, das Meneghini für sie abgeschlossen hatte. Als sie ins Flugzeug stieg, fand sie, daß der Platz neben dem ihren bereits »besetzt« war: von einem gigantischen Rosenarrangement. Das einzige, was Herkunft und Zweck bezeichnete, waren die Initialen: »TMWL«. Zweifellos hätte Meneghini eine solche Geste »widerlich« gefunden. Eben dieses Wort hatte er gebraucht, als Onassis dem Bandleader im Dorchester fünfzig Pfund in die Hand drückte, damit er die ganze Nacht hindurch für Maria Tangos spielte. »Und das imponierte ihr«, hatte Meneghini verdutzt hinzugefügt. Aber ihn hat ja noch so manches verblüfft.

Während der schicksalhaften Kreuzfahrt etwa hatte er die Wasserträger auf einer der Inseln mit so lächerlichen Trinkgeldern abgespeist, daß Onassis sich einschalten mußte, um aus eigener Tasche die Summe nicht unbeträchtlich aufzurunden. Meneghini hatte erwartet, daß Maria für ihn und also gegen ihren Gastgeber Partei ergreifen werde, weil dieser ihren Mann auf so tückische Weise öffentlich gedemütigt hatte. Genau das Gegenteil war der Fall. Sie nahm ihn, Meneghini, scharf aufs Korn, kritisierte seinen Geiz, seine Raffgier. Maria, die ihr Leben lang in sich selbst gegen derartige Tendenzen anzukämpfen hatte, konnte es auf einmal nicht ertragen, solche Charaktermerkmale in einem anderen zu sehen.

All ihren Erfolgen und der Erfüllung so vieler Träume zum Trotz mochte Maria dem Leben nie so recht trauen. Aristos Nähe allerdings ließ ihre Ängste irgendwie absurd erscheinen. Geradezu grenzenlos vertraute er den grenzenlosen Möglichkeiten des Lebens. Maria versuchte, diesen ihren Ängsten zu entkommen. Meneghini war sich nicht einmal bewußt, daß ihn solche Ängste beherrschten. Maria registrierte durchaus, daß so manche grandiose Geste oder Extravaganz von Onassis übersteigert war; dennoch genoß sie, ja, liebte sogar seine »Großspurigkeit«, zumal nach der Pfennigfuchserei ihres Mannes.

Zwei *Medea*-Aufführungen in Dallas, und als sie vorüber waren, war auch das zwölfjährige Meneghini-Management vorbei. Seit ihrer Trennung hatten sich alle möglichen Agenten erboten, für sie zu arbeiten. Meneghini seinerseits ließ verlauten (während Sopranistinnen, ja, selbst Tenöre und Baritone ihn anflehten, sie unter seine Fittiche zu nehmen): »Man bringe mir jemanden, der wie die Callas singt, der Herz, Gemüt und Temperament wie die Callas besitzt, überdies den Ehrgeiz und die bedingungslose Hingabe der Callas – und überlasse den Rest mir.« Also wieder einmal die Pygmalion-Legende, mit der er sich wahrhaftig nicht so ungern zierte.

Elf Tage nach Marias Scheidung reichte Tina Onassis im New York State Supreme Court die Scheidungsklage gegen ihren Mann ein. Begründung: Ehebruch. Was man einmal als »die glücklichste Ehe zwischen Cannes und Palm Beach« bezeichnet hatte, näherte sich seinem Ende. Am 25. November lud Tina Reporter in ihre Wohnung am Sutton Square in New York und gab eine Erklärung ab:

»Es ist fast dreizehn Jahre her, daß Mr. Onassis und ich in New York City geheiratet haben. Inzwischen ist er einer der reichsten Männer der Welt geworden, doch hat sein großer Reichtum weder ihm noch etwa mir Glück gebracht, wie man allgemein weiß. Nachdem wir uns in diesem Sommer in Venedig trennten, hatte ich gehofft, daß seine Liebe zu unseren Kindern oder die Achtung vor unserem Privatleben ihn dazu bewegen könnten, sich mit mir – oder über Anwälte mit meinen Anwälten – zu treffen, um unsere Probleme zu regeln. Dem war nicht so.

Ich bedaure zutiefst, daß Mr. Onassis mir keine andere Wahl läßt, als in New York eine Scheidungsklage einzureichen.

Ich für meinen Teil werde Mr. Onassis stets alles Gute wünschen.

Vermutlich wird er, nach Beendigung dieser Angelegenheit, weiterhin ein Leben von der Art genießen, wie er es offenbar wünscht; ein Leben, in dem ich eigentlich kaum eine Rolle gespielt habe. Mehr gibt es für mich nicht zu sagen, und ich hoffe, daß ich mit meinen Kindern in Frieden gelassen werde.«

Als Tinas Erklärung in den Zeitungen erschien, befand sich Maria mit Onassis in Monte Carlo auf der *Christina*. Sie erwarteten und fürchteten das Schlimmste – daß Maria als Ehebrecherin bezichtigt werden würde. Doch Tina hatte andere – ältere – Rechnungen zu begleichen. So war denn von einer Mrs. J. R. die Rede, mit der ihr Mann »zu Lande und zur See« eine Affäre gehabt haben sollte. Die Klatschkolumnisten fanden sehr schnell heraus, daß es sich bei dieser Mrs. J. R. um Jeanne Rhinelander handelte, eine alte Schulfreundin von Tina. 1954, während eines Aufenthalts in Südfrankreich, war Tina impulsiv zur Wohnung ihrer Freundin in Grasse gefahren, wo sie ihren Mann dann in einer Situation ertappte, die man gemeinhin als »kompromittierend« zu bezeichnen pflegt.

Fünf Jahre später rächte sie sich an ihm auf ziemlich spektakuläre Weise. Gleichzeitig verhütete sie, daß der Skandal noch größere Dimensionen annahm. Genau das wäre zweifellos geschehen, hätte sie Maria als Ehebrecherin genannt. Während in Monte Carlo Maria ihr »Glück« noch gar nicht so recht glauben mochte, mußte sich, in Grasse, Jeanne Rhinelander der Reporter erwehren.

Für Maria war es eine überaus schwierige Zeit. Seine bevorstehende Scheidung setzte Onassis in viel stärkerem Maße zu, als er sich selbst eingestehen mochte. Das war schon in sich sehr beunruhigend. Doch das Schlimmste war es bei weitem nicht. Während Maria ihre eigene Scheidung aus ganzem Herzen herbeigesehnt hatte, wünschte sich Onassis die seine im Grunde nie. Oftmals hatte er Wochen oder Monate fern von Tina verbracht, doch wo auf der Welt er sich auch immer befinden mochte, abends um sechs rief er sie mit ritueller Regelmäßigkeit an. Er war nicht der erste Mann, und ganz gewiß würde er auch nicht der letzte bleiben, der sich beides wünschte, Ehefrau *und* Geliebte.

In Monte Carlo hatte er sich urplötzlich zur striktesten Diskretion entschlossen. Maria logierte »offiziell« im Grandhotel, und am selben Abend, als Tinas Erklärung erschien, dinierte er allein mit Fürst Rainier und Fürstin Gracia Patricia.

Am nächsten Tag verlautbarte er dann seine eigene Erklärung: »Ich habe gerade erfahren, daß meine Frau die Scheidung gegen mich eingeleitet hat. Überraschen kann mich das kaum, da sich die Dinge sehr schnell entwickelt haben. Vorgewarnt wurde ich allerdings nicht. Selbstverständlich werde ich auf ihr Verlangen eingehen und befriedigende Vereinbarungen treffen müssen.«

Tatsache ist, daß er trotz allem auf eine Versöhnung hoffte und in dieser Richtung auch allerlei unternahm – Telefonanrufe bei Tina, Telefonanrufe wegen der Kinder, Gespräche mit Freunden, die er vielleicht einschalten könnte. Maria zog sich nach Mailand zurück, und eine jener Ironien, an denen ihr Leben reich war, wollte es, daß sie ihren sechsunddreißigsten Geburtstag (den ersten seit ihrer Scheidung) in Gesellschaft ihres Ex-Gatten feierte.

Fünf Tage später kehrte Renata Tebaldi an die Scala zurück. Nach fast fünfjähriger Abwesenheit trat sie in *Tosca* auf. Es war ein Triumph. Zehn Minuten dauerte der Applaus, und es regnete Blumen, während das Publikum in rhythmischem Singsang ihren Namen rief. Als Maria am folgenden Morgen die ekstatischen Kritiken las, wurde sie sich nicht ohne Beklemmung der Tatsache bewußt, daß sie völlig ohne Opernengagement dasaß – aus eigenem freien Willen. Ihre Arbeit, die ihr einmal alles bedeutet hatte, war im Augenblick auf ein Nichts zusammengeschrumpft. In das erleichternde Gefühl, aus einem Gefängnis ausgebrochen zu sein, mischte sich auf einmal die Angst vor einer Leere, die um so bedrohlicher schien, als Aristo fast vollauf mit seiner Scheidung beschäftigt war.

Er rief an und erklärte, mitunter jedenfalls. Dann wieder geschah es, daß er tagelang nicht anrief. Aber er schickte Blumen. Nun versuchte sie, ihn anzurufen. Er war nicht erreichbar. Manchmal tauchte er urplötzlich bei ihr auf; oder aber er rief sie zu sich. Das Grundmuster für die nächsten acht Jahre war geprägt.

Innerhalb eines Vierteljahres hatte Maria ihren italienischen Mann und Manager verlassen und war im Begriff, ihre italienische Identität aufzugeben. Sie befand sich auf der Suche nach sich selbst, eine Suche, die sich in ihrem griechischen Geliebten verkörperte: Sie suchte nach ihren griechischen Ursprüngen, gleichzeitig aber auch nach einem ebenso eleganten wie wurzellosen Kosmopolitentum. Eine wirkliche Wandlung hatte eingesetzt.

Seit Jahren lebte sie von schierer Willenskraft. Von ihrer Energie, ihrem Mut, ihrer Kühnheit, ihrer Aggressivität – wie immer man es nennen wollte. Nun allerdings, da ein anderer Mensch den Mittelpunkt ihres Lebens bildete, brauchte sie andere Charaktereigenschaften als zuvor: Geduld, Verständnis, Einfühlungsvermögen – Qualitäten, die sich allerdings auch nur allzuleicht ins Gegenteil verkehrten: in Passivität, Resignation, selbst Unterwürfigkeit.

Spätsommerliebe

Man hätte meinen können, sie habe es sich selbst nachdrücklich eingeschärft: »Zuerst mußt du die große Maria Callas werden. Dann kannst du eine Frau werden.« An diese zweite Aufgabe machte sie sich mit der gleichen Entschlossenheit und Ausschließlichkeit wie an die erste.

Anfang 1960 schwirrten allerlei Gerüchte umher, bestätigten sich bald: Die Callas sei für die kommenden Monate nicht im mindesten an irgendwelchen Engagements interessiert. Die allgemeine Reaktion war: Maria habe sich derart bedingungslos in Onassis' Arme geworfen, daß ihr darüber der feste Boden unter den Füßen entglitten sei.

Die Wirklichkeit erwies sich als weitaus komplexer. In einem Interview mit David Holmes hatte sie sich schon 1958 bitter über die Bürde beklagt, die ihre Karriere für sie bedeute; innerhalb eines Jahres werde sie sich ins Privatleben zurückziehen.

In einem späteren Interview sprach sie von der wachsenden Furcht, die Bühne zu betreten: »Je größer mein Ruhm, desto schlimmer die Angst, die mich beschleicht.«

In der Tat: Unter jener Außenschicht aus geballter Energie und Arbeitswut, unter ihrer starken Persönlichkeit verbarg sich ein zitterndes und zuckendes Bündel allzuleicht verletzter Gefühle. Ihre Stärke hatte ihre Wurzeln in ihrer Schwäche, so war es schon immer gewesen. Doch inzwischen konnte sie all dies nicht mehr ertragen: die harte Arbeit, die ewige Anspannung, die Ängste, die Kritiken, die gnadenlose Selbstverdammung. Irgend etwas in ihr wußte sehr genau, daß das Singen unmöglich der einzige Sinn und Zweck ihres Lebens sein konnte.

Durch Onassis wurde sie sich ihrer eigenen Sinnlichkeit bewußt; zum erstenmal spürte sie, daß sie einen Mann brauchte, er war ihr erster wirklicher Liebhaber. Mit sechsunddreißig Jahren entdeckte Maria ihre Sexualität, und sie entdeckte sie durch Onassis. Das allein hätte genügen können für eine starke Bindung. »Es handelte sich definitiv um eine sexuelle Leidenschaft«, sagte Zeffirelli, der mit ihnen auf Skorpios häufig zusammen war. »Bei ihm fand sie echte sexuelle Erfüllung.«

Doch da war mehr als nur dies. Maria trug eine Art Kampf aus; es ging ihr um eine tiefere Lebenserfahrung, um eine vertiefte Selbst-erfahrung. Onassis hatte für sie das Tor zu einem Wunderland neuer Abenteuer aufgestoßen. Da waren neue Empfindungen, neue Einsichten – und die Verheißung eines absoluten Neuan-fangs, wonach sie sich ohnehin gesehnt hatte.

Ja, gesehnt hatte sie sich danach. Allerdings war ihr nicht bewußt gewesen, welch gewaltigen emotionalen Aufruhr das bewirken würde. Das einzige, worauf sie sich wirklich verstand, war ihre Arbeit, doch eben diese Arbeit gab es für sie nun nicht mehr. Zwar war es ihr eigener freier Wille gewesen, Tatsache jedoch blieb, daß ihr nunmehr das einzige fehlte, das ihrem Leben bisher Sinn und Richtung gegeben hatte.

Anfangs war Onassis der Mittelpunkt ihres neuen Traums gewe-sen, und dieser Traum hatte den alten Traum ersetzt: jenen Traum von Ruhm, der schier zum Alptraum geworden war. Doch nach stürmischem Beginn verlor die Liebesaffäre dann immer mehr an Schwung. Nachdem Tina die Scheidung eingereicht hatte, zog Onassis sich plötzlich zurück – was er öfter tat, wenn es um unaus-weichliche Entscheidungen ging. Sporadisch tauchte er immer wie-der auf. Für Maria war er jedenfalls nicht das, was sie jetzt drin-gender brauchte denn je – eine Stütze.

1960 gab es die erste größere Krise mit ihrer Stimme. Maria hatte früher schon wiederholt erklärt, daß ihre jeweilige Gemütsverfas-sung nicht ohne Auswirkung auf ihre Stimme blieb. Zweifellos gilt das für jede Sängerin, jeden Sänger. Bei ihr war dies jedoch in ganz besonderem Maße der Fall. Als sie quasi zu ihrer eigenen Legende wurde, wuchsen auch ihre Ängste. »Nur ein glücklicher Vogel kann singen«, sagte sie einmal. Und bei anderer Gelegenheit: »Nicht meine Stimme ist krank, sondern meine Nerven.« Anfang 1960 war sie zweifellos nervlich besonders stark mitgenommen. Überdies gab auch ihr niedriger Blutdruck Anlaß zur Besorgnis. Und sie litt unter Stirnhöhlenbeschwerden, die das Singen für sie zur Qual machten.

Zwar wollte sie gar nicht singen, aber sie wollte doch wissen, daß sie noch singen konnte. Im Musikzimmer setzte sie sich an den Flügel und versuchte, etwas zu singen, irgend etwas. Doch dann kamen die Schmerzen. Sie begannen in der Kehle, stiegen empor bis in die Stirn. Und Maria mußte aufhören.

In manchen Zeitungen hieß es bereits, sie sei erledigt. Zu allem kam dann auch noch ein Buch von Evangelia heraus: *Meine Tochter Maria Callas*. Unvermeidlich gab es daraufhin eine wahre Flut von Artikeln, in denen man Maria der Lieblosigkeit und Undankbarkeit bezichtigte, teils zwischen den Zeilen, teils aber auch sehr direkt.

Evangelia ließ es sich nicht nehmen, Journalisten bei sich zu empfangen. Das bernsteinfarbene Haar zum Knoten geschlungen und, wie stets, mit spröder Eleganz gekleidet, bat sie die Herren herein – in ihr Hotelzimmer für sieben Dollar pro Woche nahe dem puertorikanischen Viertel von New York.

Mit ihren zweiundsechzig Jahren war sie noch immer eine recht attraktive Frau. In ihrem Buch, so erklärte sie, habe sie versucht, Marias Leben darzustellen. Tatsache war jedenfalls, daß sie zwischen den Buchdeckeln jene Rolle weiterspielte, die sie auch im Leben so intensiv verkörperte: die der gekränkten und verstoßenen Mutter. Im übrigen hatte sie sogar versucht, für Marias Temperamentsausbrüche eine Erklärung zu finden. Grund für solche »Koller« war nach ihrer Theorie jener Verkehrsunfall, den Maria mit fünf Jahren erlitten hatte.

Ihren Lebensunterhalt bestritt Evangelia derzeit von dem Vorschuß auf ihr Buch. Sie erhoffte sich davon einen Riesenerfolg. Aber da Maria sich nicht provozieren ließ und praktisch überhaupt nicht darauf reagierte, ebbte das Interesse daran sehr bald wieder ab. »Wo soll ich einen passenden Ehemann finden?« hatte Evangelia in einem Interview gesagt: »Einen Mann ohne Geld möchte ich nicht heiraten. Arm bin ich selber, weshalb sollte ich mich doppelt arm machen?« Noch immer war sie von dem Geist besessen, in dem sie auch ihre Töchter aufgezogen hatte: Geld und Ruhm.

Maria sah sich stets als Opfer ihrer Mutter; doch so sehr sie auch danach strebte, sie konnte das unsichtbare innere Band, das sie mit Evangelia und ihrer Jugend verband, nicht kappen. Bis zuletzt bildete ihre Mutter eines der wichtigsten Elemente ihres Lebens.

Zahllose Menschen, die nur eine undeutliche Vorstellung davon hatten, daß es sich bei der Callas um eine Opernsängerin handelte, wußten drei Dinge über sie: daß sie ungeheuer viel Pfunde abgespeckt hatte; daß sie mit Onassis liiert war; und daß sie ihre Mutter nicht mochte.

Im letzteren Fall handelte es sich um ein Gefühl, das viele Tausende aus eigener Erfahrung nachempfinden konnten; dennoch gab es zweifellos auch unter diesen so manchen, der sich empört über Marias unnatürliches Verhalten entrüstete.

Ihr Patenonkel beschwor sie brieflich, sich doch unbedingt mit ihrer Mutter zu versöhnen; aber Maria dachte offenbar nicht daran. Ihr Wunsch nach einem »normalen« Dasein schloß Evangelia augenscheinlich nicht mit ein.

»Ich möchte nicht mehr singen«, sagte sie, »ich möchte nur noch leben; ganz wie eine normale Frau, mit Kindern, einem Heim, einem Hund.« Der Schlüssel zur Erfüllung dieser Hoffnung lag natürlich bei Aristo, und im weiteren Verlauf des Jahres verbrachte er mehr und mehr Zeit mit ihr. Irgendwelche Erklärungen gab er jetzt allerdings genausowenig ab wie vorher. Doch seine Nähe tat ihr gut – was sich auch entsprechend auf ihre Stimme auswirkte, obwohl sie diese keinem wirklichen Test unterzog.

Man konnte sich versucht fühlen, von neuen Flitterwochen zu sprechen; und da Tina fest bei ihrer Scheidungsabsicht blieb, mochte man dies fast offiziell nennen. Der Crew der *Christina* wurde bedeutet, Maria in jeglicher Hinsicht als *la patronne* zu behandeln – was mit Vergnügen befolgt wurde. Aristo widersprach nie einer Anordnung, die sie gab, von einer Ausnahme abgesehen. Maria hatte aus dem sogenannten Spielsalon Tinas Porträt entfernen lassen. Onassis ließ es wieder aufhängen. Die Besatzung mochte Maria, zumal diese inzwischen Aristos Gewohnheit angenommen hatte, vor den Mahlzeiten in der Küche jeweils die verschiedenen griechischen Speisen zu kosten, wobei sie es weder an ekstatischen Lauten noch an Lobesworten fehlen ließ.

Im übrigen war es nur gut, daß sie keinerlei Engagements hatte. Ihre gewiß nicht geringe Energie wurde vollauf von anderen Anforderungen beansprucht. Aristos Freunde begriffen sehr bald, daß die Frau an seiner Seite nunmehr Maria hieß; man nahm sie auf wie getreue Untertanen die neue Gemahlin des Herrschers akzeptieren. Für Maria bedeutete das eine Art Umwertung ihrer bisherigen Werte. Über lange Jahre hinweg hatten für sie fast ausschließlich künstlerische Standards gegolten. Nun auf einmal befand sie sich inmitten von Menschen, denen Reputation weit wichtiger war als künstlerisches Talent. Hier lautete die Parole einzig und allein: Erfolg. Logischerweise kam es darauf an, auch gesellschaftlich engste Verbindungen mit Erfolgreichen zu pflegen. In dieser Hinsicht gab es niemanden, der Onassis übertraf. Wer wohl hätte die

Gästeliste der *Christina* noch übertrumpfen wollen? Greta Garbo, Ava Gardner, Marlene Dietrich, Cary Grant, Winston Churchill, Ex-König Peter von Jugoslawien, Ex-König Faruk von Ägypten, die Begum Aga Khan, die Maharani von Baroda, dazu diverse Barone, Bankiers und *beautiful people* – sie alle waren einmal auf der *Christina* gereist. An der Bar auf dem Hauptdeck schlürften sie ihre Cocktails; an Vulgarität war diese Bar nicht so leicht zu übertreffen: Die Barhocker waren mit Haut bezogen, die vom Hodensack eines geschlechtsreifen Walbullen stammte, und aus Walzähnen bestanden sowohl die Fußstützen als auch das Bargeländer (das überdies noch mit Szenen aus der *Ilias* und der *Odyssee* geschmückt war).

Die »Piratenseite« im Wesen von Onassis faszinierte Maria, und von nun an lebte sie seine Schlachten mit: seine Kämpfe um weltweite Ölinteressen, mit Fürst Rainier und sogar mit der griechischen wie auch mit der amerikanischen Regierung. »Sie ist die einzige Frau«, vertraute Onassis einem Freund an, »mit der ich über Geschäftliches sprechen kann.« Tatsächlich begeisterte sie sich für seine Geschäftsprobleme und seine »barocke« Verhandlungstaktik. Auch auf diese Weise bekundete sie ihm ihre Liebe, denn im Grunde gab es für Onassis keine Trennung zwischen geschäftlichem und privatem Leben. Wo immer er sich befand, da war auch das Zentrum des Onassis-Imperiums. Aristos Koterie setzte sich zusammen aus seiner Lieblingsmischung: Geschäft, *beau monde* und *Show-business*. Überall auf der Welt hatte er Büros, doch sein Privatbüro trug er in der Innentasche seines Jakketts mit sich – ein altes Notizbuch, von Gummibändern zusammengehalten. Niemand verstand es wie er, freundschaftliche und gesellschaftliche Verbindungen zu nutzen, um mit ihrer Hilfe geschäftliche Türen aufzustoßen. Helen Vlachos nannte ihn »das Super-Public-Relation-Genie der Welt, und er konzentriert sich auf einen einzigen Klienten – sich selbst.« An seinem Leben teilnehmen, das hieß in etwa, sich den Fittichen eines Wirbelwinds anvertrauen.

Inzwischen wuchsen in Maria neue Ängste. Sie hatte sich bereit erklärt, im August in Epidaurus in zwei *Norma*-Aufführungen zu singen, und eigentlich hatte sie nur Onassis zuliebe eingewilligt; was immer ihn glücklich machte, war auch wichtig für ihr eigenes Glück.

Sobald »Geldmachen« für Onassis keine wirkliche Herausforderung bedeutete, richtete er seinen Blick auf Griechenland. Odysseus war sein Lieblingsheld. Mit ihm vermochte er sich zu identifizieren. Die Irrfahrten und die Schicksalsschläge seines Heroen machte er sich zu eigen; zweifellos ersehnte er sich so etwas wie eine gleichermaßen triumphale Heimkehr.

Der erste Schritt dazu war die Gründung von Olympic Airways. Doch war es ihm darum zu tun, weitere Bindeglieder zu schmieden. Er wollte greifbare Indizien dafür, daß er zu Griechenland gehörte wie umgekehrt auch Griechenland zu ihm. Wenn also seine Geliebte in dem altehrwürdigen Amphitheater von Epidaurus auftrat – und er dabei zugegen war, um die Ehren zu teilen –, so würde dies ein weiteres Bindeglied zu Griechenland sein. Und Maria erging es kaum anders. Auch sie begann, die emotionale Bindung an ihr Heimatland zu spüren. Hierin fühlte sie sich mit Ari eins, und was immer sie mit ihm verband, war für sie von Bedeutung.

Den Monat vor der Abreise nach Griechenland verbrachten sie in Monte Carlo. Es war ein wundersam glücklicher Sommer. Ari schob alles beiseite, um mit ihr zusammenzusein, und das waren sie fast ständig. In seinem Tagesablauf hatte er nie ein festes Schema befolgt, und Maria schien keine Mühe zu haben, sich ihm auch hierin anzupassen, selbst wenn er oftmals die Nacht zum Tag machte. Sie arbeitete dann an ihrer Norma, sofern sie sich nicht den Männern zugesellte.

So manche späte Stunde wurde im Maona verbracht, Monte Carlos jüngstem Nachtclub. Bald erzählte man sich, der Club sei nach den beiden benannt worden: MAria, ONAssis. Nun, Tatsache war, daß es sich um einen polynesischen Namen handelte (zu allem Überfluß auch noch von Tina Onassis, der Patin des Clubs, ausgesucht).

Im Maona wurden Ari und Maria dann fotografiert, beide in hawaianischem Schmuck. »Wange an Wange«, lästerte der *Daily Express*, »können sie kaum tanzen, da Miß Callas ein Stück größer ist als Mr. Onassis. Doch während sie tanzten, beugte sie ihren Kopf zu ihm, um an seinem Ohr zu knabbern, und er lächelte verzückt.«

Allem Anschein nach stand ihre Verheiratung fast unmittelbar bevor. »Ich bin ziemlich sicher, daß sie noch vor Ablauf dieses Jahres ein Ehepaar sein werden«, ließ sich angeblich ein enger Geschäftsfreund vernehmen. Offenbar war auch Maria selbst dieser Meinung; im August äußerte sie sich entsprechend in der Öffentlichkeit.

Prompt kam am nächsten Tag von Onassis ein Dementi – was für Maria natürlich eine Demütigung vor aller Öffentlichkeit bedeutete. Aber sie verstand es zu warten. Jahre später, nachdem Jackie Kennedy die zweite Mrs. Onassis geworden war, räumte Maria verbittert ein, daß Geduld sich nicht immer auszahlt. »Ich hätte 1960 darauf bestehen müssen, daß er mich heiratet. Damals hätte er's getan.«

Vielleicht, vielleicht auch nicht. Seinerzeit tauchte das Thema Heirat sporadisch auf, verschwand wieder. Für den Augenblick schien Maria zufrieden. »Was Onassis mir gab«, sagte sie später, »war das Gefühl, in jeder Hinsicht geschätzt zu werden.« Hier sprach aus ihr das kleine Mädchen, das stets gefürchtet hatte, nur ihres Singtalents wegen anerkannt zu werden. Und endlich, endlich schien dies überhaupt nicht mehr der Fall zu sein. Dem superreichen Reeder Onassis bedeutete ihr Gesang als solcher niemals etwas. Als Vehikel für seinen Erfolg war ihr Talent allerdings durchaus schätzbar. Zumal bei dem bevorstehenden feierlichen Ritual – an seiner Seite würde Maria nach Griechenland zurückkehren, um dann in Epidaurus als Norma aufzutreten.

Der erste Abend. Zwanzigtausend Menschen waren gekommen, Männer, Frauen, Kinder. Doch ehe die Vorstellung beginnen konnte, schlug prasselnder Regen das Publikum in die Flucht. Sie retteten sich in Autos, in Busse, in Boote. Am 24. August waren sie wieder da, und als Maria erschien, erhoben sich alle. Es war wie ein Fieber, genährt aus Patriotismus und Kunstverehrung: Epidaurus und Maria erlebten eine Ovation wie kaum jemals zuvor.

Falls zutrifft, was viele behaupteten, daß nämlich die Norma ihre größte Rolle sei, so muß man diesen Abend wohl als den absoluten Höhepunkt ihrer Karriere betrachten. Hier, an der Ursprungsstätte des griechischen Dramas, gelangte Maria über die Grenzen des gesprochenen oder gesungenen Dramas hinaus, und sie berührte die Herzen von Tausenden, die nicht durch Theorien, sondern nur durch Elementarerlebnisse zu fesseln waren.

Vom ersten Ton an fühlte sich das Publikum gebannt. Da war diese Ausstrahlung, der sich niemand entziehen konnte. Da war die Kraft – aber auch eine bislang unbekannte Zärtlichkeit. Ein echtes Muttergefühl, das sich im Verhalten zu ihren Kindern zeigte. »Maria identifizierte sich weitgehend mit Norma«, sagte Zeffirelli. »In gewisser Weise war es ihre eigene Geschichte. Schließlich war auch Maria eine Hohepriesterin – eine Hohepriesterin ihrer Kunst. Gleichzeitig ist sie jedoch die fehlbarste aller Frauen. Ungeheuer menschlich. Als Norma schuf Maria ein Maximum dessen, was Oper sein kann. In der Spanne eines Lebens kann man auf der Bühne viele große Dinge sehen, doch wenn man eine Maria Callas in *Norma* gesehen hat, was ließe sich dann noch damit vergleichen?«

»Nichts!« hätte die Menge in Epidaurus am Ende der Vorstellung gewiß wie aus einem Munde geantwortet. Maria schien völlig in die Norma geschlüpft zu sein, in aller Schonungslosigkeit hatte sie ihren inneren Aufruhr bloßgelegt. Und sie hatte ihr Publikum weit hinausgeführt aus dem Bereich von Alltagsleben oder auch Alltagskunst.

Unter dem griechischen Sternenhimmel wurde ihr Haupt mit einem Lorbeerkranz geschmückt, und als der nicht enden wollende Applaus schließlich doch verstummte, war die tiefe, wie vibrierende Stille erfüllt von einer eigentümlichen Ergriffenheit.

In der ersten Reihe saßen, Seite an Seite, zwei Männer, die überdies einen unbändigen Stolz empfanden: George Callas und Aristoteles Onassis. In Epidaurus waren sie einander zum erstenmal begegnet, der griechische Multimillionär und der griechische Apotheker, und sie hatten sich stundenlang unterhalten. »Er ist *dombros*, dein Vater«, sagte Ari zu Maria – und *dombros*, was soviel wie echt, aufrichtig, unverfälscht hieß, bedeutete aus seinem Munde hohes Lob.

Es war einer der für Onassis so typischen Widersprüche. Einerseits fühlte er sich von Berühmtheiten, von Prominenten unwiderstehlich angezogen. Andererseits erlebte er oft die glücklichsten Augenblicke, wenn er mit einfachen Griechen – Inselbewohnern, Bauern – Ouzo trank und endlos schwatzte. Erstaunlich oder vielleicht auch gar nicht so erstaunlich: Nie verlor er das Ohr für ihre Ausdrucksweise. Wenn er in Griechenland war, geschäftlich oder privat, begann er ganz automatisch, die Sprache des Marktplatzes zu sprechen – dies, so mochte man sagen, war seine eigentliche Sprache.

Was Maria betraf, so liebte sie es, mit ihm griechisch zu sprechen, mit ihm die Volkslieder der Taverne zu singen, mit ihm vom selben Teller zu essen, gar nicht so selten, seinem Beispiel folgend, mit den Fingern, *à la grecque*.

In ihrer Euphorie ließ sie alle Vorsicht außer acht. Obwohl sie schon vier Tage nach der ersten Aufführung zum zweitenmal in *Norma* singen sollte, blieben beide Abend für Abend lange auf, tagsüber machten sie gemeinsame Landausflüge und verbrachten Stunden in der sengenden Augustsonne. Die Folge blieb nicht aus. Am Tag der Vorstellung hatte Maria hohes Fieber, und sie fühlte sich so schwach, daß die Ärzte ihr verboten, das Bett zu verlassen. Aber nun bewies sich die berühmte Callas-Willenskraft. Sie würde ihren Vertrag auf Gedeih und Verderb erfüllen. Fieber hin, Fieber her, niemand sollte enttäuscht werden, nicht Aristo, nicht Griechenland, nicht das Publikum, das sie ja erst vor vier Tagen mit Lorbeeren bekränzt hatte.

Sie sang, und wieder war es ein Triumph. In ihrer euphorischen Stimmung (und von Onassis dazu ermutigt) stiftete sie ihre Gage von 10 000 Dollar für die Schaffung eines Stipendienfonds für junge Musiker.

Mit frischem Selbstvertrauen reiste sie nach Mailand, wo sie in der Scala die *Norma* aufnahm, wieder einmal mit Serafin am Pult. Es war ganz wie in alten Zeiten. Allerdings, sie selbst fühlte sich völlig verwandelt, empfand sich als anderen Menschen, als eine neue Frau. Und sie freute sich auf eine weitere Zusammenarbeit mit Visconti: Für ihr Comeback an der Scala hatte sie Donizettis *Poliuto* ausgewählt. Nur waren die Tage, in denen sie wie ein Olympia-Athlet für einen bevorstehenden Wettkampf trainieren konnte, vorüber. Hätte sie ein Instrument gepielt – Klavier, Violine, was immer –, so wäre es ihr vielleicht möglich gewesen, ihre musikalische Karriere mit Aris Lebensstil zu vereinbaren. Doch unmöglich konnte eine Frau die Königin der Opernwelt und gleichzeitig die *Ex-officio*-Königin der *beau monde* sein.

Lebenserfahrung hatte ihre Gefühle tiefer und reicher werden lassen. Doch gerade wenn sie dies im dramatischen Gesang zum Ausdruck bringen wollte, so erforderte das eine Souveränität in der stimmlichen Beherrschung, die sich bestenfalls bei einem Leben fast völliger Askese erreichen ließ. Auf eine etwas zynische Formel gebracht: Im Grunde hätte sie die Kondition eines Marathonläufers *und* die Lebenserfahrungen einer Madame Pompadour gebraucht. Nun, was das Asketentum und das physische Widerstandsvermögen betraf, so hatte sie diese zwanzig Jahre lang bewiesen. Nur mit ihrem neuen Leben wollten sie sich nicht vereinbaren lassen.

Am Tag vor Probenbeginn war sie schlecht bei Stimme, und sie fühlte sich müde und nervös. Dann schlug der Blitz ein. Visconti stellte seine Regiearbeit für *Poliuto* ein, und zwar aus Protest gegen Maßnahmen der italienischen Behörden: Sein Film *Rocco und seine Brüder* war zensiert und seine Bühnenkomödie *Araldia* (wegen angeblicher Obszönität) verboten worden. »An künstlerische Arbeit ist für mich in Italien nicht mehr zu denken«, erklärte er. Gleichzeitig schickte er Maria ein Telegramm, in dem er darlegte, wie sehr er es bedauerte, *Poliuto* aufzugeben, »zumal ich so darauf verzichten muß, mit Dir zusammenzuarbeiten, was mir eine große Befriedigung bereitet hätte. Ich bitte Dich um Verzeihung, bin allerdings davon überzeugt, daß Du meine Gemütsverfassung verstehen und meine Entscheidung billigen wirst. Ich umarme Dich, wie stets, mit all meiner Bewunderung und tiefer Zuneigung.«

In ihrer Antwort bewies Maria in der Tat volle Anteilnahme und Zuneigung. Sie habe »die Stunden gezählt« bis zum Beginn der Probenarbeit für *Poliuto;* doch was sie jetzt viel stärker beunruhige, sei die Tatsache, daß er »gequält« werde.

Herbert Graf sprang ein, um *Poliuto* zu retten, Marias Comeback an der Scala zu dirigieren – nach zweieinhalbjähriger Abwesenheit. Der Premierenabend stellte gewiß nicht das einzige Glanzlicht der italienischen Musiksaison dar, doch war er so etwas wie ein Aristoteles-Onassis-Spektakulum. Zu seinen Gästen gehörten Fürst Rainier sowie Fürstin Gracia Patricia, auch die Begum, überdies allerlei Angehörige seiner internationalen Koterie und – *last but not least* – Elsa Maxwell, die eigens von den Vereinigten Staaten eingeflogen worden war. Sie hatte genügend Zeit gehabt, um ihre verletzten Gefühle zu hegen und schien endlich mit der Tatsache versöhnt, daß ihre geliebte Maria nun zu Onassis gehörte.

Es war fast wie in alten Zeiten. Ihre nächste Kolumne widmete sie Marias Premiere, die sie als eine Art Märchen aus *Tausendundeiner Nacht* schilderte. Sechzehntausend Nelken, von Balmain gespendet, schmückten den Zuhörerraum, und mancher der Anwesenden hatte die Summe von 800 Pfund für eine einzige Eintrittskarte bezahlt. Onassis traf in dem Augenblick ein, da die Ouvertüre begann. Leise schlüpfte er in seine Loge.

»Maria«, sagte Nicola Benois, der für die Ausstattung verantwortlich war, »brauchte unbedingt eine starke Hand, die sie leitete, die ihr Mut einflößte – die Hand von Luchino.« An diesem Abend war Mut weitaus wichtiger als irgend etwas sonst. Da war Ari, da waren seine eleganten Freunde, und da war das übliche Scala-Publikum, bereit, beim geringsten stimmlichen »Ausrutscher« über sie herzufallen. Der Gedanke daran entsetzte sie. Und es handelte sich dabei keineswegs nur um Lampenfieber. Es war eine tiefe, innerliche Anspannung, die sich auszubreiten drohte wie eine Lähmung. Irgend etwas Entsetzliches, etwas Kaltes und Demütigendes würde ihr widerfahren. All jene Schreckensbilder einer Ablehnung durchs Publikum, die sie aus ihrer Karriere kannte, ballten sich zu einer Art Höllenvision zusammen: Pfiffe, Buhrufe, Rettichwerfen, Hinausstürmen. Und durch diese in ihrem Hirn haftende Vorstellung hallte schier unaufhörlich brüllendes Gelächter.

Entsprechend war dann ihre Darbietung. Sie schien geradezu darauf berechnet, Risiken zu vermeiden – bloß nicht das gefürchtete Höllengelächter. Die Frau, deren Entschlossenheit und Kühnheit beim Erreichen von Unmöglichem inzwischen Legende war, sie wagte nichts; sie schien sich in ihre Rolle erst hineintasten zu wollen.

Bereits in der Wahl der Oper hatte sich ihre innere Einstellung gezeigt. Stimmliche Probleme gab es da kaum, und es wurden auch keine großen, womöglich riskanten, dramatischen Ausbrüche verlangt. Andererseits hatte Maria allerdings auch keine Gelegenheit, ihre noch immer großartigen und weitgespannten dramatischen Fähigkeiten unter Beweis zu stellen.

Noch verräterischer: Die Rolle der Heldin, Paolina, ist weniger bedeutend als die des Helden. Maria sehnte sich offenbar danach, von nervöser Anspannung nach Möglichkeit frei zu bleiben, gerade bei ihrem Comebackversuch an der Scala.

Nun, die Premierenkritiken lasen sich wie Nachrufe, und bis zur fünften Vorstellung war Maria physisch wie emotional ein Wrack. Die Ironie der Umstände wollte es, daß gerade die Tatsache, daß sie sich auf der Opernbühne so rar gemacht hatte, jeden ihrer Auftritte zu wahren Überdimensionen aufblies, was wiederum dazu beitrug, ihre Anspannung und ihre Ängste noch mehr zu steigern. Als sie schließlich, 1964 in Paris, die Norma sang, mußte sie erst mit Hilfe von Tabletten und Spritzen beruhigt werden, bevor sie die Bühne betreten konnte. Es kann daher kaum überraschen, daß ihre Auftritte noch seltener wurden. Von nun an sang sie auf der Bühne nur noch drei Opern – *Norma, Medea* und *Tosca.* Zwar befaßte sie sich noch mit mancherlei Plänen, doch verwirklicht wurde davon kaum etwas.

Anfang 1961 verhandelten sie und Sander Gorlinsky (seit ihrer Scheidung ihr alleiniger Agent) mit der Scala über die Titelrolle in Bellinis *Beatrice di Tenda* für den Frühling und mit der Dallas Civic Opera über eine Produktion von *Orfeo* für den Herbst. Auch Onassis war voller Pläne für sie. Da gab es zum Beispiel die Möglichkeit der »Monte Carlo Opera Company«. Allerdings waren da, seinem Geschmack entsprechend, gewisse Projekte, die ihn weitaus mehr interessierten. Seit Carl Foreman, einer seiner Gäste auf der *Christina*, Maria eine Rolle an der Seite von Gregory Peck in *Die Kanonen von Navarone* angeboten hatte, versuchte Onassis, sie zum Filmen zu bewegen.

Dabei spielte er mit einer Lieblingsidee, der Verfilmung von Hans Habes erfolgreichem Roman *Die Primadonna*, selbstverständlich mit Maria in der Hauptrolle. Gar kein Zweifel: Maria als Filmstar wäre ihm angenehmer gewesen, als sie es für ihn als Opernstar war. Im Gegensatz zu den meisten Menschen, die um sie herum waren, fühlte er sich von der großen Callas keineswegs überwältigt. Folglich konnte er auch entsprechend frei auf die Frau reagieren. Das hatte, wenn man so wollte, die Liebelei leichter gemacht; doch das mangelnde Verständnis für ihre Kunst machte die Liebe für Maria nun um so schwerer.

Ein italienischer Freund sagte einmal, Maria habe Brot für ihre Zähne gefunden. Ein Gleiches galt für Onassis. Diese Frau war berühmter als er, und ihr Ruhm gründete auf festerem Fundament.

Ohne Verständnis für ihre Kunst und eben deshalb verwirrt und konfus, begann er, eben diese Kunst herabzusetzen und sogar öffentlich lächerlich zu machen. Irgendwelches Vergnügen hatte ihm Oper nie bereitet, abgesehen von Epidaurus und manchen Gala-abenden; irgendwelche emotionalen Bedürfnisse wurden dadurch in ihm nicht befriedigt. Sein Ventil dafür war Buzuki-Musik, das Zerschmeißen von Geschirr und ähnliches mehr.

Wenn die Gäste auf der *Christina*, Maria zuliebe, das Gespräch auf die Oper brachten, steuerte Onassis schleunigst wieder vertrautere Gewässer an – und keineswegs immer mit seinem berühmten Charme. Einmal kam, in Zusammenhang mit Marias Tosca, die Rede auf Puccini, und irgend jemand erwähnte, daß dieser sich selbst bezeichnet habe als »gewaltiger Jäger von wilden Vögeln, schönen Frauen und guten Libretti«. »Das ist das Beste, was ich bisher über ihn gehört habe«, sagte Onassis, während er Maria sehr direkt ansah, »allerdings – das mit den Libretti hätte er sich sparen können.« Solch spießerhaften Ausfällen zum Trotz besaß er für Musik ein echtes Gefühl. Während des Krieges hatte er sich von Ingse Dedichen, der norwegischen Reedereierbin, mit der er damals zusammenlebte, »etwas Bach auf dem Klavier« beibringen lassen. Noten lesen konnte er nicht, doch er übte ein und dasselbe Stück ein halbes Jahr lang, und bei einer Hollywood-Party verblüffte er dann, etliche Jahre später, Artur Rubinstein und die übrigen Anwesenden, als er dieses Stück nicht nur mühelos, sondern auch mit viel Gefühl spielte.

Maria ihrerseits interessierte sich für alles, was zu seinem Leben gehörte. Eine Freundin, mit der sie sich in London beim Lunch traf, konnte die Verwandlung kaum fassen: »Sie spricht nur noch von Politik, von Tourismus und von der Zukunft der Flugreisen.«

Festzustellen bleibt, daß Marias Leben in vielfacher Hinsicht bereichert wurde, eben weil sie seine Interessen teilte und seine Freunde akzeptierte. Panaghis Vergottis und Maggie van Zuylen sollten ihr besonders nahestehen.

Früher hatte sie Freundschaften nicht sonderlich geschätzt, und es wäre übertrieben gewesen, diese als Quellen der Kraft für sie zu bezeichnen. Doch die Liebe zu Onassis hatte sie auch in dieser Hinsicht viel offener gemacht. Waren ihr enge Freundschaftsbeziehungen bislang eher unangenehm gewesen, so lernte sie es nun, sie zu genießen. Vergottis war bereits siebzig, als Maria ihn kennenlernte. Die Vergottis waren eine altetablierte Reederfamilie, Panaghis und Ari kannten einander schon seit den dreißiger Jahren. Damals war der junge Onassis auf dem Weg nach oben gewesen. »Einer meiner liebsten Freunde, vielleicht sogar der beste«, sagte Aristo zu Maria.

Nun, für Maria wurde Vergottis bald zum wichtigen Bindeglied – zu einer Art kulturellen Brücke, wenn man so wollte – zwischen ihrer neuen Welt und der alten. In dieser neuen Welt wimmelte es von Menschen, die mit schriller Intensität verkündeten, daß sie Musik liebten. Zu ihnen bildete Vergottis einen überaus willkommenen Kontrast. Er war ein leidenschaftlicher und bewanderter Opernliebhaber. Überdies konnte er als einer der Aristokraten unter den Reedern gelten. Er war ein hochgewachsener, attraktiver Mann, meist in dunklem Anzug und weißem Hemd. Die Welt der Kunst interessierte ihn nicht weniger als die Welt der Schiffe, und was sein Geschäftsleben betraf, so beschränkte er es strikt auf die

Nachmittagsstunden – nach einer guten Mahlzeit, oft im Claridges oder im Ritz, und nachdem er seine zweite oder dritte Zigarre des Tages entzündet hatte. Er war Junggeselle geblieben, und durch sein Leben zog sich eine wahre Prozession abwechslungsreicher Geliebter. Sein »Heim« bildete das Londoner Ritz, aber obwohl er schon viele Jahre dort wohnte, wirkte seine Suite noch immer so unpersönlich wie am Tage seines Einzugs. Da gab es keine Fotografie und auch keinen Kunstgegenstand zu sehen, der ihm gehörte. Sein nahezu einziger privater Besitz schien in einem Teppich zu bestehen, den er sehr liebte; doch selbst dieser befand sich nicht etwa in seiner Suite, sondern im Lagerraum des Ritz.

Maria neckte ihn gern wegen seiner so fest eingefahrenen Lebensgewohnheiten. Zum Beispiel kaufte er allmorgendlich in einem Geschäft gegenüber dem Ritz Zigarren, jeweils genau sechs. Und alle zehn Jahre bestellte er sich seine dunklen Anzüge und weißen Hemden, stets im gleichen Stil. Auf dem Höhepunkt ihrer Freundschaft verkörperte Maria für ihn vielerlei: Sie war seine Tochter, seine Vertraute und spiegelte zugleich seine lebenslange Liebe zu den Künsten wider. Überdies stammte sie aus Griechenland, genau wie er, und mochte Vergottis sich im Ritz auch heimischer fühlen als auf Kephalonia, der Insel seiner Vorfahren im Ionischen Meer, so war er auf seine Nationalität doch ungeheuer stolz.

Maria fühlte sich von ihm nicht nur bewundert, sondern geliebt; so schüttete sie ihm ihr Herz aus, zumal über Aristo. Sehr bald schon avancierte Vergottis zum offiziellen Unterhändler, wenn die Feindseligkeiten zwischen den beiden Supermächten einen gewissen Grenzpunkt erreichten. Als zweiter »Zwischenagent«, wenn die Spannungen allzusehr stiegen, betätigte sich Maggie van Zuylen. In ihrem Pariser Apartment in der Avenue Foch sahen Maria und Ari einander zum erstenmal wieder – nach seiner Heirat mit Jackie. Im übrigen war es Maggie van Zuylen, die Maria oft dazu überredete, sich mit Ari zu treffen, obschon diese geschworen hatte, an dergleichen nie wieder auch nur zu denken.

Die enge Freundschaft mit Maggie wirft einiges Licht auf das, was Maria in dieser Lebensphase suchte. Ihrem Herkommen nach bildete Maggie den denkbar stärksten Gegensatz zu Maria. In Alexandrien als Kind syrischer Eltern geboren, lernte sie später den Baron van Zuylen kennen, und er fühlte sich so von ihr hingerissen, daß er sie heiratete, der heftigen Mißbilligung seines Vaters zum Trotz. Prompt geschah es, daß der alte Baron, der für seinen

Sohn mindestens eine Großherzogin vorgesehen hatte, diesen enterbte. Seinen Unterhalt bestritt das junge Ehepaar während der nächsten drei Jahre hauptsächlich aus folgenden Quellen: Da war der »Pump« auf den Namen des jungen Barons, da war die Börse, und da war Maggies Pokertalent. Schließlich fügte es sich jedoch, daß der alte Baron seine Schwiegertochter kennenlernte, und nunmehr war auch er hingerissen.

Maggie van Zuylen besaß instinktiv genau das, woran es Maria stets gefehlt hatte. Sie verfügte über jene kaum zu definierende Eigenschaft, die aus einer Frau eine Kurtisane macht: eine sozusagen urirdische Sexualität, das Kennzeichen der Verführerin, die genau weiß, wie sie dem Mann überirdische Wonnen verschafft. Etwa zehn Jahre lang bildete Maggie die Hauptquelle, wann immer Maria weltlichen Rat brauchte. Allerdings: Zweifel konnten kaum ausbleiben. Denn wenn all diese »Techniken, um Männer zu gewinnen und sich zu erhalten« wirklich so erfolgreich waren, wie kam es dann, daß Maggies Mann sich dreizehn Jahre lang eine Geliebte hielt?

»Bloß keine Eifersuchtsszenen«, schärfte Maggie Maria immer wieder ein – und dies zumeist dann, wenn es die triftigsten Gründe dafür gab. »Das beste Gegenmittel ist ein eigener Seitensprung – zumal wenn's deshalb allerlei Publicity gibt. An einer Frau, deren er völlig sicher sein kann, ist ein Mann schließlich sexuell kaum noch interessiert.«

Einmal befolgte Marie Maggies Rat, als sie dabei fotografiert wurde, wie sie Pasolini auf die Lippen küßte – das war unmittelbar bevor Onassis mit Jackie und den Radziwills zur Kreuzfahrt in die Karibik aufbrach. Bedauerlicherweise waren Pasolinis Vorlieben allzu bekannt, als daß sich von Aris Seite viel mehr als ein müdes Lächeln erhoffen ließ.

Maggie van Zuylen war eine außergewöhnliche, fesselnde Persönlichkeit; sie hatte einmal als strahlende Schönheit gegolten, und obwohl um dreiundzwanzig Jahre älter als Maria, strahlte sie als Frau doch erheblich größere Sicherheit aus. Im Gegensatz zu ihrer jüngeren Freundin konnte sie in jeder Gesellschaft ungezwungen auftreten – ob sie nun mit André Malraux zusammentraf, der sie als »die brillanteste und ungebildetste Frau, der ich je begegnet bin« bezeichnete, oder mit Georges Pompidou, von dem sie einmal sagte, eines seiner Augen sei das eines Jesuiten, das andere das eines Diebes.

Diese selbstsichere Ausgeglichenheit faszinierte Maria, die sich alles – ihre Kunst, ihren Charme, selbst ihr privates Auftreten – durch harte Arbeit hatte erwerben müssen. Maggie wiederum, die noch nie selber etwas geschaffen hatte, fand Marias Hingabe und ihren Erfolg ungeheuer anziehend. Dabei ist es gewiß kein Zufall, daß Maggies andere enge Freundin Coco Chanel hieß, ebenfalls eine äußerst erfolgreiche Frau, die sich alles langwierig erarbeitet hatte.

Maggie war Marias erste wirklich intime Freundin, der Mensch, mit dem sie über alles sprechen konnte – über ihr Sexualleben mit Ari ebenso wie über das Arrangement für ein Diner. Allerdings war Maggie ganz unbedingt das, was man *mondaine* zu nennen pflegte. Folglich hatte sie für Marias tiefere Sehnsüchte und Wünsche auch kaum eine Ader. Die unüberbrückbaren Gegensätze zwischen den beiden Frauen wurden für den Augenblick dadurch überdeckt, was die beiden Frauen auf eigentümlich paradoxe Weise miteinander verband. Maggie fühlte sich als eine Art verhinderte Künstlerin – Mutter von zwei Kindern, Großmutter von sechs Enkeln. Bei Maria verhielt es sich quasi genau umgekehrt.

Im übrigen hatte es für Maria eine weitere Liebesaffäre gegeben: mit Frankreich und den Franzosen. Ihre große Sehnsucht sei es, in Paris zu leben, hatte sie verkündet, und in der Tat schien es immer mehr zu geben, das sie dorthin zog, in der Hauptsache natürlich Ari und Maggie. Einen Zufall konnte man es wirklich nicht nennen, daß sich das von ihr gemietete Apartment in der Avenue Foch 44 befand, während Maggie Nummer 84, Ari Nummer 88 bewohnte. Allerdings zog sie auch ihre Arbeit mehr und mehr nach Paris.

Das unstete Umherziehen von Oper zu Oper glich jetzt einem fernen Echo – einer Erinnerung ohne die Kraft, je wieder Wirklichkeit zu werden. »Sie haben ja kein einziges Mal geübt«, sagte Fürstin Gracia Patricia am Ende einer dreiwöchigen Kreuzfahrt überrascht zu ihr. »Für einen solchen Zeitraum hat Margot Fonteyn nie mit Übungen ausgesetzt.« »Ich brauche das nicht«, lautete Marias Antwort. »Ich kann auch einen ganzen Monat damit aussetzen.« Korrekterweise hätte sie eher sagen müssen: »Ich will das überhaupt nicht mehr. Ich habe genug von den Stimmübungen und dem Rollenstudium, aus dem mein ganzes früheres Leben bestanden hat.« Zeffirelli erinnert sich daran, wie er sie in Paris besuchte, um mit ihr über die Titelrolle in *Tosca* zu reden: »Das erste, was mir auffiel, waren ihre langen Fingernägel – sehr gepflegte Nägel an sehr schönen Händen; und mir wurde bewußt, daß diese Hände jemandem gehörten, der lange keine Klaviertasten berührt hatte – mindestens zwei Jahre nicht –, und das sagte ich ihr auch. ›Tut mir leid, Maria, aber allem Anschein nach bist du mit deiner Stimme nicht in Übung geblieben.‹ Sie fragte: ›Woher willst du das wissen?‹ Ich erwiderte: ›Betrachte nur deine Fingernägel.‹ Sie tat es und begriff, was ich meinte. Dann machte sie mit ihren Händen eine wunderschöne Gebärde, wie ein kleines Mädchen, und antwortete: ›Ja, es stimmt, ich war mit anderem beschäftigt … ich versuche, mein Leben als Frau zu erfüllen.‹ «

Mochte Aristo auch von Rastlosigkeit und Tätigkeitsdrang getrieben werden – während der Kreuzfahrten konnte Maria in eine Atmosphäre der Zeitlosigkeit eintauchen, die allen Ehrgeiz und alles Leistungsstreben als ebenso nebensächlich wie unwichtig erscheinen ließ.

Allerdings waren dies keineswegs günstige Vorzeichen für Marias Rückkehr nach Epidauros im August. Andererseits durfte sie sich mit Fug und Recht als routinierten Profi betrachten, und nach wenigen Stunden Aufenthalt im uralten Theater besaß sie wieder die alte Spannkraft und den früheren Perfektionismus. Ununterbrochen wurde während der verbleibenden vier Tage vor der *Medea*-Premiere am 6. August 1961 geprobt. Bis spät in die Nacht hinein arbeitete sie gemeinsam mit Minotis. Jede Bewegung und jede Gebärde sollte möglichst vollkommen sein: das Spiel ihrer anklagenden Hände, ihr ungestümes Auf- und Abschreiten vor dem Palast, die heftige Liebkosung ihrer Kinder, die sie töten will.

Am Abend vor der Premiere bat sie sogar darum, für sie ein Bett im Museum von Epidauros aufzustellen, damit sie dem Theater möglichst nahe war. Cherubini hatte seine Musik während der Französischen Revolution geschrieben, doch »Maria Callas«, so drückte es Peter Heyworth aus, »ist dem alten Griechenland viel näher als dem revolutionären Frankreich. Indes Cherubini seine Klischees abspult, erstürmt sie mit Euripides die Höhen.«

Ganz Griechenland schien darauf versessen, eben dies – die Erstürmung der Höhen – mitzuerleben. Die Generalprobe fand vor einem Publikum statt, das hauptsächlich aus in der Umgegend wohnenden griechischen Bauern bestand, und leidenschaftlich applaudierten sie der griechischen Medea, die überall auf der Welt gesungen hatte und nun zurückgekehrt war, um für sie zu singen.

Am nächsten Tag – dem Tag der Premiere – wurde bereits am

frühen Morgen die Straße von Athen nach Epidauros (mindestens 200 Kilometer lang) gesperrt. Nur jene Hunderte und Aberhunderte von Autos ließ man durch, die zum Premierenabend ins uralte Theater wollten. Darunter befanden sich auch die Autos des Ministerpräsidenten und der meisten Kabinettsmitglieder. Außer diesen gab es eine ganze Reihe weiterer erlauchter Gäste, unter anderem Elsa Maxwell, Ghiringhelli, auch David Webster und Wally Toscanini sowie Fürst Rainiers Onkel ...

Die Orchestermitglieder erschienen, doch auf sie achtete kaum jemand. Aller Augen waren bereit für den entscheidenden Auftritt, den von Aristoteles Onassis – für das Erscheinen jener längst vertrauten Gestalt, deren Name in der griechischen Sprache bereits als Synonym für legendären Reichtum stand.

Doch man wartete vergeblich. Onassis befand sich an Bord der *Christina*, auf dem Weg nach Alexandria. *Business*, erklärte er später gegenüber Freunden, die ihm Marias Triumph schilderten, leider, leider sei er verhindert gewesen.

Nun, *Business* mochte in der Tat ein Grund sein. Allerdings gab es eine ganze Reihe weiterer Gründe, die sich sämtlich auf ein und denselben Nenner bringen ließen. Er hatte von Marias Premieren ganz einfach genug. Es gefiel ihm nicht, sich im Abglanz ihres Ruhms zu baden. Es war ganz und gar nicht nach seinem Geschmack, Gratulationen entgegenzunehmen – stellvertretend für sie. Jackie Kennedy war gewiß weltberühmt, vielleicht noch berühmter als Maria, nur: Aus eigener Leistung hatte sie eben nichts vollbracht. Mochte er später auch mit ihr mancherlei Probleme haben, so fand sich seine männliche Eitelkeit mit ihrer Art Prominenz jedoch mühelos ab.

Bei Marias größtem Triumph in Epidauros war er also nicht zugegen. Siebzehn Vorhänge gab es, zwanzigtausend Zuschauer gerieten in Ekstase – und überdies jene weiteren Tausende, die irgendwo auf den umliegenden Hügeln Platz gefunden hatten, auf Steinen, auf Bäumen. Und wieder saß, ganz vorn in der ersten Reihe, George Kalogeropoulos im eleganten weißen Smoking und mit sorgfältig gestutztem Schnurrbart. Diesmal war er nicht allein. Neben ihm saß seine ältere Tochter. Und zwischen den beiden Schwestern kam es zu einem sehr emotionsgeladenen Wiedersehen. Nach der Vorstellung gab es ein gemeinsames Abendessen, doch tiefer ging die Aussöhnung nicht – und Evangelia blieb davon ohnehin ausgeschlossen.

Zur zweiten *Medea*-Aufführung am 13. August war Onassis rechtzeitig zur Stelle. Anschließend ging's dann zurück auf die *Christina*, wohin sie ihn begleitete. Und es war schon sonderbar: Maria, die ihr Publikum durch ihre bloße Anwesenheit in eine Art Trancezustand versetzen konnte, übte über Ari offenbar kaum irgendwelche Macht aus. Von Mal zu Mal erschienen ihre Liebe und ihr Glück stärker beeinträchtigt. Da war die innere Anspannung, die Angst, ihn zu verlieren. Wenn sie sich trennten, selbst für kurze Zeit, so litt sie stets darunter; und später klagte sie dann, Maggies gute Ratschläge völlig vergessend, womit sie natürlich zur leichten Beute seiner herrischen und selbstgerechten Taktik wurde.

Sein Besitzerstolz wurde zunehmend geprägt von freundlichem Spott, nur daß die Freundlichkeit immer schwächer und der Spott immer stärker wurde. Was zunächst noch auf die Formel zu bringen schien: »Was sich liebt, das neckt sich«, hinterließ Verletzungen, Narben. Im allgemeinen hielt sich Maria zurück. Bis es sich mehr und mehr in ihr aufstaute und sie schließlich explodierte. Dann geschah es, daß sie beispielsweise von der gemeinsamen Tafel aufsprang und hinausstürzte, um dann in tiefer Verstörtheit vor sich hin zu brüten. Schließlich ahnte er ziemlich genau, wann ein Rückzug von ihrer Seite zu erwarten war, und er kam ihr zuvor und fing sie regelrecht ab. Eine Zeitlang schien dann alles besonders schön. Bis er wieder einmal für eine ganze Reihe von Tagen fort war, ohne sie auch nur zu verständigen.

Inzwischen war Meneghini wieder aktiv geworden. Beim Zivilgericht in Mailand klagte er darauf, den Zusatz »einvernehmlich« beim Scheidungsurteil zu streichen und statt dessen auf Marias Schuld am Scheitern der Ehe zu erkennen. Juristisch gesehen handle es sich ja nicht um eine eigentliche Scheidung, sondern um eine Trennung – mit entsprechenden Auflagen für beide Partner.

Bei der Erklärung, die er der Presse gegenüber abgab, schien er vor Zorn zu kochen: »Sie benimmt sich nicht so, wie es einer Frau in ihrer Position zukommt ... hat das Gerichtsurteil, wonach wir einander die Treue halten sollen, ad absurdum geführt ... Ich möchte meinen Namen reinhalten und deshalb festgestellt sehen, daß unsere Ehe durch ihr Verschulden gescheitert ist ...«

Offenbar war es für ihn ganz einfach unerträglich, aus der Ferne seines selbstgewählten Exils in Sirmione tatenlos Marias glanzvolles neues Leben zu verfolgen. Die Frau, die er einmal auf recht verräterische Weise »mein *chef-d'œuvre*« genannt hatte, war aus

seinem Leben verschwunden, ohne auch nur einen einzigen bedau-
ernden Blick zurückzuwerfen.

Eben diesen Blick versuchte er nun zu erzwingen, indem er sich wie
der »mißhandelte« Mann in einem alten Melodram benahm. So
konnte er sie zumindest an seine Existenz erinnern. Allerdings
hatte es damit für ihn noch längst nicht sein Bewenden. Von nun
an spielte er bis an ihr Lebensende den Part des Chors. Immer
wieder gab Meneghini seine Kommentare ab zu dem, was sie tat
oder was ihr geschah, und er übte sich auch in Prophetie, für das
eine wie für das andere. Selbst nach ihrem Tode spielte er den Part
des Chors weiter – und bewies damit, daß Maria, tot oder lebendig, der Mittelpunkt seines Lebens blieb.

Allerdings, was Kommentare und Prophezeiungen anbetraf, so
wetteiferten viele mit ihrem Ex-Gatten. Es schien so etwas wie eine
»offene Saison« zu sein für Freund und Feind – die übrigens gar
nicht so leicht voneinander zu unterscheiden waren, sofern man sie
nach ihren Äußerungen beurteilte. Mitte Oktober stürzte sich sogar Visconti ins allgemeine Getümmel. »Ich bete die Callas an«,
sagte er, »aber ich glaube nicht, daß sie wieder singen wird, außer
vielleicht einmal pro Jahr. Sie weiß, daß sie vor zwei Jahren sehr
groß war und daß ihr großer Augenblick vorübergehen muß. Als
Frau ist sie noch jung, doch als Sängerin ist sie nicht mehr so jung,
und die Stimme verändert sich mit dem Alter. Außerdem ist sie
jetzt in Privatgeschichten verwickelt, was nicht gut für sie ist.«

Man konnte es einen wahren Segen nennen, daß Tina seit der
Scheidung von Onassis über die neue Frau im Leben ihres früheren
Mannes völliges Schweigen bewahrt hatte – völlig ladylike. Sie
schien viel zu sehr mit ihrer eigenen neuen Zukunft beschäftigt:
Am 23. Oktober wurde sie in der griechisch-orthodoxen Kirche in
Paris mit dem Marquis of Bladford getraut, was sie zur Herrin von
Lee Place machte, dem Besitz ihres Ehemannes in Oxfordshire.

In London machte Maria eine Reihe von Schallplattenaufnahmen,
eine Auswahl von Rossini-, Donizetti- und Bellini-Arien. Allerdings erschienen sie nie auf dem Markt, bis auf eine Ausnahme:
Nur eine Arie aus *Pirata* wurde von Maria für gut genug befunden.

Dann war sie wieder in Mailand und versuchte angestrengt, sich
für die *Medea*-Premiere an der Scala in die richtige Verfassung zu
bringen. Es handelte sich abermals um die alte Minotis-Produk-
tion, obwohl der ganze Kulissenapparat völlig umgebaut und um-

arrangiert worden war; im übrigen sang Jon Vickers wieder den Jason.

Der Premierenabend wurde bald Teil der Callas-Story. Maria war nicht sehr gut bei Stimme, und im Duett im ersten Akt, wo sie Jason anfleht, zu ihr und den Kindern zurückzukehren, klang sie ausgesprochen schwach. Es fehlte ihr die Kraft für die erforderliche Intensität.

Am Pult stand Thomas Schippers, und er erinnert sich an das, was folgte: »Oben von der Galerie kam ein furchtbares Zischen, wie ein Taifun, und es füllte den ganzen Raum. Maria sang weiter, bis sie zu der Stelle kam, wo Medea Jason anklagt mit dem einen Wort: ›Crudel!‹ (Grausamer Mann!) Das Orchester muß diesem Wort mit zwei Forteakkorden folgen und dann darauf warten, daß sie das zweite ›Crudel!‹ singt, bevor es weiterspielen kann. Aber nach dem ersten ›Crudel!‹ hörte Maria völlig zu singen auf ... Ungläubig beobachtete ich, wie sie hinaufstarrte in den Zuhörerraum und jedes Augenpaar einfing, als wollte sie sagen: ›Schaut! Dies war meine Bühne und wird meine Bühne bleiben, solange ich das will. Wenn ihr mich jetzt haßt, so hasse ich euch genausosehr!‹ Ich sah dies, fühlte es. Dann sang Maria ihr zweites ›Crudel!‹, direkt ins Publikum, das in Schweigen erstarrte. Nie sonst habe ich's erlebt, daß jemand im Theater so etwas wagte. Niemals. Und danach gab es auch nicht das leiseste Protestgemurmel gegen sie. Ich war wie gelähmt ... Wann sie weitersingen würde, wußte ich nicht. Sie beherrschte alles.«

Es gab noch zwei Aufführungen der *Medea*. Dann mußte sie sich wegen ihrer Stirnhöhlenbeschwerden einem operativen Eingriff unterziehen, um am 20. Dezember in der dritten *Medea* singen zu können. Den Presseleuten war nicht entgangen, daß sich Onassis während ihrer Genesung nicht bei ihr sehen ließ. Prompt tönten die Gazetten, zwischen beiden sei es nun wohl endgültig aus. Doch während solche Meldungen erschienen, befand sich Maria bereits auf dem Weg nach Monte Carlo, um dort mit Ari Weihnachten zu feiern.

Solche Meldungen wurden für Jahre zu einer Art »stehendem Ritual«. Tatsache war: Faktisch trafen sie zwar nicht zu, dennoch entsprachen sie im Kern der Wahrheit. Diesmal jedenfalls.

Anfang 1962 befand sich Maria in einer angespannten und nervösgrüblerischen Stimmung. Applaus und Lob – sie mochte dergleichen nicht mehr hören. Durch Aristo und die Liebe zwischen ihnen beiden hoffte sie, etwas zu finden, das eine stärkere Wirklichkeit besaß; und sie war zu der Überzeugung gelangt, daß es etwas Solides sein mußte – wie Familie und Kinder. Allerdings gab es immer seltener Gespräche über die Hochzeit, die Gründung eines Hausstands. Genau wie vor ihr schon Tina, mußte Maria entdecken, daß Onassis überall dort zu Hause war, wo er sich gerade befand; Hauptsache, es gab in der Nähe ein Telefon und einen Nachtclub. Die *Christina* war so ziemlich das Konventionellste, was er je an eigenem Heim besessen hatte. (Später begegnete er in Jackie einer Frau, die in diesem Punkt mit ihm sozusagen auf gleicher Welle lag: Sie sehnte sich noch weniger als er selbst nach einem Heim – zumindest einem Heim mit ihm.)

Im Augenblick bot er Maria alles – abgesehen von dem, wonach sie sich am meisten sehnte. *La passione dei sensi*, wie ein italienischer Freund der beiden ihre Beziehung zueinander nannte, sie lebte noch: die Leidenschaft der Sinne. Allerdings genügte sie allein offenbar nicht mehr als Fundament für ein gemeinsames Leben. Und der Genuß, den Maria all die Partys und Bälle und Nachtclubbesuche einmal bereitet hatten, der minderte sich mehr und mehr, nach dem Gesetz des abnehmenden Reizes.

Und ihr eigenes Leben, so schien es, drohte ihr zu entgleiten. Bis zu ihrem vierzigsten Geburtstag war es nicht mehr weit. Bevor es dafür zu spät wurde, wollte sie noch all die Leidenschaft und Liebe ausleben, die in ihr waren. »In Opern«, hatte sie einmal gesagt, »habe ich Heldinnen gespielt, die für die Liebe sterben – und das ist etwas, das ich verstehen kann.« Doch sowohl die konventionelle Maria, die sich nach »Normalität« sehnte, als auch die andere Maria, die verstand, daß man für die Liebe sterben konnte – sie wünschten sich beide die Ehe. Mit Hilfe ihrer Kunst hatte sie kurze Blicke auf eine andere Realität, eine andere Welt werfen können: »... eine Welt, in der ich dauernd leben möchte. Es ist eine – nein, ich will nicht sagen: höherwertige –, es ist eine sehr nette, gute Welt. Kein Neid, kein Klatsch, kein Unsinn, alles so rein und heiter. Doch gibt es dort auch große Leidenschaft, große Liebe.«

Die tragische Ironie bestand darin, daß der Mann, mit dem sie die ersehnte Welt so gern verwirklicht hätte, sich das Leben gar nicht anders vorstellen konnte als inmitten der gewöhnlichen Welt mit all ihrem Neid und Klatsch und Unsinn. In Maria, da war etwas, das sich nur beschreiben läßt als tiefer Ernst. Ihr widerstrebte jene Oberflächlichkeit, bei der alles andere der Vergnügungssucht geopfert wird. Und so konnte es nicht ausbleiben, daß sie sich oft einsam und verloren fühlte inmitten all der Jet-set-Typen mit ihren häufig genug freudlosen Affären und lieblosen Ehen. Der Glamour zog sie an, die Leere ängstigte sie. Inzwischen schwand der Reiz des Neuen mehr und mehr.

Sie rauchte kaum, trank nur wenig (obwohl, jetzt bei Onassis, doch mehr als nur ein »Anstandsglas« voll Wein), tanzte nicht gern, außer – wie sie einmal zu Fürstin Gracia Patricia sagte – »mit meinem Mann oder dem Mann, den ich liebe«. Folglich haßte sie Nachtclubs, doch in den Jahren 1962 oder 1963 verbrachte sie in Nachtclubs viel mehr Abende als etwa in Opernhäusern oder Konzertsälen; und ihr Erscheinen in Nachtclubs füllte mehr Zeitungsspalten als ihr Erscheinen auf der Bühne. Mitunter gab es verwirrende Schlagzeilen wie diese: »Rauschender Abgang der Callas«. Das bezog sich nicht etwa auf eine Opernaufführung. Behauptet wurde vielmehr, Maria sei »hinausgerauscht«, als man eine Nachtclubtänzerin als »La Callas du Striptease« ankündigte. »In Wahrheit«, sagte Maria später, »bat ich gegen Ende der Nummer darum, nach Hause gebracht zu werden, weil ich's ziemlich langweilig fand.«

Selten fühlte sich Maria der Welt des Aristo Onassis zugehörig, machte sie nie zu ihrer eigenen Welt. Als er Maria verließ, existierte für sie auch diese seine Welt nicht mehr. Im Grunde war es allerdings gar nicht seine Welt. Viel zu eng fühlte er sich der Erde, der See, den Elementen verbunden, um nicht zu spüren, wie leer, ja verzweifelt leer das Dasein vieler seiner Jet-set-Freunde oft war. Eben deshalb liebte er es ja auch so sehr, mit einfachen Menschen zu sprechen: mit Fischern, deren Leben er idealisierte. Dann und wann fuhr er hinüber nach Nidri, drei Kilometer von Skorpios, um mit Nikos einen Ouzo zu trinken. Nikos hatte den Spitznamen *Gelastos Psaras* (der lachende Fischer), und er hatte sogar am Heck seines Bootes die hölzerne Abbildung eines glücklichen Gesichts mit einem offenen Lächeln angebracht. »Ah, Niko«, sagte Onassis manchmal, »es gibt nur zwei Glückliche auf dieser Welt, dich und das Gesicht dort.«

Mitunter zeigte er für die internationale *Hautevolee* in Monte Carlo eine geradezu asketische Verachtung, und nur zu gern verzichtete er auf sie, um etwa einer Einladung Churchills für ein gemeinsames Wochenende auf Chartwell zu folgen – und er war glücklich, eine solche Einladung am Ende tatsächlich zu erhalten. Gar kein

Zweifel: Als Churchills Hofnarr fühlte er sich viel zufriedener denn als König der *beau monde*. Sowohl Ari als auch Maria waren romantische Snobs. Macht imponierte ihnen; Männer, die Geschichte »geschrieben« hatten, zumal alte, erlauchte Namen.

Bei Maria indes schien solcher Snobismus eher formal: Es gehörte sich, von derartigen Menschen beeindruckt zu sein, also war sie es. Dennoch fand sie sich nicht dazu bereit, für Churchill zu singen, wenn ihr nicht danach zumute war. Keinen Fingerbreit wich sie von ihrem gewöhnlichen Verhalten ab, um sich irgendwelche Großen und Mächtigen zu Freunden zu machen. Onassis hingegen führte mitunter wahre Groteskätänze auf, wenn es darum ging, jemandem zu imponieren, zumal wenn dieser Jemand Niarchos war. Die Eitelkeit und die Rivalität dieser Männer, beide Senkrechtstarter inmitten altetablierter griechischer Reederfamilien, stellte alles in den Schatten, was es in dieser Hinsicht zwischen verfeindeten Primadonnen je gegeben hatte. Manchmal mußte man geradezu glauben, daß, was immer sie taten, dem einzigen Zweck diente, einander zu imponieren, ganz gleich, ob es sich dabei um den Kauf von Schiffen oder geschäftliche Vereinbarungen handelte – oder selbst um die Wahl von Freunden und Ehefrauen.

Als die Ehe ihrer Eltern scheiterte, waren Alexander Onassis zwölf und Christina neun. Beide hatten sich von Anfang an gegen Maria gewandt. Für die Kinder war sie »die andere Frau«, die ihrer Mutter den Mann wegnahm. Alexander nannte sie immer nur »die Sängerin«. Die Kinder dachten nicht daran, ihr zu verzeihen, und selbst nach Tinas Wiederverheiratung hofften sie darauf, daß ihre Eltern zueinander finden würden. Das einzige Hindernis bildete nach ihrer Meinung »die Sängerin«.

Maria hatte oft genug bewiesen, daß sie es verstand, ein feindseliges Publikum für sich zu erobern. Doch bei Aristos Kindern schien sie mit ihrer Macht am Ende. Dabei wußte sie, wieviel ihm eben dies bedeutet hätte. Seinerzeit hatte sie in London bei Harrods, dem berühmten Kaufhaus, lange gesucht, bis sie für die Kinder das Richtige gefunden zu haben hoffte. Doch Alexander und Christina öffneten die Geschenkpakete (Pullover und Schals aus Kaschmirwolle) nicht einmal. Auf diese Weise bekundeten sie »der Sängerin« ihre Verachtung.

Maria versuchte es immer wieder, doch immer wieder scheiterte sie. Was Christina betraf, so reagierte sie ganz einfach mit Kälte.

Alexander indes begnügte sich damit nicht. Er setzte alles daran, Maria zu reizen, sie möglichst zu einer Explosion zu provozieren.

Zeffirelli erinnert sich an einen heißen Augustnachmittag auf der *Christina:* »Wir waren mit dem Lunch fertig, und die meisten machten sich bereit zur Siesta. Maria hielt stets eine Stunde Mittagsruhe, und man erwartete, daß die Gäste auf der Jacht desgleichen taten oder zumindest keinen Lärm verursachten. An diesem wunderbar friedlichen Nachmittag erscholl jedoch plötzlich lautes Getöse, und die Jacht begann zu schwanken. Es war Alexander. Ausgerechnet jetzt lief er rund um die *Christina* Wasserski und verursachte überdies mit seinem Motorboot eine Art künstlichen Sturm.«

Es gab eine ganze Reihe weiterer »Streiche« Alexanders. Ari fand sie sämtlich überaus komisch, und nie nahm er für Maria und gegen seine Kinder Partei. Zunächst hatte Maria sich beklagt, doch verzichtete sie nach und nach darauf. Es schien ratsamer, sich in Schweigen zu hüllen. Im übrigen machte Onassis seinerseits kaum Anstalten, seine Kinder und sie miteinander auszusöhnen. Vielmehr verstand er es, eben dies als Argument für seine Zwecke zu benutzen: Die Tatsache, daß die Kinder sie ablehnten, bilde das Hauptproblem für eine etwaige Heirat.

Ganz gewiß bedeuteten ihm seine Kinder ungeheuer viel, zumal Alexander, sein Sohn und Erbe. Und wer immer Gelegenheit hatte, die »Szene« zu beobachten, wußte sehr genau, daß die Kinder sich von Anfang an gegen »die Sängerin« gesperrt hatten und daß für Maria praktisch keine Hoffnung bestand, sie für sich zu gewinnen, mochte sie dies auch noch so oft versuchen.

Hätte Onassis jedoch wirklich die Absicht gehabt, Maria zu heiraten, so wären die Wünsche seiner Kinder für ihn zweitrangig gewesen – was sich erwies, als er den Entschluß faßte, Jackie zu heiraten. Dabei waren seine Kinder zu dieser Zeit großjährig und somit in der Lage, ihre Ansichten deutlicher und unmißverständlicher kundzutun. Christina nannte ihre Stiefmutter »meines Vaters unglückselige Zwangsvorstellung«, und das Freundlichste, was Alexander über Jackie zu sagen wußte, war: »Mein Vater braucht eine Frau, aber ich brauche keine Mutter.« Nun, 1962 hätte er durchaus eine zweite Mutter gebrauchen können, doch wünschte er sich in dieser Rolle auf gar keinen Fall »die Sängerin«.

Die Sängerin – nach einer zehntägigen Tournee durch Deutschland befand sie sich jetzt in London, zu Schallplattenaufnahmen, bei denen sie Mezzosopranarien sang. »Wird die Callas ein Mezzo?« fragten sich viele Kritiker. Wegen der deutlichen Unterschiede zwischen ihren drei Registern hatte Maria praktisch immer über »drei Stimmen« verfügt; sie selbst sprach sogar von ihren »drei Stimmen«. Und ihr uneingeschränktes, ganzes Bestreben galt dem Ziel, »nahtlose Übergänge« zu schaffen.

Das erforderte einen ständigen Kampf mit der Technik, obwohl sie schon so genügend Schlachten zu schlagen hatte – gegen die naturgegebene Begrenzung ihrer Stimme. Nun, da sie mit der Kontrolle ihres oberen Registers zunehmend Schwierigkeiten bekam und die Härten in den höchsten Regionen unverkennbar wurden, mußte Maria sich auf ihre Mittelstimme stützen, die sich inzwischen zu voller Reife entwickelt hatte.

Vor sich sah sie das Mezzorepertoire, das für sie in Frage kommen mochte: die Dido, die Carmen, die feurige Eboli. In London also nahm sie Mezzoarien auf, zwei Jahre später sogar die gesamte *Carmen*. Doch war sie inzwischen eine Gefangene ihrer eigenen Legende, und sie fürchtete nun die harte Arbeit, die eine neue Karriere erfordern würde. Sie wagte es nicht, jenen Schritt zu tun, der ihr künstlerisches Leben vielleicht um Jahre verlängert hätte.

Im Augenblick war sie zu sehr von anderen Hoffnungen erfüllt, und später – später war es dann zu spät.

In diesem Frühjahr in London hörte Maria vom Selbstmordversuch ihrer Mutter. Auf dem Tisch in Evangelias New Yorker Hotelzimmer hatte man einen Brief für Maria gefunden. Später nannte Evangelia ihren Selbstmordversuch selbst »das Bemühen, Marias Aufmerksamkeit zu erregen«. Diese Wirkung trat in der Tat ein. Allerdings reagierte Maria eher unterkühlt. Ein Jahr danach schrieb sie an Dr. Lantzounis: »Falls sie (geistig) krank ist, so teile mir mit, ob es notwendig scheint, sie in einem guten Heim unterzubringen – vielleicht in Europa, wo dergleichen billiger ist. Ich weiß es nicht – aber bitte hilf mir.«

Im Mai war Maria in New York. Doch vergeblich versuchte ihr Patenonkel, sie zu einem Besuch bei ihrer Mutter zu bewegen.

Am 19. Mai 1962 kreuzte sie zum erstenmal den Weg jener Frau, die sechs Jahre später ihren Platz an der Seite von Aristoteles Onassis einnehmen sollte. Das geschah im New Yorker Madison Square Garden, anläßlich einer stargespickten Veranstaltung zu Präsident Kennedys fünfundvierzigstem Geburtstag. Maria sang die *Habanera* und die *Seguedille* aus *Carmen*. Achtzehntausend Zuhörer spendeten frenetisch Beifall.

Am nächsten Tag reiste sie nach Mailand, wo sie eine der schlimmsten Krisen ihrer Laufbahn erleben sollte. Zweimal noch hatte sie in *Medea* zu singen. Schon bei den Proben spürte sie wieder jene Stirnhöhlenbeschwerden, die das Singen hoher Töne zur Qual werden ließen. Dann kam die erste Vorstellung, und vor lauter Nervosität und Angst fühlte sie sich fast gelähmt, ehe sie auch nur den Mund auftat. Sie sang ihre erste Zeile »Io? *Medea!*« (Ich? Medea), und zum allgemeinen Entsetzen brach ihre Stimme plötzlich. Für den Rest der Vorstellung bedurfte es einer übermenschlichen Anstrengung.

Am folgenden Morgen dann: miserable Kritiken, durch die ein Hauch von Bedauern klang über die ruinierte Stimme. Dann die zweite *Medea* – es war das letzte Mal, daß Maria an der Scala sang. Allerdings gab es noch weitere Verhandlungen und mancherlei Projekte: *Die Hugenotten* (mit der Sutherland), die Gräfin in *Figaros Hochzeit*, Monteverdis *Die Krönung der Poppäa;* sogar *Tristan und Isolde*. Weitaus realer wirkte allerdings der Plan einer neuen Visconti-Produktion des *Troubadour* für Covent Garden, mit Giulini am Pult.

Nach der *Medea* an der Scala flüchtete sich Maria auf die *Christina*. Sie war tief deprimiert. In solchen Augenblicken konnte Ari für sie weitaus mehr sein als der Mann ihrer Leidenschaft: Er war so etwas wie der Befreier von jener Sklaverei, die sie an ihre Stimme kettete. Andererseits konnte es geschehen, daß gerade er sie in tiefe Unsicherheit stürzte, mit einem Wort, mit einem einzigen Blick.

Er mochte es ganz und gar nicht, wenn sie eine Brille trug, und verschiedentlich hatte er, selbst in Gegenwart anderer, zu ihr gesagt, eine Brille mache sie häßlich. Aber das Tragen von Kontaktlinsen bereitete ihr Unbehagen, und so hielt sie ihre Brille in der Regel in der Hand; setzte sie hastig auf, um sich zu orientieren, und tat sie dann wieder fort. Folglich nahm sie ihre Umwelt meist nur als gestaltlosen und bedrohlichen Nebel wahr.

Eine schöne Frau wird üblicherweise nach dem Aufsehen beurteilt, das sie erregt. Maria allerdings hielt sich niemals für schön. Wegen ihrer Beine hatte sie Minderwertigkeitskomplexe, überhaupt mochte sie ihren Körper nicht, die einzige Ausnahme bildeten ihre langen, ausdrucksvollen Hände.

»Sie ist nicht besonders schön«, sagte Biki, »aber sie besitzt jenes

undefinierbare Etwas, das man in manchen Tieren findet, in einem Hasen vielleicht oder in einem Adler oder in einem Rennpferd.«
Dieses »undefinierbare Etwas« spürte Maria, und sie suchte es bei anderen. »Das gibt einem so ein quecksilbriges Gefühl, voller Leben, voller Vibration«, sagte sie einmal. »Für mich ist es ein Zeichen von Energie und Jugend – wie immer man's nennen will. Auch Tiere sind so – Hunde sehen einen an, und noch bevor man sich irgendwie äußert, versuchen sie einem anzusehen, was mit einem los ist. Ich bin gern mit schnellen Menschen zusammen – Menschen, die schnell denken und schnell reden.«
Eben dies war es, was sie so sehr an Ari liebte, das Schnelle, die Lebensfülle. Allerdings gab es – auf der Negativseite – jene Rastlosigkeit, auf die sie lieber verzichtet hätte. Er seinerseits konnte nicht der Versuchung widerstehen, Pygmalion zu spielen. Zur Filmerei hatte er sie nicht überreden können. Nunmehr ging er daran, sie in puncto Kleidung in die Schule zu nehmen – ausgerechnet. Schließlich wirkte seine eigene Erscheinung stets so, als sei er beim Ankleiden mit den Gedanken ganz woanders gewesen. Später gab dies Anlaß zu einem von Jackies Standardscherzen. »Man sehe ihn sich doch nur an«, pflegte sie zu sagen. »Er muß wenigstens 400 Anzüge haben. Doch er trägt immer denselben grauen in New York, denselben blauen in Paris und denselben braunen in London.«
In Sachen Damenkleidung besaß er allerdings festumrissene Vorstellungen, und es kam vor, daß er Maria ans Telefon rufen ließ, während sie bei Biki zur Anprobe war: Er wollte sichergehen, daß auch alles seinen Wünschen entsprach. Er liebte es, sie in Schwarz zu sehen; und damals ließ Maria ein schwarzes Kleid nach dem anderen für sich anfertigen, obschon ihre Lieblingsfarben Rot und Türkis waren. Außerdem stets eine Unmenge Schals. »Nicht einmal die besten Mannequins«, erinnert sich Biki, »verstanden es, Schals so zu tragen wie Maria. Wie die Griechinnen in alten Zeiten besaß sie einen langen Torso und kurze Beine – der genaue Gegensatz zu einer typischen Mannequinfigur. Aber was tat's – sie konnte Kleider tragen wie keine zweite.« Onassis brachte sie auch dazu, ihre Frisur zu ändern. Er schickte sie zu Alexandre in Paris, und dort fiel ihre lange Mähne – statt dessen wurde für sie eine kürzere Frisur kreiert –, eine, die sie jünger, schwungvoller und raffinierter aussehen ließ. Es waren Verwandlungen, an denen Maria unbedingt ihr Vergnügen hatte. Ihre Bereitwilligkeit, ihr äußeres Ich zu

ändern, entsprach der inneren Bereitschaft, die »frühere Callas« – auf der Suche nach einer neuen Identität – gleichsam über Bord gehen zu lassen.

Das Jahr 1963 hatte mit einer Mischung aus Hoffnung und Zweifel begonnen. Doch die Zweifel schienen überhandnehmen zu wollen. Jedesmal wenn es in ihrem Verhältnis zu Ari auch nur das leiseste »Flackern« gab, fragte sie sich: Würde sie ihn halten können? Tat sie das Richtige? War sie gut genug? Sie, die Perfektionistin auf der Bühne wie im Leben, gab sich selbst die Schuld, wenn das reale Zusammenleben mit Aristo nicht ihrem Traum entsprach. Wenn es zwischen ihnen Konflikte gab, dann mußte das doch an ihr liegen.

Zu Beginn ihrer Beziehungen hatte sie es viel leichter gefunden, wieder zur Ruhe, zur Entkrampfung zu finden und die Dinge so zu nehmen, wie sie nun mal zu sein schienen. Inzwischen waren jedoch drei Jahre vergangen, und mehr und mehr hatte sie das Gefühl: Da sie in ihrem Leben alles nur mit größter Anstrengung erlangt hatte, würde dies auch mit Aristo kaum anders sein. Nur unter Einsatz allergrößter Mühe würde es ihr gelingen, sich Onassis zu erhalten. Daraus folgte, daß sie sich zu geben hatte, wie Aristo das erwartete, und nicht, wie es ihrer natürlichen Art entsprach.

Da sie auf irgendwelche Engagements keine Rücksicht mehr zu nehmen brauchte, stand sie ihm sozusagen völlig zur Verfügung. Ihr Leben schien nun mit Aris Leben zu verschmelzen. Da waren die Dinners im Maxim's, da waren die Pferderennen, da waren die Premieren irgendwelcher anderen Leute; neue Kleider, neue Menschen, neue Sensationen.

Zu den neuen Menschen, die sie kennenlernte, gehörten auch Fürst und Fürstin Radziwill – Stass und Lee. Sie waren kurz nach seiner Scheidung von Tina in Aris Leben getreten und bald zu regelmäßigen Begleitern geworden.

Sollte ein Komponist je auf den Gedanken kommen, Marias Lebensgeschichte zu vertonen, so würde er den ersten Auftritt von Lee Radziwill wohl mit etlichen beklemmenden – prophetischen – Akkorden ankündigen. Denn Lee war es, die noch 1963 Onassis und ihre Schwester Jackie zusammenbrachte. Doch im Augenblick ließ sich die Zukunft nicht einmal ahnen. Und die Radziwills waren nur ein paar neue Gesichter im Onassis-Dunstkreis.

Was Maria betraf, so wurde sie in wenigen Monaten vierzig, und sie fühlte sich getrieben, Ordnung in die nicht mehr so kurze Spanne ihres Lebens zu bringen, indem sie *ihn* mit noch mehr Nachdruck in den Mittelpunkt rückte.

Ordnung, das bedeutete soviel wie Ehe und Kinder. Und sie wußte nur zu genau, daß sie sich in ihrem Alter fürs Kinderkriegen nicht mehr viel Zeit lassen konnte. Sie sehnte sich nach Frieden in häuslicher Idylle; er konnte Frieden – oder doch Befriedigung – nur in wirbelndem Leben finden. »Wenn man einmal einen bestimmten Punkt erreicht hat«, hatte Onassis gesagt, »wird Geld unwichtig. Was zählt, ist Erfolg. Für mich wäre es das Vernünftigste aufzuhören, aber ich kann nicht. Ich muß meine Ziele höher und immer höher ansetzen, des Kitzels wegen.«

Während er eben dies tat, begann Maria, wieder an ihrer Stimme zu arbeiten. Anfang Mai wollte sie eine Reihe französischer Arien aufnehmen, und außerdem war eine europäische Konzerttournee geplant, beginnend in Berlin, am 17. Mai, und endend in Kopenhagen, am 9. Juni.

Es bleibt festzustellen, daß Maria – sowohl bei der Programmauswahl als auch beim Vortrag – weitestgehend auf »Nummer Sicher« ging. »Ich muß die Freude am Singen wiedergewinnen«, hatte Maria gesagt, doch das erwies sich als nahezu unerreichbares Ziel – von nun an gab es diese Freude nur ganz sporadisch, inmitten eines furchtbaren Drucks aus Angst und Anspannung. Mit der »früheren Callas« mochte sie nicht konkurrieren; andererseits fürchtete sie sich davor, ganz aufzuhören. »Wenn ich meine Arbeit nicht habe, was tue ich dann von morgens bis abends? ... Ich habe keine Kinder, ich habe keine Familie ... was fang ich also an, wenn ich meine Karriere nicht habe? Ich kann doch nicht einfach herumsitzen und Karten spielen oder klatschen – bin nicht der Typ dafür.«

Arbeit, das war für sie das Zweitbeste, da Familie und Kinder ein unerfüllbarer Traum zu bleiben schienen. Dennoch verbrachte sie den Sommer an Aris Seite in absolutem Nichtstun. Einzige »Tätigkeit« bildeten die Kreuzfahrten auf der *Christina* sowie Abstecher nach Griechenland.

Dazu gehörte auch ein Besuch der felsigen Insel Skorpios. Den Namen hatte sie erhalten, weil sie in ihren Umrissen einem Skorpion gleicht. Bedeckt war sie von prachtvollen Olivenbäumen. Onassis verliebte sich auf der Stelle in dieses Stückchen Erde. »Von dort kann man sogar bis nach Ithaka blicken«, sagte er zu Maria.

Und er träumte davon, daß es ihm eines Tages gelingen könnte, Ithaka (trotz seiner 58 000 Bewohner) zu kaufen, um so wirklich und wahrhaftig zu einem modernen Odysseus zu werden.

Als er dann, rund zehn Meilen gegen Norden hin, Skorpios sah, entschloß er sich schließlich, alle schimärenhaften Ambitionen auf Ithaka aufzugeben und statt dessen die nächstgelegene Insel zu kaufen. Dies sollte sofort geschehen, um die Insel möglichst rasch in sein paradiesisches Königreich zu verwandeln, bedeckt mit Olivenhainen, Zypressen, Bougainvillea sowie – auf der Hügelhöhe – mit einer Kopie des Palastes von Knossos auf Kreta.

Maria befand sich auf der *Christina*, als sie von Meneghinis Bemühungen hörte, das Gerichtsurteil dahingehend abzuändern, daß ihr die Gesamtschuld zufiel – und auch davon, daß dieser Versuch gescheitert war. Allerdings sollte dies längst nicht das letzte sein, was Maria von seiten ihres Ex-Gatten vernahm.

An Dr. Lantzounis schrieb sie: »Mein Mann läßt mir noch immer keine Ruhe, nachdem er mich um die Hälfte meines Geldes beraubt hat – indem er nach unserer Heirat *alles* auf seinen Namen schreiben ließ. Folglich war es ihm ein leichtes, den Skandal zu stiften und zu nützen, indem er mich permanent vor Gericht zerrte und so mein Geld behielt. Italien ist nicht Amerika, und es war idiotisch von mir, in Italien zu heiraten, und noch idiotischer, ihm zu vertrauen.«

Bald nach der Entscheidung des Mailänder Gerichts verkündete Meneghini der Presse, Onassis habe Maria wegen der Fürstin Radziwill verlassen, und er fügte hinzu: »Ich habe immer gewußt, daß ihre Freundschaft ein trauriges Ende nehmen würde, für Maria.«

Was die Entschiedenheit seines Urteils betraf, so war er gewiß ohne Konkurrenz, doch gab es nicht wenige, die über die Freundschaft zwischen Onassis und Lee Radziwill allerlei Spekulationen anstellten. In der *Washington Post* stellte der einflußreiche Kolumnist Drew Pearson folgende Frage: »Hofft dieser ehrgeizige griechische Tycoon, der Schwager des amerikanischen Präsidenten zu werden?« Selbst Robert Kennedy zeigte sich einigermaßen besorgt. »Sage Lee doch, sie soll's ganz *cool* nehmen, ja?« bat er Jackie.

Am 8. August brach Lee ihre Ferien auf der *Christina* ab und eilte in die Klinik, wo ihre Schwester lag. Jackie hatte gerade, vor der Zeit, ihr drittes Kind zur Welt gebracht, einen Sohn, Patrick Bouvier Kennedy, der am nächsten Tag in Gegenwart seines Vaters starb. Nach der Bestattung des Kindes flog Lee nach Athen zurück, und beim Abendessen schilderte sie Ari und Maria, wie schwach und elend Jackie sich fühlte. Prompt stellte Onassis die *Christina* zu ihrer Verfügung. Lee reagierte nicht weniger prompt. Sie rief ihre Schwester an und setzte sie von der Einladung in Kenntnis. »Sage Jack, daß Stass und ich anwesend sein werden, als deine Anstandsdamen sozusagen«, erklärte sie. »Oh, Jackie, es wäre doch ein Riesenvergnügen. Du kannst dir einfach nicht vorstellen, wie phantastisch Aris Jacht ist, und er sagt, wir können fahren, wohin wir wollen. Es wird dir sehr guttun, wenn du für eine Weile mal von allem loskommst.« Jackie stimmte begierig zu. Der Präsident zeigte sich allerdings weitaus weniger enthusiastisch, und bei Maria war es nicht anders.

John F. Kennedy konnte für seine mangelnde Begeisterung ganz konkrete Gründe anführen: Während Eisenhowers Regierungszeit war Onassis unter Anklage gestellt worden – wegen Verschwörung zur Steuerhinterziehung. Daher konnte der Präsident sehr betont darauf hinweisen, daß eine Kreuzfahrt der Präsidentengattin auf der *Christina* allerlei Anlaß zu politischen Mißhelligkeiten geben mochte.

Was Maria betraf, so war es für sie wesentlich schwieriger, »Vernunftgründe« zu finden für das ungute Gefühl, das sie erfüllte. Sie wußte ja nichts, hatte nur so ihre Ahnung, daß sich während der Kreuzfahrt die Büchse der Pandora öffnen könnte, die sie niemals wieder würde schließen können.

Ohne selbst richtig zu wissen, warum, wütete sie geradezu gegen Ari. Wie selbstsüchtig war er doch, völlig gleichgültig gegenüber ihren Wünschen. Sie nörgelte, sie schmollte; dann flehte sie, um schließlich zu erklären: Nein, an der Kreuzfahrt mit Jackie werde sie nicht teilnehmen. Nun, erwiderte Ari, dann bin ich auch nicht mit von der Partie. Tatsache war, daß er sich schon längst bereit erklärt hatte, seinerseits auf die Kreuzfahrt zu verzichten, möglicher politischer Verwicklungen wegen. Dem Präsidenten wollte er auf gar keinen Fall irgendwelche Unannehmlichkeiten bereiten. Onassis war ein Diplomat von Format. Die Sache schien so gut wie narrensicher. Ari wußte sehr genau, daß weder Jackie noch Lee je darauf eingehen würden. »Seine großzügige Gastfreundlichkeit akzeptieren, ohne daß er selbst dabei war – ausgeschlossen«, erklärte Jackie. »Das wäre zu grausam gewesen. So etwas hätte ich nie über mich gebracht.« Sie brachte es nicht über sich.

Anfang Oktober traf Jackie in Athen ein, und ein paar Tage später segelte die *Christina* von Piräus in Richtung Delphi. Dem Reporterschwarm hatte Onassis verkündet: »Wir werden dorthin fahren, wohin Mrs. Kennedy zu fahren wünscht. Sie hat absolute Befehlsgewalt. Sie ist der Kapitän.« Was er gesagt hatte, hörte Maria nicht. Sie las es, in Paris. Die Weltpresse schwappte geradezu über, wenn es um die griechische Kreuzfahrt der amerikanischen *First Lady* ging. Als Begleiter hatte der Präsident nicht nur die Radziwills auserkoren, er hatte überdies Frank Roosevelt, den Staatssekretär im Handelsministerium, sowie dessen Frau Sue als Jackies Begleitschutz abbeordert. »Ihre Anwesenheit wird dem Ganzen die nötige Respektabilität verleihen«, sagte er zu Roosevelt. Die anderen Gäste waren Fürstin Irene Galitzine und ihr Gatte, Accardi Gurney sowie die Onassis-Schwester Artemis plus Gemahl.

»Onassis ist sich seines Reichtums genausowenig bewußt wie Rock Hudson seines guten Aussehens«, erklärte Jackie später. Eigens für sie war das Personal der *Christina* um zwei Friseure, eine Masseuse sowie ein Tanzorchester für den Abend aufgestockt worden. Im übrigen hatte man – gleichfalls ihretwegen – die Vorräte auf der *Christina* bereichert. Nicht weniger als acht verschiedene Sorten Kaviar gab es jetzt, überdies frisch eingeflogene Früchte, besondere Weine, Eimer voll Seebarbe.

Die erste Station war Lesbos, die zweite Kreta. Doch unter den Gästen, die von der *Christina* an Land gingen, hielten die Fotoreporter vergeblich nach Onassis Ausschau. Ari hatte sich entschlossen, an Bord zu bleiben.

Der nächste Anlegehafen war dann Smyrna, und Ari konnte kaum überrascht sein, als Jackie, Lee und alle übrigen darauf bestanden, daß er sie nun unbedingt begleite: An seinem Geburtsort mochten sie auf seine Führung auf gar keinen Fall verzichten.

Vier Jahre nachdem er Maria alle wichtigen äußeren Kennzeichen seiner Jugend gezeigt hatte, tat Ari dies abermals, nun allerdings für Jackie – und mit den Abgesandten der Weltpresse unmittelbar auf den Fersen.

Das Bild der strahlenden Jackie an der Seite des überaus entspannt wirkenden Ari machte seinen Weg rund um die Welt. Im Abgeordnetenhaus stellte ein republikanischer Kongreßabgeordneter eine Frage hinsichtlich des Verhaltens der Präsidentengattin, während in Paris Maria ihrerseits »ausgequetscht« wurde: mit Fragen nach Aris Motiven sowie vor allem nach seiner Liebe.

Der Präsident rief Jackie an und bat sie, nach Washington zurückzukehren. Maria rief Ari an, um ihn zu fragen, was da eigentlich
vor sich ging. Doch die *Christina* segelte gelassen ihren Kurs. Am
letzten Abend der Kreuzfahrt überschüttete Ari seine Gäste mit
Abschiedsgeschenken. Lee bekam eine Perlenkette, für Jackie indes gab es eine ganze Kollektion von Geschenken, gekrönt wurden
sie von einer massiven Halskette mit Diamanten und Rubinen.
Fortan gab es keinen Zweifel mehr, welcher der beiden Schwestern
er den Vorzug gab. »Jackie hat Sterne in ihren Augen – griechische
Sterne«, sagte jemand, der zum Personal des Weißen Hauses gehörte, als Jackie am 17. Oktober zurückkehrte.
Was Marias Augen betraf, so blitzte aus ihnen ein wahres Feuer –
vor Zorn. Und Maggie van Zuylen mußte sozusagen ihre geballte
Überredungskunst aufwenden, um sie wieder zu beschwichtigen
und mit Ari zu versöhnen. Als das dann glücklich geschafft war,
konnte Maria sich den Luxus leisten, darüber – daß sie ihn wieder
bei sich hatte – Freude zu empfinden und diese Freude auch zu
zeigen. Allerdings waren sie nicht lange zusammen. Bald schon
brach Aristo wieder auf; war unterwegs, um überall auf der Welt
irgendwelche Geschäfte zu machen.
Am 22. November, einen guten Monat nach seiner Rückkehr von
der Kreuzfahrt, war er in Hamburg, um beim Stapellauf eines
neuen Tankers zugegen zu sein. Und während er sich noch dort
befand, hörte er die Nachricht von dem tödlichen Attentat auf
John F. Kennedy. Er zögerte nicht einen einzigen Augenblick. Sofort setzte er sich in eine Maschine und startete zum Flug nach
Washington. William Manchester erinnert sich noch sehr genau an
ihn, im Weißen Haus, am Abend nach dem Begräbnis. »Rose Kennedy (die Mutter des ermordeten Präsidenten) dinierte oben mit
Stass Radziwill; Jackie Kennedy, ihrer Schwester und Robert Kennedy wurde im Salon serviert. Die übrigen Kennedys speisten im
Familieneßzimmer, gemeinsam mit ihren Hausgästen, MacNama-
ra, Phyllis Dillon, Dave Powers sowie Aristoteles Onassis, der in
gewisser Weise für eine Art komischer Abwechslung sorgte. Geradezu erbarmungslos hackte man auf ihm wegen seiner Jacht herum und hatte allerlei auszusetzen an seiner Aura als Mann voller
Geheimnisse. Während der Kaffee gereicht wurde, kam Justizmi-
nister Robert Kennedy von oben herunter, und er setzte ganz for-
mell ein Dokument auf, demzufolge Aristoteles Onassis die Hälfte
seines Vermögens dafür hergeben würde, den Armen in Latein-

amerika zu helfen. Die ganze Angelegenheit war ebenso absurd wie undurchführbar, und der griechische Millionär unterzeichnete auf griechisch, spaßeshalber.«

Jedermann schien erfaßt zu werden von einer geradezu verzwei-felt-fröhlichen Stimmung. Und dies schloß sogar Jackie mit ein, der es unmöglich war, auch nur für einen einzigen Augenblick allein zu sein.

Nun, in dieser Atmosphäre kam Ari, der Komödiant, zu seinem Recht – und sein Repertoire reichte von sanften Späßen im Angesicht des Tragischen bis zum derben, sehr derben Scherz.

Rechtzeitig flog er nach Paris zurück, um Marias vierzigsten Geburtstag zu feiern.

Das Hin und Her zwischen den beiden Frauen hatte seinen Anfang genommen.

Nur der Schmerz bleibt lebendig

Maria war besorgt. Deutlich konnte sie spüren, daß ihr zu entgleiten drohte, was seit langem den Kern ihres Lebens bildete – ihr
Verhältnis zu Aristo. Onassis seinerseits, wieder in Paris, befand
sich in einer Art Euphorie. Es war ihm gelungen, zum inneren
Kreis des Weißen Hauses Zugang zu finden. Ari, der Selbstdarstel-
ler, genoß das Erlebnis selbst ebenso wie die Möglichkeit, davon
erzählen zu können.

Sein Überschwang konnte Maria kaum überraschen. Nur zu genau
wußte sie, wie er auf Berühmtheiten reagierte, wie der Trunksüch-
tige auf eine Flasche Alkohol. Geduldig hörte sie zu, ließ sich die
Einzelheiten des Kennedy-Begräbnisses berichten.

Doch sie begriff, daß sie unbedingt etwas brauchte, um ihr inneres
Gleichgewicht, um ihr Selbstbewußtsein wiederzugewinnen. Ganz
von allein tauchte die Erinnerung an ihre früheren Triumphe wieder auf. Und sie faßte ihren Entschluß.

Sie schrieb an David Webster in Covent Garden. Ja, sie sei bereit,
die Tosca zu singen, allerdings nur, wenn das *jetzt* geschehen könne. Aus ihrer Sicht verständlich. Denn *jetzt* bedurfte sie der heilen-
den Kraft ihrer Arbeit. Zeffirelli arbeitete zur Zeit in Covent Garden, wo er in *Rigoletto* Regie führte. Ihn hatte sie denn auch
angerufen, bevor sie an Webster schrieb: »Franco, ich tu's, wenn
du mir hilfst.«

Zeffirelli blieben ganze sechs Wochen, um eine nagelneue *Tosca*-
Inszenierung auf die Beine zu stellen. Zur selben Zeit ging überdies
seine Arbeit am *Rigoletto* weiter. Schierer Wahnsinn, meinten zunächst alle im Opernhaus, und man sperrte sich gegen die Callas
und ihre berüchtigten Primadonnalaunen. Doch Webster und Zeffirelli zeigten soviel Enthusiasmus, daß sich dieser auf die anderen
übertrug. Nicht das geringste Detail war zu gering für Zeffirelli. In
einem indischen Geschäft in London stöberte er ein sensationelles
Gewand auf – an die zwei Meter lang und ebenso weit –, das
Maria im zweiten Akt tragen sollte; in den Werkstätten von Covent Garden verbrachte er Stunden und überwachte, wie man Kostüme besprühte und Prospekte bemalte.

Was die Proben betraf, sie waren ein reines Vergnügen. Zeffirelli, Maria und Tito Gobbi (vielleicht der beste Scarpia, den es je gab) hatten sich vereint, um ein Meisterwerk zu schaffen. *Tosca*, eine der populärsten Opern der gesamten Opernliteratur, ist – durchaus nicht ganz unzutreffend – »ein billiger kleiner Schocker« genannt worden. Doch in den Händen dieser Künstler verwandelte sich Puccinis Werk in ein unvergeßliches dramatisches Erlebnis. Gobbi und Maria verschmolzen mit ihren Rollen in einem Maße, das kaum noch vorstellbar schien. Während der ersten vollen Kostümprobe, drei Tage vor dem Premierenabend, geriet Maria mit ihrer Perücke zu dicht an eine brennende Kerze. Die Perücke fing Feuer. Dennoch sang Maria weiter, während von ihrem Hinterkopf Rauch hochwölkte und Tito Gobbi über die Bühne raste, um das Feuer zu löschen.

Bei einer anderen Probe funktionierte das Patentmesser nicht, mit dem Tosca den Scarpia zu töten hat. Normalerweise hätte die Klinge beim Auftreffen in den Griff zurückgleiten müssen. Doch eben dies tat sie nicht – was Maria, für den Augenblick ganz Tosca, erst bemerkte, als Blut zu fließen begann, und bevor sie die Klinge noch tiefer stoßen konnte. Nunmehr war es an Gobbi, rollengetreu zu agieren. Er stöhnte ein entsetztes »Mein Gott« und machte weiter.

Was Zeffirelli betraf, so ging für ihn ein Traum in Erfüllung. Nur mit der richtigen Tosca hatte er die *Tosca* inszenieren wollen: mit einer Sopranistin, die auch entsprechende dramatische Fähigkeiten mitbrachte. In Maria hatte er sie gefunden. »Ich wollte, daß sie eine überströmende, warmherzige Frau spielte, eine irgendwie nachlässige, wenn nicht schlampige Frau – eine Art Anna Magnani in früherer Zeit ... Nun, Maria brachte das. Sie verstand es, dieses magnetische, temperamentvolle Geschöpf zu kreieren. Von Anfang bis Ende hielt sie das Publikum in atemloser Spannung.« Im ersten Akt eilt Tosca in die Kirche und sieht, wie ihr Geliebter am Altarbild malt. Eifersucht flammt in ihr auf, weil sie meint, er könne ihr untreu sein; doch gelingt es ihm, sie zu beschwichtigen. »Obschon sie sich in der Kirche befindet«, sagte Zeffirelli im Rückblick auf Marias Darstellung, »spricht sie mit ihm von zärtlicher Liebe. Sie kichert und lacht. Sie umarmt und küßt Cavaradossi – und nimmt sich dann zusammen, als wollte sie sagen: ›Nein, berühre mich nicht, nicht vor der Madonna ...‹ Sie hätten sich direkt dort in der Kirche lieben können. Tosca war dazu bereit.«

Je näher der Premierenabend rückte, desto mehr wuchs ihre Anspannung. Zum erstenmal, seit Onassis der Mittelpunkt ihres Lebens geworden war, entdeckte sie wieder, wieviel ihr ihre Arbeit zu
geben vermochte. Sie führte ein Leben, das sternenfern schien von
Aristo und seiner Welt, und für den Schutz, den es ihr bot, war sie
dankbar. Und dennoch: Ein Gefühl der Panik, tief innen, ließ sich
nicht bannen.

Dann bekam sie plötzlich hohes Fieber. Alle Symptome deuteten
auf Bronchitis. Als der 21. Januar, ein Dienstag, heraufdämmerte,
zeigte das Thermometer noch immer um die 39 Grad. Inzwischen
war ihr bewußt geworden, worin die wahre Ursache für ihre
Krankheit bestand: in ihrer Angst, ihrem geradezu irrsinnigen Pa-
nikgefühl, und sie weigerte sich, klein beizugeben. Mehr noch. Sie
ließ es nicht zu, daß David Webster vor der Vorstellung das Wort
an das Publikum richtete, um dieses um Verständnis zu bitten. Wie
sich zeigte, brauchte sie ein solches Verständnis auch nicht. Die
Aufführung wurde zu einem einzigartigen Triumph.

Zum erstenmal hatte Maria die Tosca mit achtzehn Jahren gesungen, damals in Athen. Jetzt war sie vierzig, und sie gab der Frauen-
gestalt, die sie verkörperte, eine Sinnlichkeit, die für sie selbst neu
und für das Publikum eine Offenbarung war. Überhaupt erweiterte sie die Gefühlsskala auf eine Weise, wie sie es, zwölf Jahre
zuvor, bei ihrer bemerkenswerten *Tosca*-Aufnahme, noch keineswegs getan hatte. Was 1952 noch wie kindlicher Trotz geklungen
hatte, verwandelte sich jetzt in das wirkliche Leid einer Frau. Und
ebenso wie ihre Sinnlichkeit erhielten auch ihre Eifersucht und ihre
Zärtlichkeit neue Dimensionen.

»Sie hat für die italienische Oper genausoviel getan wie Verdi«,
sagte Zeffirelli. An jenem Premierenabend, da es in Covent Garden
für sie eine stehende Ovation gab, hätte darin wohl niemand eine
Übertreibung gesehen.

»Maria«, erinnerte sich Tito Gobbi, der sie liebte und leidenschaftlich gern mit ihr zusammen arbeitete, »war auf der Bühne in jeder
Sekunde die Tosca. Das zeigte sich in der Art, wie sie sich bewegte,
wie sie sang – und wie sie den Kollegen zuhörte, wenn die sangen.
Und sie verstand es, dramatische Pausen mit ihrer Persönlichkeit
zu füllen – die Spannung aufrechtzuerhalten. Sie war echt, völlig
authentisch, ohne irgendwelche alten Klischees. Selbst wenn sich
etwas Unerwartetes ereignete – an einem Abend stürzte Maria
zufällig –, so wurde dies ein Teil des Dramas. Niemand im Publi-

kum wußte, daß dies nicht zur Inszenierung gehörte. Wir paßten uns sofort an. Wir empfanden die unbedingte Freiheit, unsere Rollen nach Wunsch und Gegebenheit zu gestalten. Eine bessere als die Callas werden wir nie zu sehen bekommen.«

Die berühmte Vergewaltigungsszene, die inzwischen zum Bestandteil der *Tosca*-Tradition geworden ist, wurde in einem Augenblick dramatischer Inspiration geboren. »Ich verfolgte sie, und sie wußte, daß sie mir nicht entkommen konnte. In ihrer Verzweiflung rannte sie schließlich, statt von mir fort, auf mich zu, diese arme, zerbrechliche Frau, und sie begann mit ihren Fäusten gegen meine Brust zu trommeln. Ich brach in sadistisches Gelächter aus ... dann packte ich ihre Hände und zwang sie mit aller Kraft auf. Ich streckte ihre Arme auseinander, kreuzigte sie gleichsam. Maria begriff sofort, und sie reagierte mit einem Schmerzensausbruch. Was da zwischen uns geschah, geschah völlig spontan.« Doch eben dies – das für alle sichtbare und fühlbare Gequältwerden – machte es für das Publikum viel leichter, sich mit der Frau zu identifizieren, die wenige Minuten später furchtbare Rache übt. Ihre Schreie: »*Muori damnato! Muori! Muori! Muori!*« (Stirb, Verruchter! Stirb! Stirb! Stirb!) klangen so grauenvoll, daß, wie Dulcie Howard es ausdrückte, »selbst wenn die Messerwunde nicht tödlich gewesen wäre, Scarpia dennoch nicht hätte weiterleben können, vor einem solchen Ausbruch von Haß«.

Nach ihrem Triumph in der *Tosca* wollte sie mehr tun, wollte sich und der Welt beweisen, daß die Probleme mit ihrer Stimme endgültig überwunden seien. Mit Nicola Rescigno als Dirigent nahm sie Rossini-, Donizetti- und Verdi-Arien auf. Noch während der Schallplattenaufnahmen erhielt sie aus New York ein Telegramm. Ihr Vater lag im Lennox Hill Hospital. Einige Zeit zuvor hatte er noch seine Lebensgefährtin Alexandra Papajohn geheiratet.

Marias Sorge um ihren Vater war groß. Aber noch größer war ihr Zorn über seine Wiederverheiratung – und darüber, daß sie auf solchen Umwegen davon erfuhr.

Ihrem Patenonkel schickte sie folgendes Telegramm:

ERHIELT KABEL VON PAPAJOHNS ÜBER VATERS ERNEUTE OPERATION UND SCHWERKRANKEN ZUSTAND! BITTE GEHE DER SACHE NACH, DA ICH AUFNAHMEN HABE UND NICHT FORT KANN. WAR SCHOCKIERT ÜBER SEINE HEIRAT PLUS REISE NACH NEW YORK. BEIDES ABSOLUTE GEHEIMNISSE BIS ZU

Deinem Brief. Bin sehr verärgert und unglücklich.
Tut mir leid, Dich zu belästigen. Befinde mich aber
mitten in Arbeitssaison.

Herzliche Grüsse Maria.

Es waren Nachrichten, die ihre Nervosität noch verstärkten, und
wie stets zeigte sich das in ihrer Stimme.

»Maria«, sagte Zeffirelli einmal, »fand in ihrer Kunst ein Ventil
für all ihre Probleme.« Und da ihre Probleme mit Onassis zunahmen, hatte sie dieses Ventil um so nötiger. Sie brauchte es, doch sie
wollte es nicht. Und Zeffirelli, der Anfang Mai in Paris eintraf, um
mit ihr die Probenarbeit für die Neuinszenierung der *Norma* zu
beginnen, wußte es. »Künstlerisch gesehen hatte sie sozusagen die
ganze Bahn ausgemessen. Und von einem gewissen Punkt an versuchte sie, das auch in ihrem Privatleben zu tun. Sie reckte sich
ganz einfach nach Höherem.«

Genauso schien es in der Tat zu sein. Da ihr künstlerisches Leben
sie nicht voll befriedigte, hoffte sie auf mehr – vom wirklichen
Leben.

Und wäre es nach ihr gegangen, so hätte sie inzwischen gewiß
längst ihr eigenes Kind – ihre eigenen Kinder – gehabt; von Aristo.
Aber statt dessen probte sie nun für die *Norma* in Paris. Und
währenddessen erreichte sie eine Rechnung: Krankenhauskosten
in Höhe von 4338,37 Dollar für ihren Vater.

Zwar hatte Bruna, die Haushälterin, strikte Order erhalten, vor
einer Premiere alle unangenehmen Briefe und Telegramme von ihr
fernzuhalten, doch dieser Brief hatte die »Zensur« irgendwie pas-
siert.

»Sag meinem Vater, er möchte meine Adresse nicht irgendwelchen
Leuten geben«, schrieb sie ihrem Patenonkel. Doch weitaus stärker beschäftigte und verstörte sie etwas anderes: daß es jetzt eine
»Fremde« gab (so formulierte sie es selbst), die ihrem Vater näher
stand als sie. »Also, lieber Leo, mache ihm das absolut klar. Er hat
sich eine andere gewählt. Er mag sie behalten. Ich scheide endgültig aus ... Tut mir leid, wenn's die Papajohns kränkt, doch als
Freundin habe ich soweit nichts gegen sie. Nur, als meine Stiefmutter möchte ich so oder so niemanden haben. Für solchen Unsinn
bin ich zu alt ... Hoffentlich kriegt das die Presse nicht mit. Sonst
verfluche ich noch die Tatsache, daß ich überhaupt Eltern hatte.«
Es gab noch ein P.S.: »Bitte, halte mich auf dem laufenden und

lasse ihn nicht so sterben, daß ich ins Feuer der Kritik geraten könnte.«

Wenn sie unter Druck stand, dachte Maria immer nur an sich selbst. Jeder Moment, selbst der allerdramatischste, wurde mit kalkulierendem Blick erfaßt. Und die Zeit vor der *Norma*-Premiere war voller Anspannung. Rückhaltlos ergab sie sich der Rolle. Zeffirelli weiß noch, wie er sie bat, vorsichtig zu sein, unnötigen Risiken aus dem Weg zu gehen. »Das kann ich nicht, Franco«, sagte sie. »Ich werde keinesfalls tun, was Anna Moffo in *Traviata* tut. Ich werde nicht einfach über die Musik hinwegschlittern. Ich nehme das Risiko auf mich, selbst wenn dies die Katastrophe und das Ende meiner Karriere bedeuten sollte.«

Ja, sie wußte sehr genau: Wenn sie nur wollte, konnte sie das Risiko der hohen Töne samt und sonders vermeiden. Immer und immer wieder sagte Zeffirelli zu ihr, die meisten Menschen würden den Unterschied überhaupt nicht merken, und die anderen, die ein Ohr dafür hatten, sie würden – sofern ihnen die besondere Art der Callas etwas bedeutete – nicht allzuviel darauf geben.

Aber Maria war etwas Besonderes. Ließ sie wirklich mal einen hohen Ton aus, so hatte sie das Gefühl eines Betrugs, und das konnte ihr Gewissen nicht akzeptieren.

Mochte sie, was das rein Stimmliche betraf, Zeffirellis Ratschläge auch nicht annehmen, er war jedenfalls bemüht, »ihr bewußt zu machen, wieviel Schönheit sie ausstrahlte. Und was immer ich tat, sollte ihr Selbstbewußtsein stärken – damit sie auf das Publikum so wirkte, wie ich sie sah ...«

Die Stärkung ihres Selbstbewußtseins war zu dieser Zeit doppelt und dreifach nötig, kam doch von Onassis' Seite jetzt kaum etwas, das ihr Selbstvertrauen und ihre Selbstsicherheit nicht erschütterte.

Zeffirellis *Norma*-Inszenierung zielte darauf ab, so etwas wie eine Apotheose der Schönheit zu sein – eine Verkörperung reinster Romantik. Maria war in kostbare Gewänder gehüllt, und im zweiten Akt schien sie zu schweben – inmitten einer Vision aus tausendfältigen Schattierungen von creme, rosa, aprikose und lila.

Was die Kritiken betraf, so waren sie kaum weniger »vielfältig«. Dabei kam es in ganz starkem Maße darauf an, welche der acht Vorstellungen der jeweilige Kritiker gesehen hatte und auf welchem Akt er seine Aufmerksamkeit konzentrierte.

»Vom zweiten Akt an überaus sublim«, schrieb Claude Samuel

über Marias erste *Norma*-Vorstellung. »Der beste erste Akt seit 1952«, schrieb Harold Rosenthal über die fünfte Aufführung; doch es war die vierte *Norma,* die bald zum Teil der Callas-Legende werden sollte. Denn an diesem Abend war auch Onassis anwesend, und längst nicht nur er. Da war auch die Fürstin Gracia Patricia, die Begum, Charlie Chaplin und ein beträchtlicher Teil seiner großen Familie, auch Rudolf Bing, Yves St. Laurent, Mitglieder der französischen Regierung – und so wurde der vierte Abend zu dem, was normalerweise der erste war: ein Galaereignis.

Vom ersten Augenblick an begriffen die Kenner im Publikum, daß eine wütende Schlacht im Gange war: zwischen La Callas und der Stimme. Es war ein Kampf, der sich unmittelbar vor ihnen abspielte. Jede einzelne Phase steckte voller Gefahren.

Und es war eben der »Galaanstrich« dieser Vorstellung, der Maria innerlich so unsicher machte, die Anwesenheit von Aristo und der geballten Prominenz.

Ihre leidenschaftlichsten Anhänger und ihre unversöhnlichsten Feinde, sie schienen sich dazu verschworen zu haben, *L'Opéra* an diesem denkwürdigen Samstagabend zur Walstatt werden zu lassen.

Bis zum Beginn des letzten Aktes hatte es für den eigentlichen Kampfeinsatz noch keinen Anlaß gegeben, auch wenn Maria bei einigen hohen Tönen danebengelegen hatte. Die Gelegenheit ergab sich, als Maria in der Schlußszene das hohe C verpaßte. Ihre Stimme »brach«. Einen solchen Kickser hatten die meisten Zuhörer, zumindest aus dem Munde eines Stars, noch nie gehört. Die meisten empfanden Mitleid mit ihr; doch aus der Anti-Callas-Fraktion stieg es wie ein Grollen: Pfiffe, Buhrufe, Schreie: »Bringt sie in ihre Garderobe.« Maria hob die Hand: Zeichen für das Orchester, erneut zu beginnen. Es war ungeheuer riskant. Doch sie siegte. Diesmal saß der Ton perfekt, und das Publikum überschlug sich fast vor Begeisterung.

Aber damit war die Sache längst noch nicht zu Ende. Nach der Vorstellung tobte, auf den Gängen draußen, der Kampf weiter. »Es ist eine Schande!« rief irgend jemand. »Sie haben von Kunst keine Ahnung!« brüllte ein Callas-Anhänger zurück. Eine ehrenwerte alte Dame schlug einer anderen die Brille herunter. Yves St. Laurent kickte einem Gegner ganz buchstäblich vors Schienbein. Schließlich mußte die Polizei herbeigerufen werden, um Faustkämpfe zu schlichten. Indessen wurde Maria von Fürstin Gracia

Patricia umarmt, beglückwünscht, und der Gratulationscour schlossen sich an: die Chaplins, Rudolf Bing sowie – natürlich – Aristo. Immer noch prügelte man sich – selbst dann noch, als sie, inmitten eines Geleitschutzes von fünfhundert Anhängern, vor dem Opernhaus in Onassis' Rolls-Royce stieg und davonfuhr, wie in einem Meer aus Blumen.

Rudolf Bing erinnerte sich später, daß er nicht recht wußte, ob er – in ihrer Garderobe – von dem Kickser sprechen sollte oder nicht. »Es ist, als ob eine Frau ein tiefausgeschnittenes Kleid trägt und man nicht recht weiß, soll man hingucken oder nicht. Ich beschloß, darüber zu schweigen, und sie tat es auch.«

Nun, sie schwieg darüber, doch die Erinnerung verfolgte sie. »Es schmerzt, wenn man gehaßt wird«, sagte sie später, und sie fühlte sich gehaßt – gehaßt und gedemütigt. Überdies war sie sicherer denn je, daß sie in ihrer Arbeit nicht finden würde, wonach sie suchte. »Oh, warum kann ich nicht die Norma allein in einem Wald singen, nur ich und der Mond, statt daß ich all dies durchmachen muß«, sagte sie zu Zeffirelli, als sie allein in ihrer Garderobe waren.

Sie fühlte sich glücklich, jetzt Aristo bei sich zu haben. Sie brauchte seine Kraft, seine Liebe, und sie brauchte ihn als Brennpunkt für ihre Liebe. Er seinerseits liebte sie nun mehr als nach ihren größten Triumphen. Ihre Verletzlichkeit rief seinen Beschützerinstinkt auf den Plan, den Antrieb, sie vor Schmerzen zu bewahren. Er sprach von Skorpios, von den Olivenhainen dort, vom sonnenfunkelnden Meer. Sobald sie ohne Verpflichtung sei, würden sie Paris verlassen. Er verhieß – wie ein Gott, der solche Dinge schenken kann, um sie glücklich zu machen.

Es war ein wunderschöner Sommer. Sie verbrachten viele Stunden damit, Pläne für Skorpios zu machen und Träume zu spinnen. Er wünschte sich in jeder Mondnacht Vollmond; sie wünschte sich einen ewigen Sommer. Er wollte Tabak pflanzen, wie man das in Smyrna tat, Riesenstauden, die nur nachts blühten und dufteten, während sie sich tagsüber schlossen und scheinbar dahinwelkten. Sie ihrerseits, ein gut Teil realistischer, wünschte die Insel unablässig blühen zu sehen.

Sie unterhielten sich ausschließlich auf griechisch, und Marias Griechisch war inzwischen fast genauso echt wie das seine. Vielen Freunden fiel auf, wie sehr sie einander ergeben waren; wieviel ihm daran lag, jeden Gedanken mit ihr zu teilen, wozu auch seine

Zukunftspläne gehörten, all seine Zukunftspläne. Der Eindruck auf die Umgebung war so stark, daß man sich zuflüsterte, die beiden hätten bereits in aller Heimlichkeit geheiratet, in Las Vegas.

Nein, sie hatten nicht geheiratet, doch was sie miteinander durchlebten, war unbedingt so etwas wie Flitterwochen.

Einer der Pläne, über die sie in diesem glücklichen Sommer sprachen, handelte davon, daß Maria Schiffseignerin werden sollte. Vergottis (der mit ihnen einen Teil des Sommers auf der *Christina* zubrachte) war Feuer und Flamme, und er erbot sich, das perfekte Schiff für sie zu finden. Im September meldete er sich dann: Es handelte sich um einen 27000-Tonnen-Tanker mit dem Namen *Artemision II,* der 3,9 Millionen Dollar kosten sollte.

Beim Dinner auf der *Christina* beratschlagten sie zu dritt und beschlossen, ein Angebot zu machen. Gut einen Monat später, am 31. Oktober, befand sich das Schiff im Besitz von Overseas Bulk Carriers, der Firma, die Vergottis hierfür eingespannt hatte. Maria erstand einen fünfundzwanzigprozentigen Anteil an der Gesellschaft; ein weiteres Viertel übernahm Vergottis, und die restlichen fünfzig Prozent gingen an Onassis. Laut Plan sollte er von seinem Anteil Maria später sechsundzwanzig Prozent überlassen, so daß sie die Aktienmehrheit besitzen würde.

Alle diese Details sollten später zum leicht schimmligen Inhalt englischer Gerichtsakten werden; doch am 31. Oktober konnte hiervon nicht die Rede sein. Im Maxim's beging man feierlich Marias Aufstieg zur Schiffseignerin. »Griechische Männer schärfen ihren Verstand an den Dingen«, sagte sie später. »Ich bewundere ihre Gespräche, die mit üblichem Klatsch und gewöhnlicher Konversation nichts zu tun haben ... Sie liebten es, über Geschäfte zu reden, und ich lag ihnen unentwegt mit irgendwelchen Fragen in den Ohren, allerdings höflich, freundlich.« Sie wollte mehr wissen, mehr herausfinden, Aris Welt besser verstehen.

In gut einem Monat wurde sie einundvierzig, und sie war bereit, jede Herausforderung anzunehmen – inklusive zwei voll gelebte Leben. Da war zum einen das Leben als Opernsängerin – bei den unerbittlichen Kämpfen an der absoluten Spitze für die meisten Beteiligten kaum zu verkraften. Und überdies jenes »modische« Leben, das noch kräftezehrender sein konnte. 1965 versuchte sie, beide Leben zugleich zu leben. Sie verschwendete ihre Energie, als bliebe ihr gar keine Wahl, weil ihr die Zeit ausging.

Unmittelbar nach ihrem einundvierzigsten Geburtstag begann sie mit Schallplattenaufnahmen für *Tosca*. Sodann sollten acht *Tosca*-Aufführungen an der Pariser Oper folgen.

Es wurde ein Riesenerfolg, für Maria, aber auch für Zeffirelli und die übrigen; man hatte die gesamte Produktion von London herübergeholt. Maria erklärte sich sogar zu einer zusätzlichen – neunten Vorstellung bereit.

Das war am 13. März. Am Tag darauf flog sie für zwei *Tosca*-Aufführungen nach New York. Ein Kritiker sprach später von »persönlichen Triumphen ohnegleichen«. Aus Paris hatte sie ihrem Patenonkel geschrieben: »Hoffentlich habe ich bei meiner Ankunft nicht gleich irgendwelche Rechtsanwälte auf dem Hals, die für die Ärzte Geld eintreiben wollen. Das wäre mir tief zuwider.« Aber da bestand keine Gefahr. Leo Lantzounis hatte dafür gesorgt, daß die Rechnungen ratenweise bezahlt werden konnten, und zwar mit dem Geld, das Maria ihm für ihre Eltern schickte. »Ich wünschte, Du wärst mein Vater«, hatte Maria an Leo geschrieben. Zu tief erschien ihr die Kluft, die sie von ihrem wirklichen Vater trennte. Er war genesen, aber jene Zeit, da er ihre Premieren und Premierentriumphe miterlebte, gab es nicht mehr.

Doch Leo und seine Frau kamen, als Maria am 19. März in *Tosca* sang. Den Cavaradossi gab Franco Corelli, den Scarpia wieder Tito Gobbi. Die Met war schon seit Wochen ausverkauft. Eine Ausnahme bildeten die Stehplätze. Sie sollten erst am Sonntag davor verkauft werden.

Bereits am Donnerstagabend formierte sich eine lange Schlange von Wartenden, bewaffnet mit Schlafsäcken, Decken, Kissen sowie einem Transparent, das vor dem Opernhaus aufgespannt wurde: »Willkommen daheim, Callas.«

Sieben Jahre waren vergangen seit Marias letztem Auftreten an der Met – am 5. März 1958, gleichfalls als Tosca. Was die rein künstlerischen Bedingungen betraf, so hatten sie sich inzwischen eher noch verschlechtert: Die *Tosca*-Inszenierung war eine der ältesten und häßlichsten, mit buchstäblich wackelnden Kulissen. Überdies gab es für Maria keine einzige Bühnenprobe – nur eine Art Durchprobieren mit Klavierbegleitung, in einem Studioraum »ohne alles«: keine Beleuchtung, keine Kulissen, nichts.

Doch sie beklagte sich nicht, obschon man sie nicht einmal wegen der Wahl des Dirigenten befragte. Nicht wenige schüttelten verwundert den Kopf. War dies wirklich die Callas? Und wenn sie sich so sehr verändert hatte, mochte es dann nicht auch ihrer Stimme an Feuer fehlen? Besaß Maria überhaupt noch die dramatische Kraft ihrer Darstellungskunst?

Nun, die Flamme brannte noch, so intensiv wie eh und je. Das volle Haus hatte Gelegenheit, sich davon zu überzeugen. Wenige Minuten vor Beginn der Aufführung prasselte Applaus, und aller Augen drehten sich in dieselbe Richtung: Mrs. John F. Kennedy, noch immer von Kopf bis Fuß eine amerikanische Heroine, erschien und begab sich zu ihrem Platz.

Von Beginn an lag eine Art elektrischer Hochspannung in der Luft. Bei Toscas erstem »Mario«, noch hinter der Bühne, schien das Publikum den Atem anzuhalten. Und bei ihrem Erscheinen donnerte der Beifall los. Nicht weniger als vier Minuten dauerte er, und dem Dirigenten blieb gar nichts anderes übrig, als mit dem Orchester zu warten, bis der Beifall abklang. Maria reagierte nicht auf den Applaus. Unbewegt verharrte sie. Sie war und blieb Tosca, in jeder Sekunde. Erst am Ende der Aufführung – sechzehnmal wurde sie hervorgerufen – bewies sie jenes besondere Callas-Talent für das Entgegennehmen von Publikumsgunst.

Je mehr die Legende wuchs, desto mehr saugte sie von Marias Substanz in sich ein. Die Verantwortung, so empfand sie es, wurde immer größer, immer drückender.

In Paris war man über ihren New Yorker Triumph natürlich längst im Bilde, und alle meinten, sie müsse in hochgemuter Stimmung zurückkehren. Das Gegenteil schien der Fall zu sein; sie wirkte müde und erschöpft. Fünf *Norma*-Aufführungen an der Pariser Oper standen auf ihrem Programm, danach *Tosca* in Covent Garden.

Die erste *Norma*-Vorstellung sollte am 14. Mai stattfinden. In den Tagen davor wuchs die Angst, mehr und mehr. Am Abend selbst, voller Spritzen und Medikamente, hatte Maria das Gefühl, sich nicht einmal bis zur Bühne bewegen zu können. In einem Gespräch mit John Ardoin – ihrem offensten Bekenntnis, das je auf Tonband festgehalten wurde – sprach sie voll Schmerz von der Kluft zwischen der Legende auf der Bühne und der Maria in ihrer Garderobe. »Erkläre ihnen doch, John«, sagte sie, nein, schrie sie, »daß ich ein Mensch bin und meine Ängste habe ... wenn sie einen so im strahlenden Scheinwerfer- und Rampenlicht sehen ... wie können einen die Menschen da kennen? Wie können Presseleute einen kennen?«

Sie machte weiter. Vor ihrem Auftritt wurde das Publikum um Verständnis gebeten. Das erwies sich als überflüssig, jedenfalls für die erste Aufführung. Für die zweite war es um so notwendiger. In der dritten sang Fiorenza Cossotto die Adalgisa und nicht mehr Giulietta Simionato, Marias alte Freundin.

Das Verständnis, um das Maria bat, wurde ihr nicht nur vom Publikum entgegengebracht, sondern auch ganz selbstverständlich von den Kollegen. Sie alle spürten, daß sie eine große Krise durchmachte. Die einzige Ausnahme bildete die Cossotto.

Voll Zorn erinnert sich Zeffirelli an das, was geschah: »Im Duett müssen Norma und Adalgisa in präziser Übereinstimmung singen. Doch wenn Maria das Zeichen zur Beendigung einer Phrase gab, ignorierte die Cossotto dies und hielt den Schlußton noch etliche Sekunden. Völlig unkollegial. Maria war verstört ... ich erklärte der Cossotto, ich würde nie wieder mit ihr arbeiten, und ich hab's auch nicht getan.«

Nur, im Augenblick war das weiter keine Hilfe. Denn Fiorenza Cossotto schien fest entschlossen, die große Callas stimmlich auszustechen. Allzuviel gehörte jetzt allerdings nicht dazu. Selbst die glühendsten Callas-Fans mußten einräumen, daß sich die Cossotto mit ihrer rassigen Stimme mühelos zu hohen Tönen emporschwang, nach denen Maria sich ungeheuer mühevoll reckte.

Marias letzte *Norma,* am 29. Mai, sollte wieder ein Galaabend werden. Unter den Zuhörern befand sich der Schah von Persien. Angesichts ihrer schlechten nervlichen Verfassung hatte der Arzt Maria nachdrücklich geraten, für diesen Abend auf den Auftritt zu verzichten. Doch ihre Angst vor dem Aufruhr, den eine weitere Callas-Absage verursachen würde, war noch größer als die Furcht vor dem Auftritt. Also tat sie, was sie glaubte, tun zu müssen. Von Akt zu Akt wurde klarer, daß sie kaum würde durchhalten können. Zu allem machte die Cossotto aus dem großen Duett ein großes Duell. Fast wie eine Schlafwandlerin überstand Maria die letzten Szenen. Kaum war der Vorhang gefallen, so brach sie zusammen. Man trug die Bewußtlose in ihre Garderobe.

Eine Stunde später verließ sie, auf zwei Männer gestützt, die Pariser Oper, für immer. »Vergebt mir – ich werde wiederkehren, um eure Vergebung zu erringen«, flüsterte sie der wartenden Menge zu, mit weißem Gesicht und feuchten Augen; und die Menschen verstanden. Mit Ausnahme einiger lärmender Cossotto-Anhänger verhielten sie sich ruhig und mitfühlend.

Zehn Jahre zuvor, als sie sich im Zenit ihres Könnens befand, hatte man Maria gefragt, welche Empfindungen die endlosen Kontroversen um sie in ihr auslösten. Ihre Antwort, mit jener für sie typischen Scheinaggressivität, hinter der sie ihre Ängste verbarg: »Wenn meine Feinde aufhören zu zischen, dann werde ich wissen, daß ich im Abrutschen bin.«

Nun, noch hatte das Zischen nicht völlig aufgehört, doch wirkte es nun eher wie ein schwaches, kaum noch wahrnehmbares Echo der Vergangenheit. Jetzt, da Marias eigentlicher Alptraum begann, rief der größte Teil des Publikums »Bravo«. Doch was für eine Bedeutung konnte das nun, nach ihrem Zusammenbruch, noch haben? Weitersingen? Ausgeschlossen, wenn sie sich nicht selbst zerstören wollte!

Und der tiefe Schmerz, den sie empfand, schuf in einer weiteren Hinsicht Klarheit, eine unverwischbare Erkenntnis: In der hektischen Fröhlichkeit der Onassis-Welt war Glück nicht zu finden, von irgendeinem Sinn ganz zu schweigen.

»Wonach suchen wir? Schon mal darüber nachgedacht, John? Wonach suchen wir heutzutage?« fragte sie John Ardoin. Der Sinn, die Sinngebung – irgend etwas, das ihrer Existenz einen Halt verlieh, darum ging es ihr. Noch war da, um die Verzweiflung abzuwehren, ihre Liebe zu Aristo und Aristos Liebe zu ihr. Doch nach und nach verwandelte sich diese ihre Liebe in Verzweiflung.

Im Sommer war sie auf Skorpios, und sie sehnte sich nach einem Neubeginn. Ohne Kämpfe, ohne Quälerei. »Liebe ist: Man verehrt, und man ehrt, das gehört zusammen. Anders ist Liebe überhaupt nicht möglich. Sicher, es gibt welche, die sagen, ich fühle mich von dem andern angezogen und so weiter. Aber nein. Wenn man liebt, dann verehrt man, dann ehrt man.« Das waren Worte wie aus dem Mund einer ihrer Heldinnen, deren Liebe so absolut, so ausschließlich schien. Man hätte fast glauben können, die Lucia zu hören: »Meine Hoffnungen, mein Leben, ich verpfände sie diesem einen Herzen.«

Dieser Sommer war die schlimmste Zeit, die sie bisher miteinander verbracht hatten. Onassis war nicht nur ein Meister im Becircen von Frauen. Er verstand sich ebensogut darauf, sie total zu unterdrükken. Marias Art, ihn wie einen Sultan oder einen Gott zu behandeln, weckte in ihm den Despoten. Denn unter der Oberfläche der Raffinesse des weltläufigen Stars der *High-Society* schlummerte der urgriechische, patriarchalische Haustyrann.

Ingse Dedichen, die Frau, die er während des Krieges beinahe geheiratet hätte, erinnert sich noch daran, wie er sie das erste Mal zusammenschlug. Später sagte er zu ihr: »Jeder Grieche – und da gibt es keine Ausnahme – prügelt seine Frau. Die Weiber müssen wissen, wer die Hosen anhat.«

Dafür, daß er Maria jemals geschlagen hätte, gibt es keinerlei Anhaltspunkte; doch die verdrängte Aggressivität zeigte sich in der Art, wie er sie behandelte, zumal vor seinen Kindern. Bei Spaziergängen schritt er mit ihnen voraus, während sie die Nachhut bildete, und unentwegt setzte er sie herab: »Wer bist du schon? Ein Nichts! Hast bloß eine Pfeife in der Kehle, aber selbst die funktioniert nicht mehr.«

Zu Anfang war dies nur ein gelegentliches »Witzchen« gewesen; doch jetzt, im Sommer 1965, wurde es plötzlich zur ständigen Stichelei – und für viele von Marias Freunden unerträglich. Einer von ihnen war Zeffirelli. Auf Skorpios nahm er Onassis eines Tages beiseite. »Hör mal, Aristo«, sagte er zu ihm, »über die Einzelheiten eurer privaten Beziehungen bin ich ganz und gar nicht im Bilde, doch für jeden, der Maria liebt, ist es recht verstörend, sie so behandelt zu sehen.«

Natürlich änderte sich nichts, und Zeffirelli schlug immer häufiger Einladungen aus – weil er sich so machtlos fühlte. Er konnte Maria weder vor Onassis beschützen noch vor ihr selbst.

Aber da war auch noch Maggie van Zuylen. Und sie versuchte, Maria beizubringen: So ist das Leben nun mal. »Natürlich liebt er dich. Eben deshalb schreit er mit dir herum und kränkt dich. Würde er dich nicht lieben, so wäre die Folge totale Gleichgültigkeit.«

Mitunter fühlte Maria sich so verzweifelt, daß diese Strohhalme immer noch besser waren als nichts.

Den ganzen Sommer hindurch waren sie kaum je allein. Ari schien ständig von einem Gefolge von Managern und Assistenten umgeben. Samt und sonders handelte es sich dabei um Männer, und sie alle hatten es ungeheuer eilig. Die meisten schienen automatisch zwischen sich und ihren Geheimnissen einerseits sowie dem – weiblichen – Rest der Welt andererseits eine unüberwindliche Mauer zu errichten: Nein, da hatte vom anderen Geschlecht niemand Zugang, nicht mal ein gefeierter Opernstar.

In Onassis steckte viel von einem Knaben, der unter seinesgleichen ein vielbewunderter Held ist. Für Tina und seine diversen Geliebten hatte das offenbar genügt, doch Maria gegenüber – dieses Gefühl schien sich in ihm, zumal im letzten Jahr, verstärkt zu haben – war dies augenscheinlich nicht genug. Und er fürchtete sich wohl vor einer tiefen und echten Beziehung, vor der er nicht davonlaufen konnte.

Genau hierin bestand das Problem. Um sich auf gar keinen Fall zu binden, kehrte er sich gegen Maria und provozierte sie geradezu zum Bruch mit ihm. Da war der Mann, den sie liebte, und sie begriff, daß er unter einer geradezu pathologischen Rastlosigkeit litt.

All ihr Sehnen galt einer Familie; seine sämtlichen Wünsche betrafen die Welt. Sie hatte es zugelassen, daß er Macht über sie besaß; und nun war er es, der die Bedingungen diktierte.

Nach ihrer letzten *Tosca* gab es in ihrem Leben nichts mehr, was noch wirklich zählte, außer Aristo. Gewiß, es gab immer und immer wieder neue Projekte, praktisch bis an ihr Lebensende; aber mochte sie auch mit dem Verstand dabei sein, mit dem Herzen war sie's selten.

Im Augenblick war von einer *Tosca*-Verfilmung die Rede, und Zeffirelli sollte Regie führen. Er hatte für Maria große Träume: »Sie wird sich sofort als das darbieten, was die Franzosen ein *monstre sacré* nennen, sie wird die neue Greta Garbo sein.« Marias Freunde – mit Vergottis an der Spitze – sprachen sich bedingungslos für dieses Projekt aus. Vergottis hatte inzwischen sogar schon Kontakt zu deutschen Produzenten aufgenommen, verhandelte – gemeinsam mit Sander Gorlinsky – bereits über Bedingungen.

Zeffirelli erinnert sich: »In dem Sommer reiste ich ein paarmal zu der Insel, und ich mochte es einfach nicht glauben, in welchem Maße Onassis sie zu manipulieren verstand und ihre Geldgier anheizte. Zu einem bestimmten Zeitpunkt verlangte sie fünfundzwanzig Prozent der Bruttoeinnahmen, zusätzlich zu einer Viertelmillion Dollar Festgage.«

Im August reiste Maria nach London. Vergottis Bruder war gestorben, und sie nahm am Begräbnis teil. Wieder sprach man über das Projekt. Und schließlich einigte man sich auf einen Kompromiß. Maria, Gorlinsky, Vergottis und die deutschen Produzenten trafen sich in Monte Carlo, um die Vereinbarungen zu vervollständigen. Man hatte sowohl Zeffirellis als auch Gobbis Zusage. Auch die Studios waren schon gebucht. Nach dem Treffen in Monte Carlo fehlte nur noch eines: Marias Unterschrift auf dem Vertrag.

Sie bat darum, die Kopie zunächst Ari zeigen zu dürfen.

Vierzehn Tage später erhielt Gorlinsky in seinem Büro einen Anruf. Es war Maria, die von der *Christina* zu ihm sprach. Ob er wohl, zusammen mit Onassis' Anwalt, sofort von London nach Skorpios kommen könne, wo die *Christina* vor Anker lag. Man müsse über die einzelnen Vertragsklauseln sprechen.

Ein Auto raste zum Londoner Flugplatz. In einer Maschine der Olympic Airways ging es nach Kreta, von dort, mit einem Privatflugzeug, weiter nach Skorpios.

Von Anfang an ging es um juristische Spitzfindigkeiten. Argument folgte auf Argument. Onassis hatte den Vertrag in Fetzen gerissen. Als einige Tage später die Produzenten eintrafen, wurden die Debatten noch heftiger.

Darüber, wer hier das Sagen hatte, konnte es keinen Zweifel geben. Das zeigte sich besonders eklatant, als Maria einmal eine Frage stellte. Onassis fiel ihr ins Wort: »Sei still! Red nicht dazwischen, du hast von diesen Dingen keine Ahnung. Du bist nichts als eine Nachtclubsängerin.«

»Ich hoffte«, erinnert sich Gorlinsky, »daß sie ihm eine Flasche oder so was an den Kopf werfen würde. Aber nein, sie stand nur auf und ging hinaus. Er hatte sie völlig unter der Fuchtel.«

»Wir werden den Film selber machen«, sagte Onassis schließlich zu Gorlinsky. »Sie finden heraus, was die Rechte kosten, und werden Produzent.«

Als die Firma Beta Film nicht um die Erkenntnis herumkam, daß sie von Onassis niemals die »Freigabe« für Maria erhalten würden, erklärten sie sich schließlich bereit, die Rechte zu verkaufen. Gorlinsky wurde nach Rom geschickt, um alles in die Wege zu leiten.

Allerdings glaubte er schon seit langem nicht mehr, daß Onassis ernsthaft die Absicht hatte, die Filmrechte zu erwerben und Maria den Film machen zu lassen. Zum einen sabotierte er die Verhandlungen mit Beta Film, zum anderen schürte er in Maria noch Ängste und Zweifel. Er brauchte eine Sklavin – und diesem seinen Ziel konnte es wahrhaftig nicht dienen, wenn er Maria nun zu einer Filmkarriere verhalf.

So wurde also nichts daraus. Im Oktober gab Maria öffentlich bekannt, daß sie von der *Tosca*-Verfilmung Abstand genommen habe. Vergottis setzte sich mit ihr telefonisch in Verbindung. Flehte sie an, noch einmal alles genau zu überdenken. Einen großen Fehler würde sie begehen, indem sie sich selbst und die Welt der Musik einer so bedeutenden Sache beraube.

Marias Antwort klang wie aus Onassis' Mund. Von betrügerischen Produzenten sprach sie, denen man nicht vertrauen könne ... und so weiter und so fort. Vergottis begriff, daß ihre Entscheidung feststand. Nichts, was er vorbrachte, würde sie zu einer Sinnesänderung bewegen können. Sie schien ihm nicht einmal zuzuhören. Er verlor seine Selbstbeherrschung. Sie sei ja keiner eigenen Entscheidung mehr fähig, warf er ihr vor. Für »diesen Mann« habe sie offenbar alles aufgegeben. Nunmehr geriet sie in Harnisch, wurde ausfallend. Was sie im einzelnen sagte, läßt sich nicht mehr rekonstruieren. Fest steht nur: Vergottis verzieh ihr niemals.

Bald schon begriff sie, daß sie zu weit gegangen war. Sie schrieb ihm einen Brief und bat ihn zu verstehen. Er gab keine Antwort, und er hatte auch kein Verständnis.

Wenige Monate vor dem Zerwürfnis hatten beide miteinander gespeist, allein. Vergottis hatte versucht, sie davon zu überzeugen, daß es für sie nicht das sicherste sei, ein Viertel der Aktienanteile von *Artemision II* zu besitzen. Statt dessen solle sie ihr Geld lieber als Kredit in die Firma stecken, zu einem Zinssatz von 6,5 Prozent. Mit dem Schiff gab es allerlei technische Probleme, und er versuchte, Maria klarzumachen, er habe überhaupt ein ungutes Gefühl.

Maria erklärte sich einverstanden. Unter der Voraussetzung, daß sie ihren Kredit nach Belieben wieder in Aktien zurückverwandeln könne. Inzwischen hatte ihr Onassis von seinem Aktienanteil sechsundzwanzig Prozent überlassen und die restlichen vierundzwanzig seinem Neffen gegeben.

Im November 1965 bat Maria darum, ihren Kredit in Aktien umzuwandeln. Vergottis erwiderte, ein solches Recht stehe ihr nicht zu. Nunmehr trat Onassis in Aktion, in einer seiner Lieblingsrollen als Ritter in schimmernder Rüstung. Er stellte sich hinter Marias Forderungen. Vergottis lehnte ab. Bald darauf begegnete man einander, rein zufällig, im Claridges – und hatte sich praktisch sofort in den Haaren.

Schließlich packte Vergottis eine Flasche Whisky, die auf dem Tisch stand, und schrie Onassis an: »Raus hier, oder ich schmettere dir dies an den Schädel.«

Wenig später ließ er sich folgendermaßen vernehmen: Falls Maria und Onassis es wagen sollten, wegen der Aktien in den Zeugenstand zu treten, so müßten sie mit allerlei Skandalen rechnen, sowohl vor Gericht als auch in der Presse.

Onassis bekam einen ungeheuren Wutanfall. Seinen langjährigen Freund nannte er einen Erpresser; und Skandal hin, Skandal her, er war entschlossen, vor Gericht zu gehen.

Über ein Jahr dauerte es, bis die Sache zur Verhandlung kam. Als es dann soweit war, erklärte Vergottis' Anwalt, nach dem Telefongespräch seines Mandanten mit Maria wegen des *Tosca*-Films habe sich in diesem »auf der Stelle ein totaler Sinneswandel vollzogen«.

Dafür mochte es eine ganze Reihe von Gründen gegeben haben. Ein Motiv bildete zweifellos seine Verbitterung darüber, daß Maria sich Onassis in allem völlig zu ergeben schien. Vergottis' Empfindungen Maria gegenüber waren ein komplexes Gemisch aus väterlichen und anderen Gefühlen. Und das plötzliche Bewußtsein, daß es zwischen ihm und Maria nicht einmal ein freundschaftliches Verhältnis geben konnte, ohne daß Onassis' Schatten darüberfiel, entzündete in ihm offenbar eine Art Lunte.

Anfang 1966 fehlte in der kleinen Gruppe von Marias wirklich engen Freunden plötzlich ein wichtiges Glied.

Auch in Onassis' Leben fehlte jetzt etwas sehr Wichtiges. Seit 1953 war er in Monte Carlo der mächtigste Mann. Er nannte Monaco »mein bequemes Hauptquartier«, doch verriet diese Bezeichnung nicht einmal annähernd, wieviel Gefühlsgehalt sich für ihn damit verband und welches Machtbewußtsein er daraus gewann.

1964 begann Fürst Rainier damit, ihn langsam zu entmachten. Bis 1966 hatte der Staat Monaco sechshunderttausend neue Aktien ausgegeben, und zwar in jener Gesellschaft, deren Aktienmajorität Onassis hielt – was ihm die Kontrolle nicht nur über die Firma, sondern praktisch über sämtliche Aktivitäten in Monaco gab. Überdies wurden, zum Marktpreis, jene Anteile aufgekauft, die bereits vorhandene Aktieninhaber loszuschlagen bereit waren. Onassis' Proteste nützten nichts. Er wurde abgeschmettert. Für seine Aktien erhielt er einen Scheck in Höhe von zehn Millionen Dollar, und gedemütigt verließ er Monte Carlo (erst im Monat vor seinem Tode kehrte er wieder zurück). Monaco war ein Teil seines Ruhms, seiner Glorie gewesen. Welchen Ersatz konnte es dafür geben?

Zehn Jahre lang hatte er geglaubt, Monaco sei sein, auf Lebenszeit. Die *Christina* hatte im Hafen den Vorzugsplatz, und die auffallend luxuriöse *Salle Empire,* der Speiseraum des Hôtel de Paris, war für ihn fast so etwas wie eine Erweiterung seiner Geschäftsräume geworden.

»Wenn er in die *Salle Empire* kam, befand er sich im Himmel«, erinnert sich einer seiner Direktoren. »Es war wie ein Diamant, der ihm gehörte.«

Als Fürst Rainier, zur Festigung seiner eigenen Autorität, sich zur offenen Konfrontation entschloß, nahm die Angelegenheit Onassis völlig in Anspruch. Schließlich stand für ihn viel mehr auf dem Spiel als nur ein paar Millionen Dollar. Maria durchlebte die Hochs und Tiefs mit ihm. Er sprach mit ihr über das Vorgefallene, oder eher: Während er hin und her marschierte, bedachte er Rainier und dessen Hof mit sarkastischen Bemerkungen und mit Beschimpfungen. Doch urplötzlich konnte seine wilde Wut umschlagen in eine Stimmung gedeckter Melancholie; und die Abruptheit, mit der dies geschah, erstaunte Maria immer wieder. Erregte er sich nicht über Rainier und Monte Carlo, so gab es irgend etwas anderes.

Ob in Paris, ob auf der *Christina* oder auf Skorpios, immer und überall machte sich Maria voll innerer Anspannung auf Aristos nächsten Stimmungsumschwung gefaßt. Wie fühlte er sich gerade? War er zornig oder jovial oder melancholisch? Aus Erfahrung wußte sie inzwischen recht gut, daß er eine ganz bestimmte Art entwickelt hatte, sich ihr gegenüber zu verhalten. Es war eine Mischung aus Quälerei und Selbstquälerei. Aristo befand sich stimmungsgemäß bald oben, bald unten; himmelhoch jauchzend, zu Tode betrübt. Und stets zog er Maria mit sich mit.

War er obenauf, so begann er von Heirat zu sprechen ... woraufhin dieses Thema bis zur nächsten Gelegenheit ad acta gelegt war. Anfang April 1966 tat Maria ihre Absicht kund, ihre amerikanische Staatsbürgerschaft aufzugeben. »Nach sieben Jahren«, sagte sie, »haben meine Scheidungsanwälte nunmehr nach langem Hin und Her entdeckt, daß beim Erwerb der griechischen Staatsbürgerschaft meine Ehe auf der ganzen Welt ganz einfach nicht existent wird – außer in Italien.« Laut griechischem Gesetz aus dem Jahre 1946 (also drei Jahre vor Marias Verheiratung mit Meneghini) hatte die Ehe eines griechischen Staatsangehörigen nur dann Gültigkeit, wenn die Trauung in einer griechisch-orthodoxen Kirche vollzogen worden war.

Nicht ohne Befriedigung stellte Maria denn auch fest, ihre Ehe sei eigentlich »nicht existent«. Meneghini hingegen befand: »Für mich wird Maria immer meine Frau sein.« Weitaus interessanter – für Presse, Publikum und nicht zuletzt für Maria selbst – war gewiß, wie sich Onassis dazu äußerte. »Wir haben stets gesagt, daß wir sehr enge, gute Freunde sind«, erklärte er. »Die neue Sachlage ändert nichts. Natürlich freue ich mich sehr, daß ihr siebenjähriger Kampf ein so gutes Ende hat. Es ist wunderbar für sie, wieder eine *Signorina* zu sein.« Die triefende Ironie war unüberhörbar, selbst ohne die Spitze am Schluß. Der günstigen Gelegenheit zu einer verbalen Attacke konnte Onassis nie widerstehen.

Diesmal verlor Maria alle Selbstbeherrschung. Wie sehr hatte sie versucht, sich in Geduld zu üben! Und wie unglaublich war diese Geduld immer wieder strapaziert worden! Jetzt brach es aus ihr hervor, Zorn, Verbitterung, Frustration.

Warum sagte er so etwas? Warum nur? Und dazu noch in der Öffentlichkeit? Wo er doch wußte, wieviel ihr an Haltung und Würde lag, gerade vor der Öffentlichkeit! Aber vielleicht tat er es, eben weil er dies wußte.

Wenn Maria explodierte, und das geschah jetzt immer häufiger, dann beobachtete Onassis sie, als beobachte er ein bockiges Kind. Aber mochte er sie auch quälen, verlieren wollte er sie nicht.

Und schon bald sollte auf eindringliche und fast schon tragische Weise klarwerden, wieviel ihr daran lag, auf gar keinen Fall ihn zu verlieren.

Seit vielen Jahren wünschte sie sich ein Kind. Es war eine überwältigende Sehnsucht, schon bevor sie Onassis kennengelernt hatte. Jetzt, mit dreiundvierzig Jahren, entdeckte sie plötzlich, daß sie schwanger war. Und das kam einem Wunder gleich.

»Ich bin sechsunddreißig«, hatte sie ganz zu Anfang zu Onassis gesagt, »und ich möchte leben – ich möchte ein Kind. Dabei weiß ich nicht einmal, ob ich eins kriegen kann.«

Im Laufe der Jahre hatte sie sich einzureden versucht, daß sie sich ein Kind vielleicht doch gar nicht so sehr wünschte. Erst jetzt begriff sie, wie stark die Sehnsucht nach einem Kind nach wie vor in ihr war. Ja, sie wollte es, hatte es seit langem gewollt.

Aber Onassis wollte nicht. Und es war furchtbar für sie, daß der Mann, den sie liebte, das Kind ihrer Liebe nicht nur nicht wollte, sondern daß er von vornherein auch nur jeden Gedanken daran ablehnte. Mehr noch, er warnte sie: Würde sie das Kind behalten, so bedeutete dies das Ende ihrer Beziehungen.

Sie wurde in einen Strudel aus Furcht, Verwirrung und Verzweiflung gestürzt. Und mit der Entscheidung, die sie traf, gab sie – zugunsten einer immer spröder und unwirklicher werdenden Beziehung – etwas preis, das nunmehr so etwas wie *der* Wunschtraum ihres Lebens war. Mit der Einwilligung, abtreiben zu lassen, opferte sie soviel mehr, als ihr irgendein anderer Wunschtraum bedeuten konnte.

Dieses Kind hätte ihr unendlich viel von dem geben können, was sie gerade jetzt so dringend brauchte: Lebenssinn, Lebensinhalt – ein Losreißen aus der selbstzerstörerischen Lethargie, in die sie immer mehr glitt.

»Eines Tages – sie war damals vierunddreißig – gestand mir Maria, daß sie sich, mehr als alles andere, ein Kind wünsche«, erinnerte sich Meneghini. »Und sie sagte das immer und immer wieder. Ich erwiderte, ein Kind würde ihre Karriere gefährden, mindestens für ein Jahr. In der Tat – ein Kind hätte die große Diva vernichtet, die sie geworden war.«

Die beiden Männer in ihrem Leben verweigerten ihr also gleichermaßen das gewünschte Kind, jeder aus seinen eigenen Gründen. Und was ihre Beziehungen zu Onassis betraf, so wurde aus dem Traum in immer stärkerem Maße ein Alptraum.

Paris war jetzt so etwas wie ihre Heimat. Und dort hatte sie jetzt ein Appartement, von dem sie so sehr wünschte, daß es beiden als Wohnung dienen möge. Es befand sich im ersten Stock in der Avenue Georges Mandel Nr. 36, und ausgestattet wurde es in jenem Stil, den La Callas für La Callas angemessen hielt, und zwar von Georges Grandpierre, dem Innenarchitekten, der sie vergötterte.

Von dort hatte sie Ausblick auf den Kastanienbaum, den sie bald als ihren Kastanienbaum betrachtete, drüben an der Ecke; und das Apartment war tatsächlich das ihre, in dem sie zumindest für den Augenblick auch allein blieb. Sehr wohnlich konnte man es allerdings kaum nennen. Es glich weniger einem Heim als einem Mausoleum für eine Legende. Das Schlafzimmer – und in noch stärkerem Maße das Bad – hatte Maria in ein Nest für sich verwandelt.

Da war der *Grand Salon* mit dem Steinway-Flügel, den Louis-Quinze-Möbeln und den großen Renaissancegemälden; da war der *Salon Rouge* mit all der Chinoiserie – ein Hundepaar, ein

Elefant, eine Pagode. Da war die vielfarbige venezianische Tür, die den *Grand Salon* vom *Salon Rouge* trennte; der kostbare Seidenteppich in *petit point*; die Bilder von Bassano, Sebastiono del Piombo und Fragonard; da war das Speisezimmer im Louis-Seize-Stil. All dies zusammen bildete einen Teil der Kulissen – der völlig unpersönlichen Kulissen – für den letzten großen Callas-Auftritt.

Dann waren da noch das Blaue Zimmer und das Studio. Nur hier gab es Hinweise auf Marias »Existenz« als Opernsängerin. Im Blauen Zimmer befanden sich unter anderem das Porträt der Malibran sowie allerlei Andenken an die Scala, und im Studio übte Maria bis zum Schluß, auch wenn es gar nichts Besonderes zu üben gab.

In der ganzen Wohnung herrschte eine geradezu zwanghafte Ordnung. Kleider, Handschuhe, Handtaschen fanden sich genauso penibel aufgeführt wie die Schallplatten, und die Liste enthielt alle wesentlichen Daten: wann und wo gekauft, bei welcher Gelegenheit und in wessen Gesellschaft getragen.

Das Schlafzimmer stattete sie mit dem aus, was ihr Meneghini bald nach der Hochzeit geschenkt hatte. Dabei dominierte das italienische Doppelbett aus dem 18. Jahrhundert mit dem geschnitzten und mit Blumen bemalten Kopfstück. Doch Marias eigentliches Leben schien sich im Badezimmer abzuspielen. Es sah aus wie von Zeffirelli in extravaganter Stimmung entworfen. Riesig war es, ganz in weißem und rosafarbenem Marmor gehalten, mit Spiegeln überall; mit Teppichen und mit dichten weißen Gardinen, vor den Fenstern zur Straße. Auch eine Art Sitzbank und einen großen Armstuhl gab es dort, beide mit orangefarbenem Samt bezogen. In Reichweite daneben standen ein Telefon und ein Plattenspieler.

Es handelte sich um den belebtesten Raum im gesamten Apartment. Maria verbrachte Stunden dort im Bad mit den goldenen Wasserhähnen, den hängenden Pflanzen, den vielen Blumen. Sie telefonierte, sie machte Pläne, sie spielte Platten. In irgendeinem ihrer geliebten vielfarbigen Kaftane pflegte sie, bequem auf die Sitzbank zurückgelehnt, Freunde zu empfangen. Ihr Badezimmer weckte die orientalische Kurtisane in ihr. Vielleicht verhielt es sich auch umgekehrt. Vielleicht war es die orientalische Kurtisane, die sich dieses Badezimmer schuf.

Wichtigste »Nebendarstellerin« war Bruna, zwei Jahre älter als Maria, braunhaarig, stets tadellos adrett, seit vielen Jahren bei ihr:

Marias Bedienstete, Schwester, Mutter, Vertraute, für die ihre Stellung nicht nur ein Job, sondern eine Lebenserfüllung war. Gleichzeitig besaß sie ein sehr feines Gespür dafür, welche Rolle in dem Stück sie jeweils zu spielen hatte. In Gegenwart anderer gab sich Bruna gegenüber Maria fast schon unterwürfig: »*Oui, Madame* ...«, »*Que désirez-vouz, Madame?* ...« Wenn sie allein waren, schwatzten sie italienisch daher, zwei Freundinnen, die nicht selten auf dem Eichentisch in der Küche saßen.

Bei Bruna konnte Maria ihre spontanen Gefühle loswerden. Überdies erwies sie sich als nüchterne, realistische Ratgeberin, selbst bei Dingen, von denen sie nichts verstand. Bevor Maria sich zur *Medea*-Verfilmung entschloß, zeigte sie Bruna das Drehbuch. Und Bruna war es auch, die nach Marias Bruchoperation Tag und Nacht im Krankenhaus bei ihr wachte. »Sie wollte nicht, daß die Schwester mich anfaßte, weil sie sich schämte«, sagte Maria später. »Man denke doch nur, daß es noch solche Geschöpfe gibt! Schämte sich, weil es demütigend war, wenn ich einer Schwester überlassen wurde. Säuberte mich statt dessen heimlich.«

Von Jahr zu Jahr wurde Brunas wichtigste Funktion immer eindeutiger. Sie bildete für Maria eine Art Schutzschild. (»*Non, Madame n'est pas ici* ...«, »*Non, Madame dort encore.*«) Sie filterte, sie sortierte aus. Einladungen – angenommen, abgelehnt. Ja, sie beschützte Maria und ermöglichte gleichzeitig ihre wachsende Isolation, inmitten von Paris.

Außer Bruna gab es noch Consuelo, den Koch, und Ferruccio, den Butler, weitere wichtige Nebendarsteller. Zumal was Ferruccio betraf. Er sah aus wie der perfekte Butler aus einer italienischen Operette. Er servierte das Diner in Uniform und weißen Handschuhen, selbst wenn bei Maria nur ein alter Freund zu Gast war.

Am 17. April 1967 (das neue Pariser Apartment wurde noch eingerichtet) ging es um eine andere Art Show, in London. An der Seite von Onassis erschien Maria (in scharlachrotem Kleid und mit weißem Turban) dort vor Gericht. Kaum waren sie an ihren Plätzen, da wurde das Erscheinen des Richters angekündigt. Alles folgte dem althergebrachten Ritual. Richter Roskill verbeugte sich vor den Anwälten, die Anwälte erwiderten die Verbeugung. Es ging, wie denn auch anders, um die Streitsache Panaghis Vergottis versus Aristoteles Sokrates Onassis und Maria Kalegoropoulos (unter diesem Namen trat sie an oder auf, wurde jedoch im Verlauf der Verhandlung stets Madame Callas genannt).

Das gefundene Fressen für Zeitungsschlagzeilen.

Oft hatte es den Anschein, als befasse man sich mit einer Art schmerzlicher Rückschau auf ihre acht Jahre mit Aristo; und mitunter konnte man meinen, ihre Antworten, zumal jene von Onassis, seien hauptsächlich füreinander bestimmt. Fast konnte man glauben, sie hätten – wenn auch unbewußt – diese ganze Geschichte eigens inszeniert, und zwar nicht wegen der lumpigen Aktien (Onassis sagte, sie hätten an sich kaum irgendwelche Bedeutung), sondern um – ein gutes Jahr, bevor sie sich trennten – über ihr Verhältnis Klarheit zu gewinnen.

Und Peter Bristow, Vergottis' Anwalt, tat ihnen sozusagen den Gefallen. Er stellte Fragen, die für den Rechtsstreit kaum von irgendwelcher Bedeutung waren. Um so wichtiger schienen sie für den Prozeß, der sich in den Gehirnen von Maria und Aristo abspielte.

ANWALT: Nachdem Sie Madame Callas kennenlernten, trennten Sie sich da von Ihrer Gattin; und trennte sich Madame Callas von ihrem Gatten?

ONASSIS: Ja, Sir. Mit unserem Kennenlernen hatte das nichts zu tun. Reiner Zufall.

ANWALT: Waren Sie nicht der Ansicht, sie könne Ihre Gattin werden, sofern sie nur frei sei?

ONASSIS: Nein. Wenn dem so wäre, gäbe es für mich kein Problem, sie zu heiraten; und für sie genausowenig ein Problem, mich zu heiraten.

ANWALT: Empfinden Sie ihr gegenüber irgendwelche Verpflichtungen, über jene eines rein freundschaftlichen Verhältnisses hinaus?

ONASSIS: Nein, nicht im mindesten.

Ganz gewiß erwartete Maria nicht, daß Onassis ein englisches Gericht als Kanzel für ein Liebesgeständnis benutzen würde. Aber trotz all der vertrackten Motive, die dahinter stecken mochten, enthüllten seine Antworten doch weit mehr, als für die unmittelbare Prozeßführung notwendig war.

Maria ihrerseits gab sich währenddessen alle Mühe, eben diesen Anschein aufrechtzuerhalten: Wenn Aristo und sie die gesetzliche Möglichkeit dazu hätten, so wären sie auch längst verheiratet.

»Sie haben uns erklärt«, fragte Peter Bristow sie im Kreuzverhör, »daß Sie noch mit Ihrem Ehemann verheiratet sind, der sich in Italien befindet?« »Nach italienischem Gesetz bin ich noch unbedingt mit ihm verheiratet«, erwiderte Maria – woraufhin Peter Bristow sie an Onassis' Aussage erinnerte, derzufolge einer Heirat zwischen Aristo und ihr eigentlich nie etwas im Wege gestanden habe – hätten sie diese Heirat nur gewollt.

Aus Marias Antwort klang Verzweiflung. Einerseits wollte sie die Illusion aufrechterhalten, andererseits wollte sie Onassis nicht widersprechen. »Darauf möchte ich sogleich erwidern. Wenn ich nach Amerika gehe und mich scheiden lasse, kann ich heiraten, wen ich will. Nur in Italien würde das nicht gelten. Aber überall sonst.« Aber gar so leicht ließ Peter Bristow sie nicht vom Haken (obwohl diese Art von »Wahrheitsfindung« ziemlich unerheblich war für den Fall, den er zu vertreten hatte). »Betrachten Sie sich selbst jetzt als Ledige?« Hierauf konnte es – zumindest theoretisch – nur eine von zwei Antworten geben: ja oder nein.

Eine lange Pause trat ein. »In Italien: nein. Überall sonst: ja.« Hätte Onassis versucht, ihre Antwort als eine Art »Scherz« abzutun, wie er es all die Jahre getan hatte, wenn Maria verkündete, sie würden heiraten? Nun, die Tatsachen blieben ohnehin, wie sie waren, und Maria ließ ihrer Verbitterung keineswegs freien Lauf.

Für sie tat es dann im Laufe der Verhandlung Vergottis. Er sprach davon, wie Onassis ihn gebeten hatte, vierundzwanzig Prozent seiner Aktien seinem Neffen zu überlassen, ohne etwas darüber zu sagen, was er mit den übrigen sechsundzwanzig tun wolle. Dann berichtete er, wie Maria ihn im Februar 1965 angerufen hatte, um sich bitterlich darüber zu beklagen, daß Onassis ihr ja eigentlich einen fünfzigprozentigen Aktienanteil versprochen habe. Sie zeigte sich darüber sehr zornig. »Seit nunmehr sieben Jahren – oder wieviel es damals waren – sei sie nun mit ihm zusammen.« Am folgenden Tag aßen die drei gemeinsam. »Mit schlauem Blick«, fuhr Vergottis fort, »drehte er den Kopf und sagte: ›Ich habe ihr sechsundzwanzig Anteile gegeben. Warum gibst du ihr nicht noch fünfundzwanzig?‹ Deutlich sah ich ihre Beunruhigung. Ich tätschelte ihr den Rücken und sagte: ›Ich gebe dir eine Option auf das ganze Schiff oder sonstwas auf der Welt.‹«

Es war vermutlich eine Szene, wie sie sich typischer kaum denken ließ für diesen »Fall«. Dort an der Tafel saßen sie zu dritt: Maria mit der verschlossenen Miene eines gekränkten und hilflosen Kindes (eine Haltung, die Aristo häufig bei ihr bewirkte); Onassis, leicht peinlich berührt, weil er nun als der Mann dastand, der Maria nicht nur um das erträumte Idyll, sondern auch um die versprochenen Aktien brachte; und schließlich Vergottis, der ihr sein Königreich anbot – oder zumindest eine Option darauf.

Onassis schien während des gesamten Prozesses in geradezu überschwenglicher Stimmung. Der jungenhafte Held oder der heldenhafte Junge – er würde der Welt schon beweisen, wie stark, wie brillant, wie witzig er war. Als Peter Bristow die Frage aufwarf, ob es sich bei dem Geld nicht um einen Kredit von seiten Marias gehandelt habe, um das Schiff zu kaufen, erwiderte er wegwerfend, das sei eine »Äsopsche Fabel«. »Wozu brauchten wir wohl Madame Callas' Geld? Vielleicht braucht es Mr. Vergottis, ich jedenfalls nicht.« Und als die Vermutung geäußert wurde, er habe es verstanden, Maria gegen Vergottis einzunehmen, war der Witz parat: »Madame Callas ist kein Vehikel, das ich steuere. Sie besitzt ihre eigenen Bremsen und ihr eigenes Gehirn.«

Zehn Tage dauerte der Prozeß, und Richter Roskill befand abschließend: »Bei der endgültigen Entscheidung geht es ganz einfach um die Frage der persönlichen Glaubwürdigkeit ... Darum kommt man nicht herum ... man wünschte, man könnte es ... daß entweder die eine oder aber die andere Partei meineidig geworden ist.«

Nach seinem Urteil war Vergottis der Schuldige. Dieser hatte Maria den fünfundzwanzigprozentigen Aktienanteil an der Gesellschaft zu übereignen sowie die kompletten Prozeßkosten zu tragen, die sich inzwischen auf fünfundzwanzigtausend Pfund beliefen.

Allerdings stand die ironische Schlußpointe noch aus. Vergottis ging in die Berufung – und gewann. Nunmehr war es an Onassis und Maria, entschieden Gegenposition zu beziehen. Die Sache gelangte vor die höchste Appellationsinstanz, das Oberhaus, das House of Lords. Am 31. Oktober 1968, elf Tage, nachdem Jackie Kennedy Mrs. Onassis geworden war, entschieden die Gesetzeslords – gegen Vergottis. Maria und Onassis hatten einen gemeinsamen Sieg errungen – genau zu der Zeit, da Onassis mit Jackie auf Skorpios Flitterwochen feierte und Maria in ihrer Pariser Wohnung in sich hineinschluchzte.

Aber bis dahin sollten noch elf Monate vergehen. Im Augenblick konnte es Maria kaum erwarten, nach Skorpios zu kommen – zu dem von ihr so geliebten Meer. Und sie versuchte, sich selbst weiszumachen: Wenn sie nur Gelegenheit hätte, mit Aristo einige Zeit auf jener Insel zu verbringen, in der sie ihrer beider Heimat sah, so würde der Beziehung zwischen ihnen gleichsam neues Leben eingehaucht werden.

Doch der Sommer 1967 – ihr letzter gemeinsamer Sommer – wurde der traurigste und unglücklichste in einem Verhältnis, das ohnehin unaufhaltsam einem unglücklichen Ende entgegentrieb.

Was Onassis betraf, so erklärte er sich schließlich zur Zusammenarbeit mit Willi Frischauer bereit, der seine Biographie schreiben wollte. Zunächst hatte er versucht, Frischauer mit Hilfe von fünfzigtausend Dollar zum *Nicht*schreiben seiner Biographie zu bewegen. Als dieser das Angebot ausschlug – »Ich bin zu alt, um dafür Geld zu nehmen, daß ich nicht schreibe«, erklärte er –, fand sich Onassis philosophisch zur Zusammenarbeit bereit. »Wenn ich um eine Vergewaltigung schon nicht herumkomme«, befand er, »kann ich mich ja auch auf den Rücken legen und die Sache genießen.« Frischauer wurde nach Skorpios eingeladen, und bald genoß Onassis die Vergewaltigung so sehr, daß er für Maria kaum noch Zeit übrig hatte. Zu den Mahlzeiten erschien er stets zu spät, und immer war er mit einem bestimmten Aspekt seines Lebens beschäftigt. Oft verhielt er sich so, als existiere Maria überhaupt nicht. Frischauer erinnert sich, daß sie bangte und zankte »wie eine gereizte Hausfrau aus der Vorstadt«. Die Beschreibung trifft es vermutlich genau. Doch es war mehr als nur das: Sie war eine Frau, die spürte, daß sie nicht nur den geliebten Mann verlieren würde, sondern auch den Mittelpunkt ihres Lebens.

Voll innerer Anspannung kehrte sie nach Paris zurück, und ihre Angst wuchs – nicht ohne Grund. Ari verbrachte immer weniger Zeit mit ihr, und eines Tages hörte sie etwas Sonderbares aus der Avenue Foch, wo er ja sein Apartment hatte. Helen und George, seine Bediensteten dort, waren angewiesen worden, einen ganzen Abend lang ihr Quartier nicht zu verlassen, während er höchstpersönlich einen geheimnisvollen Gast bewirtete.

Maria hatte stets gewußt, daß er nicht daran dachte, auf Affären zu verzichten; und sie hatte sich damit abgefunden, wie mit so vielem anderen auch, ganz nach der Art griechischer Frauen, denen eine solche Haltung anerzogen wurde.

Nur: Warum auf einmal diese Heimlichkeit?

Sie befolgte Maggie van Zuylens Ratschlag: stellte keine Fragen; tat, als sei nichts geschehen. Genau wie bisher rief Aristo sie tagtäglich an, egal wo er sich befand. Maria ihrerseits hielt sich, wie stets, für ihn bereit. Darin ließ sie sich durch nichts beirren. Lord Harewood erinnert sich, wie er eines Abends vorschlug, zum Diner auszugehen. Ihre prompte Antwort lautete: »O nein, ich kann nicht. Er kommt mit dem Morgenflug aus New York, und ich muß früh zu Bett gehen und frisch sein, wenn er eintrifft.«

Über den geheimnisvollen Gast in der Avenue Foch war Maria bald im Bild. Man hatte Ari gemeinsam mit Jackie Kennedy in New York gesehen, und zwar im El Morocco, im 21, im Dionysos, im Mykonos; zusammen mit Christina, Margot Fonteyn und Nurejew. Seit Anfang 1968 wurde Onassis, wenn auch mehr im Spaß als im Ernst, als Mitbewerber im Rennen um Jackies Hand erwähnt. Hochqualifizierte Konkurrenten waren unter anderem Lord Harlech, ehemaliger britischer Botschafter in Washington, sowie Roswell Gilpatric, unter Kennedy Staatssekretär im Verteidigungsministerium.

Eine Zeitlang hielt Maria sich strikt an die Devise: nur keine Szene machen. Doch ewig ließen sich die zurückgestauten Gefühle – Zorn, Angst, Eifersucht, Schmerz – nicht unterdrücken. Zur Explosion kam es, als Ari aus New York zurückkehrte: mit der Ankündigung, Jackie werde bei einer kurzen Kreuzfahrt durch die Karibik auf der *Christina* mit von der Partie sein.

Maria wußte inzwischen sehr viel mehr, als sie lange Zeit gewußt hatte. Daß er mit Jackie seit jener Kreuzfahrt 1963 Kontakt hielt, war ihr bekannt gewesen. Doch erst jetzt hatte sie erfahren, daß er mit der Präsidentenwitwe lange, regelmäßige Telefongespräche führte, wo immer er sich gerade befand.

Ein kleiner Vorfall war ihr noch deutlich in Erinnerung. Sie und Ari hatten sich in New York befunden, und er griff zum Telefon und rief Jackie in ihrem Apartment in der Fifth Avenue an. »Kommen Sie auf einen Drink herüber«, hatte sie gesagt. »Nur zu gern, und ich habe Maria bei mir.« »In dem Fall, *sorry,* vielleicht ein andermal.«

Damals hatte sie Jackies Reaktion nur merkwürdig gefunden; jetzt spürte sie die Bedrohung. Und so schleuderte es geradezu aus ihr heraus, all die zurückgedämmten Emotionen. So manches Bittere, Gallenbittere kam hervor; doch am Ende fühlte sie sich eher leer als erleichtert. Was sollte sie nun tun? Sie war machtlos. Ein Ultimatum konnte sie nicht stellen. Eine Zukunft ohne ihn schien ihr nicht denkbar. So blieb ihr nur eines: Warten, abwarten.

Onassis glich einem Berauschten. Berauscht vom Geruch des Ruhms und süchtig nach mehr. Er war wie ein Drogenabhängiger: Die Dosis muß immer stärker werden, selbst wenn dies das Ende bedeutet. Und die Dosis, die er jetzt brauchte, hieß Jackie.

Jackie ihrerseits wollte natürlich Sicherheit und Luxus. Doch war da in ihr etwas weit Wichtigeres: die Sehnsucht nach Leben. Die amerikanische Presse hatte sie mit einer Aura umgeben, die an eine Heiligenlegende grenzte, in der alle lebensvollen Impulse zu ersticken drohten.

Im Mai ging Jackie zur karibischen Kreuzfahrt an Bord der *Christina*. Maria nahm nicht teil. Was bislang eine Art Spiel zu sein schien, begann tödlicher Ernst zu werden. Sie wußte, daß Jackie die Ithaka-Suite erhalten hatte, die Suite für auserwählte Gäste; jene Suite, in der Churchill gewohnt hatte – und auch sie selbst. Aus langjähriger Erfahrung kannte sie die Routine auf der *Christina* nur zu gut; die Lunch- und die Dinnerzeit, das Cocktail-Ritual auf Deck bei Sonnenuntergang; natürlich kannte sie die weiblichen Bediensteten, die Jackie umsorgen würden; die Kellner, die Jackie bedienen würden; den Koch, der für Jackie kochen würde.

Johnny Meyer, Onassis' Freund und Publicity-Manager, telegrafierte an ihn: »Bist du nicht einsam ohne Maria und mich?« Augenscheinlich war das genaue Gegenteil der Fall. »Telis« (so nannte Jackie ihn, in der Kurzform für Aristoteles) sang und schwamm mit der ehemaligen First Lady, und unverkennbar genoß er die vertieften Beziehungen zu ihr.

Währenddessen erlebte Maria diese Kreuzfahrt aus der Ferne mit. Sie vegetierte wie in einer Hölle, einer Hölle ihrer eigenen Gefühle. Ohne Schlaftabletten konnte sie keinen Schlaf mehr finden. Dabei sehnte sie sich gerade jetzt so sehr nach Schlaf, um Ruhe zu finden vor den marternden Gedanken. Und wilder Phantasie entsprangen die quälenden Vorstellungen ja keineswegs.

Nach der Kreuzfahrt rief Jackie von New York aus Bobby Kennedy an (den Kennedy, der ihr am nächsten stand), und sie erklärte ihm, sie denke ernsthaft daran, Onassis zu heiraten. Bobby, der sich gerade in einem Wahlkampf um die Nominierung als Präsidentschaftskandidat befand, bat sie, bis zum Ende der Kampagne nichts zu unternehmen. Tage später, am 6. Juni 1968, war Bobby Kennedy tot, von einem Attentäter in Los Angeles erschossen; sofort eilte Ari an Jackies Seite.

Jetzt gab es nur noch zwei Gründe, um das Geheimnis zu wahren. Jackie wollte Kardinal Cushing (der sie mit John F. Kennedy getraut hatte) wegen der Haltung des Vatikans konsultieren – mit Onassis würde sie schließlich einen Mann heiraten, der geschieden war. Onassis seinerseits ging es darum, den Schock für Maria zu mildern. Was die eigentlichen Entscheidungen betraf (von Jackies, wie von Aristos Seite), so waren sie längst getroffen.

Dennoch dachte Onassis nicht daran, Maria reinen Wein einzuschenken. War es Feigheit? War es die Furcht, sie könne sich irgend etwas antun? War es der – unbewußte – Wunsch, sie trotz allem nicht zu verlieren? Nach wie vor besuchte er sie, während gleichzeitig, wo immer sie sich auch befinden mochte, allmorgendlich riesige Blumenbouquets seine zukünftige Braut erwarteten – mit nur vier Buchstaben auf der Karte: TJWL.

Nach Robert Kennedys Begräbnis verbrachten Onassis und seine Tochter ein Wochenende bei Janet Auchincloss, Jackies Mutter, auf der Hammersmith Farm in Newport. Dann war er in Paris, bei Maria; und abermals ging's zurück, diesmal nach Hyannis Port, wo er sich mit John-John und Caroline »beschäftigte«. Zwar, sagte er, könne er ihnen niemals den Vater ersetzen, doch ihre Mutter brauche jemanden, der sich um sie kümmere.

Wieder ging's zu Maria; und abermals zurück nach Hyannis Port – diesmal, um die Familienmatriarchin kennenzulernen. Rose Kennedy empfand ihn als »angenehm, interessant und, um ein Wort griechischen Ursprungs zu benutzen, charismatisch«. Währenddessen lud Ari, in Hyannis Port, Ted Kennedy (jetzt praktisch das Oberhaupt der Familie) zu einer einwöchigen Kreuzfahrt ein, »um die Dinge zu besprechen«.

»Da ich keinerlei Mitgift erwartete«, sagte Onassis später, »gab es eigentlich nichts zu befürchten.«

Abermals kehrte er zu Maria zurück. Die war inzwischen auf der *Christina*.

»Maria, ich möchte, daß du nach Paris reist und dort auf mich wartest.«

»Nach Paris, im August? Bist du nicht ganz bei Trost?«

»Du mußt!«

»Paris, im heißen August? Was soll das heißen?«

»Ich werde Gesellschaft haben, und du kannst nicht an Bord sein.«

»Um wen handelt es sich, und wieso kann ich nicht an Bord sein?«

Natürlich kannte sie die Antwort auf die Frage. Dennoch war da irgendeine Hoffnung. Daß eine Art Wunder geschehen möge, jetzt, ganz urplötzlich. Doch kein Wunder geschah, und voller Verzweiflung sagte sie:

»Dann verlasse ich dich.«

»Wir sehen uns im September, nach der Kreuzfahrt.«

»Nein, du verstehst nicht. Ich verlasse dich. Du wirst mich niemals wiedersehen – niemals.«

Sie verließ die *Christina* und kehrte niemals wieder. Von Paris aus rief sie Mary Mead an. »Bleib in Dallas«, sagte sie. »Ich kann jetzt keine langen Erklärungen abgeben, aber ich komme.« Mary Mead protestierte: Der Gedanke an einen Sommer in Dallas sei ihr unerträglich. Schließlich flog Maria via New York nach Colorado. Weiter ging es nach Santa Fé und von Santa Fé nach Las Vegas; von Las Vegas nach Los Angeles; dort traf sie sich mit Mary Mead; und weiter ging es, von Los Angeles nach Cuernavaca, dann nach San Francisco, dann nach Dallas, dann zurück nach New York. Nirgends konnte sie es lange aushalten, immer mußte sie weiter. Meist wohnte sie in Hotels, wo sie im Fernsehen alte Western betrachtete – und im übrigen sprach und sprach und sprach. Sie sprach über die deutsche Besatzungszeit und über den griechischen Bürgerkrieg, über die Angst und die Not und den Hunger; und sie sprach und sprach über Aristo, über die vielen Zurückweisungen und Demütigungen, die sie hatte hinnehmen müssen. Erinnerungen, Erinnerungen. In einer Art Doppelidentität zog sie von Hotel zu Hotel. Zum einen war sie der Opernstar, zum anderen Aristos Frau; nur daß beide Identitäten jetzt zertrümmert dalagen; daß da nichts mehr war – gar nichts, worauf sie sich hätte zurückziehen können. Zeit und Raum, einfach zerronnen. Das einzige, was blieb, war der Schmerz. Mitunter schien es, als könne sie sich davon befreien durch Reden, Reden und nochmals Reden. Aber das täuschte. Sie redete gleichsam im Kreis; klammerte sich daran fest; schien sich Bitterkeit und Schmerz und Selbstmitleid bewahren zu wollen – als sei dies das einzige, was ihr nun noch bliebe.

In Cuernavaca mietete Mary Mead ein Haus, und dort stieß auch John Conveney zu ihnen, Leiter der klassischen Abteilung der EMI in Amerika. In Cuernavaca zeigte sich Maria während dieser traumatischen Reise auch zum erstenmal bereit, einer Einladung zu einer Party zu folgen, die Freunde für sie gaben.

Aber dann, als sich der Zeitpunkt des Fests näherte, meinte Maria, das sei zuviel für sie. Mary Mead ließ jedoch nicht locker: »Wir anderen gehen alle. Wo möchtest du dein Dinner serviert haben – am Pool, in deinem Schlafzimmer oder im Speiseraum?«

Allein bleiben mochte Maria nicht, konnte sie nicht. Und so entschloß sie sich widerstrebend mitzukommen. Mary Mead erinnert sich, wie enthüllend diese Party war, soweit es um Marias innere Verfassung ging. »Sie hatte alle Selbstachtung verloren, und voll Überraschung nahm sie wahr, daß sie von vielen Menschen noch immer geliebt und bewundert wurde.«

Anfang September traf Maria in Dallas ein, mit zwei gebrochenen Rippen: In Cuernavaca war sie im Badezimmer ausgeglitten und unglücklich gestürzt. Der körperliche Schmerz schien sie auf höchstwillkommene Weise von den seelischen Schmerzen abzulenken. Wegen des Geräuschs, das ihre Rippen hervorriefen, begann sie sich Maria Click zu nennen. John Ardoin erinnert sich, daß sie wie ein Schulmädchen kicherte, als er sie von der Arztpraxis abholte. »Mußte mir doch einen Arzt besorgen«, sagte sie und kicherte noch immer, »der meine sämtlichen Schallplatten sammelt – und der rot wird, wenn er erklärt, ich solle mich frei machen.« An einem Nachmittag, in John Ardoins Haus, begann man damit, ihre Ansichten über die Schlafwandlerszene in *Macbeth* auf Tonband aufzunehmen. Sie analysierte alles, Note für Note, und dann sagte sie: »Sprechen wir noch weiter, John. Leg ein neues Band auf, ich muß einfach reden.« Da war der tiefe Schmerz, für den sie ein Ventil brauchte; da war der tiefe Schock über den Bruch mit Onassis – der Bruch, für den sie so verzweifelt nach einer Erklärung suchte. Und hier in Dallas hatte sie in John Ardoin einen Freund. Nicht nur, daß er eine wirklich fundamentale Studie über ihre Gesangskunst geschrieben hatte; sie wußte auch, daß er sie in einem Maße achtete und liebte, das ihr völliges Vertrauen in ihn rechtfertigte. »Ich weiß, daß du mich niemals falsch zitieren würdest, John«, sagte sie. »Dafür verstehst du mich zu gut.« Und er erwies sich ihres Vertrauens würdig. Die intimsten und schmerzlichsten Passagen des Gesprächs hielt er zurück.*

---

* Erst ein Jahr nach ihrem Tode machte er, für diese Biographie, das gesamte Transkript des Gesprächs verfügbar.

Auf dem Band allerdings war alles. Jedes Wort, das sie sprach, jede Pause. Und aller Schmerz, aller Groll. Sie hatte das Gefühl, Onassis habe sie nicht nur ihrer bürgerlichen Respektabilität beraubt; er habe sie auch um ihren Traum von einer Familie gebracht, was ihrem Leben Sinn und Bedeutung gegeben hätte: »... nach neun Jahren, kein Kind, keine Familie, keine Freunde! Das ist sehr wenig, weißt du! Und man fragt sich: ›Gott, warum nur? Warum geschieht so etwas?‹ Und in meiner eigenen primitiven Logik sage ich mir, daß Menschen, die das Glück gehabt haben, so hoch aufzusteigen, auch glücklich sein sollten, irgendwie ... Es braucht sehr wenig, um mich glücklich zu machen, aber wenn man zu Boden geschlagen wird, dann ist das kaum sehr angenehm, nicht wahr? Da ist, angenommen, eine Frau, und heute sagt sie dem Mann, daß sie ihn bis in alle Ewigkeit lieben wird; morgen aber behandelt sie ihn miserabel. Das ist eine knallende Ohrfeige, mitten ins Gesicht. Wenn das so geht von Tag zu Tag, auf und ab, immer auf und ab, dann ist man bald ein Nervenwrack, oder? Wer soll dann noch Hoffnung hegen? Ich würde lieber mit dem Schlimmsten rechnen und dann das Beste haben. Ehrlich gesagt, neun Jahre lang habe ich mir eben dies eingebildet, nur zeigte sich dann ... Wie kann ein Mann so unaufrichtig sein? So, wie soll ich sagen, so verrückt. Armer Mann ...«

All diese Ergüsse ereigneten sich, ehe der eigentliche Schock kam: die öffentliche Ankündigung von Aris Hochzeit. Bis dahin waren es noch vierunddreißig Tage.

»Ich möchte nicht verlieren. Wer möchte das schon? Offen gesagt, ich habe Angst heimzukehren. Es ist wie der Beginn einer Vorstellung ...«

Sie hatte gehofft, mit Onassis' Hilfe der Wirklichkeit näherzukommen. Jetzt, ohne ihn, schien es für sie abermals nur noch eines zu geben: das Dasein auf der Bühne. Noch in Dallas machte sie die Ankündigung: »In der nächsten Saison werde ich wieder in der Dallas Opera singen. Lawrence Kelly und Nicola Rescigno sind seit langem meine Freunde. Mit ihnen habe ich mein Debüt in Amerika gemacht. Und mit ihnen möchte ich auf die Bühne zurückkehren.« Sie glaubte es selbst nicht: Schon dies war ein Teil der Vorstellung. »Um zu überleben, bin ich zu allem bereit, mein Lieber«, sagte sie zu John Ardoin. »So wie das Spiel für mich steht – alles, um zu überleben.« Die Ankündigung gehörte zu diesem Überlebensspiel. Einzelheiten wurden nicht genannt: kein Datum, keine Oper, nicht die Besetzung, nicht der Regisseur. In der Tat glich das Ganze eher einer Beschwörung als einer Ankündigung: Lieber Gott, gib, daß es mir im nächsten Jahr möglich sein wird, wieder zu singen, denn sonst ist ja nichts geblieben. »Wiege dich nicht in Illusionen, John. Glücklichsein, das gehört nicht zu meiner Welt.«

Von Dallas flog sie (mit Mary Mead und deren vierzehnjähriger Tochter Lainie) nach New York. In Lainie fand sie ein Geschöpf, auf das sie ihre Aufmerksamkeit und Liebe konzentrieren konnte – für ihre Emotionen ungeheuer wichtig. Sie gab dem Mädchen Ratschläge, alle möglichen Ratschläge: über Fragen der Diät, über die im Leben zu übende Selbstbeherrschung – und daß man sich am besten niemals jemandem völlig überlasse, ihm absolut vertraue.

Selbst die Vierzehnjährige spürte, daß dies weniger Ratschläge waren als vielmehr Ausdruck von Marias tiefer Verzweiflung, zumal – nun, während sie sich in New York aufhielten, gab es genügend Meldungen, die davon sprachen, daß Onassis eingetroffen war und nunmehr Mrs. Kennedy überall begleitete. »Ich kann es nicht mehr ertragen, ihren Schmerz zu sehen«, sagte Lainie zu ihrer Mutter. »Ich hoffe nur, daß ich nie, niemals einen Menschen so sehr liebe.«

Renata Tebaldi hatte Premiere in *Adriana Lecouvreur*. Maria gehörte zu den Premierengästen, und nach der Vorstellung fielen die beiden alten Rivalinnen einander hinter der Bühne um den Hals. Maria hatte Tränen in den Augen. Es war, als habe sie irgend etwas dazu getrieben, sich diese eine Gewißheit zu verschaffen: daß es unter aller äußeren Feindseligkeit und Verbitterung noch Harmonie geben konnte.

Genau dies fand sie hinter der Bühne der Met bestätigt.

Am 17. Oktober 1968 um 15.30 Uhr gab Nancy Tuckerman, Jakkies Sekretärin, gegenüber der Presse folgende Erklärung ab: »Mrs. Hugh D. Auchincloss hat mich gebeten, Ihnen mitzuteilen, daß ihre Tochter, Mrs. John F. Kennedy, die Absicht hat, irgendwann im Laufe der nächsten Woche Aristoteles Onassis zu ehelichen. Ort und Datum liegen im Augenblick noch nicht fest.«

Maria war in Paris.

Drei Tage später, am 20. Oktober um 17.30 Uhr in der winzigen Kapelle der Panayitsa (der Kleinen Jungfrau) auf Skorpios, wo sich Maria an heißen Nachmittagen so gern allein aufgehalten hatte, trat der bärtige griechisch-orthodoxe Archimandrit vor, ganz in

Goldbrokat gekleidet, und er nahm die Trauung nach griechisch-orthodoxem Ritual vor: »Der Diener Gottes, Aristoteles, wird der Dienerin Gottes, Jacqueline, angelobt im Namen des Vaters, des Sohnes und des Heiligen Geistes ...«

Artemis, die Schwester des Bräutigams, legte auf die Häupter des Brautpaars zierliche Kränze aus Zitronenblüten, umwunden von weißem Band – und tauschte sie dreimal aus, während der Priester in seinem Singsang fortfuhr. Auch die goldenen Trauringe wurden zwischen den Frischvermählten dreimal ausgetauscht. Alexander und Christina sahen grimmig zu. Caroline und John-John wirkten eher verwundert. Und währenddessen umkreuzten Patrouillen-boote und Kreuzer die Insel, kreisten Hubschrauber in der Luft: Einsatzkommandos der griechischen Kriegsmarine, die den Auf-trag hatten, Reporter keinesfalls näher als tausend Meter heranzu-lassen.

Schwerer Regen fiel, als man einige Stunden später auf der *Christi-na* um die Hochzeitstafel saß. Janet Auchincloss erhob sich, tupfte sich die Augen und blickte dann direkt ihren Schwiegersohn an: »Ich weiß, daß meine Tochter bei dir Frieden und Glück finden wird.«

In Paris traf Maria lächelnd zur Filmpremiere von Feydeaus *Ein Floh in ihrem Ohr* ein. Und sie lächelte auch noch, als sie in den frühen Morgenstunden Les Ambassadeurs verließ, wo sie die Nacht hindurch das fünfundsiebzigjährige Bestehen des Maxim's gefeiert hatte. Es war eine der größten und überzeugendsten Vor-stellungen in ihrem Leben.

Aber hätte jemand aus allernächster Nähe in ihre großen, dunklen Augen geblickt, so wäre ihm wohl kaum der Schmerz entgangen, der den Glanz darin so stark trübte.

Eine Welt zerbricht

»Wenn ich nur eine Medizin hätte, die mir Kraft geben könnte, geistig und körperlich, vor allem körperlich ... Ich wäre mit drei Jahren zufrieden, drei guten Jahren, um wieder zu sein, was ich war. Der Anfang ist es ... vor dem ich Angst habe, der Anfang ...«

Seit der Hochzeit, die Aristo mit einer anderen gefeiert hatte, lebte Maria wie in einem Nebel, einer unwirklichen Traumwelt, in der sie wieder und immer wieder ihre eigene Vergangenheit durchlebte. Unaufhörlich drehte es sich in ihrem Kopf, nur Schlaftabletten und Beruhigungsmittel konnten Abhilfe schaffen. In ihrer tiefsten Verzweiflung sagte sie immer wieder vor sich hin, zuerst halb unbewußt, dann mit ganzem Herzen: »Gott, Dein Wille geschehe. Gib mir nur die Kraft, alles zu tragen.«

Sie erhielt einen Telefonanruf, sodann Besuch, von Francesco Chiarini, einem alten Freund aus der Zeit mit Meneghini. Man unterhielt sich über alles mögliche, bis Maria schließlich sagte: »Weißt du, Francesco, du bist ein komischer Mensch. Obwohl du genau weißt, was mir geschehen ist, sprichst du mit keinem Wort davon. Schau nur, hier ...« Sie stand auf und holte einen dicken Stapel Briefe und Telegramme. Es waren Bekundungen der Anteilnahme, unter anderem von Fürst Rainier und Fürstin Gracia Patrizia sowie von Visconti. Nun sprachen sie von nichts anderem. Genauer gesagt: Er hörte zu, während sie ihm ihr Herz ausschüttete. Zehn Tage nach der Hochzeit schrieb sie John Ardoin einen Brief, in dem sie Onassis kein einziges Mal namentlich erwähnte.

> »... So vieles ist geschehen, und ich glaube, daß mir äußerlich nicht viel anzumerken ist. Doch empfinde ich einen starken Druck und versuche verzweifelt, mich unter Kontrolle zu halten. Natürlich betrachte ich das Ganze als Befreiung. Doch wie wenig Zuversicht bleibt einem. In der einen Minute bin ich voller Vertrauen, in der nächsten habe ich nur noch sehr wenig. Gegen letzteres kämpfe ich an, weil es we-

der christlich noch edel ist, und meine Gefühle sind im wesentlichen rein und alles, was dazugehört.

Aber, John, was für ein einsames Leben sehe ich vor mir.
Keine Arbeit, die ich tue, wird je wieder das sein, was sie
einmal für mich war, und kein Mann entspricht meinen Erwartungen oder Ansprüchen – und damit meine ich nicht das
Finanzielle. Ist es denn zuviel verlangt, wenn man möchte,
daß die Menschen zuverlässig und treu, aufrichtig und nicht
ohne Mitgefühl sind?

Es ist schon sehr entmutigend, daß ich nur immer meiner
selbst sicher sein kann und sonst *keines einzigen* Menschen,
ob früher, ob jetzt, ob in Zukunft. Bin ich ein so merkwürdi-
ges Geschöpf? Und warum?

Verzeih diesen merkwürdigen Brief, aber ich bin in einer
merkwürdigen Stimmung.«

Wenn sie in die Zukunft blickte, so schien es für sie nur einen
Rettungsanker zu geben: Arbeit – neue Rollen, neue Projekte. Da
gab es Menottis *Konsul;* Visconti wollte Puccinis Leben verfilmen,
und Joseph Losey trug sich mit dem Plan, Tennessee Williams'
Boom! auf die Leinwand zu bringen.

Mit dem letztgenannten Projekt beschäftigte sie sich eingehend. Im
Mittelpunkt der Story stand ein Star: eine Frau, die, inmitten ihrer
Diamanten und Erinnerungen auf einer mediterranen Insel lebend,
vom Todesengel aufgesucht wird. Doch schien dies ihrer eigenen
verstörenden Situation – der sie ja zu entfliehen trachtete – allzu
ähnlich. Elizabeth Taylor übernahm die Rolle, und Maria fuhr
fort, nach Möglichkeiten zu suchen.

Ein weiteres Projekt: eine völlig neue Produktion der *Traviata,*
unter der Regie von Visconti, an der Pariser Oper. Diesmal wurden sogar schon Verträge unterzeichnet. Aber dann bekam sie
offenbar Angst vor dem eigenen Mut. Und da ihr Stolz ihr verbot,
den Vertrag einfach aufzulösen, stellte sie unerfüllbare Forderungen: zwanzig bis dreißig Probentage für Orchester und Chor. Zu
solcher – oder ähnlicher – Taktik nahm Maria in letzter Zeit immer häufiger Zuflucht.

Zur allgemeinen Überraschung erklärte sie sich jedoch bereit, in
Pasolinis *Medea*-Verfilmung mitzuwirken. Dabei ging es ebensowenig um Cherubinis Oper wie um die Tragödie des Euripides,
als vielmehr um den *Mythos* der Medea. »Als Franco Rossellini,

der Produzent, und Pasolini den Vorschlag machten, hatte ich keine Zweifel. Ich wußte sofort, daß dies die Gelegenheit war, auf die ich gewartet hatte.«

Es war eine intuitiv richtige Wahl. Und wäre der Film ein Erfolg gewesen, so hätte das für sie unendlich viel bedeuten können: einen Neuanfang ebenso wie das Umsetzen der in ihr tobenden Emotionen in Kunst – was zumindest ein Ansatz zur inneren Klärung sein mochte.

Pasolini begriff das offenbar genau, wie sich zeigte, als er über seine Gründe für die Wahl Marias sprach – Maria als Medea. »Hier ist eine Frau, die in gewisser Hinsicht als die modernste aller Frauen gelten kann; doch in ihr lebt eine Frau aus uralten Zeiten – fremdartig, mysteriös, magisch, mit inneren Konflikten.«

Eben dies war es, was ihn faszinierte. Von sich selbst hatte er einmal gesagt, er sei von der Wirklichkeit berauscht. Was er sah, war offenbar das Drama von Marias Leben, gespiegelt im Drama der Medea. »Über ihre professionellen Fähigkeiten bin ich sehr wohl im Bilde«, sagte er während der Verfilmung, »doch interessieren sie mich kaum. Die individuellen Züge der Callas sind es, aus denen ich die Medea formen kann.« Vor Drehbeginn machte er sich Notizen, die er Maria zeigte. »Medea betrachtet Jason, verzaubert, in ihn verloren. Es ist eine echte und wahrhaftige Liebe; in diesem Augenblick obsiegt Jasons Virilität. Medeas verwirrte Art, einem verirrten Tier gleichend, ist verschwunden. Plötzlich findet sie in dem, was sie menschlich macht, einen Ersatz für das verlorene religiöse Gefühl: in der Liebe. In der sinnlichen Erfahrung gewinnt sie die verlorene Übereinstimmung, die geheiligte Identifikation mit der Wirklichkeit wieder. Und so nimmt vieles erneut Gestalt für sie an: die Welt, die Zukunft, ihr eigenes Wohlergehen, der Sinn des Lebens. Sie läßt sich von Jason besitzen, mit der Dankbarkeit eines wie neugeborenen Wesens; und dann besitzt sie ihn, zur Erneuerung des Lebens.«

Maria sah die Parallelen. In der Medea konnte sie ihre eigene Geschichte wiedererleben: die Liebe, die die Frau in ihr weckte und sie in gewisser Weise »menschlich« machte; die sinnlich-seelische Erfahrung des Einsseins; der neue Lebenssinn und die neue Vitalität, eine Art Wiedergeborenwerden. Indem sie ihre eigene Geschichte abermals erlebte, als Medea, konnte sie einen Teil ihrer Verbitterung loswerden; vermochte sogar die Erkenntnis zu gewinnen, daß die zurückliegende Zeit (anders als sie in ihrer tiefsten

Depression geglaubt hatte) mehr war als nur: »neun Jahr sinnlosen Opfers«.

Im Frühjahr reiste sie nach Rom, um Einzelheiten des Vertrags zu klären und Kostümfragen zu besprechen. Franco Rossellini holte sie vom Flughafen ab. Bei ihm war Nadia Stancioff, in Public-Relations-Dingen recht erfahren (bei den Festivals in Spoleto und in Venedig), und er hatte sie gebeten, sich als PR-Agentin für Maria einzusetzen. Die allerdings hatte auf eine Sekretärin gedrungen, nicht auf eine »Öffentlichkeitsarbeiterin«. Schon bald fand das Mißverständnis seine Aufklärung.

Kaum in ihrer Suite im Grandhotel angelangt, nahm Maria sämtliche Karten aus sämtlichen Willkommenbouquets und reichte sie Nadia. Sie solle jeweils ein paar Dankeszeilen tippen. »Außerdem sind diese Rechnungen zu begleichen«, sagte sie und gab Nadia einen ganzen Schwung.

»Ich bin nicht Ihre Sekretärin, Madame Callas«, erwiderte Nadia und begann zu erklären, worin ihre wirkliche Aufgabe bestand.

»Ist Ihnen klar, daß Sie sich um einen Job bei Maria Callas bringen?«

»Gewiß, aber ich bin ein freier Geist, und ich behalte mir gern meine Wahl vor. Außerdem habe ich über Sie eine Menge gräßlicher Dinge gehört, und überhaupt – ich arbeite nicht gern mit Frauen.«

»Na, woher auch? Geht mir ja genauso!« sagte Maria, von Nadias Direktheit völlig entwaffnet. »Nun, Sie können noch ein paar Tage bleiben und mir beim Auswählen einer Sekretärin helfen.«

Am folgenden Tag begann dann die Parade der Sekretärinnen, und die meisten hockten völlig erstarrt an der Schreibmaschine, weil es die große Maria Callas war, für die sie arbeiten sollten.

»Ich werde auf eine Sekretärin verzichten«, sagte Maria schließlich. »Nadia, Sie bleiben. Sie können mir bei meinem Text helfen. Sie können Leute für mich abwimmeln. Sie können mir alle möglichen Dinge abnehmen, die ich nicht gern tue.«

Dies war der Beginn einer echten Freundschaft zwischen den beiden Frauen. Nadia, groß und blond, halb Amerikanerin, halb Bulgarin, war so etwas wie die Idealbesetzung für die zweite weibliche Hauptrolle. Und nach gut einer Woche war sie, ironischerweise, nicht nur Marias Freundin und ihr Schutzschild gegen die Außenwelt, sondern auch – nun ja, sie tat alles, was auch eine Sektretärin getan haben würde.

Im übrigen revidierte Nadia ihre Ansichten, was die »gräßlichen Dinge« betraf, die sie über Maria gehört hatte, aus gutem Grund: Bruna und Ferruccio hatten Maria nach Rom begleitet, und als sie entdeckte, daß die beiden in zwei Dachkammern untergebracht waren, fuhr sie geradezu aus der Haut. Auf der Stelle, so erklärte sie dem Manager, seien die beiden in allerbesten Hotelzimmern unterzubringen. »Und wenn die Filmgesellschaft nicht dafür aufkommt, so werde ich das tun.«

Aber da war nicht nur die Freundschaft mit Nadia, die sich weiter festigte. Eine weitere Freundschaft bildete sich, eine, die noch weit unwahrscheinlicher schien: mit Pasolini. In absolut »bourgeoisen« Augenblicken hatte sie gleichermaßen gegen Marxisten wie gegen Homosexuelle gewettert. Jetzt fand sie in Pasolini, einem leidenschaftlichen Marxisten und einem »verschrieenen« Homosexuellen, nicht nur einen Freund, sondern – wie sie nach seinem Tode sagte – einen Bruder. Er war ein ruhiger, eher leiser Mensch; anders als der Durchschnittsitaliener ruderte er beim Sprechen nicht mit den Händen, sondern hielt sie ineinander verschränkt; auch wirkte sein hohlwangiges, tiefgefurchtes Gesicht nicht allzu belebt.

Und doch war es dieser so unauffällige Mann, der so ungeheuer viel Furore gemacht hatte: durch seine Filme, durch seine Ansichten, durch seine Freundschaft mit kriminellen Kreisen – als Mittelpunkt von Skandalen, die rundum alle Instanzen in Harnisch brachten: die orthodoxen Marxisten, die orthodoxen Christen und das »wohlanständige« Bürgertum.

Anfang Juni 1969 arbeiteten Pasolini und Maria zusammen. In einer gottverlassenen Ecke Kleinasiens wurde *Medea* gedreht. Goreme in der Türkei war genau der Ort, wie Pasolini ihn sich wünschte – Felsen in verrückter, ja, irrer Gestalt, so daß es oft schwer schien, zwischen Mythos und Wirklichkeit zu unterscheiden.

Von Goreme ging es weiter nach Aleppo in Syrien; dann zurück nach Italien; zu den Lagunen und Inseln von Grado; und abermals weiter, nach Tor Caldara und Tor Calbona unweit Roms. Doch wo immer sie sich auch befanden, Pasolini verstand es, eine fremdartige und verlorene Welt aus Mysterium und Magie zu schaffen.

Und überall waren Reporter, waren Fotografen und Fernsehkamerateams. Selbst in den entlegensten Teilen der Türkei lauerten sie ihr auf; wollten ihre ersten Schritte in der Welt des Films festhalten, ehrgeizige Schritte. Um möglichst nah an sie heranzugelangen, verkleidete sich ein Journalist einmal als Bäuerin. Ein andermal sprach Maria zur Presse, das Gesicht gegen die sengende türkische Sonne mit weißem Tüll geschützt: »Sie war eine Halbgöttin, die ihren ganzen Glauben in einen Mann setzte. Gleichzeitig ist sie eine Frau mit allen Erfahrungen einer Frau, nur größer – größere Opfer, größere Schmerzen. All dies mußte sie durchmachen, um vielleicht überleben zu können. Mit Worten läßt sich dies kaum fassen ... Ich begann in die Tiefe von Medeas Seele zu spähen.« In *Medea* gab es wenig Dialog, und Maria singt nur einmal, ein griechisches Wiegenlied für ihren Sohn.

Bis zur Besessenheit schien sie sich hineinzuknien. Bei einer Szene mußte sie in aller Hast mit bloßen Füßen durch ein ausgetrocknetes Flußbett rennen. In ein schweres Gewand war sie gekleidet, behängt mit allem möglichen Schmuck. Mit praller Kraft strahlte die Sonne hernieder. Maria lief und lief, bis sie schließlich bewußtlos im feuchten Sand zusammensackte. Pasolini und die gesamte Crew jagten hinter ihr her. Als sie wieder zu sich kam, waren ihre ersten Worte: »Bitte, verzeiht mir. Ich bin so töricht. Das hätte ich nicht tun sollen. Es kostet jedermann soviel Zeit und Geld.« Hier sprach der Profi aus ihr. Sie wollte nicht, daß irgend jemand ihretwegen einen Verlust in Kauf nehmen mußte.

Andererseits fühlte sie sich in diesem neuen Metier als reine Anfängerin. Und suchte daher dauernd Rat, Bestätigung, Vergewisserung: »Sagen Sie, ist diese Geste übertrieben, zu opernhaft? Ich kenne den Rhythmus meiner eigenen Bewegungen, aber wenn sich auch die Kamera bewegt ...«

Pasolini war von ihrem Gesicht fasziniert, wollte möglichst viele *Close-ups* von ihr machen, Aufnahmen aus allernächster Nähe. Doch eben dies beunruhigte Maria. Immer wieder bat sie ihn: »Nimm mich aus großer Entfernung auf!« Und sie schlug es aus, sich in den Schlußszenen des Films durch ein Double vertreten zu lassen.

»Hier«, erinnert sich Piero Tosi, »erreichte Maria den Höhepunkt ihrer künstlerischen Leistung. Medea muß ein großes Feuer entfachen. Sie hält die Leichen ihrer Söhne, um sie den Flammen anheim zu geben, während sie dem treulosen Vater trotzt. Das war sehr gefährlich, weil sie auf einem hohen Holzgerüst stehen mußte, während unter ihr Flammen züngelten. Einem heiligen Ritual glich es, und Maria, blind wie sie war, mußte sich in die Feuersbrunst stürzen – zumindest mußte es fürs Auge der Kamera so aussehen. Dreimal spielte sie die Szene durch, und beim letztenmal fiel sie ums Haar buchstäblich in die Lohe. Aber anders tat sie's nun mal nicht.«

»Fanden Sie's nicht ermüdend, die gleiche Szene viele Male zu drehen?« wurde sie Ende Juli gefragt, während die Dreharbeiten in Italien stattfanden. »Nein, was mich ermüdet, ist nicht Arbeit, sondern Zwecklosigkeit ... Wenn es vorbei ist, wird es eine große Leere geben.«

Dennoch: Während dieser beiden Monate hatte sich etwas ereignet, das ihr niemand nehmen konnte – das Leben mit Medea und mit Pasolini. Jetzt verstand sie vieles besser, die vergangenen neun Jahre und ihre Bedeutung für sie. Stets hatte sie sich eine Fatalistin genannt, eine Frau, die nicht selten zu Resignation und Selbstzerstörung neigte. Nun allerdings war ihr »Fatalismus« von ganz anderer Art: Voll Vertrauen akzeptierte sie die Gegebenheiten des Lebens, ob groß, ob klein – dankbar schien sie mit allem einverstanden zu sein. Und ihr freundschaftliches Verhältnis mit Pasolini, der ja selbst unentwegt auf dieser Suche war, in seinen Filmen, in seiner Poesie, verstärkte diese ihre Haltung.

In den Monaten nach Abdrehen des Films schien sich die Freundschaft noch zu vertiefen. Inzwischen war Pasolini dabei, den Film für die endgültige Fassung zurechtzustutzen. Allerdings, besonders vorteilhaft schien seine Arbeit für Maria kaum. Da er eine Vorliebe fürs Monströse und Blutrünstige besaß, wirkte Maria in seinem Schnitt manchmal wie eine Art Jimmy Durante – jener lang- und knollennasige amerikanische Komiker, der manche Leute über alle Maßen entzückte.

Nadia, die während der gesamten Filmerei fast ununterbrochen dabei war, reagierte bestürzt auf das, was an schierer Schönheit als »Abfall« neben den Schneidetisch fiel.

Im Dezember 1969 reiste Maria selbst nach Rom, um zu sehen, was unter der Schere der Cutterin überhaupt noch erhalten geblieben war. Nur sagte sie nichts, von Pasolinis Intellekt verschüchtert und voll auf seinen künstlerischen Instinkt vertrauend. Ansonsten war sie gerade jetzt voller Optimismus und Gutwilligkeit. Nach ihrer Ankunft in Rom setzte sie sich telefonisch mit Nadia in Verbindung; sie solle sofort nachkommen.

»Ausgeschlossen«, lautete die Antwort. »Ich darf Ihnen gar nicht nahekommen. Weil ich nämlich mit einer furchtbaren Grippe im Bett liege.«

Nadia war in Rom, und Maria zögerte nicht, zu ihr zu eilen: die Arme voller Zeitschriften und Bücher. Als dann weitere Freunde erschienen, öffnete Maria in geradezu beschwingter Stimmung die Tür und stellte sich vor: als das Dienstmädchen. Man musterte sie verwirrt; mit jenem Gesichtsausdruck, der da besagte: »Ja, habe ich Sie nicht schon irgendwo gesehen?« Doch gab es niemanden, der ihren Bluff durchschaute.

In ähnlich unternehmungslustiger Stimmung reiste sie mit Pasolini nach Argentinien, um beim Festival von Mar del Plata *Medea* vorzustellen. Dann, am 28. Januar 1970, erschien sie, wieder in Begleitung von Pasolini, in der Pariser Oper: zur Premiere, wo sie gleich zweimal der Star war – auf der Leinwand und im Publikum. Die offizielle Uraufführung von Pasolinis *Medea,* in Anwesenheit von Madame Pompidou, gehörte zu den glanzvollsten Galaabenden in Marias Karriere. Die *beau monde* gab sich ein Stelldichein. Aristoteles Onassis hatte sich eine Viererloge reservieren lassen, doch am Tag der Premiere wurde die Reservierung gestrichen: Seine Frau würde nicht rechtzeitig in Paris eintreffen. Gegenwärtig war Onassis trotzdem – in Marias Gedanken. Sie erhoffte sich einen Triumph, der die Niederlagen der Vergangenheit auslöschen würde; einen Triumph, der die Welt, vor allem aber ihn davon überzeugen würde, daß die Vergangenheit abgetan war; und daß es sich nicht einfach um einen Neubeginn handelte, sondern um einen neuen *und* glorreichen Anfang.

Doch es wurde kein Triumph. Es war bestenfalls ein *succès d'estime.* Das Galapublikum applaudierte höflich und begab sich zum Dinner. Bald stellte sich heraus, daß der Film kommerziell eine Pleite sein würde. Eine Zukunft gab es für ihn nur in Kunstkinos und Filmclubs. Es wirkte schon paradox: Maria, die durch das *elitäre* Medium der Oper Millionen Menschen erreicht hatte, würde durch das *populäre* Medium des Films nur Tausende erreichen.

In ihrem gegenwärtigen labilen Zustand hätte Maria alles als Fehlschlag empfunden, was nicht ein voller Erfolg war. Genau dies traf auf *Medea* zu, zumindest von der psychologischen Seite her. Alle Hoffnungen der letzten Monate zerrannen zu nichts. Sie fühlte sich ausgepumpt, völlig leer. Und immer wieder war es Onassis' Bild, das aus den Splittern ihres zerbrochenen Lebens hervorlugte.

Der Welt gegenüber hielt sie den Schein aufrecht. »Bei mir ist alles so friedlich«, schrieb sie ihrer Freundin Dorle Soria. »Ich arbeite, ich übe, ich genieße das Leben. Was Daddy O betrifft, vorbei ist vorbei. Schützen (gemeint war das Tierkreiszeichen) sind nun mal so ...« Zunehmend flüchtete sie sich ins Bravado: in einen Scheinmut, den sie nicht zuletzt sich selbst einzureden versuchte – denn die Angst wuchs und wuchs.

»Du darfst dir von deiner Schwäche nichts anmerken lassen«, so etwa lautete ihre Devise. »Bloß kein Spektakel. Du mußt Würde bewahren.« Und plötzlich gehörte Onassis wieder zu ihrem Leben – falls er denn je daraus entschwunden war.

Am Tag nach seiner Hochzeit ließ er seine Braut auf Skorpios zurück und flog nach Athen, wo er sich mit dem Führer der griechischen Junta, Georg Papadopoulos, traf. Es ging um das »Projekt Omega«, ein Investitionsprogramm in Höhe von vierhundert Millionen Dollar über einen Zeitraum von zehn Jahren, das größte Projekt solcher Art in der Geschichte Griechenlands.

»An diesem Tag«, sagte einer seiner Geschäftspartner, »war Onassis der Sonnenkönig. Er hatte alles.«

Wenige Tage später gab Onassis in Sachen »Omega« in Athen eine Pressekonferenz. Dann flog Jackie nach New York, und er nahm sein altes Leben wieder auf. Mit einem Telefonanruf bei Maria fing es an. »Madame n'est pas ici«, erwiderte Bruna, genau wie's ihr eingeschärft worden war. »Nein, Madame hat uns nicht gesagt, wann sie wieder hier sein wird.« Dem Anruf folgten Blumen, weitere Anrufe, wieder Blumen. Die Auskunft blieb stets die gleiche: »Non, Madame n'est pas ici.« Es war ein vertrautes Spiel, und er war ein Meister darin.

Gewiß, seine Heirat bot ein gewisses Hemmnis. Dennoch – und dessen war er sicher – konnte es nur eine Frage der Zeit sein, bis Maria ihm wieder ihre Tür und ihr Leben öffnete. Weder fehlte es ihm an Zeit noch an Einfällen. Und da er sich nach einem Wiedersehen mit ihr sehnte, war er auch bereit, Risiken einzugehen.

Er kannte seine Beute gut. Maria, das wußte er, würde alles tun, um »Aufsehen« zu vermeiden, um ihre »Würde« zu wahren. Und so nahm er den kürzesten Weg. Er pfiff unter Marias Fenster in der Avenue Georges-Mandel Nr. 36. Als dies nichts fruchtete, rief er »Maria, Maria.« Und als auch dies fehlschlug, drohte er, mit seinem Auto direkt durch die Haustür zu fahren.

Die »Wegbereiterin« war dann Maggie van Zuylen. Sie stand völ-

lig auf Marias Seite. Dennoch wirkten sich zwei Faktoren zugunsten von Onassis aus. Maggie war eine Superrealistin, und sie
wußte, wie elend Maria sich fühlte. Daher hatte sie mit einer langwierigen Überredungsaktion begonnen. Was vergab Maria sich
schon, wenn sie ihn wiedersah? Ihn wiedersehen hieß ja noch lange
nicht, ihm verzeihen. Was auch schwerfallen durfte angesichts der
Existenz der neuen Madame Onassis mit ihren legendären Shop-
ping-Touren bis hin zu den jüngsten Geschenken, die Jackie von
ihrem Mann erhalten hatte, ein Paar Ohrringe im Wert von drei-
hunderttausend Dollar und eine Brillantenkette sowie ein Armband, genauer Wert unbekannt.

Was schon konnte Onassis seinerseits Maria vorwerfen? Höchstens ihren bissigen Kommentar nach der Hochzeit: »Jackie hat
gut daran getan, ihren Kindern einen Großvater zu geben. Ari ist
so schön wie Krösus.«

Daran erinnerte er sie jedoch, als sie sich zum erstenmal wiedersahen, bei einem ruhigen Dinner bei Maggie van Zuylen, unmittelbar nach seinem ersten Weihnachten mit Jackie.

Als er dann zum erstenmal zu Maria zum Essen kam, sorgte sie
dafür, daß sie nicht allein waren. In aller Hast hatte sie eine Reihe
von Gästen eingeladen: Nadia Stancioff und Francesco Chiarini,
Hélène Rochas und Kim d'Astainville. Telefonisch hatte sie Chiarini gebeten, die Rolle des Gastgebers zu übernehmen und am Kopf-
ende der Tafel Platz zu nehmen. Kurz darauf klingelte sie ihn
wieder an. Sie habe es sich anders überlegt; sie werde doch Ari
bitten, dort zu sitzen.

»Tu, was du für richtig hältst, Maria«, sagte Chiarini. »Mir allerdings erscheint das nicht richtig. Ari ist jetzt verheiratet, und es
wäre korrekter, wenn er zu deiner Rechten säße.« Sie tat es, machte sich jedoch den ganzen Abend über Sorgen. »Wie ein nervöser
Teenager benahm sie sich«, erinnert sich Nadia. »Sie hob die Hunde hoch, setzte sie wieder zu Boden, sie öffnete und schloß die
Fenster, sie hantierte unentwegt an den Blumen herum. Schließlich
zeigte sie Onassis ein Album mit Fotos von den Dreharbeiten zu
Medea und drängte mich, ihm Geschichten über die Verfilmung zu
erzählen: ›Nadia, erzähle Aristo, was an jenem Morgen in Goreme
passierte oder an jenem Nachmittag in Aleppo oder damals in
Grado.‹ Es war, als wollte sie ihm beweisen, daß sie noch etwas
zuwege bringen konnte; daß das Leben auch ohne ihn weiter-
ging.«

Wieder begann er ein Bestandteil ihres Lebens zu werden, und das Verzeihen fiel ihr daher gar nicht so schwer. Was es ihr noch leichter machte: In Aristos Ehe begann sich Enttäuschung einzuschleichen. Jackie war für ihn von Anfang an so etwas gewesen wie das Gewässer, in dem sich Narziß spiegelte – und in sein Spiegelbild verliebte. Die kleine Variante lautete: Wenn er sie betrachtete, fühlte er sich geschmeichelt. Doch bald sollte er entdecken, daß die oberflächliche Zuneigung, die Jackie und er füreinander empfanden, ihn emotional nicht befriedigte. Gewiß, zunächst machte es ihm Spaß, sich als ihr Beschützer zu fühlen – sie gegen die Kennedys, die Paparazzi, die ganze Welt zu schirmen. »Jackie ist ein kleiner Vogel, der Freiheit genausosehr braucht wie Geborgenheit«, sagte er einmal, »und bei mir hat sie beides. Sie kann tun, was ihr beliebt – internationale Modenschauen besuchen, reisen und mit Freunden ins Theater gehen. Und ich werde natürlich tun, was mir gefällt. Ich stelle ihr da keine Fragen, und sie stellt mir keine.«

Nach und nach jedoch sah er manches mit anderen Augen. Im ersten Ehejahr gab Jackie etwa anderthalb Millionen Dollar aus. Überdies entfernte sie von der *Christina* seine geliebten allegorischen Friese, und auf Skorpios gestaltete sie das Haus von Grund auf um, sehr extravagant und keineswegs immer nach seinem Geschmack.

Mehr und mehr hatte Onassis das Gefühl, daß nunmehr er in seiner Freiheit beschnitten – und ausgenützt – wurde. Zwar lautete seine Überzeugung, wie er einmal verkündete: »Wenn es keine Frauen gäbe, hätte alles Geld der Welt keinen Wert«, doch Jackies Verschwendungssucht grenzte schier ans Pathologische. Und je mehr er sich von ihr ausgenutzt fühlte, desto mehr fühlte er sich von Maria geliebt.

Im Februar 1970 kam es zu einer Art Wende. Alle Briefe, die Jackie an einen ihrer früheren Begleiter geschrieben hatte, fielen einem sogenannten Autographenhändler in die Hand, und bevor Roswell Gilpatric erfolgreich auf Herausgabe seiner Briefe klagen konnte, waren sie längst in aller Welt veröffentlicht.

Einen dieser Briefe hatte Jackie auf der *Christina* geschrieben, während ihrer Flitterwochen, und Aris Selbstgefühl erhielt einen harten Stoß:

Liebster Ros,

ich wollte es Dir sagen, bevor ich fortging – aber dann ging alles soviel schneller als gedacht. Irgendwo sah ich, was Du gesagt hattest, und es bewegte mich tief – lieber Ros –, ich hoffe, Du weißt, was Du für mich warst und bist und immer sein wirst –

mit liebem Gruß
Jackie

Einen Tag nach Veröffentlichung der Briefe reichte Gilpatrics Frau die Scheidung ein. Was Onassis anging, so betraf ihn nur dieser eine Brief. Doch sein Selbstbewußtsein als griechischer Mann war gewaltig angeknackst, weit über das hinaus, was sich aus dem Brief herauslesen ließ. Allerdings: Seine Angst vor Demütigung, ob wirklich, ob eingebildet, wurzelte so tief, daß er in seinem Leben vieles tat – und seine Ehe mit Jackie gehörte sehr wohl dazu –, um's der Welt zu zeigen, bevor sie's ihm zeigen konnte.
Und jetzt? Nun, die Welt, die er verblüffen wollte (und bis zu einem gewissen Grade mit dieser Heirat auch verblüfft hatte), lachte sich hinter seinem Rücken ins Fäustchen. »Mein Gott«, bekannte er einem Freund, »wie habe ich mich doch zum Narren gemacht.«
Jackie rief an, um sich zu entschuldigen und ihm eine Erklärung zu geben. Er zeigte sich als mustergültiger *homme du monde,* voller Verständnis und Großmut. Doch bald darauf übte er Rache. Vier aufeinanderfolgende Abende verbrachte er mit Maria, und er wurde beobachtet, wie er das Haus in der Avenue Georges-Mandel um ein Uhr morgens verließ. Dann, am Abend des 21. Mai, sah man Maria und ihn im Maxim's. Das Foto, das von ihnen dort gemacht wurde, zeigte strahlende Gesichter. Gewiß, bei ihnen war Maggie, die die »Anstandsdame« spielte, doch Jackie tobte – womit natürlich genau die geplante Wirkung erreicht war.
Sie meldete sich telefonisch aus New York und erklärte, sie werde sofort nach Paris kommen. Das tat sie auch, doch holte er sie nicht vom Flughafen ab. Aber noch am selben Abend saßen sie im selben Restaurant am selben Tisch, wo Ari und Maria mit Maggie van Zuylen diniert hatten. Ari und Jackie dinierten allein. Beide schienen kaum in Stimmung für einen genußreichen Abend. Zeitweise schwiegen sie einander mit verschlossenen Gesichtern an. Allerdings war dies ja auch nicht gerade eine zwanglose private Zusam-

menkunft: Jackie gab sozusagen eine öffentliche Verlautbarung ab, für die Welt – und für Maria.

Maria begriff. Aristo hatte ihr sein Herz ausgeschüttet. Er hatte sich über Jackie beklagt, er hatte gegen Jackie gewütet; und er hatte Jackie getrotzt, indem er mit Maria im Maxim's erschien. Doch als Jackie auf der Stelle eine Wiederholung seines Dinners mit Maria verlangte, tat Aristo wie geheißen. Vom Maxim's ging's zum Régine's, wo sie bis um halb drei in der Früh blieben.

Für Maria bedeutete dies viel mehr als nur eine Übung in Nostalgie: die vier gemeinsamen Abende in Folge und dann der gemeinsame Besuch in ihrem alten Lieblingslokal. Für sie kam dies einer Art Wiedererwachen gleich. Nein, einer Wiederbelebung. Endlich pulsierte wieder Blut in ihren Adern. Was sie endgültig verloren geglaubt, all die Freude, all die Lebenslust, schien während dieser wenigen glücklichen Tage wiedergekehrt, und sie begann Zukunftsphantasien zu hegen. Wie sie im einzelnen aussahen, wissen wir nicht. Aber wir wissen, daß sie am Tag nach Aris Tête-à-tête-Dinner mit Jackie im Maxim's in Trümmern lagen.

Zwei Tage später waren Giulini und seine Frau bei Maria zu Gast. Sie fanden sie in besorgtem, zerquältem Zustand. »Bitte, bleibt noch eine Weile«, sagte sie, als das Paar Anstalten zum Aufbruch traf. »Laßt mich nicht allein. Bitte, bleibt ...« Als beide dann schließlich gingen, waren sie über Marias Gemütsverfassung stark beunruhigt. Am nächsten Morgen rief Marcella Giulini an, um sich wegen ihres Befindens zu erkundigen. Sie erfuhr, daß Maria zum American Hospital gebracht worden war.

Am selben Morgen, um 8.50 Uhr, meldete Edgar Schneider über Radio Luxemburg: »Mit Hilfe einer Überdosis Schlaftabletten hat Maria Callas einen Selbstmordversuch unternommen, und sie ist in aller Eile ins American Hospital in Neuilly eingeliefert worden.« Um sieben Uhr früh hatte man Maria dort hingebracht. Aber hatte sie wirklich versucht, sich das Leben zu nehmen? Oder befand sie sich im American Hospital zwecks Routineuntersuchung, nur ein wenig früher als gewöhnlich? Denn so lautete die offizielle Lesart aus der Avenue Georges-Mandel.

Genaugenommen traf weder das eine noch das andere zu. Gewiß befand sie sich nicht um sieben Uhr früh zu einer Routineuntersuchung im Krankenhaus. Aber ebensowenig hatte sie einen Selbstmordversuch unternommen – zumindest nicht im Sinne der bewußten Absicht, die dieser Begriff beinhaltet.

Während der vorangegangenen drei Tage war sie, aufgrund der Umstände, immer mehr erfüllt worden von jenem Gefühl, das sie am meisten fürchtete: Ist ja doch alles zwecklos. Eben diesen Zustand hatte sie einmal John Ardoin geschildert, dieses »Himmelhoch jauchzend, zu Tode betrübt«. Es waren fast buchstäblich ihre Worte: »Meine Hoffnungen steigen bis zum Himmel, und dann krachen sie runter. O nein, ich habe genug von diesem Rauf und Runter. Lieber bliebe ich die ganze Zeit unten.«

Aber sie hatte, zumindest vorübergehend, allen Lebensmut verloren – und von dort bis zum bewußten Selbstmordversuch ist es vielleicht kein gar so großer Schritt. Sie sehnte sich nach Schlaf und konnte ihn nicht finden. Die Stirnhöhlengeschichte, unter der sie früher schon so sehr gelitten hatte, plagte sie wieder sehr, und manchmal hatte sie das Gefühl, nicht atmen zu können. Sie nahm mehr und mehr Schlaftabletten, um endlich Schlaf zu finden, und mehr und mehr Beruhigungspillen um endlich Ruhe zu finden. Als der Morgen des 26. Mai heraufdämmerte, war sie so benommen, daß sie kaum noch bei Bewußtsein schien.

Am Nachmittag verließ sie bereits wieder das American Hospital. Doch inzwischen machte die Neuigkeit die Runde. »Noch nie«, sagte sie, »habe ich ohne zu singen so viele Blumen bekommen.« Das Telefon klingelte ununterbrochen. Vor dem Haus in der Avenue Georges-Mandel drängten sich Reporter und Anteilnehmende. Die Nachricht über den Selbstmordversuch hatte bei den Menschen irgend etwas angerührt – etwas Tiefes, weitab von jeglicher Sensationsgier. »Es ist wegen Onassis«, lautete die allgemeine Vermutung. Und jeder, der einmal verlassen, verstoßen, aufgegeben worden war, konnte sich mit Maria identifizieren. Und zwar auf eine Weise, die undenkbar schien, wäre sie nur irgendeine der unglücklichen Reichen und Berühmten gewesen.

Maria, wieder in ihrer Wohnung und im übrigen voller Lebenswillen, befand sich in eher gereizter Stimmung: »Diese Besorgtheit um mich ist ja recht bewegend, doch bildet sie auch eine Einmischung in mein privates wie berufliches Leben.« Als dann, etliche Tage später, die Wochenzeitschrift *Noir et Blanc* Edgar Schneiders Behauptung wiederholte, bat Maria ihren Anwalt Yves Cournot, sowohl *Noir et Blanc* als auch Radio Luxemburg zu verklagen. Am 4. November gewann sie den Prozeß und erhielt Schadenersatz in Höhe von zwanzigtausend Francs.

Inzwischen hatte sie sich wieder hinter ihrer Burgwehr verkrochen. Und sie baute die Befestigung noch höher. »Je weniger man gibt, desto weniger verletzungsanfällig ist man«, sagte sie. »Selbst wenn man auf etwas Gutes stößt – man will's nicht, weil man so voll Angst ist. Also ist's auch damit nichts. Man ist nicht mehr offen, man hat kein Vertrauen mehr.«

Noch immer suchte sie nach dem Grundmuster ihres Lebens. Aber die einzige Maria, die sie jetzt gelten ließ, war die offizielle, *die Callas:* die Frau, die bei einer offiziellen Ehrung neben Jacques Baumel, dem französischen Staatssekretär, stand; die Frau, die am Eröffnungsabend für die neue Saison neben Ghiringhelli in dessen Loge saß – noch immer die unbestrittene Königin der Scala. Zu Anfang der zweiten Pause brach das Publikum plötzlich in spontanen Beifall aus, in dem laute Rufe klangen: »*Ritorna Maria.*« Es war ein Ausbruch der Leidenschaft für eine Frau, bei der jeder Bühnenauftritt eben dies gewesen war: ein Ausbruch der Leidenschaft.

Zwischen den offiziellen Anlässen fand sie, zum erstenmal seit Aristos Heirat, wieder Zeit, um Griechenland zu besuchen. Als Gast bei Perry Embiricos auf Tragonisi, seiner Privatinsel in der Ägäis. Tragonisi gehört zur Petali-Inselgruppe, über die eine Reihe von Mitgliedern der Embiricos-Familie verstreut war.

Kennengelernt hatte sie Perry durch Onassis, vor Jahren schon. Wie der Rest seiner Familie steckte er im Reederei-Gewerbe. Im übrigen war er, inzwischen über fünfzig, Junggeselle und ein großer Musikliebhaber. Einen beträchtlichen Teil des Jahres verbrachte er auf seiner Insel, auf der eine geradezu mustergültige Ordnung herrschte: wunderschönes Hauptgebäude, bezaubernder Garten und zwei Cottages für seine Gäste.

Zu diesen gehörten, für einige Zeit jedenfalls, auch Pasolini sowie Konstantin und Anastasia Gratsos. Gratsos war ein Onassis-Freund aus ganz frühen Tagen in Argentinien, doch obwohl das Ehepaar zu Aristos Hofstaat gehörte, hielt es Maria unentwegt die Treue.

Einen weiteren Gast hatte sie eingeladen: Nadia Stancioff. »Kann's mir im Augenblick nicht leisten«, lautete Nadias Antwort, woraufhin ihr Maria ein Ticket nach Athen schickte, um sie später vom Flugplatz abzuholen, damit sie gemeinsam mit dem Hubschrauber nach Tragonisi fliegen konnten. Und dann lagen sie stundenlang am Strand, sprachen, sprachen. »Sie schien damals vom Gedanken an den Tod besessen«, erinnert sich Nadia. »Auf eine instinktive, fast primitive Weise glaubte sie an Reinkarnation. ›Ich wüßte gern, als was ich zurückkehren werde‹, sagte sie einmal. ›Ich möchte nicht begraben werden‹, erklärte sie mir ein andermal. ›Ich möchte verbrannt werden, ich will kein Wurm werden.‹ Wie viele Griechen war sie abergläubisch, was das Abfassen eines Testaments betraf – als ob das Niederschreiben des Letzten Willens Unglück brächte.«

Zu den Mahlzeiten trafen sich alle, und hinterher spielte man Karten oder hörte Musik; doch einen großen Teil des Tages verbrachte Maria im Wasser, wo sie schwamm, unter der Oberfläche auf Beute ging und mit so manchem Fund wieder emportauchte: mit Muscheln, mit eigentümlich geformten Steinen, mit interessanten antiken Gegenständen, einer Urne vielleicht, einmal sogar mit einem kleinen Fisch. Ihre Haut, eine strapazierfähige »Bauernhaut«, bräunte leicht, und wenn man sie so sah, sonnenbraun und mit zurückgestrichenem langem Haar, wirkte sie stark und frei, voll Selbstvertrauen. Sport verabscheute sie zwar, schon Spaziergänge waren ihr zuviel; doch schwamm sie für ihr Leben gern.

In dieser hochgemuten Stimmung befand sie sich, als sie am 15. August, ihrem Namenstag, einen überraschenden Besucher bekam. Es war Onassis, der im Helikopter landete. Unter ihrem großen Sonnenschirm küßte er sie auf den Mund, heftete ihr ein Paar hundert Jahre alte Ohrringe an die Ohren, küßte Djedda, den Pudel, den er ihr einmal geschenkt hatte, wurde *en détail* fotografiert und flog wieder davon. Ein weiteres Mal war alles vergeben. Ein Grieche mit Küssen und Geschenken und nunmehr absolut reinem Gewissen.

Immer mehr fand sich Maria mit den Gegebenheiten ab. Zwar waren die Beziehungen zu Aristo für sie unbefriedigend und sogar demütigend; dennoch blieben sie das wichtigste in ihrem Leben. Unendlich viele Hoffnungen waren erloschen. Und doch, das schien unvermeidlich, gab es immer noch welche, leise flackernd. Überdies blieb ihr die Sicherheit, daß sie der Mensch war, den er als seinen besten Freund betrachtete. Zeit und Erfahrungen bestätigten dies. Was auch geschehen mochte, sie würde zur Stelle sein. Was auch geschah, und es geschah vieles, sie war zur Stelle.

Den Jahresanfang 1971 erlebte sie in Paris, auf einer Party, die André Oliver gab, Pierre Cardins Partner. Doch Partys und Nachtclubs hatten für sie kaum noch irgendeinen Reiz. Auch folgte ihr üblicher Tageslauf jetzt einem neuen Schema. Nur wenn sie unbedingt mußte, stand sie am Vormittag auf. In der Regel blieb sie bis Mittag liegen. Abends jedoch fand sie einfach nicht ins Bett. Leidenschaftlich gern sah sie sich im Fernsehen Western an, und eigentlich gab es nur eines, das sie noch lieber tat und das fast schon zur Besessenheit wurde: ihrer eigenen Stimme lauschen, auf jenen »Piraten«-Platten und -Bändern, die ihre Fans ihr aus aller Welt schickten.

Hatte sie Gäste, so mußten diese damit rechnen, zum Zuhören aufgefordert zu werden. Vielleicht handelte es sich bei den privaten Mitschnitten um ein Fragment aus ihrer Berliner *Lucia;* oder um ein Abendkonzert in Dallas; oder um ihre mexikanische *Aida;* oder um ihre *Tosca* aus Rio de Janeiro. In Polster zurückgelehnt, Djedda oder Pixie auf dem Schoß, lauschte sie konzentriert, versunken, fast wie in Trance; machte dann und wann eine Bemerkung, mehr für sich selbst; wartete nicht auf Antwort, versank wieder; löste sich erst nach Abspielen der Aufnahme aus ihrem tranceartigen Zustand.

»Hat sie nicht gut gesungen?« sagte sie manchmal, als spräche sie von einer fremden Person. Aber es kam auch vor, daß es Reminiszenzen regnete. In der Regel allerdings war sie allein, wenn sie ihrer eigenen Stimme lauschte, so daß sie sich ganz versenken konnte in Erinnerungen an Callas-Triumphe.

Daß ihre Legende von niemandem und nichts so leicht zu überflügeln war, daran hegte sie keinen Zweifel. Oder? War dem auch wirklich so? Wie stand es denn mit ihr selbst?

Sie mußte es herausfinden. Behutsam ging sie vor. Wie eine Rekonvaleszentin, die nach langer Krankheit die ersten Schritte wagt. Eine zweiwöchige Meisterklasse im Februar 1971 im Curtis Institute in Philadelphia, das würde wohl ein sicherer Anfang sein. Unterwegs machte sie in New York Station: Frage- und Antwortstunde in der Juilliard School of Music.

Ihre Faszination, ihre Ausstrahlung, sie wirkte nach wie vor. Dicht gedrängt saß das Publikum, unter anderem, neben weiterer Prominenz, Rudolf Bing und sein späterer Nachfolger Göran Gentele, die entscheidenden Herren an der Met. Maria äußerte sich über vieles, über Liebe und Drama, über Regisseure und Lieblingsrollen sowie – vor allem – über ein Comeback: »Ich hatte eine Reihe schlechter stimmlicher Gewohnheiten angenommen. So zog ich mich zurück, um neu beginnen zu können. Jetzt bin ich bereit. Ich habe niemals aufgehört zu lernen. Wissen Sie, was das bedeutet? An sich arbeiten, ein Leben lang. Ich habe die Absicht, meine Rückkehr auf die Opernbühne bekanntzugeben, vielleicht noch in diesem Jahr. Ich weiß zu warten. Und ich bin stets bereit, wenn sich die Chance bietet.«

Es war, wenn man so wollte, die typische Callas-Mischung: ein wenig hausgemachte Philosophie, eine Dosis Ernsthaftigkeit und sehr viel »Bravado«.

Während ihres New Yorker Aufenthalts war sie viel mit Anastasia Gratsos zusammen. Einmal begleitete sie Anastasia sogar zum Augenarzt. »Und wie lange ist es her, daß Sie Ihre Augen haben untersuchen lassen?« fragte er sie. Maria antwortete: »Viel zu lange.« Die Untersuchung ergab, daß sie an einem Glaukom im Anfangsstadium litt, was bei Nichtbehandlung zur Blindheit führen konnte. Von nun an mußte sie alle zwei Stunden etwas in ihre Augen träufeln. Sie kaufte sich einen schönen kleinen Louis-Quinze-Wecker, hängte ihn sich um den Hals und ließ sich von ihm erinnern. Wo immer sie sich befand, ob bei Freunden oder bei Fremden, die Selbstbehandlung kam vor allem anderen.

In ihrer Suite im Regency empfing Maria die Journalisten. Sie trug eine schwarze Hose und eine weiße, rüschengeschmückte Bluse. Wie es ihre Art war, machte sie die Anwesenden zunächst einmal mit ihren Pudeln bekannt: »Djedda ist der braune und Pixie der weiße.« Ari hatte sie ihr geschenkt, und Djedda war nach der saudiarabischen Stadt benannt worden, weil Ari seinerzeit dort Geschäfte tätigte.

Wenn Maria ihre Pudel umarmte, konnte es gar keinen Zweifel geben. Sie liebte sie. Mußte sie arbeiten, so schickte sie die Hunde hinaus – wie Kinder, die ablenkten, störten.

»*Schießen* Sie los«, sagte sie zu den Journalisten und riß in gespieltem Entsetzen ihre großen dunklen Augen auf.

»Haben Sie die Opernbühne aufgegeben?« Dies war die Frage, die alle beschäftigte.

Entschieden wehrte sie ab. »Aber kein Gedanke! Ich studiere unentwegt, und es wäre mir ein Vergnügen, in New York in einer neuen Rolle in einer neuen Produktion aufzutreten – etwa in der Art von *Anna Bolena*. Jedermann möchte, daß ich *Tosca* singe, aber *Tosca* langweilt mich.«

Es waren sieben Jahre her, seit sie in einer neuen Inszenierung gesungen hatte, und damals war, am Schlußabend, der Vorhang nicht mehr für den Schlußakt hochgegangen. Die Erinnerung daran verfolgte sie noch immer.

1971 wurden die Schatten im Leben des Aristoteles Onassis immer länger. Aber hatte er sich nicht alle Träume erfüllt? Auf dem ganzen Planeten gab es kaum einen Menschen, der bekannter – oder jedenfalls auffälliger – war als er. Und wer konnte ihm schon das Wasser reichen in puncto Macht und Reichtum?

Allerdings begann er nun zu entdecken, daß er nicht allmächtig war; daß er nicht alles und jeden kontrollieren konnte. Es begann damit, daß Christina, sein besonderer Liebling, am 19. Juli in Las Vegas einen gewissen Joseph Bolker heiratete, achtundvierzig Jahre alt, Immobilienhändler, Vater von vier Töchtern.

Die Nachricht von der Heirat seiner Tochter erreichte ihn auf Skorpios während der Feier von Jackies zweiundvierzigstem Geburtstag. Er wütete, stundenlang; sorgte dafür, daß Christina von ihrem Geld abgeschnitten war. Laut Joseph Bolker übte er einen ungewöhnlichen Druck aus, bis schließlich, im folgenden Februar, die Scheidungsformalitäten ihren Anfang nahmen.

Inzwischen hatte es für Onassis einen weiteren Schock gegeben, einen weit größeren, und in diesem Fall war er absolut machtlos. Am 22. Oktober heiratete seine erste Frau, mittlerweile vom Marquis von Blandfort geschieden, in Paris in aller Stille seinen lebenslangen Rivalen, Stavros Niarchos. Das geschah anderthalb Jahre nachdem ihre Schwester Eugenia, zu dieser Zeit mit Niarchos verheiratet, auf der familieneigenen Insel gestorben war, an den Folgen körperlicher Verletzungen sowie einer Überdosis von Barbituraten. Nach dreimaliger eingehender Untersuchung ihrer Leiche forderte die zuständige Behörde seine Inhaftierung. Das Hohe Gericht in Piräus schlug die Anklage nieder, doch bestimmte Gerüchte wollten nicht zum Verstummen kommen, und selbst ein Jahr nach Beilegung des Falles wurde noch immer getuschelt. Tina heiratete einen Mann, auf dem weiterhin Schatten von Zweifeln lagen.

Onassis war tief geschockt. Eine Zeitlang ignorierte er völlig Tinas Existenz, versuchte es jedenfalls. Dabei handelte er weniger aus verletztem Stolz als aus verletztem Anstandsgefühl. Seine Welt, zumindest an einigen Punkten fest verankert, schien plötzlich kopfzustehen.

Dann kam der nächste Schlag. Er konnte sich nicht länger darüber hinwegtäuschen, daß seine eigene Ehe ein katastrophaler Irrtum war. Nun nannte er Jackie »kaltherzig und flach«, während er zwei Jahre zuvor noch der Ansicht gewesen war, sie gliche »einem Diamanten, kalt und scharf an den geschliffenen Rändern, feurig und heiß unterhalb der Oberfläche«.

Er sehnte sich nach Liebe. Statt dessen mußte er sich mit Schmeicheleien und öffentlicher Aufmerksamkeit begnügen. Mit Klatsch und Angeglotztwerden. Für Jackie war sein »griechisches Drama« samt all seinen Ausbrüchen ganz einfach zuviel. Maria hingegen durchlebte das mit ihm. Und zu ihr kam er gerannt, »der Liebe wegen«, nun, da er doch alles hatte oder zu haben schien. Jetzt begriff er allmählich immer deutlicher, was das einzige war, worum es ihm wirklich ging. Oft kam er im Flugzeug, im Helikopter, um Maria zu besuchen. Häufiger jedoch führte er mit ihr stundenlange Telefongespräche.

Inzwischen befand sich Maria wieder in New York, wo sie sich für jene Meisterklassen vorbereitete, die sie, ab Oktober, an der Juilliard School leiten wollte. In irgendeinem Raum dort »studierte« sie mit Alberta Maziello, und dieses Wort bezeichnet die Situation genau. Maria fühlte und verhielt sich wie eine Anfängerin. »Haben Sie gehört?« rief sie manchmal aus, »ich habe diese ganze Passage gesungen.« Über jeden Fortschritt, und mochte er noch so gering sein, war sie voller Erregung.

Tito Gobbi erinnert sich. Gemeinsam mit Maria sowie Frau und Tochter war er ausgegangen. »Anschließend brachten wir sie zum Plaza zurück, wo sie damals wohnte, und als wir bereits dort waren, sagte sie plötzlich zu mir: ›Oh, Tito, ich bin so einsam, ich bin hier so allein, nicht einmal mein Hündchen habe ich bei mir, kauf mir doch an der Ecke eine Eiscreme.‹ Wir taten es, aber natürlich ging es ihr nur darum, den Augenblick der Trennung noch ein wenig hinauszuschieben.«

Bald darauf ließ sie Bruna und die beiden kleinen Hunde nach New York nachkommen. Die totale Einsamkeit konnte sie nicht länger ertragen.

Die Meisterklassen an der Juilliard School begannen am 11. Oktober, und sie unterschieden sich weitgehend von dem, was man für gewöhnlich darunter verstand. Zum einen fanden sie im Juilliard-Theater statt, und zum anderen fand sich eine ganze Anzahl sehr prominenter Köpfe ein, zum Beispiel Franco Zeffirelli, Placido Domingo, Tito Gobbi, Gina Bachauer und Grace Bumbry.

Applaus ist verpönt. Dennoch erklingt lauter Beifall, als Maria die Bühne betritt. Sie hebt die Hände, bittet um Stille. Dies ist schließlich keine Aufführung. »Sind wir bereit?«

Es gibt Fotos, die sie dort zeigen. Das kastanienbraune Haar fällt ihr lang über die Schultern, meist hat sie ihre Hornbrille auf (schließlich ist Ari nicht in der Nähe, kann sie nicht sehen). Sie lächelt, wirkt entspannt, ist jedoch völlig bei der Sache. Konzentriert hört sie zu, pocht manchmal mit ihrem Kugelschreiber den Takt. Mitunter verraten nur ihre ausdrucksvollen Augen, ob sie lobt oder tadelt.

Dann und wann hebt sie fast herrisch die Hand; unterbricht. Zu einem jungen Tenor, der in einem Duett aus *Butterfly* singt: »Wissen Sie, was Sie da zu ihr sagen?« »Ja, ich sage ihr: ›Endlich bist du mein.‹« »Dann *singen* Sie das auch so!« faucht sie ihn an.

Zu der Sopranistin, die gerade Gildas *Caro nome* absolviert hat: »Gilda ist eine leidenschaftliche Frau, wissen Sie. Ihr pulsierendes Gefühl müssen Sie dem Publikum vermitteln, noch ehe Sie den ersten Ton singen. Schon der Akt des Atmens ist Emotion.«

Zu einem Tenor, dem es ein wenig an Intensität fehlt: »Na los schon, Mario. Mehr Leidenschaft. Sie sind doch Neapolitaner, für Sie gibt's keine Entschuldigung.« Doch als er dann Anstalten macht, die Sopranistin zu umarmen, fährt sie schroff dazwischen: »Keine Gebärden! Mit der Stimme!«

Zu einem koreanischen Bariton, der den Prolog aus dem *Bajazzo* singt: »Sie haben eine mächtige Stimme; lassen Sie sie raus ... ob Sie dann die höchsten Töne schmeißen, soll mir egal sein. Caruso hat sich so was oft genug geleistet.« Nicht nur Caruso.

Nur ein einziges Mal ließ sich Maria von Studenten wie Publikum gleichsam ins Innere blicken. Eine junge Sopranistin hatte gerade Aidas *O patria mia* gesungen und dabei etliches verpatzt. Sie blickte zu Maria und entschuldigte sich: »Es gibt da drei oder vier Noten, mit denen ich einfach nicht fertig werde.« »Genau wie ich«, lautete Marias Kommentar, und trotz ihres selbstironischen Lächelns gab es unter den Anwesenden wohl kaum einen, der nicht spürte, wie ihm ein Frösteln über den Rücken glitt.

Die Erfolgserlebnisse an der Juilliard School in New York schienen Gewähr dafür zu sein, daß sie sich auch ihrem Opernpublikum wieder stellen konnte – ohne die lähmende Angst während der letzten Jahre ihrer Karriere. Dennoch bedurfte sie immer und immer wieder der Bestätigung von anderer Seite.

Ein kompetentes Urteil erhoffte sie sich von Michael Cacoyannis, der gerade in New York war, um *Bohème* herauszubringen. In aller Heimlichkeit lud sie ihn für einen Nachmittag ins Juilliard-

Theater ein, um ihm vorzusingen. »Sie bat mich, irgendwo Platz zu nehmen, wo sie mich nicht sehen konnte«, erinnerte sich Cacoyannis. »Sie war nervös und wartete mit Entschuldigungen auf. ›Ich komme gerade vom Zahnarzt‹, erklärte sie. ›Wenn ich also nicht besonders bei Stimme bin ...‹«

Es ist eine fast geisterhafte Szene. Die große Callas, nervös wie bei ihrem allerersten Vorsingen. Und sie singt in einem leeren Saal für einen Freund, dessen Sympathie sie gewiß sein kann. Dennoch möchte sie, daß er sich irgendwo in der Dunkelheit verbirgt. Sie will ihn nicht einmal als anwesend ahnen; und dennoch wartet, nein, lauert sie auf sein Urteil, auf seine Aufmunterung.

»Du kannst es tun, Maria«, sagte er.

Es gab nur noch wenige, die dieser Überzeugung waren. Sie fragte Peter Menin, den Leiter der Juilliard School, nach seiner Meinung. »Es war eine aufrichtige Frage, und sie verdiente eine aufrichtige Antwort«, erinnert er sich. »Also sagte ich, es habe wohl nicht allzuviel Sinn. Der Raum, in dem sie mit Maziello gearbeitet hatte, war von der Akustik her ganz ausgezeichnet – ein Raum, der der Stimme schmeichelte. Dieser Umstand sowie die Reaktionen während der Meisterklasse hatten ihr zuviel Mut gemacht. Aber das großartige Darbieten einer Phrasierung garantiert noch längst nicht den Erfolg eines ganzen Opernabends.«

Etwa um diese Zeit trat di Stefano wieder in ihr Leben. Das letzte Mal hatten sie am 22. Dezember 1957 miteinander gesungen, bei der letzten Aufführung des *Maskenball* in der Scala. »Maria, laß uns jetzt zusammen zurückkommen«, sagte er nun, und er sagte es wieder und wieder.

Maria scheute stets vor einem schroffen »Nein« zurück, selbst wenn sie, zumindest im Augenblick, an ein »Ja« überhaupt nicht dachte. Aber diesmal war die Lage ohnehin anders. Nach Abschluß ihrer Tätigkeit an der Juilliard School drohte die gefürchtete Leere, und überdies war di Stefano für sie doch weit wichtiger als hundert oder mehr »Piraten«-Platten. In gewissem Sinne war er die wandelnde Verkörperung der Jahre ihres Triumphs. Alte Feindseligkeit, alte Kämpfe, alter Hader – sie zerschmolzen in der Wärme, mit der beide ihre alten Triumphe neu erlebten.

Di Stefanos Tenorstimme war eine der besten des ganzen Jahrhunderts, doch hatte sie sich bald zerschlissen bei der geradezu animalischen Intensität, mit der er sang. »Was an ihm so aufregend ist«, hatte jemand gesagt, als di Stefano noch ganz oben stand, »das ist, daß er stirbt, während er singt.«

Als er Maria nun wieder begegnete, war mit ihm, mit seiner Stimme nicht mehr viel los. Und so bildeten die beiden ein sonderbares Paar, das sich vor allem auf gemeinsame Schwächen stützte. Wechselseitig versuchten sie, aneinander Halt zu finden. Was Maria betraf, so ließ sie sich in ein Verhältnis treiben oder gleiten, das ihr ein wenig Freude bereitete, hauptsächlich aber Kummer – und es war ihre innere Einsamkeit, die sie dazu brachte.

Di Stefano war verheiratet, und Marias striktem Moralkodex zufolge hatte man mit Ehemännern keine Affären. Mehr noch, sie kannte und mochte di Stefanos Frau, die im übrigen gleichfalls Maria hieß. Wie sie die Kluft überbrückte? Nun, da waren Schuldgefühle, die sie sich kaum selbst einzugestehen wagte. Am ehesten noch in den Briefen, die sie ihrem Patenonkel schrieb.

Mochte beider Verhältnis auch in der Vergangenheit wurzeln, di Stefano war fest entschlossen, zumindest professionell ein Stück Zukunft daraus zu gestalten. Der erste Versuch dazu war die Aufnahme, die sie 1972 in London machten, wobei Antonio de Almeida dirigierte. Ein Schleier des Geheimnisses umhüllte das Ganze. Nicht einmal die Mitglieder des London Symphony Orchestra wußten, wer die Solisten sein würden. Man nahm Verdi- und Donizetti-Arien auf, wieder und wieder. Es gab einen Haufen Probleme, und eines davon war: Di Stefano schien nur noch mit voller Lautstärke singen zu können.

Nun, alle waren entschlossen, wahre Wunder zu wirken, um zwei der größten Stimmen des Jahrhunderts wieder zum Leben zu erwecken.

Am 4. Dezember, wenige Tage nach Beginn der Aufnahmen, erfuhr Maria vom Tod ihres Vaters in Athen. Er war achtundsechzig Jahre alt geworden und zur Zeit seines Todes fast blind. Nach seiner Wiederverheiratung hatte er sich zur Heimkehr nach Griechenland entschlossen, was ihn Maria allerdings nur noch mehr entfremdete.

Und nun, während sie sich in allerlei neue Aktivitäten stürzte, war er gestorben. Sie empfand für ihn eine Wärme, wie sie sie in den letzten Jahren kaum je gespürt, und dies vertiefte ihren Kummer noch. Sehr genau erinnerte sie sich, wie sie als Kind einmal mit ihm durch die Straßen von New York spaziert war. Nur zu gern hätte sie Eiscreme gehabt, doch sie wagte nicht, ihn darum zu bitten.

Vor einem Eiscremehändler blieb sie stehen und zupfte ihren Vater an der Jacke. Doch sie bat nicht, sie fragte nicht. Und auch später: Wenn sie seiner Aufmerksamkeit bedurft hätte, sie bat nicht, sie fragte nicht. Er seinerseits hielt es nicht anders.

So hatte jeder sein eigenes Leben geführt. Bei Marias Premieren-abenden trafen sie einander, um gleich darauf wieder getrennt zu sein. Von Mal zu Mal fiel es beiden schwerer, Zärtlichkeit zu geben oder auch zu empfangen. Schließlich war da seine Wieder-verheiratung gewesen, und die Kluft riß auf, wurde tiefer und tiefer. Jetzt schien all dies so unglaublich überflüssig.

Sein Tod hatte eine ungeheuer starke und in vielfacher Hinsicht schmerzliche Wirkung auf sie. Dies stieß wieder die Tür auf zu ihrer Mutter, und es gab wohl kaum einen wichtigeren Punkt in ihrem Leben als eben diesen – das Verhältnis mit ihrer Mutter.

»Niemals würde ich mich mit meiner Mutter versöhnen, und dafür gibt es gute Gründe«, hatte sie ein Jahr zuvor gesagt. »Sie hat mir in vielem Unrecht getan, und gar so eng sind Blutsbande ja nun auch wieder nicht. ›Allerliebste Mutter?‹, nein, so etwas will und kann ich nicht vortäuschen.«

Man konnte es fast so etwas wie eine mathematische Gleichung nennen. Auf der einen Seite stand ihr Groll, auf der anderen Seite ihre Schuld.

Nach wie vor schien ihr eine Versöhnung mit ihrer Mutter un-denkbar, und so wuchs und wuchs die Einsamkeit. Als dann der Wirbel abgeklungen war, hatte sie offenbar das Gefühl, die Schuld mindern zu müssen, und so schickte sie ihrer Mutter Geld. Was Evangelia betraf, so bewahrte sie alle Empfangsbescheinigungen von der Bank auf, als handle es sich um Liebesbriefe. In einem gewissen Sinne waren sie dies auch. Zumindest handelte es sich um einen Schmelzprozeß in den beiderseitig völlig vereisten Bezie-hungen.

Was Marias Konflikte mit ihrer Familie betraf, so waren diese in einem Interview mit John Ardoin laut geworden. Das begann mit einem Telefongespräch mit ihrer Schwester. »Aber wenn man eine Familie hat und diese Familie einen wie verrückt antreibt ... Nun ja, und dann sagte sie zu allem auch noch, du weißt ja, Mama wird älter, Papa wird älter. Was für Empfindungen hat man denn da? Ich könnte sie erwürgen, dieses Mädchen, Mädchen – eine Frau von über fünfzig! Was soll denn das: Sie werden älter? Natürlich werden sie älter. Genau wie ich. Wie jeder sonst. Was bleibt uns also? Vier Wohnungen, eine davon meine, während die übrigen drei ihnen gehören. Ganz elend allein bin ich. Aber zumindest habe ich etwas erreicht. Doch wozu eigentlich? Und wieso muß ich jetzt allein sein, wo wir doch alle vier zusammenstehen sollten, um einander zu helfen ... Aber nicht einmal der kleinste Gedanke. In Paris ereignete sich so etwas wie eine Revolution. Glauben Sie, meine Eltern riefen an, oder meine Schwester? Keiner. Meine Freunde meldeten sich telefonisch. Oder auch Bewunderer, die ich nicht einmal kannte; aus London, aus Italien. Meine frühere Zofe, mein ehemaliger Koch, die haben mich angerufen, wissen Sie ...«

Wenn Maria sich über ihre Mutter oder andere Familienangehörige äußerte, so eigentlich immer nur aus der Sicht des Opfers. Und der Wunsch zur Aussöhnung mit ihrer Familie zeigte sich eigentlich erst so richtig, als sie endgültig die Hoffnung aufgegeben hatte, eine eigene Familie zu gründen. Dennoch unternahm sie in dieser Richtung nichts, ja, sie vereitelte sogar alle derartigen Bemühungen.

Dabei war ihre Sehnsucht echt, aber genauso echt war ihre Angst: Ein Paradoxon, das nicht schwer zu verstehen ist.

Hätte sich Maria mit ihrer Mutter ausgesöhnt, so hätte sie, zum erstenmal in ihrem Leben, damit aufhören müssen, Evangelia für alles verantwortlich zu machen, was ihr an Unangenehmem widerfahren war; zweifellos wäre dadurch der Prozeß der Selbstzerstörung nur noch stärker angekurbelt worden.

Ganz zweifellos gab es eine Menge Dinge, die sie ihrer Mutter vorwerfen konnte. Genauso wie Meneghini. Oder auch der Leitung der Römischen Oper. Oder Ghiringhelli oder Rudolf Bing. Doch dieses Gefühl, ständig das Opfer zu sein, sowie das damit einhergehende Selbstmitleid halfen ihr herzlich wenig. Vielmehr wurde dies zu dem Gift, das ihr ganzes Leben verdarb; das alles verdrehte, ja, pervertierte, längst nachdem die eigentliche Sache überstanden war.

»Gott, noch immer spüre ich die Nachwirkungen von Rom«, erklärte sie 1968, genau zehn Jahre, nachdem sie seinerzeit dort »in Streik« getreten war. »Ich konnte mit der Aufführung nicht weitermachen, so ließ ich mich nicht umbringen. Es wäre Verrücktheit gewesen. Wäre ich nicht krank gewesen, hätte ich auch meine stimmlichen Fähigkeiten besessen. Hätte also auch auf der Bühne gestanden. Hatte ich ja Tausende von Malen getan, in der Scala und sonstwo. Ich bin dafür berühmt, daß ich mich gut zu wehren weiß. Die Tigerin nennt man mich. Aber muß ich mich denn kreuzigen lassen? Ich hatte meine Stimme nicht. Die rutschte mir dauernd weg, als das Publikum so aggressiv war. Ich muß erst einmal richtig Platz nehmen, es schlucken und nach Möglichkeit nichts sagen; denn was auch immer ich sage, wird zu meinem Nachteil ausgelegt werden. Was auch immer ich sage, wird aufgeblasen, vergröbert, zu meinem Nachteil, nicht zu deren. Wen kratzt das? Ich habe also nicht mal einen Freund. Wozu auch?«

Solche Ansichten trugen noch dazu bei, ihren Schmerz, ihren Zorn und vor allem ihre Angst zu erhöhen.

Dabei flackerte in ihr immer wieder ein Stück Selbsterkenntnis auf: wie sie den inneren Frieden, der unerreichbar schien, vielleicht doch gewinnen könne. »All diese Dinge sind zu Reflexen geworden ... Ich betrachte mich und sage: ›Nun, Maria, eigentlich wär's an der Zeit, an deinem Unbewußten zu arbeiten, damit du die schlechten Gedanken und die schlechten Reflexe los wirst, die sich eingewurzelt haben.‹« Dieser Weg, von ihr selbst aufgezeigt, hätte für sie so etwas wie Erlösung bedeuten können: von den über Jahre aufgestauten Ressentiments, von all der Bitterkeit, dem Groll, dem Zorn. Und Befreiung von den Schatten der Vergangenheit, von ihrer Mutter, von ihrem Ex-Gatten, von allen möglichen Feinden. Doch sie wagte es nicht, diesen Weg zu gehen. Und von Jahr zu Jahr wuchs ihre Isolierung, ihre Bitterkeit, ihre Verzweiflung.

Die Schallplattenaufnahme, während der sie die Nachricht vom Tod ihres Vater erhalten hatte, erwies sich als Fehlschlag. Alles fachmännische »Herumdoktern« konnte daran nichts ändern. Und so gab Maria die Aufnahme nicht für den Vertrieb frei.

Es war ihr letzter Abstecher in ein Aufnahmestudio, doch sie brauchte Arbeit. »Arbeit, Arbeit, Arbeit, das ist alles«, sagte sie einmal. »Das Wichtigste für mich ist Arbeit. Natürlich ist da auch noch die Liebe. Aber wenn ich an Liebe glaube, so glaube ich doch auch an meine Kunst, und Kunst verlangt Disziplin.« Über zwanzig Jahre lang hatte sie das Gewand der vestalischen Jungfrau getragen, willig, entschlossen, sogar mit Leidenschaft. Jetzt krallte sie sich geradezu darin fest: Sie spielte eine alte Rolle, doch nicht weil es um die Rolle ging – sondern weil sie Angst vor der Einsamkeit hatte.

Die Frau, die als junges Mädchen auf eigene Faust den Atlantik überquert hatte, ganze hundert Dollar in der Tasche und bereit, für ihre Karriere alles aufs Spiel zu setzen, sie wagte jetzt keinen Schritt, wenn sie nicht di Stefano an ihrer Seite hatte.

Am 10. April 1973 sollte das Teatro Regio in Turin eröffnet werden, von manchen Enthusiasten »das schönste Theater in Europa« genannt. Die Leitung wünschte einen spektakulären Auftakt, also wandte man sich an die spektakulärste Person in der Opernwelt. Man bot Maria die Chance für eine neue Karriere, indem man ihr die Regie für die *Sizilianische Vesper* antrug. Mit dieser Oper sollte die erste Saison eröffnet werden.

Maria sagte ja, allerdings unter der Voraussetzung, daß di Stefano ihr Koregisseur sein könne. Man willigte ein – Maria als Opernregisseurin zu haben, war ein spektakulärer Coup, di Stefano hin, di Stefano her –, und Maria begann zu arbeiten.

Zwei Monate vor Probenbeginn erlebte sie einen Menschen in tiefer Verzweiflung, und sie konnte nichts tun, um seinen Schmerz zu lindern.

Am 22. Januar 1973 stieg Alexander Onassis in Athen in der *Piaggio* seines Vaters auf. Es handelte sich um einen Probeflug, bei dem er die Tauglichkeit eines Piloten testen wollte. Wenige Sekunden nach dem Abheben kurvte die *Piaggio* scharf und stürzte dann ab, aus einer Höhe von kaum hundertfünfzig Metern. Zu identifizieren war Alexander praktisch nur mit Hilfe des Monogramms in seinem blutbefleckten Taschentuch. Die rechte Schläfe war eingedrückt, das Gehirn irreparabel beschädigt.

Für Onassis war sein Sohn der wichtigste Mensch in seinem Leben. Den Grund dafür bildete weniger ein besonders enges Vater-Sohn-Verhältnis (darum stand es nicht gar so gut) als vielmehr die Tatsache, daß der Sohn die Zukunft repräsentierte – und mithin ein Stück Unsterblichkeit für einen Mann wie Onassis, der so völlig im Diesseits zu wurzeln schien.

Als er mit Jackie aus New York eintraf, lag Alexander im Sauerstoffzelt und wurde künstlich am Leben gehalten. Wenige Stunden später gab es keine Hoffnung mehr. Onassis bat, Christinas Ankunft aus Brasilien abzuwarten und »ihn dann nicht länger zu quälen«. Im ersten Schmerz weigerte er sich, Alexander bestatten zu lassen. Niemand wußte so recht, was eigentlich geschehen sollte. In dem furchtbaren Spannungszustand zwischen Schmerz und Wut erklärte Onassis, die Leiche solle »tiefgefroren« werden. Dann wieder sagte er, der Tote solle in der Kapelle auf Skorpios seine letzte Ruhestätte finden – ein Privileg, das Heiligen vorbehalten war. Schließlich fand er sich bereit, Alexander ganz dicht bei der Kapelle beerdigen zu lassen. Über dem Grab sollte später ein Anbau errichtet werden.

Nach der Beisetzung bildete Maria seinen einzigen Halt im Leben. Alexanders Tod hatte auch sie tief erschüttert. Ein halbes Jahr zuvor war Rudolf Bings Nachfolger an der Met bei einem Autounfall ums Leben gekommen, und Maria hatte an Dorle Soria geschrieben: »Ich bin äußerst entsetzt über den Tod von Gentele ... Wir glauben, wir sind für immer hier und planen für die Zukunft, doch man weiß nie.« Als Maggie van Zuylen im Jahr zuvor gestorben war, hatte Maria immer versucht, den Schmerz möglichst nicht an sich heranzulassen, erinnerte er sie doch an ihre eigene Sterblichkeit.

Aber nun ging das nicht mehr. Indem sie begriff, wie tief Aris Schmerz über den erlittenen Verlust war, riß ihre Erschütterung die Schutzmauern ein: Nun traf die Angst vor dem Tod mit voller Wucht auf sie, und sie konnte an nichts anderes mehr denken.

Tief empfand sie mit ihm. Als er sie nach der Beisetzung das erste Mal besuchte, erschrak sie über sein Aussehen, und nach wenigen Minuten war sie noch entsetzter. Dies war nicht der Mann, den sie kannte; doch noch immer war er der Mann, den sie liebte.

Alexanders Tod – es schien, als sei er eine Art Kristallisationspunkt geworden für lebenslange Schuld. Wäre der Junge doch nur in einem Hubschrauber geflogen, statt in der *Piaggio,* dann würde er noch leben. Und hätte er, Ari, Alexander doch bloß nicht gebeten, den neuen Piloten zu testen, dann läge der Junge jetzt nicht unter der Erde.

Maria begriff, daß er sich selbst zu zerstören drohte mit seinem Gram und Zorn, unkontrolliert gegen sich selbst gerichtet. Da war es schon besser, er verrannte sich in die völlig haltlose Hypothese, es handle sich um ein finsteres Komplott seiner Feinde – dann fraß wenigstens nicht das Gift der Selbstzerstörung an ihm. Er flüchtete sich in den Haß gegen üble Schurken und setzte sogar eine halbe Million Dollar Belohnung für Informanten aus; eine weitere halbe Million sollte für Wohltätigkeitszwecke gestiftet werden.

»Er mußte sich«, sagte einer seiner Mitarbeiter, »ein ganzes Gebäude aus Verdächtigungen und Verfolgungswahn zurechtzimmern; die Zahl der Verdächtigen sowie der vermuteten Motive ging schier ins Uferlose.«

Irgend jemand hatte seinen Sohn umgebracht, daran gab es für ihn nun keine Zweifel mehr. Und er schien entschlossen, alles daran zu setzen, den Mörder seines Sohnes zu finden. Für Maria bedeutete die Veränderung, die mit ihm vorgegangen war, noch in anderer Hinsicht einen tiefen Schock. Wenn sie ihn so sah – alt und verfallen wirkte er plötzlich und ganz ohne seine frühere Energie – und wenn sie seinen Klagen zuhörte, so wurde ihr bewußt, daß der von ihr jahrelang idealisierte Mann keineswegs der allmächtige Held ihrer Einbildung war. Und so erschien ihr die Welt unversehens nackter und gefährlicher.

Dennoch erlag sie nicht der Versuchung, sich in sein Spinnennetz aus Verzweiflung und Verfolgungswahn hineinziehen zu lassen. Noch spürte sie Lebenskraft in sich, und außerdem war da die Liebe zu Ari, die sich nun zur Bewährung aufgerufen fühlte.

In der Tat war es das Bewußtsein ihres Daseins und ihrer Liebe, die ihm weiterhalfen, zumindest für einige Zeit. Dennoch: Irgend etwas in ihm war gerissen, etwas Wichtiges, Entscheidendes. Anzeichen dafür fanden sich allenthalben. Im Jahr 1973 erlitt er enorme geschäftliche Verluste. Zumindest auf dem Papier verringerte sich sein Vermögen um die Hälfte. Mit Jackie verbrachte er immer weniger Zeit. Im übrigen erklärte er ihr geradeheraus, er dächte nicht daran, ihre kostspieligen Extravaganzen noch länger zu tolerieren.

Mehr und mehr wurde Marias große Liebe zu einer Karikatur seines früheren dynamischen Selbst.

Inzwischen hatte sie sich in ihre neue Bewährungsprobe, die Regiearbeit, gestürzt. Doch in Turin ging alles schief. »Maria«, sagte Zeffirelli, »hatte keine Ahnung davon, wie man etwa den Chor bewegt oder einen Gesamteindruck erzeugt. Wie stets, folgte sie ihrem Instinkt. Doch hier brauchte es etwas anderes. Im übrigen fehlte es ihr an entsprechender Unterstützung. Sie hätte einen Bühnenbildner gebraucht, der ihr wenigstens in dieser Hinsicht alle Sorgen abnahm, damit sie sich voll auf das Anleiten der Sänger konzentrieren konnte.«

In der Tat waren die Kulissen und Kostüme von Aligi Sassi plump, sogar häßlich. Zu allem wurde, kurz vor der Aufführung, auch noch der Dirigent krank, und sein Vertreter mußte für ihn einspringen. Der Premierenabend war das große Opernereignis des Jahres. Eine Riesenpublicity begleitete Marias neues Debüt, und die Erwartungen waren entsprechend hochgeschraubt – gefährlich hochgeschraubt.

Am folgenden Tag klang aus den Kritiken dann unüberhörbar das »Plumpsen«. »Die wohlmeinende Dame tat wenig mehr, als das Licht an- und abzuschalten.« »Wo verbirgt sich die faszinierende, mitreißende Persönlichkeit der Sängerin des Jahrhunderts? Gewiß nicht in dieser Richtung ...«

Ihre Zusammenarbeit mit di Stefano hatte ihr bisher zwei Fehlschläge eingetragen: einen im Aufnahmestudio und einen im Opernhaus. Dies wäre eigentlich Anlaß genug gewesen, adieu zu sagen; doch sie hatte ja nichts sonst, zumindest redete sie sich das ein. Am 20. Mai reisten sie zusammen nach Japan, wo sie eine Meisterklasse für die Sieger im *Madame Butterfly*-Wettbewerb abhielten. Zum Glück kann es bei einer Meisterklasse nicht so leicht einen Reinfall geben.

Eine Hoffnung blieb ihnen noch: ein gemeinsames Comeback als Sänger. John Tooley (Nachfolger von David Webster) hatte ein Konzert in Covent Garden vorgeschlagen, nur für sie, mit vollem Orchester. Di Stefano hingegen bestand auf einer Reihe von Konzertabenden in aller Welt (nur mit Klavierbegleitung), und er setzte sich schließlich durch. Maria willigte ein. Gorlinsky begann zu buchen: London, Hamburg, Berlin, Madrid, Paris, Amsterdam. Mit jedem neuen Namen wirkte Maria beunruhigter, und als Gorlinsky dann erzählte, er werde Renata Tebaldi und Franco Corelli in die Royal Albert Hall bringen, hatte sie plötzlich einen Grund, die Tournee abzusagen. »Das geht doch nicht – *die* vor uns«, protestierte sie. Aber di Stefano beharrte auf seinem Wunsch, di Stefano zeigte sich äußerst beredsam – schließlich war Maria sein einziges »Rettungsboot« –, und am Ende unterzeichnete sie dann den Vertrag: Pauschalhonorar für beide sowie ein einziger Vertrag, auf Marias Namen.

In der Royal Festival Hall in London sollte diese Welttournee, Marias Welttournee beginnen – ihr Comeback, über das schon soviel geredet und geklatscht worden war. Als Klavierbegleiter war Ivor Newton vorgesehen, inzwischen bereits über achtzig. Allerdings machte die Versicherungsgesellschaft Schwierigkeiten. Bedingung: Es müsse ein jüngerer Mann zugegen sein, der gegebenenfalls für Newton einspringen könne. Dieser bat Robert Sutherland, als seine Nummer zwei auf die Tournee mitzukommen.

In ihrer Wohnung in der Avenue Georges-Mandel begannen sie beide mit Maria zu üben. »Sie konnte sich nicht entschließen, was sie eigentlich singen wollte«, erinnerte sich Ivor Newton, »und dauernd wechselte sie die Programme. ›Bloß keine Sorge, daß es zu kurz sein könnte‹, sagte sie wiederholt zu mir. ›Die meiste Zeit wird der Applaus beanspruchen.‹«

Doch inzwischen wurde sie immer ängstlicher, nicht ohne Grund. In fieberhafter Erregung erwarteten die Fans ihren Auftritt, und gute Freunde, nicht weniger erregt, teilten ihr dies mit. Je mehr sie vernahm von den Tausenden, die sich in London, in Madrid, in Düsseldorf, in Amsterdam um Eintrittskarten rissen, desto heftiger geriet sie in Panik. Und jeden Tag schwankte sie unzählige Male zwischen »Vormarsch« und Flucht.

Wie stets litt ihre Gesundheit unter dem Streß. Diesmal waren es die Augen. Während der Tag des Konzerts immer näherrückte, wurde es mit den Schmerzen so schlimm, daß sie alle paar Minuten von dem Mittel daraufträufeln mußte. Mitte September reiste Maria mit di Stefano und Robert Sutherland von Paris nach Mailand. Man probte in di Stefanos Studio, doch Maria fühlte sich schwach und voll innerer Anspannung; sie konnte einfach nicht mehr. Das für den 22. September in der Royal Festival Hall angesetzte Konzert wurde abgesagt.

Was nun? Ließ sich jetzt überhaupt noch an den Rest der Tournee denken? Di Stefano dachte jedenfalls daran. Ohne ihn – ohne seine Gegenwart, ohne sein Zureden, ohne seine Appelle an ihren professionellen Stolz – hätte sie unter die geplante Tournee wahrscheinlich einen Schlußstrich gezogen.

Jedenfalls: Am 28. Oktober, im Hamburger Kongreßzentrum, sang Maria nach achtjährigem Schweigen zum erstenmal wieder in der Öffentlichkeit. Jedem, der ihr wohlwollte, war sofort klar, daß diese Tournee die größte künstlerische Katastrophe ihrer Karriere werden würde. Dafür waren in erster Linie weniger die stimmlichen Mängel verantwortlich, etwa das Flackern oder die schroffen Übergänge in den Registern; auch nicht ihre Unfähigkeit, eine längere Phrasierung durchzuhalten, oder die unverkennbare Reserve, die sie sich auferlegte, indem sie sowohl Volumen als auch Intensität drosselte.

Nein, die eigentlichen stimmlichen Mängel waren es weniger. Es war der Verlust ihres Künstlertums. Und dieser Verlust – ein Verlust für sie wie für uns – wurde bewirkt durch die in ihr brütende Angst um ihr stimmliches Überleben. Dies beraubte sie ihrer einzigartigen Ausdruckskraft und der Fähigkeit, direkt ins Herz der Musik zu dringen: um uns mit beidem, der lodernden Kraft und der zerbrechlichen Schönheit ihrer Stimme, aufzuwühlen, zu beunruhigen, zu liebkosen. »Wie die monochrome Reproduktion eines Ölgemäldes«, faßte wenige Monate später William Mann die Wirkung zusammen.

Von Hamburg nach Berlin, dann nach Düsseldorf, nach München, nach Frankfurt, nach Mannheim; und weiter nach Madrid, nach London, nach Paris, nach Amsterdam, nach Mailand, nach Stuttgart. Die Welt verfolgte das Schauspiel, dessen Tragik vielen jedoch offenbar verborgen blieb.

Es war, als habe Maria den Entschluß gefaßt, »die Callas« in aller Öffentlichkeit zu zerstören. Für ihr Comeback hatte sie sich einen Partner gewählt, der schon Jahre zuvor mit dem Singen hätte aufhören müssen. Der Klavierbegleiter war ein uralter Mann, der nur noch selten auftrat. Bei dem Repertoire handelte es sich zum guten Teil um Stücke, die sie mit ihrer Stimme nicht mehr souverän vortragen konnte. Und vor allem: Es fehlte die Erregung durch den Klang eines vollen Orchesters, dessen sie jetzt mehr bedurfte denn je.

Fast hätte man meinen können, sie wolle das Publikum herausfordern – oder doch zumindest auffordern, sie zu hören und dennoch weiter an sie zu glauben, als die Legende.

Das Publikum glaubte weiter an sie.

Es gibt da eine Anekdote. *Tosca*-Probe in Covent Garden. Maria ist erkrankt, die Arbeit muß ohne sie weitergehen. John Copley übernimmt ihre Auf- und Abtritte. »Mario! Mario!« ruft er hinter den Kulissen – Toscas erste Worte, noch vor ihrem Auftritt. »Was für eine Stimme!« begeistert sich eine anwesende Reporterin, die irgendwie nicht mitgekriegt hat, daß die große Callas gar nicht im Hause ist.

Auf der Tournee schien nur der Geist – oder das Gespenst – der großen Callas zugegen zu sein. Dennoch gab es überall riesige Ovationen, und es war, wie sie erwartet hatte: Ihr Programm von rund einer Stunde »streckte« sich dadurch auf über zwei Stunden. In London erstürmten ihre Fans geradezu die Bühne, um ihr die Hand zu schütteln, um ihr Blumen zuzuwerfen, und die Augen der Menschen glänzten vor Erregung, in vielen glitzerte es feucht.

Dennoch konnte als Fazit für die Tournee durch Europa wie dann auch durch Amerika (wo Robert Sutherland schließlich Ivor Newton ersetzte) das gelten, was John Ardoin aussprach – und ähnlich wie er viele Kritiker: Sie habe »das Künstlertum ihrer größten Jahre befleckt«.

Für die Callas, die Perfektionistin, die *primadonna assoluta* des zwanzigsten Jahrhunderts, was es das tragische Ende einer glanzvollen Karriere. Für Maria in ihrer wachsenden Vereinsamung und Verzweiflung war es – trotz der Angst vor jedem Auftritt – die ersehnte Bestätigung, daß sie geliebt wurde. »Warum lieben sie dich?« hatte sie sich selbst gefragt. »Doch nicht, weil ich eine schöne Arie oder einen schönen Ton sang; es muß mehr daran sein.« Die Tournee überzeugte sie davon, daß dies in der Tat so war. »Seit vielen Jahren«, schrieb Richard Dyer nach ihrem Bostoner Konzert, »verdient sie unsere Aufmerksamkeit, unsere Dankbarkeit, unseren tiefen Respekt. Jetzt, in ihrem Kampf und in ihrer Erschöpfung, heischt und erhält sie, auf ihre eigenen und auf unsere Kosten, was sie nie zuvor zu benötigen schien, unsere Liebe.«

Ihr zweites Konzert in London fand am 2. Dezember 1973 statt: Marias 50. Geburtstag. Endlos langer Schlußapplaus – bis Ivor Newton schließlich wieder am Flügel Platz nahm und di Stefano zu singen begann: »Happy Birthday ...« Das Publikum geriet völlig aus dem Häuschen, und was den Riesensaal erfüllte, war Liebe, nicht nur Bewunderung und Begeisterung. Später sagte Maria zu Ivor Newton: »Ich dachte, ihr wolltet mich zu einer Zugabe zwingen ... ich hätte euch umbringen können. Dann habe ich euch alles verziehen.«

Ja, emotional hatte ihr die Tournee viel gegeben, und für eine Weile schien es völlig verschwunden, jenes Gefühl der Sinnlosigkeit, das in den letzten Jahren immer so nah gewesen war.

Nun versuchte sie sich einzureden, es laufe doch alles gut, im Grunde sei ihre Welt noch ziemlich in Ordnung. Aber als sie im Februar 1974 in New York war, hatte das Gefühl der Frustration, der Sinnlosigkeit wieder überhand genommen. Die Angst wuchs, die Verzweiflung vertiefte sich. Dario und Dorle Soria besuchten sie im Stanhope, wo sie wohnte. »Der Fernseher war an«, erinnert sich Dorle Soria. »Wir erboten uns, ihn auszuschalten. ›Nein, ich schalte ihn nie aus‹, sagte sie scharf. ›Ihr etwa?‹«

In der Nacht vor ihrem Konzert schluckte sie eine Schlaftablette nach der anderen, ohne zu zählen, kaum noch wissend, was sie tat. Am nächsten Tag konnte sie nicht aufstehen, und an Singen schien nicht zu denken. Dr. Louis Parrish kam zu ihrem Hotel, um, wie es in der offiziellen Verlautbarung hieß, »eine akute Entzündung von Miß Callas' oberen Luftwegen« zu mindern. Im Ärzteverzeichnis fand man Dr. Parrish allerdings unter der Rubrik Psychiater. Einer der leitenden Leute von Carnegie Hall drückte es folgendermaßen aus: »Nun, wenn's psychosomatisch ist, so ist sie wohl trotzdem krank.«

Eine Stunde vor dem geplanten Anfang des Konzerts hatten sich in der Vorhalle bereits viele New Yorker eingefunden. Dario Soria verkündete, das Konzert müsse auf den 5. März verlegt werden. Ein Mann versuchte, ein Riesenplakat herunterzureißen. Es enthielt die ursprüngliche Ankündigung des Konzerts. Ein anderer schrie: »Das hat sie einmal mit mir gemacht, das wird sie nie wieder tun.« Berittene Polizei versuchte den Verkehrsstau aufzulösen, indes immer mehr hochnoble Automobile mit Chauffeur am Steuer vorfuhren – um ihre Fahrt, noch ehe die Insassen ausgestiegen waren, gleich wieder fortzusetzen.

Maria hatte Robert Sutherland gebeten, in der Carnegie Hall die Reaktionen des Publikums zu beobachten. Ein aufgeregter Fan faßte sie folgendermaßen zusammen: »Schön, es ist eine Absage, aber dies ist das größte Ereignis der Saison.« Gewiß, es gab vereinzelte Wutausbrüche, doch sie änderten nichts an der allgemeinen Resignation und dem allgemeinen Mitgefühl. Die Menge wußte – oder schien zumindest zu ahnen –, daß es sich hier nicht um irgendwelche Launen handelte, sondern vielmehr um ein menschliches Drama.

Man muß bezweifeln, daß di Stefano – der Mann, der ihr doch gerade in solchen Augenblicken eine Stütze sein sollte – Maria jemals verstand. Gerade während dieser Tournee stand er unter einem ungeheuren seelischen Druck: Seine Tochter, die er sehr liebte und die erst Anfang zwanzig war, siechte an Krebs dahin. Immer häufiger und immer heftiger stritt er sich mit Maria. Und immer seltener geschah es, daß er das tat, was sie früher so an ihm entzückt hatte: irgend etwas – oft etwas Absurdes – auf eine Weise sagen, die sie zum Lachen brachte; zu einem Kichern, als sei sie noch ein junges Mädchen.

Am 5. März waren sie beide bereit für den verschobenen Konzertabend in der Carnegie Hall. Wenige Stunden vor der Abfahrt vom Hotel erfuhr Maria vom plötzlichen Tod von Sol Hurok. Er war der Mann gewesen, der seit den fünfziger Jahren ihre Amerikatourneen organisiert hatte, doch der tiefe Schock, den sie empfand, erklärte sich längst nicht nur aus der Fassungslosigkeit über den unerwarteten Tod eines alten Freundes. Für sie war sein Tod ein Omen, ein böses Omen für ihr Konzert am Abend. In ihrem gegenwärtigen höchst labilen Zustand wurde sie von dem irrationalen Gefühl überwältigt, daß von nun an bei ihr alles zum Fehlschlag werden würde, mochte sie unternehmen, was immer sie wollte.

Sie konnte schließlich dazu überredet werden, das Konzert durchzuführen, damit eine zweite Absage vor dem gleichen Publikum vermieden werde; doch sie befand sich in einem tief aufgewühlten Zustand.

Miterleben zu müssen, wie sie mit ihrer Stimme kämpfte, war eine Qual für alle, die Maria liebten – und die die Musik liebten. Zu Beginn des Abends hatte sie eine kleine Ansprache gehalten: Das Konzert sei dem Gedenken Sol Huroks gewidmet – und man möge für ihren überreizten Zustand Verständnis haben.

Gegen Ende des Abends erlitt sie dann so etwas wie einen völligen Zusammenbruch. Urplötzlich begann sie, erbitterte Kritik zu üben an der Art und Weise, in der in Opernhäusern verfahren werde, zumal in der Met. Sie sprach und sprach, häufig genug unzusammenhängend. Wieder einmal sah sie sich als Opfer des Managements. Man sorge weder für ausreichende Probenzeit noch überhaupt für adäquate künstlerische Bedingungen. Da praktisch das gesamte Met-Establishment anwesend war, wirkten die Tiraden besonders peinlich, das Publikum saß wie erstarrt.

Als Maria später aus dem Bühnenausgang trat, warteten dort Hunderte von Menschen und applaudierten. Sie begann zu weinen. In den Armen hielt sie die Rosen, die Sol Hurok ihr zum Konzert geschickt hatte. Und dann nahm sie eine Rose und warf sie ins Publikum; dann eine zweite, schließlich den ganzen Strauß. Während sich alle nach den Callas-Blumen drängten, entstand eine schmale Gasse, durch die Maria zu ihrem Auto gelangte.

Die Reibereien mit di Stefano nahmen in einem solchen Maße zu, daß es mitunter den Anschein hatte, als würden sie die Tournee kaum gemeinsam beenden. Vier Tage nach New York war Pippo wieder »indisponiert«, diesmal in Detroit. Und drei Tage später, in Dallas, wiederholte sich die Geschichte. Für die Organisatoren der Tournee wurde es immer häufiger zum Problem, rechtzeitig für Pianisten zu sorgen, um die Lücke auszufüllen.

Als man die Westküste erreichte, gab es wirklich Grund zur Beunruhigung. Maria läutete Gorlinsky an: »Ich mache nicht mehr weiter. Ich steige aus. Es ist unmöglich, mit diesem Mann zu arbeiten. Ich reise ab. Ich kehre heim.« Es war nicht das erste Mal, daß sie so etwas sagte, doch diesmal schien es ihr damit ernst zu sein. Bitten und Beschwören, nichts wollte fruchten. So mußte Gorlinsky zu einem Druckmittel seine Zuflucht nehmen. »Okay, Maria, sagen wir den Rest der Tournee ab. Mir kann das egal sein. Ich bin versichert. Aber *dich* wird das eine Million Dollar kosten, weil Pippo dich garantiert wegen Vertragsbruchs verklagen wird.«

Sie erklärte sich zu einer Aussprache mit di Stefano bereit. Beide kamen überein, wenigstens am nächsten Abend noch gemeinsam aufzutreten. Da dies sehr wohl das letzte ihrer Konzerte sein mochte, leistete sich »*Caro Pippo*« einen Jux. In dem berühmten Duett aus *Carmen* sang er nicht: »*Carmen, je t'aime, je'adore ... ne me quitte pas*«, sondern: »Adieu, Maria, war schön, dich gekannt zu haben.« Woraufhin sie zurücksang: »*Cher* Pippo, scher dich zum Teufel.« Maria meinte später, das Publikum habe überhaupt nichts gemerkt. Jedenfalls: Nach einem solchen Abend konnte man sich unmöglich gleich voneinander trennen.

Etliche Monate nach Schluß der Tournee schrieb Maria ihrem Patenonkel über ihr Verhältnis mit di Stefano: »Pippo ist natürlich verliebt und ich auch, bis zu einem gewissen Punkt. Mag nur dreijährige Gewohnheit sein – ohne Versuchungen von anderer Seite. Männer – wirkliche Männer – sind schwer zu finden. Einen solchen Mann stelle ich mir als meinen Gefährten vor.«

Aristo war noch immer der einzige »wirkliche« Mann; zumindest der einzige Mann, den sie wirklich liebte.

Im Herbst 1974 reiste sie mit di Stefano nach Fernost, zur letzten Etappe der Tournee. Sie gaben neun Konzerte: in Seoul, Fukuoka, Tokio, Osaka, Hiroshima und Sapporo. So geschah es dann, daß Sapporo im nördlichen Japan, eine Stadt mit gut einer Million Einwohner, der letzte Ort wurde, an dem Maria öffentlich auf der Bühne sang. Das war am 11. November 1974.

Schon zu Beginn der Tournee hatte Maria wieder unter ihrem Bruch zu leiden. Es gab innere Blutungen und furchtbare Schmerzen. In einem Zustand völliger Erschöpfung kehrte sie nach Paris zurück. In den ersten Tagen hatte es sogar fast den Anschein, als habe sie ihr Gedächtnis verloren. Ihr Arzt rief einen Neurologen, der sie untersuchte; mit seiner Hilfe, mit Tabletten und Ruhe fand sie zurück zu ein wenig Kraft und innerem Gleichgewicht, und ihr Gedächtnis kam wieder.

Noch während Marias Japanaufenthalt, im Oktober 1974, hatte man im Hôtel de Chanaleilles in Paris eine Frau tot aufgefunden: Tina. Onassis war so erschüttert, daß er es nicht einmal ertrug, der Beisetzung seiner früheren Frau beizuwohnen. Was Christina betraf – sie verlangte sofort eine Autopsie, damit die Todesursache einwandfrei geklärt werde. Selbst als dann bestätigt wurde, es habe sich um ein Lungenödem gehandelt, blieb sie gegen Niarchos voller Mißtrauen, Erbitterung und Zorn.

Erst wenige Wochen war es her, seit Christina selbst mit knapper Not dem Tode entgangen war, Folge einer Überdosis Schlaftabletten. Sie brauchte ganz unbedingt eine – und sei es völlig irrationale – Erklärung für die vielen plötzlichen Todesfälle: zuerst ihre Tante, dann ihr Bruder, nun ihre Mutter. Immer mehr festigte sich in ihr die Überzeugung, all dies wäre vermieden worden, hätte ihr Vater nur nicht Jackie geheiratet. Für Christina war Jackie das böse Omen, das der Familie Unglück brachte; und sie begann ganz offen zu bedauern, daß sie mitgeholfen hatte, ihren Vater von Maria fortzutreiben.

Während Marias Karriere im fernen Sapporo ausklang, fing für Onassis die letzte Lebensetappe an. Seit Alexanders Tod hatte er Mühe, lange die Augen aufzuhalten. Überdies fiel es ihm schwer, so zu sprechen, daß die Worte nicht verwischten. Das schob er zunächst auf seinen Zustand physischer und psychischer Erschöpfung. Mehr wollte er vorerst nicht wissen. Doch war es nur eine Frage der Zeit, bis er ein New Yorker Krankenhaus aufsuchte. Sein Zustand wurde diagnostiziert als *myasthenia gravis:* ein Defekt in der Körperchemie, der die Übermittlung üblicher Impulse von Nerv zu Muskel erschwert oder gar verhindert.

Er konnte die Augen nur noch offenhalten, wenn er die Lider mit Hilfe von Pflastern an die Augenbrauen heftete. Überdies mußte er regelmäßig eine Reihe schmerzhafter Injektionen über sich ergehen lassen, damit sich der Defekt in Grenzen hielt. Heilen konnte man die Krankheit nicht, doch versicherten ihm die Ärzte, sie sei nicht tödlich.

Es war, als wüte sein Körper gegen sich selbst. Onassis jedenfalls wütete sozusagen gegen die Frau, in der er nun – völlig irrational – die Ursache allen Übels sah. Seit seiner Verheiratung mit Jackie war sein Stern auf einmal gesunken. Allerdings lag der erste Defekt, den es bei ihm gegeben hatte, weniger in der körperlichen als in der seelischen »Chemie«. Es war die Diskrepanz zwischen Herzensimpuls und Handeln. Sein Herz brauchte Liebe, also Maria; doch sein Handeln zielte darauf ab, noch mehr von dem an sich zu raffen, was er bereits besaß: Macht und Ruhm. Er war einer Schimäre nachgejagt.

»Er hatte einen Baum erklommen, bis zum Wipfel«, sagte Konstantin Gratsos, »und dort war nichts.«

Doch war dies die Ideologie, auf die sich sein ganzes Leben gründete: hinauf bis zum Wipfel und dort Erfüllung finden. Da dies nicht geschah, konnte es in seinen Augen jeweils nur eine Erklärung geben. Da war noch ein Ast, eine Sprosse, weiter oben. Also mußte er versuchen, sich noch höher hinaufzuschwingen. Zum Beispiel, indem er die berühmteste Frau der Welt heiratete. Als er dann entdeckte, daß es sich um eine leere Errungenschaft handelte, wandte er sich gegen Jackie, als sei sie es gewesen, die ihm die Illusion aufzwang. In dieser Gemütslage hatte er dann die vernichtende Nachricht von Alexanders Unglücksfall erhalten.

»Ich glaube, er wußte selbst nie, was er eigentlich wollte«, sagte Gratsos. »Allerdings schien er in seinen letzten Jahren zu begreifen, daß er das vage Ersehnte niemals erreichen würde.« Daran mußte natürlich irgend jemand schuld haben. Und dieser Jemand war Jackie. Sie hatte ihn um die letzte Erfüllung gebracht, entsprechend reagierte er. Soweit er die Möglichkeit dazu sah, rechtlich oder sonstwie, reduzierte er seinen »Unterhaltsbeitrag« für sie, und im übrigen legte er in seinem Testament fest, daß sich die Nachlaßverwalter sowie die übrigen Erben gegen jedwede unangemessenen Forderungen Jackies gerichtlich zur Wehr setzen sollten, wobei die anfallenden Kosten aus der Nachlaßmasse zu begleichen seien. Aber das genügte ihm noch nicht. Er beschloß, sich scheiden zu lassen. Allerdings nur unter Umständen, die für sie möglichst demütigend waren. Er engagierte einen Privatdetektiv, dem er die Weisung gab, Beweise für ehebruchähnliches Verhalten zu sammeln. Dann lud er Jack Anderson, den berühmten Washingtoner Kolumnisten, zum Lunch ein. Und begann – bewußt – mit verhaltenen Klagen, etwa: »Was macht sie mit all den gekauften Kleidern? Ich sehe sie immer nur in Bluejeans.«

In Onassis' Büro (nachdem er selbst sich diskret zurückgezogen hatte) wurden dann die »harten Tatsachen« aufgetischt: Seine Mitarbeiter zeigten Jack Anderson alles, was Jackie schwarz auf weiß belastete, Rechnungen, Memos und Briefe, die ihre wilde Extravaganz belegen sollten.

Jackie selbst sagte Onassis nichts. Doch bat er Roy Cohn, ihn bei der Scheidungsklage zu vertreten. Inzwischen war er aus Jackies Apartment ausgezogen und wohnte in seiner Suite im Pierre. Bereits 1972 hatte er an Scheidung gedacht. Jetzt war auch der letzte Zweifel verflogen. Was nun noch blieb, mündete in den Wunsch, Jackie so hart wie möglich zu treffen. Während Onassis einen genauen Plan für das präzise Vorgehen gegen Jackie entwarf, war Maria noch in Japan.

Offenbar bewahrte er sich so etwas wie eine Vision des Glücks, und die einzige festumrissene Gestalt in diesem Traumbild war Maria. Sie hatte nicht genügend Kraft besessen, um ihn herauszuziehen aus dem reißenden Strom, bevor der Strudel ihn zu verschlingen drohte.

Etliche Wochen später erlitt er in Athen einen Zusammenbruch. Der französische Leberspezialist Dr. Caroli riet ihm, sich nach Paris fliegen zu lassen, damit man dort unverzüglich eine Gallenblasenoperation vornehmen könne. Der amerikanische Herzspezialist Dr. Rosenfeld legte ihm nahe, zunächst zwecks entsprechender Intensivbehandlung nach New York zu fliegen, ehe eine derartige Operation auch nur in Betracht gezogen werde.

Onassis entschied sich für Paris. Und auf seine letzte Reise – denn das sollte sie werden – nahm er etwas mit, das er keinesfalls missen mochte: die rote Kaschmirdecke, die Maria Monate zuvor von Hermès gekauft hatte, zu Onassis' Geburtstag.

Die Operation fand am 10. Februar statt; das volle Bewußtsein erlangte er niemals wieder. Während der nächsten fünf Wochen wurde er, in Zimmer 217 des sogenannten Eisenhower-Flügels, mit Hilfe eines Atemgeräts am Leben gehalten und intravenös ernährt. Im Zimmer nebenan befand sich, zur Krebstherapie, die Mutter von Vasso Devetzi. Vasso war jeden Tag dort, und er sprach immer mit denselben Schwestern, die genau verfolgen konnten, wer in Zimmer 217 ein- und ausging. Daher war er über alle Einzelheiten stets genau im Bilde – und konnte dies Maria berichten.

Maria hatte das Gefühl, an dasselbe Atemgerät angeschlossen zu sein wie Aristo. Dann kam Vasso mit einer neuen Meldung zu ihr: Man hat sein ganzes Blut ersetzt. Und eine weitere Nachricht: Heute ist Jackie für eine halbe Stunde im Krankenhaus gewesen. Dann wieder: Er hat einen massiven Schub Antibiotika erhalten. Und: Christina ist die ganze Nacht nicht von seinem

Bett gewichen. Schließlich: Man hat ihn in ein Sauerstoffzelt ge-
steckt.

Maria konnte es einfach nicht länger ertragen. War er nicht in
demselben Maße ein Teil von ihr wie ihr eigener Atem? Und dennoch hatte sie kein Recht, an seiner Seite zu sein!

Da der Arzt gesagt hatte, in seinem gegenwärtigen Zustand könne
Onassis noch Wochen, ja, Monate leben, beschloß sie, Paris zu
verlassen. Nicht nur Paris, sondern Europa.

In Palm Beach mietete sie ein Haus, und am Montag, dem
10. März, um ein Uhr, verließ sie, zusammen mit Bruna, Ferruccio
und Consuelo, im Flugzeug Paris.

Am Samstag, dem 12. März, erhielt sie in Golf View Road Nr. 12
die jüngste Meldung aus dem American Hospital.

Aristo war tot.

Das Ende

Während Jackie nach Paris zurückflog; während in der Kranken-
hauskapelle Erzbischof Meletos an der Seite der Leiche betete, die
auf einer offenen Bahre lag, auf der Brust eine Ikone; während auf
der *Christina* die Flagge auf halbmast gesenkt wurde; während auf
Skorpios die Trauergäste landeten; während Jackie, Christina, seine drei Schwestern, Teddy Kennedy, John-John und Caroline die
Ikone küßten, die auf dem Sargdeckel lag; während der Sarg hin-
untergelassen wurde ins Zementgewölbe – während all dieser Zeit
lag Maria dort im gemieteten Haus in Palm Beach, in halb bewußt-
losem Zustand.
Sein Tod war für sie ein fast tödlicher Schlag. Was für einen Sinn
hatte das Leben in einer Welt, in der er nicht mehr lebte? Die
Vergangenheit war vergangen, endgültig, und eine Zukunft schien
es nicht zu geben. Und so gab es für sie während der endlosen Tage
und Nächte jetzt nur noch eines: den Griff nach den Mitteln und
Mittelchen auf dem Nachttisch neben dem Bett – noch ein paar
Tranquilizer, noch ein paar Schlaftabletten, noch mehr Vergessen.
Dennoch war nach wie vor Leben in ihr. Allmählich wich die
innere Betäubung, und dann rührten sich in ihr so etwas wie neu
erwachende Geister. Schließlich stand sie wieder auf, wanderte im
Haus umher; sah fern, lag in der Sonne, schwamm gelegentlich.
Ihr Patenonkel kam, um ihr Gesellschaft zu leisten, auch ihr
Freund John Coveney. »Eines Morgens beim Frühstück«, erinnerte er sich, »traf ein Päckchen ein, aus ihrem Apartment in Paris. Es
enthielt ein Bündel Briefe und Telegramme. Sie öffnete sie und
reichte sie mir, eins nach dem anderen. Es handelte sich sämtlich
um Beileidsbekundungen. Plötzlich hielt sie inne. ›Auf einmal bin
ich Witwe‹, sagte sie.«
Einer der Briefe enthielt die Nachricht von Viscontis Tod. Drei
Jahre zuvor hatte er einen Schlaganfall erlitten, ein Jahr brachte er
schließlich im Rollstuhl zu. Nun war er, am 17. März, zwei Tage
nach Aristo, gestorben.
Ende April kehrte Maria nach Paris zurück. »Was sonst?« fragte

sie die wenigen Menschen, die zu ihr zu Besuch kamen. »Was sonst?«

»Was sonst?« und »Was nun?«. Das waren die Fragen.

Sie wußte, daß es noch irgend etwas gab, irgend etwas geben mußte. Aber sie wagte kaum, den Blick zu heben. Stundenlang saß sie für sich, grübelte in sich hinein. »Mein Stolz läßt es nicht zu, daß ich um Mitleid bitte«, sagte sie einmal.

Träge schlich die Zeit, während sie sich mit alten Fotos und alten Platten beschäftigte. Alt – Alt-Werden – Alt-Sein, so etwa lautete die Gedankenkette. Sie mußte sich darauf vorbereiten.

Sie spielte mit dem Gedanken, sich in Palm Beach ein Haus zu kaufen. Eine Art Ausweichquartier, sozusagen »eine Insel in der Sonne«, weit weg von Paris. Vielleicht hatte sie dort die Chance zu einem Neuanfang; konnte die Vergangenheit und alle Erinnerungen daran abstreifen.

Zweimal war sie fest entschlossen, dort ein Haus zu kaufen; zweimal überlegte sie sich's anders. Endgültige Entscheidungen zu treffen, fiel ihr schwer.

Gegen Ende ihrer Japantournee hatte sie versprochen, mit di Stefano wieder dorthin zurückzukehren, um *Tosca* zu singen. Obschon davon – oder von irgend etwas Ähnlichem – nicht mehr die Rede sein konnte, begann sie, wieder zu üben. Sie glich einer Gliederpuppe, die, vor Jahren einmal in Bewegung gesetzt, einfach nicht mehr aufhören konnte, sich auf die programmierte Art zu bewegen.

»Ich arbeite hart«, schrieb sie Leo Ende Juni, »denn in diesem Jahr muß ich entweder viel besser sein oder nichts.« Einen Monat später schrieb sie erneut. »Ich bin zu einer großen Entscheidung gelangt. Ich werde mit dem Singen aufhören. Ich habe das Ganze ganz einfach satt! ... Von meiner letzten Tournee kehrte ich so krank zurück, daß mir jetzt vor solchen Anstrengungen einfach graut.«

Von ihrer Beteiligung an einer neuen Japantournee war nun endgültig nicht mehr die Rede. Statt ihrer überredete di Stefano Montserrat Caballé, in *Tosca* zu singen.

»Ich bin noch immer mit Pippo zusammen«, hatte sie Leo im Juni geschrieben. »Ich kann niemanden finden, der besser wäre. Reicher gewiß, aber doch ärmer an Gefühlen, und all das geht gegen den Strich. Ich wünschte nur, wir hätten uns ineinander verliebt, als er berühmt war und eine fabelhafte Stimme besaß, denn er hat viele menschliche Qualitäten.«

Um diese Zeit war seine Tochter gestorben, und das brachte ihn und

Maria vorübergehend enger zusammen. Ein junges, schönes, intelligentes Mädchen, vom Tode gezeichnet – Maria hatte ihr Zuneigung, ja, sogar Liebe entgegengebracht. In ihrer gegenwärtigen Situation war der tapfere Kampf dieses jungen Menschen zugleich Ansporn und Stärkung ihres eigenen Lebenswillens.

Während di Stefano in Japan sang, reiste Maria nach Ibiza, wo sie einen Teil des Sommers mit Evelynne Archer verbrachte, der Schwester von Anastasia Gratsos. Als sie wieder nach Paris zurückkehrte, wußte sie, daß ihr Verhältnis mit Pippo unmöglich andauern konnte.

Ende August schrieb sie in anrührender Offenheit an ihren Patenonkel:

> Was P. betrifft, so mag ich ihn noch, aber natürlich nicht mehr so wie früher – nur, wie soll ich ihm das sagen? Nach dem Tod seiner Tochter lebt er für diese unsere Liebe. Ich hoffe, daß das Schicksal uns helfen wird, damit die Kränkung und der Schock für ihn nicht zu groß sind. Er ist nicht der Typ, der sich so ohne weiteres in eine andere Frau verliebt. Ich wünschte, es wäre so, doch habe ich meine Zweifel.
>
> Vielleicht lerne ich jemanden kennen, und das wäre die ideale Lösung. Dann wäre es mir nicht weiter wichtig, ob es ihm wehtut oder nicht. (Schlimm von mir, oder?)

Leo beantwortete ihren Brief Punkt für Punkt. Sorgfältig vermerkte er jeden Brief, den er von ihr erhielt, und er unterstrich sogar die wichtigsten Sätze. Seine Erwiderungen bestanden in detaillierten praktischen Ratschlägen.

»Zeig Unternehmungsgeist«, schrieb er diesmal zurück. »Du mußt häufiger ausgehen. Das Alter der Menschen sollte Dir Nebensache sein. Blicke in Richtung ältere Generation. Da gibt es viele, die Dich liebend gern einladen würden ... Du bist frei und solltest solche Einladungen annehmen.«

Sie tat es. Zumindest einige Einladungen akzeptierte sie. Frederick, ihr Coiffeur, pflegte zur Avenue Georges-Mandel zu kommen, um sie für den Abend zu frisieren. Er erinnert sich: »Wenn ich ihr das Haar aufsteckte, geschah es oft, daß in ihr Unwillen aufstieg. ›Wozu soll ich ausgehen? Wozu? Lassen Sie schon sein, Frederick. Ich gehe nicht aus.‹« Und so löste Frederick ihr das Haar wieder auf, und Bruna teilte telefonisch mit, Madame sei »unpäßlich«. Was

Maria betraf, so ging sie zu Bett und sah fern, bis spät in die Nacht.

An Leo schrieb sie:

> Habe Deinen sehr lieben Brief erhalten und mußte unwillkürlich lächeln – nur zu gern würde ich einen so wundervollen Gefährten finden, so wie Du es immer für Sally warst –, aber, mein lieber Leo, solche Männer sind nicht zu finden ...
>
> Für mich käme ein Mann in Frage, der *intelligent* ist, auch wohlhabend; jemand, auf den ich mich stützen kann, voller Ergebenheit und Vertrauen. Er muß *aufrichtig* sein und großzügig; und er darf mich nicht ändern wollen, wie unser toter Freund.
>
> Wo gibt es solche Männer? Ich weiß, wenn ich nicht häufig ausgehe, kann ich sie nicht kennenlernen – aber ich gehe aus und treffe oberflächliche, absurde Naturen, die überhaupt nicht interessiert sind an den herrlichen Dingen, die unser Leben lebenswert machen. Ich glaube nicht, daß es einen Mann, wie ich ihn mir wünsche, heutzutage gibt; doch wie *schön* wäre es, ihm zu begegnen. Es wäre die Lösung für meine psychischen Probleme.

Die Briefe an ihren Patenonkel bildeten eine wahrhaft erstaunliche Ausnahme. Denn ansonsten war ihre Scheu, Gefühle dem Papier anzuvertrauen, nahezu absolut. Das zeigte sich, als Lawrence Kelly im Sterben lag. Er siechte in Dallas an Krebs dahin. Obwohl er zu den wenigen Menschen gehörte, die ihr nahegestanden hatten, brachte sie es nicht über sich, ihm zu schreiben. Mary Mead meldete sich telefonisch, drängte erst, flehte dann. Doch Marias wiederholte Antwort lautete: »Ich kann nicht, Mary, ich kann wirklich nicht. Laß mich mit ihm am Telefon reden.« »Aber Maria, du verstehst nicht. Er kann nicht sprechen. Er hat nur noch wenige Tage zu leben.« Dennoch schrieb sie nicht.

Sie fühlte sich entsetzlich einsam. Manchmal griff sie mitten in der Nacht zum Telefon und rief irgend jemanden an, den sie gut kannte; nur um die Wärme einer menschlichen Stimme zu hören. »Was gibt's Neues?« fragte sie. »Und was noch?« Man unterhielt sich ein paar Minuten, aber wenn sie dann auflegte, fand sie noch immer keinen Schlaf. »Ich bin daran gewöhnt, nachts zu arbeiten«, erklärte sie. »Da kommen dann ganz von selbst die Gedanken. Nachts kommen einem eine Menge komischer Ideen, pessimistische Vorstellungen, und ich würde sie so gern abschütteln. Kann man denn um diese Zeit spazierengehen, sich müde laufen? Unmöglich, jedenfalls für eine Frau. Die Polizei würde mich auflesen. Kann man sich in die Eisenbahn setzen, irgendwo hinfahren, wenn man verzweifelt ist? Was soll eine Frau nur tun?«

Sie fühlte sich wie in einer Falle. Was sie nicht begriff, war, daß sie Konvention gleichsetzte mit Notwendigkeit oder Unausweichlichkeit. Ihre »Falle«, das war nichts anderes als ihre eigene Vorstellung von dem, was eine Legende zu tun und zu lassen hatte. Dabei wollte sie so gern begreifen. In ihrem Wunsch, in allem einen Sinn zu erkennen, sprach sie sogar davon, ihre Autobiographie schreiben zu wollen.

Und sie begann damit, dieses und jenes auf Band zu sprechen. Manchmal lag sie dabei im Bett, meist saß sie im Salon.

Es ist ein faszinierendes Wechselspiel. Meist spricht die Callas. Dann auf einmal äußert sich Maria. Und schon hat ihr die Callas wieder das Mikrofon entrissen. »Ich wäre gern Maria, doch da ist La Callas, die von mir fordert, daß ich mich mit ihrer Würde trage. Ich möchte so gern glauben, daß die beiden in Wirklichkeit ein und dieselbe sind, denn die Callas war ja einmal Maria, und ich bin immer ganz verschmolzen mit meiner Musik. Und ich bin stets authentisch gewesen. Ich habe mit aller Wahrhaftigkeit gearbeitet, und Maria auch. Wer mich wirklich verstehen will, der wird mich ganz und gar in meiner Arbeit finden ... Vielleicht können wir die Callas, den Star, überhaupt nicht von Maria trennen – die beiden befinden sich miteinander in Harmonie.«

Aber das entsprach nicht der Wahrheit. Maria wurde erdrückt vom Gewicht der Callas. Selbst in diesen wenigen Sätzen zeigt sich das. Immer und immer wieder ist da die Callas, die Maria im Grunde nie richtig zu Worte kommen läßt; und die ein unsichtbares Publikum davon zu überzeugen sucht, die Kunst sei ihr ganzes Leben gewesen. Die Bänder sind durchweg französisch besprochen, was nicht ohne Bedeutung sein mag: Unter den Sprachen, in denen sie sich ausdrücken konnte, war Französisch keineswegs die ihr besonders gemäße. »*Cher public*«, sagte sie einmal, als sie auf Band sprach, »*je vous demande de me voir comme une musicienne qui a consacré sa vie à la musique.* Liebes Publikum, bitte sehen Sie in mir eine Musikerin, die ihr Leben der Musik geopfert hat. Glauben Sie nicht all die Lügen über mich. Es kommt nur darauf an, daß das Publikum unvoreingenommen ist; daß es weiß – ich habe mein Leben völlig der Kunst geweiht.«

Da haben wir die Hohepriesterin, die zu den Gläubigen spricht und ihre eigene Menschlichkeit verleugnet – die Maria verleugnet: Maria, die all jene Nöte und Schwächen in sich trug, die die Callas so verachtete – und die dennoch gerade auch für die Callas, die große Künstlerin, so unerläßlich waren; als Grundempfindungen, um ihre Rollen gestalten zu können.

Einmal sagte sie: »Ich wünschte, ich besäße mehr religiösen Fanatismus.« Interessant ist in diesem Zusammenhang der Gebrauch des Wortes »Fanatismus«. Auf jeden Fall ging es ihr gerade jetzt um Wahrhaftigkeit. Um so größer war die Enttäuschung, denn was sie rings um sich sah, war in ihren Augen Verlogenheit, Falschheit.

John Tooley besuchte sie, wann immer er nach Paris kam. Er erinnert sich, wie sie zunehmend in düstere Stimmung versank: »Wenn wir über irgendwelche neuen Sänger, Dirigenten, Regisseure sprachen, so kritisierte sie alle, zutiefst davon überzeugt, daß es da nichts Gutes mehr gab. Wollte ich zur Oper, so sagte sie: ›Was wollen Sie dort? Warum bleiben Sie nicht hier bei mir?‹ Ihre Einsamkeit war manchmal unerträglich.« Sie fragte nicht einmal mehr: »Was gibt's Neues?« und: »Was sonst noch?«

Alan Sievewright suchte sie auf und bat sie, in Strawinskis *Geschichte vom Soldaten* die Rolle der Vorleserin zu übernehmen, und zwar bei der Schallplattenaufnahme, die er gerade machte. »Ich bin auf Strawinski nicht gerade wild«, erklärte sie. »Ich mag moderne Musik eigentlich nicht.« Und als Alan darauf hinwies, daß die *Geschichte vom Soldaten*, 1914 komponiert, kaum modern genannt werden könne, gestand sie: »Im Grunde ist auch Puccini nicht mein Fall. Meine Vorliebe gilt dem 19. Jahrhundert.« Wenn sie sich in einer solchen Stimmung befand, klangen ihre Äußerungen oft widersprüchlich, und es schien in der Hauptsache ein Widerspruch gegen ihre Umwelt zu sein – als sei sie darauf aus, sich noch mehr zu isolieren.

Ende 1975 schrieb sie an ihren Patenonkel:

> ... Ich weiß nicht, was ich tun soll. Ich weiß, ich muß arbeiten; aber was? Vielleicht sollte ich wieder anfangen zu üben und *auf eigene Faust* Aufnahmen machen. Möglich, daß mir das Singen dann wieder Spaß macht – aber ich muß allein

singen, und mit Orchester. Angebote gibt es genug, aber ich muß tief in mich hineinblicken – und wissen, was ich will.

Allein singen und mit Orchester ... »*auf eigene Faust*«. Augenscheinlich hatte sie inzwischen nachhaltig begriffen, wie verkehrt ihre letzte Tournee von Grund auf angelegt gewesen war. Allerdings ging aus ihren Äußerungen hervor, daß sie nur noch tiefer verstört wirkte.

Im November 1975 erhielt sie die Nachricht von Pasolinis Ermordung. Seine Leiche war in der Nähe Roms gefunden worden, auf einer Strandstraße, mit zahlreichen Stichwunden. Ein Schock für Maria, zu einer Zeit, wo sie das Gefühl hatte, mehr könne sie einfach nicht ertragen.

»Der Pasolini, den ich gekannt habe«, sagte sie kurz nach seinem Tode, »war so sensibel, so voller Anteilnahme. Im Gegensatz zu mir interessierte er sich leidenschaftlich für Politik; doch nie versuchte einer von uns dem anderen seine Überzeugungen aufzuzwingen. Seine Vorstellungen von Kunst, vom Leben hatten soviel Kraft und Originalität, daß man sich ihrer Wirkung nicht entziehen konnte. Sollte es einen anderen Pasolini gegeben haben, so habe ich ihn nicht gekannt.«

Mehr und mehr schloß sie sich von ihrer Umwelt ab, und all ihre Freunde und Bekannten wußten: Hatten sie mit ihr eine Verabredung, so mußten sie mit einer Absage in allerletzter Minute rechnen. Gaby van Zuylen (die Frau von Maggies Sohn) erinnert sich: »Sie rief an und fragte: ›Gaby, wollen wir morgen zusammen einkaufen gehen?‹ Später rief sie wieder an: ›Wollen wir statt dessen nicht lieber ins Kino gehen?‹ Am nächsten Tag klingelte dann erneut das Telefon, und sie sagte ganz ab. Man mußte ewig verfügbar sein.« Und das waren die meisten Menschen nicht. Nicht wenige ließen den Kontakt völlig zum Erliegen kommen.

Ein paar jedoch blieben hartnäckig. Zu ihnen gehörte François Valéry, der französische Vertreter bei der UNESCO. Er war Junggeselle, sehr charmant, sehr kultiviert und ein großer Kenner der Musik. Privat hatte er Maria zum erstenmal in einem Restaurant im Bois de Boulogne gesehen. Auf seine Anweisung brachte ihr der Ober auf einem Tablett ein persönliches Billett mit »*un million d'admiration*«. Bei Maggie waren sie einander wiederbegegnet. Die Callas fühlte sich in seiner Gesellschaft äußerst wohl – ein Diplomat, äußerst kultiviert, von distinguiertem Äußeren; er entsprach wirklich in allem ihren – weltlichen – Anforderungen. Aber auch Maria, wenn man denn diese Unterscheidung treffen wollte, war von ihm angetan. »Sie konnte sich in meiner Gegenwart völlig entspannen. Viele intime Fragen stellte sie mir und sprach auch ihrerseits sehr offen. Auf fast provokative Weise betonte sie, wie normal, wie weiblich sie sei – sie sprach davon, wie schlecht sie sich fühlte, wenn sie ihre Periode hatte; sie erzählte von den Prozeduren bei ihrem Coiffeur; und sie redete überhaupt sehr viel: zum Beispiel, wieviel Spaß ihr Sex gemacht hatte, als sie noch mit Ari zusammen gewesen war. ›Er hat mich wirklich geliebt‹, sagte sie einmal nach seinem Tode. ›Im Bett kann man nicht lügen.‹ «

Schließlich war François Valéry so etwas wie ihr wichtigster Begleiter. Aber es blieb bei dem gewohnten Schema:

»Gehen Sie mit mir ins Kino, François?«

»Natürlich, Maria.«

Am nächsten Tag: »Nein, heute abend geht's nicht; mein Coiffeur kommt. Nein, morgen auch nicht; morgen übe ich. Mittwoch?«

Der Mittwoch dämmerte herauf. »François, können wir das mit heute abend nicht ändern? Ich fühle mich nicht besonders gut.« Doch François Valéry meldete sich wieder, und schließlich trafen sie sich. Am liebsten ging Maria ins Kino, und oft sah sie sich einen Film nach dem anderen an. Eines Abends genossen sie zunächst den jüngsten de-Sica-Film, danach einen Thriller. Und Maria futterte währenddessen in sich hinein: Eiscreme und nochmal Eiscreme, zwischendurch zwei Toblerone. Kein Wunder also, daß sie Valérys Frage, was sie von einem Dinner halte, mit der Erklärung beantwortete, sie verspüre keinen Hunger. »Wollen wir statt dessen nicht lieber zu mir nach Hause fahren?« Sie taten es und saßen dann in ihrem Schlafzimmer, unterhielten sich. »Es ist ein Uhr früh«, sagte sie plötzlich und lächelte. »Wir sind allein in meinem Schlafzimmer … ziemlich kompromittierend.« »Sie wollte, daß ich blieb, soviel war mir klar. Gern hätte ich sie geküßt, doch ganz wie ein grüner Junge wußte ich nicht, wie ich das anstellen sollte. Schließlich gestand ich ihr, was ich empfand: ›Sie flößen Männern Angst ein. Die erstarren quasi in Achtung vor Ihnen.‹ Sie war richtig zornig, doch es entsprach der Wahrheit.«

Und das wußte Maria auch. »Es gibt nicht sehr viele Männer, die in meiner Nähe sein können«, hatte sie einmal gesagt. »Es ist eine Art Handikap, berühmt zu sein. Auch besitze ich einen aktiven Verstand, eine starke Persönlichkeit, und es könnte schon sein, daß ich wirkliche Männer zurückschrecke.« Doch nicht weniger verschrekkend als ihr Verstand oder ihre Persönlichkeit wirkte die berühmte Callas-Aura, mit der sie sich nach Belieben umgeben konnte.

»Manchmal saßen wir im Gespräch beieinander«, erinnert sich Vasso Devetzi. »Plötzlich läutete das Telefon, und vor meinen Augen wandelte sich ihre Stimme, wandelte sich ihr ganzes Benehmen. Sie hatte auf ›Callas‹ umgeschaltet. Wenn sie auflegte, war sie wieder Maria. Das geschah ganz automatisch.«

Es war schlimmer als nur automatisch. Für Maria wurde dieses Verhalten zu einer Zwangsjacke, in der sie kaum noch atmen konnte. Dennoch konnte und wollte sie sich ihrer nicht entledigen. »Die Callas« schien ihr einziger Schutz zu sein; und da sie sich an dieser Illusion festkrallte, kam sie nie dazu, ihre wirkliche Stärke zu entdecken.

Mitunter – wie im Sommer 1976 – geriet ihr diese fixe Idee schier zur Farce. Da sie dringend etwas Urlaub brauchte, reiste sie mit Vasso Devetzi nach Khalkidhiki in Nordgriechenland. Dort, in Sonne und Wasser, hatte sie zum erstenmal seit Aristos Tod das Gefühl, daß Leben sie wieder durchflutete. »Der Unterschied zwischen mir und den alten Griechen«, hatte sie gesagt, »besteht darin, daß ich nicht über Tragödien jammere, ehe sie stattfinden. Und wenn sie sich ereignet haben, weine ich noch immer nicht; ich versuche, mit ihnen fertig zu werden.« Genau das tat sie.

Am achten Tag fuhren sie zum Essen nach Ouranoupolis. Dort erkannte sie irgend jemand, und am nächsten Tag schwärmten Reporter und Fotografen herbei, eine Art Heuschreckenschar, die über dem kleinen Ort niederging. Vier Tage lang blieb Maria auf ihrem Zimmer. Dort hatte sie sich eingeschlossen, bei heruntergelassenen Jalousien, in der brütenden Augusthitze. Sie hatte ganz einfach Angst. Angst davor, daß man sie, wenn sie im Badeanzug oder Bademantel heraustrat, auf irgendwelche Fotos bannen würde. Aus wohlerwogenen Gründen wagte sich auch Vasso nicht hervor. Man hätte sie fotografieren können, um sodann ihren Kopf durch Marias Kopf zu ersetzen – der billige Trick der Fotomontage. Das fleckenlose »Callas-Image« mußte unbedingt gewahrt werden. Und so blieb Maria in ihr Zimmer eingepfercht und stopfte sich zum Trost mit allerlei Süßigkeiten voll: eine Art Ersatz für das von ihr so geliebte Meer.

Wieder einmal hatte die Callas Maria geknebelt und eingeschnürt. Die so dringend notwendige Erholung wurde zur weiteren Tortur.

Und das labile innere Gleichgewicht wurde noch weiter gestört. Deprimiert kehrte sie nach Paris zurück. Alte Freunde, die sie in diesem Zustand sahen, waren geschockt: über die Veränderungen, die während der letzten Monate in ihr vorgegangen waren. Ihr Körper wirkte irgendwie gekrümmt, und aus den Linien um ihre Augen sprach innere Anspannung.

Zum erstenmal seit über zwanzig Jahren achtete sie nicht mehr darauf, was sie aß, hielt ihre Diät nicht mehr ein. »Ich habe zugenommen«, schrieb sie Leo, »und ich habe meine Willenskraft verloren, soweit es die Diät betrifft – ist das nicht furchtbar?«

Vor Ende 1976 fand das di-Stefano-Kapitel seinen endgültigen Abschluß. »Mit unserem Verhältnis ist es wirklich aus«, schrieb sie ihrem Patenonkel im Oktober. »Meine wenigen Habseligkeiten in seinem Heim in San Remo, um mehr brauche ich nicht zu bitten – aber eigentlich ist mir schon das zuviel. Also lasse ich die Dinge, wie sie sind.« Vor Weihnachten schrieb sie ihm noch einmal, wie um ihn – oder sich selbst – zu überzeugen. »... Auch diese andere Sache, die Dich beunruhigte (P.), gehört nicht mehr zu meinem Leben. Gott sei Dank ... Wirst Du über Weihnachten Urlaub machen? Ich bleibe hier. Daheim fühle ich mich wohl.« Ja, sie fühlte sich dort wohl; allerdings gab es auch Tage, wo ihr selbst ihr Lieblingsraum, das helle Badezimmer, dunkel oder düster erschien. Wie haltlos trieb sie umher und wartete auf einen alles erleuchtenden Blitz.

»Ich bin über fünfzig«, sagte sie zu Vasso. »Ich bin frei. Ich besitze genügend Geld, kann genießen, was immer ich will. Und was will ich? *Arbeiten!*« Nun, sie arbeitete, übte weiter. Doch ohne rechte Lust, ohne rechten Antrieb. Um eine Leere zu füllen.

Aber es gab auch Augenblicke, wo sie wirklich bei der Sache war. Zum Beispiel, wenn sie ihre alten Platten anhörte; oder wenn sie versuchte, ihren Hündchen das Singen beizubringen. Dann vibrierte sie geradezu von Musik. So etwa geschah es, als Leonard Bernstein Maria in ihrem Pariser Apartment besuchte, zusammen mit Sylvia Sass, der jungen ungarischen Sopranistin, die von manchen Kritikern zur neuen Callas hochgelobt worden war.

Nur eine Stunde wollten sie bleiben, und vor dem Haus wartete ihr Mietauto, mit dem Chauffeur am Steuer. Ferruccio, der perfekte Butler, geleitete die beiden herein. Zunächst spielte Maria die tadellose Gastgeberin. Aber es rutschte ihr doch heraus, in höchst ironischem Ton: »Sie sind also die neue Callas.« Und im Salon begann sie dann herumzukommandieren. Sylvia möge dies singen und das und jenes. Während der ersten Violetta-Arie unterhielt sie sich dann mit Bernstein – und sang die Arie dann selbst. Anschließend instruierte sie Sylvia: Sie möge alles Ton für Ton nachsingen. Dies war Sylvia zuviel. Sie bäumte sich gleichsam auf. »Ich bewundere Sie unendlich«, erklärte sie, »Sie sind für mich fast eine Göttin. Aber ich bin keine Callas-Kopie und werde es auch niemals sein. In einigen Tagen werde ich in Hamburg in der *Traviata* singen, und für mein Selbstvertrauen wie für meine Stimme ist es wohl besser, wenn ich jetzt gehe.« Doch für Maria war diese scharfe Reaktion fast so etwas wie eine Erlösung. Sie ließ die Maske herab, die Callas-Fassade. Vier Stunden lang unterhielten sich die beiden Frauen miteinander, inzwischen war Bernstein längst im Taxi zu einer Probe gefahren, und erst als der Chauffeur aus dem immer noch wartenden Wagen erschien und Sylvia an ihre Aufgaben erinnerte, trennten sich die beiden voneinander.

Maria begleitete Sylvia bis zur Tür, und Sylvia erinnert sich: »Nie werde ich die Kraft und die Zärtlichkeit in ihren Augen vergessen, während sie mir nachblickte. Was sie mir an diesem Abend gab, wird für mein ganzes Leben bei mir sein . . .«

Montserrat Caballé, eine der Spitzenanwärterinnen auf Marias Thron, hatte gestanden, daß sie mit *Norma* beträchtliche Schwierigkeiten habe. »Vor allem mit dem Trio am Ende des ersten Aktes«, erklärte sie am Telefon, und Maria erklärte, ziemlich kurz angebunden. »Über die Fernleitung kann ich da auch nicht helfen.«

Die Caballé reiste nach Paris und suchte Maria auf. Allerdings fand sie nicht gerade ein Orakel. Maria war von Natur aus weniger Lehrerin als Darstellerin, und überhaupt: Ausstrahlung ließ sich nicht vermitteln.

Es gab noch einen letzten Ansatz zu einem Comeback. Charles Vanne, Leiter des *Théâtre des Champs-Élysées* und mit Maria befreundet, bot ihr sein Haus zum Üben an, damit sie sich wieder an die Bühne gewöhnen könne. Während sie dort übungshalber sang, schlich sich eines Tages ein Reporter von *France Dimanche* ein, machte ein paar Fotos und schrieb einen vernichtenden Artikel über den Ruin ihrer Stimme.

Ihre innere Entschlossenheit, zu der sie sich mit so vielen Schwierigkeiten zusammengerafft hatte, war in tausend Stücke zerfetzt. Der Schmerz saß tief, lähmend tief. Wieder einmal klagte sie, ging vor Gericht. Und wieder einmal gewann sie – diesmal nach ihrem Tode.

Immer mehr versackte, verschrumpfte sie in Isolierung. Und dennoch war die Welt dicht, sehr dicht bei ihr. Auch die Vergangenheit lebte noch, obschon Maria es längst aufgegeben hatte, nach einem besonderen Sinn zu suchen. Die Vergangenheit lebte noch, und sie verfolgte Maria; mit all jenen Geistern, die bitterem Groll und qualvollen Schuldgefühlen entstammten.

»Ich habe nichts«, sagte sie Anfang 1977, kurz nach ihrem dreiundfünfzigsten Geburtstag, zu John Tooley. »Was soll ich tun?« Nach dem Artikel in *France Dimanche* schien der Traum eines Comeback endgültig ausgeträumt, und dennoch mochte und konnte sie sich von einem letzten Rudiment dieses Traums nicht trennen, war er für sie doch eine Art Stütze oder Krücke. »Warum schreibt niemand eine Oper über Maria Magdalena?« fragte sie verschiedentlich. Es war dies eine Gestalt, die sie stark faszinierte. Wieder und wieder las sie in der Bibel jene Passagen, wo Maria Magdalena Jesus Christus die Füße wusch. Nur: Über Maria Magdalena hatte halt niemand eine Oper geschrieben.

Irgendwie mußte sie ihrer Seelenqual entfliehen; und wenn da schon die Arbeit keinen Ausweg mehr bot, so doch wenigstens das Reden über die Arbeit. John Tooley brachte *Cavalleria Rusticana* mit Placido Domingo ins Gespräch; ein anderer Vorschlag von seiner Seite war eine Neuinszenierung der *Tosca*. Gemeinsam mit Zeffirelli besprach man zunächst die *Krönung der Poppäa,* dann die *Lustige Witwe.* Vor dem Gedanken an eine Operette scheute Maria allerdings zurück. »Zu wenig ernsthaft«, erklärte sie. »Machen wir lieber *Traviata.* Ja, *Traviata* mit Giulini.« Und noch bis wenige Monate vor ihrem Tode sagte sie: »Machen wir *Traviata,* Franco.«

»Hätte sie für den ersten Akt ein paar Kompromisse akzeptiert«, sagte Zeffirelli ein Jahr nach ihrem Tode, »so hätte sie praktisch auf der Stelle singen können.«

Vielleicht. Aber es fehlte doch am Entscheidenden: an dem Willen, sich in ein neues Abenteuer zu stürzen. Der Mut, die Verwegenheit, eine abermalige Erprobung auf sich zu nehmen, waren nicht da.

Gewiß, immer wieder flackerte etwas auf; aber es erstarb auch sogleich; bis es dann nach etlicher Zeit abermals ein leichtes Schimmern hervorrief, und dazwischen saß oder kauerte sie vor dem Fernseher; verfolgte Wildwestabenteuer; und es war ja soviel leichter, sich darein zu versenken als in irgend etwas anderes – in eigenes. Sie versank in Lethargie, glitt hinüber in alte Erinnerungen. Doch da war ein Instinkt in ihr, und er drängte nach Ausdehnung, nach Weiterwachsen. Als sie ihn unterdrückte, begann es sie zu ersticken.

Im Frühjahr 1977 bat sie Vasso, ein Testament aufzusetzen. Bruna und Ferruccio sollten alles erben. Doch unterzeichnete sie nicht.

Im Juli 1977 suchte Alan Sievewright sie auf. Es ging um einen Diskussionsabend in Covent Garden über ihre Rollen und ihre Karriere. »Alles, was die über mich wissen wollen, ist dort in der Musik«, sagte sie »... die Callas ist tot.« Sie streichelte das Pudelchen auf ihrem Schoß. »Sie ist schon ziemlich alt, wissen Sie. Ich ersetze sie immer, wenn sie sterben. Und ich habe immer gemeint, bei Menschen sollte man's genauso handhaben, bis ich dann entdeckte – das können wir nicht.«

Ihre letzte Pilgerfahrt brachte sie nach Skorpios; dort verbrachte sie Stunden vor Aristos Gruft, kniend und betend.

Sie kehrte nach Paris zurück. Doch war sie zu verzweifelt und zu resigniert, um noch um Hilfe zu rufen. Meist lag in ihren Augen ein weitentrückter Ausdruck. Als sei da überhaupt nichts mehr dahinter; als genüge es, in der alten Routine fortzufahren: mit Pixie und Djedda Gassi gehen; vor dem Fernseher hocken; mit Vasso Verdis *Requiem* proben; Robert Massies *Nicholas und Alexandra* lesen; mitunter auch den Coiffeur aufsuchen; manchmal einen Freund zum Essen einladen; manchmal ins Kino gehen; manchmal lachen oder streiten oder klatschen.

Aber Maria war bereits seit geraumer Zeit tot; und am 16. September 1977 gab jener Teil von ihr auf, der bis dahin noch dem Leben anzugehören schien.

Sie erwachte spät, wie Bruna sich erinnert. Das Frühstück nahm sie im Bett ein. Anschließend stand sie auf und tat ein paar unsichere Schritte in Richtung Badezimmer. In ihrer linken Seite verspürte sie einen stechenden Schmerz; dann fiel sie – ein dumpfes Aufklatschen.

Man trug sie zum Bett zurück, flößte ihr starken Kaffee ein. Dann telefonierte man nach ihrem Arzt, traf ihn jedoch nicht an. Nun wählte man die Nummer des American Hospital – besetzt.

Schließlich setzte man sich mit Ferruccios Arzt in Verbindung. Er machte sich sofort zur Avenue Georges-Mandel auf den Weg.

Als er eintraf, war sie bereits tot.

Epilog

Evangelia wollte an diesem Abend ausgehen. Während sie, in einem roten Kleid und mit Perlenkette, darauf wartete, daß ihre Freunde sie abholten, behielt sie sozusagen mit einem Auge den Fernseher im Blick. Plötzlich kam die Nachricht: Maria Callas gestorben.

Während der Fahrt von Yorkshire nach London hielt Edith Gorlinsky am Rande einer Landstraße bei einem Briefkasten. Sie stieg aus, steckte eine Postkarte an Maria in den Schlitz. Als sie dann wieder in ihrem Auto saß und das Radio einschaltete, kam die Meldung, Maria Callas sei in Paris einem Herzschlag erlegen.

Auf dem Pariser Flughafen prüfte ein Beamter sorgfältig den Paß von Peter Diamand: »So, Sie sind der Künstlerische Direktor der Edinburgher Festspiele. Kannten Sie Maria Callas?«

»Ja, Wieso?«

»Sie ist tot«, erwiderte der Mann mit jener Eindringlichkeit, die Überbringern von Unglücksbotschaften eigen ist.

»Ausgeschlossen!« erklärte Peter Diamand mit aller Entschiedenheit. Sofort versuchte er sich telefonisch mit Peter de Jong, dem Leiter der EMI in Frankreich, in Verbindung zu setzen, konnte ihn jedoch nicht erreichen. Dann versuchte er es bei einer ganzen Reihe von Freunden Marias. Doch er hatte kein Glück. Niemand war da, um ihm zu bestätigen, daß es sich um einen dummen Irrtum handelte. Früh um drei Uhr eilte er schließlich zum Arc de Triomphe, wo er mit Sicherheit die ersten Morgenzeitungen bekommen konnte. Er brauchte nicht lange zu suchen. Es stand auf der Frontseite: *La primadonna du siècle: La cantatrice Maria Callas est morte hier à 13 h 30 des suites d'un accident cardiaque.*

In Athen bereitete sich Vasso Devetzi auf ihr abendliches Konzert im Theater des Herodes Atticus vor, als sie aus Paris angerufen wurde, von Bruna: *»Madame est morte.«* Einige Stunden später teilte sie die Nachricht mit stockender Stimme dem Athener Publikum mit, das im Halbrund des uralten Theaters saß.

In ihrem Heim in Barcelona erhielt Victoria de los Angeles einen Telefonanruf von der französischen Presseagentur. Die Verbindung war sehr schlecht, und zunächst konnte die Sängerin nicht verstehen, worum es überhaupt ging. Schließlich hörte sie: »Wie ist Ihre Reaktion auf den Tod von Maria Callas?« Das einzige, was die französischen Journalisten am anderen Ende der Leitung vernahmen, war haltloses Schluchzen.

John Ardoin befand sich in San Francisco, zur Premiere von *Adriana Lecouvreur,* mit Renata Scotto in einer der Hauptrollen. Während er mit dem Konzertpianisten Ivan Davis speiste, warf er eher zufällig einen Blick in die Abendzeitung. »Plötzlich sah ich es. Ich stieß den Tisch zurück, sprang auf und rannte aus dem Restaurant. Und erst als ich ziemlich außer Atem war, wurde mir bewußt, was ich da tat. Das einzige, was ich noch weiß, ist dies – ich sah die Nachricht in der Zeitung und mußte hinaus aus dem Restaurant.«

»Auf ihrem Bett ruhte sie, in einem grauen Gewand, ein Kreuz und eine Rose auf der Brust, die Augen geschlossen, die Lippen kaum merklich geöffnet. Das lange, kastanienbraune Haar umrahmte ihr weißes Gesicht, so voller Leben«, erinnert sich Peter Andry, der gemeinsam mit einigen Freunden am Tag der Beisetzung das Haus in der Avenue Georges-Mandel aufsuchte. »Mich schauderte bei dem Gedanken, daß all dies schon in wenigen Stunden zu Asche werden sollte. Da war irgend etwas in mir ... am liebsten hätte ich sie berührt, hätte gern eine Locke abgeschnitten, um sie für immer aufzubewahren ... hätte ich's doch nur getan.«

Lange vor Beginn der Beisetzungsfeierlichkeiten, die am 20. September um 16.30 Uhr beginnen sollten, sammelte sich vor der griechisch-orthodoxen Kirche in der Rue Georges-Bizet eine große Menschenmenge. Um die angesetzte Zeit herrschte draußen feierliche Stille und drinnen das Chaos. Ihre Schwester, Peter Andry, Vasso Devetzi, John Coveney, Peter de Jong, Sander und Edith Gorlinsky, Franco Rossellini, Bruna, Ferruccio und Consuelo bildeten die offizielle Trauergemeinde, doch das Kommando hatten offenbar die Fotografen und die Fernsehteams übernommen. Da wurde gedrängt, geschoben, gestoßen, jeder wollte den besten Aufnahmewinkel ergattern; auch wurden Blumen und Kränze umarrangiert, damit die Bänder besser zu sehen und auf Film zu bannen waren (Kränze mit Bändern vom Präsidenten der

Französischen Republik, vom griechischen Staatspräsidenten, von Covent Garden, von der Scala …). Die Unruhe schien immer mehr zu wachsen.

Plötzlich begannen die Priester mit ihrem Gesang, und zunächst wußte man nicht so recht: Stimmten sie sich nur ein, oder war dies bereits der Beginn der Trauerfeierlichkeit. Man tuschelte weiter miteinander, und das Tuscheln wurde noch lauter, als Fürstin Gracia Patricia mit Caroline erschien. Die Stimmen der Priester mußten buchstäblich gegen den Lärm ankämpfen, gegen das Getuschel, gegen das Klicken der Kameras.

Fast hätte man meinen können, jedermann hier warte darauf, daß ein besonderes Ereignis eintrete, etwa die Wiederauferstehung von Onassis oder das Herabschweben ihrer Mutter auf den Altar, um von dort eine Ansprache zu halten, wenn nicht gar Marias Sich-Erheben aus dem Sarge – und ihre kategorische Forderung nach einer gründlichen Probe, bevor man mit den Beisetzungszeremonien fortfuhr.

Nun, was die eigentliche Zeremonie betraf, so hatte sie inmitten all des Wirrwarrs und all der Unruhe fast unbemerkt begonnen, und auf ganz ähnliche Weise ging sie auch zu Ende. Um einen besseren »Schuß« zu erhaschen, als Fürstin Gracia Patricia die Kirche verließ, rückte man in irrsinniger Hektik sogar den Sarg beiseite.

Zur selben Zeit fand in Rom, in der kleinen griechisch-orthodoxen Kirche bei der Via Veneto, zum Gedenken an Maria eine Messe statt. Zu der vierzehnköpfigen Trauergemeinde gehörte Nadia Stancioff, die das Ganze organisiert hatte. Auch Giulietta Simionato und Piero Tosi waren anwesend, außerdem ein Mann in einem alten, grauen Regenmantel. Niemand kannte ihn, doch während der Andacht weinte er unaufhörlich, und seine Trauer war tief in die Furchen seines Gesichts gekerbt.

Als man den Sarg aus der Kirche in der Rue Georges-Bizet trug, war die Luft schwer von Blumenduft und Bedrückung. Draußen standen Hunderte von Menschen, viele mit feuchten Augen oder tränenüberströmten Gesichtern. Doch plötzlich erscholl Applaus, hallten Rufe: »Bravo, Callas!« »Bravo, Maria!« Es war das letzte spontane Adieu, und es kam von Herzen: der erste tiefbewegende Augenblick an diesem so absurd unpersönlichen Nachmittag.

»Was geschieht jetzt?« fragte Fürstin Gracia Peter Diamand. »Ich weiß nicht.«

Während sich die Trauergemeinde ratlos aufzulösen begann, setzte sich der Leichenzug, gefolgt von den beiden offiziellen Autos, in Richtung des Friedhofs Père Lachaise in Bewegung. Bruna war bereits auf dem Rückweg zur Avenue Georges-Mandel, um dort allein zu trauern.

Es war ein großer Raum mit hoher Decke und fröstelnder Atmosphäre, eine Art Walhall aus Beton. Dort warteten sie. Eine Dreiviertelstunde verging. Schließlich erschien jemand, der sie durch lange Gänge zu einem Keller führte. Dort standen zwei Männer in blauen Overalls. Zwischen ihnen lag, auf einem Karren, eine Art Miniatursarg, nicht größer als eine Zigarrenkiste. Er enthielt die sterblichen Überreste von Maria Callas. Wieder setzte sich die Prozession in Bewegung, wieder ging es durch endlos lange Korridore. Die Schwester, der Butler, der Koch, der Agent, der Freund sowie die Repräsentanten der Musik- und der Filmindustrie – sie schritten voran und gelangten zu dem Raum, wo die Kästchen gestapelt wurden, Reihe auf Reihe. Die Prozession kam zum Halt. Maria Callas: 1923–1977: Nummer 16258.

Seit Tagen gab es eine Flut von Elogen, und es gab sie in aller Welt: »Unter den heutigen Musikinterpreten war sie die größte«, sagte Lord Harewood in London; »Wir werden nie wieder ihresgleichen sehen«, erklärte Rudolf Bing in New York; »Göttinnen sterben nicht«, verkündete Rolf Liebermann, Intendant der Pariser Oper. Überall auf der Welt ehrte man sie in Rundfunk- und Fernsehprogrammen. Konzerte, Galaabende, selbst Diskussionsabende über ihre Kunst wurden ihrem Andenken gewidmet.

Am 16. September 1978, dem ersten Jahrestag ihres Todes, wurde in der Avenue Georges-Mandel Nr. 36 draußen eine Marmortafel mit goldener Inschrift angebracht:

ICI EST DÉCÉDÉE
MARIA CALLAS
LE 16 SEPTEMBRE 1977

Inzwischen hatten ihr Ex-Gatte und ihre Mutter Stellung bezogen: Die Schlacht um Marias Vermögen (auf zwölf Millionen Dollar geschätzt, zuzüglich künftiger Schallplattentantiemen) hatte begonnen. Meneghini förderte ein Testament zutage, demzufolge er Marias Alleinerbe war. Sie hatte es 1954 aufgesetzt. Da es offenkundig kein weiteres von ihrer Hand gab, beanspruchte Meneghini nunmehr ihr gesamtes Vermögen, und einen Monat nach der Beisetzung wurde, auf seinen Antrag hin, die Wohnung in der Avenue Georges-Mandel per gerichtlicher Verfügung versiegelt. Zur selben Zeit leitete ihre Schwester, zugunsten der Familieninteressen, in Paris juristische Gegenschritte ein.

Es war dies das letzte Glied in der Kette von Marias prozessualen Verwicklungen, wenngleich sie diesmal ausgerechnet durch eine Unterlassung dafür sorgte. Das Nichtvorhandensein eines Testaments, in dem ihr wirklicher Wille zum Ausdruck kam, führte zu einer Ironie, die noch all jene Ironien und Paradoxe übertraf, von denen ihr Leben so voll gewesen war: Jene beiden Menschen, für die sie nur noch bittere Worte gehabt hatte und denen sie vermutlich kaum etwas hinterlassen hätte – sie behaupteten nun, jeweils der einzig rechtmäßige Erbe zu sein.

Zum Glück wurde beiden Parteien bald bewußt, wie erbärmlich sie mit ihren dünnen Argumenten dastehen würden, falls sie im Gerichtssaal gegeneinander zu Felde zogen, um das Erbe jeweils ganz für sich zu beanspruchen. Und so kam es dann zu einem außergerichtlichen Vergleich. Das Erbe wurde geteilt zwischen Mutter und Ex-Gatten, beide inzwischen stattliche Achtziger.

»Ich will das Geld nicht für mich verwenden, sondern dafür, sie in aller Welt bekannt zu machen«, verkündete Meneghini – eine Pointe besonderer Art gegenüber einer Weltberühmtheit wie der toten Maria. Ihre Mutter enthielt sich solcher oder ähnlicher absurder Sprüche. Als ich sie in Athen besuchte, erzählte sie mir nur, sie werde für einige arme griechische Mädchen die Mitgift spenden. Für Bruna und Ferruccio wurde vor der Vermögensteilung gesorgt, und sobald das Apartment in der Avenue Georges-Mandel verkauft war, verließ Bruna Paris und kehrte in ihr italienisches Heimatdorf zurück. Ferruccio trat eine Stellung bei Christina Onassis an.

Am 14. Juni 1978 fand in einem großen, menschenüberfüllten Raum im Hotel Georges V. in Paris eine Auktion statt: Versteigert wurden die Einrichtungsgegenstände aus dem Apartment in der Avenue Georges-Mandel. In der vordersten Reihe saß ein untersetzter, weißhaariger Mann, der wild mitbot. »Ich bin hierhergekommen, um meine Erinnerungen zu retten«, erklärte Meneghini gegenüber der Presse. Und er kaufte vieles zurück, von einem Jade-anhänger, den er Maria geschenkt hatte, bis zum Ehebett aus dem 18. Jahrhundert, auf dem sie gestorben war. Ein Bewunderer, der sich Marias Steinway nicht leisten konnte, erstand ihren Klavier-schemel; jene, deren Mittel der Erwerb eines Möbels, Teppichs, Gemäldes oder sonstigen Kunstgegenstands überstieg, kehrten ein paar Tage später wieder, um vielleicht die Waschmaschine zu er-steigern oder einen der drei Staubsauger oder wenigstens einen Kochtopf, der »Maria Callas gehört hat, müssen Sie wissen«.

Am Tag nach dem ersten Weihnachtsfest, das Marias Tod folgte, hatte irgendwer eine besonders morbide Bindung zu der Toten gesucht, indem er ihre Asche vom Friedhof Père Lachaise stahl. Stunden später fand man sie wieder, in einem entlegenen Teil des Friedhofs. Inzwischen hatte Evangelia ihren Ex-Schwiegersohn be-schuldigt, für die Tat verantwortlich zu sein.

»Selbst jetzt nach ihrem Tod möchte Meneghini nicht von meiner Tochter lassen«, erklärte sie gegenüber der griechischen Presse, »doch Marias Asche gehört ihrem Heimatland.«

Im Frühjahr 1979 wurde die Asche nach Griechenland überführt, mit vollen Ehren und sodann in feierlicher Zeremonie in die Ägäis gestreut.

»Wie sollen wir dich bestatten, wenn es vorüber ist?« fragte man Sokrates unmittelbar vor seinem Tod.

»Wie immer ihr wollt, so ihr meiner habhaft werdet.«

Marias Asche fiel in das Meer, das sie so liebte. Sie lebt weiter, für niemanden habhaft, wie jeder große Geist.

Discographie

EMI – deutsches Programm

I. Gesamtaufnahmen/Querschnitte

Aida, Verdi
Gesamtaufnahme, ital. ges.
Chor/Orchester Mailänder Scala
Dirigent Serafin
Kassette mit 3 Langspielplatten
1C 153–00 429/31 M

Aida, Verdi
Großer Querschnitt, ital. ges.
Chor/Orchester Mailänder Scala
Dirigent Serafin
1C 053–01 676 M

Der Barbier von Sevilla, Rossini
Großer Querschnitt, ital. ges.
Philharmonia Orchestra London
Dirigent Galliera
1C 063–00 735

La Bohème, Puccini
Gesamtaufnahme, ital. ges.
Chor/Orchester Mailänder Scala
Dirigent Votto
Kassette mit 2 Langspielplatten
0C 153–18 182/83

Carmen, Bizet
Gesamtaufnahme, franz. ges.
Orchestre du Théâtre National de l'Opéra
Paris
Dirigent Prêtre
Kassette mit 3 Langspielplatten
»Edison Preis«
1C 165–00 034/36

Carmen, Bizet
Großer Querschnitt, franz. ges.
Chœurs Duclos
Orchestre du Théâtre National de l'Opéra
Paris
Dirigent Prêtre
1C 063–01 966
1C 345–01 966

Cavalleria rusticana, Mascagni
Der Bajazzo, Leoncavallo
Querschnitte, ital. ges.
Chor/Orchester Mailänder Scala
Dirigenten Serafin, von Matacic
1C 063–00 721

Ein Maskenball, Verdi
Gesamtaufnahme, ital. ges.
Chor/Orchester Mailänder Scala
Dirigent Votto

Kassette mit 3 Langspielplatten
1C 153–17 651/53 M

Ein Maskenball, Verdi
Großer Querschnitt, ital. ges.
Chor/Orchester Mailänder Scala
Dirigent Votto
1C 053–18 065 M

Lucia di Lammermoor, Donizetti
Gesamtaufnahme, ital. ges.
Philharmonia Chorus and Orchestra
London
Dirigent Serafin
Kassette mit 2 Langspielplatten
1C 163–00 509/10

Lucia di Lammermoor, Donizetti
Großer Querschnitt, ital. ges.
Philharmonia Chorus and Orchestra
London
Dirigent Serafin
1C 063–00 772

Lucia di Lammermoor, Donizetti
Gesamtaufnahme, ital. ges.
Coro e Orchestra del »Maggio Musicale
Fiorentino«
Dirigent Serafin
Album mit 2 Langspielplatten
1C 137–00 942/43 M

Die Macht des Schicksals, Verdi
Gesamtaufnahme, ital. ges.
Chor/Orchester Mailänder Scala
Dirigent Serafin
Kassette mit 3 Langspielplatten
1C 153–00 966/68 M

Die Macht des Schicksals, Verdi
Großer Querschnitt, ital. ges.
Chor/Orchester Mailänder Scala
Dirigent Serafin
1C 053–01 507 M

Madame Butterfly, Puccini
Gesamtaufnahme, ital. ges.
Chor/Orchester Mailänder Scala
Dirigent von Karajan
Kassette mit 3 Langspielplatten
0C 153–00 424/26

Norma, Bellini
Großer Querschnitt, ital. ges.
Chor/Orchester Mailänder Scala
Dirigent Serafin
1C 063–00 730

Norma, Bellini
Großer Querschnitt, ital. ges.

Chor/Orchester Mailänder Scala
Dirigent Serafin
1C 053–01 017 M

Rigoletto, Verdi
Gesamtaufnahme, ital. ges.
Chor/Orchester Mailänder Scala
Dirigent Serafin
Kassette mit 2 Langspielplatten
1C 153–01 346/47 M

Rigoletto, Verdi
Großer Querschnitt, ital. ges.
Chor/Orchester Mailänder Scala
Dirigent Serafin
1C 053–00 483 M

Tosca, Puccini
Gesamtaufnahme, ital. ges.
Chœurs du Théâtre National de l'Opéra
Paris
Orchestre de la Société des Concerts du
Conservatoire Paris
Dirigent Prêtre
Kassette mit 2 Langspielplatten
1C 165–00 040/41

Tosca, Puccini
Großer Querschnitt, ital. ges.
Chœurs du Théâtre National de l'Opéra
Paris
Orchestre de la Société des Concerts du
Conservatoire Paris
Dirigent Prêtre
1C 063–01 965
1C 243–01 965

Tosca, Puccini
Gesamtaufnahme, ital. ges.
Chor/Orchester Mailänder Scala
Dirigent de Sabata
Kassette mit 2 Langspielplatten
»Grand Prix du Disque«
0C 191–00 410/11

Der Troubadour, Verdi
Gesamtaufnahme, ital. ges.
Chor/Orchester Mailänder Scala
Dirigent von Karajan
Kassette mit 2½ Langspielplatten
1C 153–00 454 S/56 M

Der Troubadour, Verdi
Großer Querschnitt, ital. ges.

Coro e Orchestra del Teatro alla Scala di
Milano
Dirigent von Karajan
1C 053–01 677 M

II. Recitals/Zusammenstellungen

Maria Callas singt
Keusche Göttin »Norma«, Wahnsinnsarie
»Lucia di Lammermoor«, Frag ich mein
beklomm'nes Herz »Der Barbier von Sevilla«, Ja, die Liebe hat bunte Flügel, Draußen am Wall von Sevilla »Carmen«, Du,
im irdischen Wahn einst befangen »Don
Carlos«
SHZE 101

Maria Callas
Ich träumte, er war verwundet »Il Pirata«,
Bellini, Wem soll mein Leid ich anvertraun
»Attila«, Verdi, O Teurer! »Die Sizilianische Vesper«, Verdi, O Mutter im Himmel! »Die Lombarden«, Verdi, Wenn das
Kraut, wie die Seherin kündet »Ein Maskenball«, Verdi, Als Sieger kehre heim »Aida«, Verdi
1C 063–01 299
1C 243–01 299

**Maria Callas – Italienische und französi-
sche Arien**
aus: Der Barbier von Sevilla, Wilhelm Tell,
Lucrezia Borgia, Lucia di Lammermoor,
Fausts Verdammnis, Margarethe, Carmen,
Die Perlenfischer, Macbeth, Don Carlos,
Othello, Tosca
Album mit 2 Langspielplatten
1C 187–01 398/99

Callas – di Stefano · 1
Szenen aus italienischen Opern:
Manon Lescaut, La Bohème, Ein Maskenball, Rigoletto, Der Troubadour, Cavalleria rusticana, Die Puritaner, Tosca
Album mit 2 Langspielplatten
1C 191–01 433/34 M

Callas – di Stefano · 2
Szenen aus italienischen Opern:
Norma, Die Puritaner, Der Troubadour,
Ein Maskenball, La Bohème, Manon Les-
caut, Tosca, Der Bajazzo
Album mit 2 Langspielplatten
1C 191–01 593/94

I. Gesamtaufnahmen/Querschnitte

Der Bajazzo, Leoncavallo
Gesamtaufnahme
Chor/Orchester Mailänder Scala
Dirigent Serafin
3C 163–00 418/19 M (Italien)
SLS 819 (+ Cavalleria rusticana) (England)
CL–3528 (+ Cavalleria rusticana) (USA)

Der Barbier von Sevilla, Rossini
Philharmonia Chorus und Orchestra London
Dirigent Galliera
SLS 853 (England)
3C 165–00 467/69 (Italien)
SCL–3559 (USA)

La Bohème, Puccini
Querschnitt
3C 065–01 018 M (Italien)

Cavalleria rusticana, Mascagni
Gesamtaufnahme
Chor/Orchester Mailänder Scala
Dirigent Serafin
3C 163–00 415/16 M (Italien)
SLS 819 (+ Der Bajazzo) (England)
CL–3528 (+ Der Bajazzo) (USA)

La Gioconda, Ponchielli
Gesamtaufnahme
Chor/Orchester Mailänder Scala
Dirigent Votto
3C 163–00 881/83 (Italien)
SIC–6031 (USA)

Madame Butterfly, Puccini
Querschnitt
Besetzung siehe Gesamtaufnahme
(deutsches Programm)
3C 063–00 550 M (Italien)

Manon Lescaut, Puccini
Gesamtaufnahme
Chor/Orchester Mailänder Scala
Dirigent Serafin
3C 163–00 484/86 M (Italien)

Die Nachtwandlerin, Bellini
Gesamtaufnahme
Chor/Orchester Mailänder Scala
Dirigent Votto
3C 163–17 648/50 M (Italien)

Norma, Bellini
Gesamtaufnahme
Chor/Orchester der Mailänder Scala
Dirigent Serafin
3C 163–00 535/37 (Italien)
SCL–3615 (USA)

Gesamtaufnahme
Chor/Orchester Mailänder Scala
Dirigent Serafin
3C 163–00 944/46 M (Italien)
IC–6037 (USA)

Die Puritaner, Bellini
Gesamtaufnahme
Chor/Orchester Mailänder Scala
3C 163–00 406/08 M (Italien)
CL–3502 (USA)

Turandot, Puccini
Gesamtaufnahme
Chor/Orchester Mailänder Scala
Dirigent Serafin
3C 163–00 969/71 M (Italien)

Der Türke in Italien, Rossini
Gesamtaufnahme
Chor/Orchester Mailänder Scala
Dirigent Gavazzeni
3C 163–00 978/80 M (Italien)
IB–6095 (USA)

II. Recitals/Zusammenstellungen

Lyrische und Koloraturarien
Arien aus »Adriana Lecouvreur«, »Andrea Chenier«, »La Wally«, »Mefistofele«, »Der Barbier von Sevilla«, »Dinorah«, »Lakme«, »Die Sizilianische Vesper«
Philharmonia Orchestra London
Dirigent Serafin
35 233 (USA)
FCXPM 30 088 (Frankreich)
3C 065–01 013 M (Italien)

Arien von Giuseppe Verdi
Arien aus »Macbeth«, »Nabucco«, »Ernani«, »Don Carlos«
Philharmonia Orchestra London
Dirigent Rescigno
2C 053–00 865 (Frankreich)
S–35 763 (USA)
3C 065–00 865 (Italien)

Arien von Giuseppe Verdi II
Arien aus »Othello«, »Aroldo«, »Don Carlos«
Orchestre de la Société des Concerts du Conservatoire Paris
Dirigent Rescigno
3C 065–01 020 M (Italien)

Maria Callas alla Scala
Arien aus »Medea«, »Die Vestalin«, »Die Puritaner«, »Die Nachtwandlerin«
Chor/Orchester der Mailänder Scala
Dirigenten Serafin, Votto
3C 065–01 016 (Italien)

Arien aus französischen Opern
Arien aus »Orpheus und Eurydike«, »Alceste«, »Carmen«, »Samson und Dalila«, »Romeo und Julia«, »Mignon«, »Louise«, »Le Cid«
Orchestre National de la Radiodiffusion Française
Dirigent Prêtre
2C 069–00 540 (Frankreich)
S–35 882 (USA)
3C 065–00 540 (Italien)

Arien aus französischen Opern II
Arien aus »Iphigenie auf Tauris«, »Fausts Verdammnis«, »Perlenfischer«, »Manon«, »Werther«, »Faust«
Orchestre de la Société des Concerts
Dirigent Prêtre
2C 065–00 578 (Frankreich)
S–36 147 (USA)

Arien von Rossini und Donizetti
Arien aus »La Cenerentola«, »Wilhelm Tell«, »Die Regimentstochter«, »Semiramis«, »Lucrezia Borgia«, »Der Liebestrank«
Orchestre de la Société des Concerts
Dirigent Rescigno
3C 063–00 592 (Italien)

Wahnsinnsszenen
Arien und Szenen aus »Anna Bolena«, »Hamlet«, »Der Pirat«
Philharmonia Chorus und Orchestra London
Dirigent Rescigno
S–35 764 (USA)
3C 065–00 784 (Italien)

Arien von Giacomo Puccini
Arien aus »Madame Butterfly«, »Manon Lescaut«, »La Bohème«, »Schwester Angelica«, »Gianni Schicchi«, »Turandot«
Philharmonia Orchestra London
Dirigent Serafin
2C 053–00 417 (Frankreich)
S–35 195 (USA)
3C 065–00 417 (Italien)

Arien von Beethoven, Weber und Mozart
Ah, Perfido! (Beethoven), und Arien aus »Oberon«, »Don Giovanni«, »Die Hochzeit des Figaro«

Orchestre de la Société des Concerts du Conservatoire Paris
Dirigent Rescigno
3C 065–01 360 (Italien)

Arias I love
Arien aus »Medea«, »Die Vestalin«, »Ein Maskenball«, »Rigoletto«, »Die Nachtwandlerin«
Chor/Orchester der Mailänder Scala
Dirigenten Serafin, Votto
S–36 929 (USA)

Arias I love II
Arien aus »Der Pirat«, »Aroldo«, »Turandot«, »Manon Lescaut«, »Madame Butterfly«
verschiedene Orchester und Dirigenten
S–36 930 (USA)

La Divina –
The Art of Maria Callas
Arien und Szenen (Zusammenstellungen aus Recitals und Gesamtaufnahmen; 4 LP)
SLS 5057 (England)

L'Art de Maria Callas
Arien und Szenen (Zusammenstellung aus Recitals und Gesamtaufnahmen; 4 LP; nicht identisch mit SLS 5057)
+ 1 Single: Interview Maria Callas von Jacques Bourgeois
2C 165–52 056/59 M (Frankreich)

L'incomparabile Callas
Arien aus »La Gioconda«, »Tosca«, »Cavalleria rusticana«, »Die Nachtwandlerin«, »Norma«, »Der Troubadour«
verschiedene Orchester und Dirigenten
3C 065–00 741 (Italien)

Canto d'Amore e di Morte
Arien, Duette und Szenen aus »La Bohème«, »Manon Lescaut«, »Tosca« mit di Stefano
verschiedene Orchester und Dirigenten
3C 065–01 480 (Italien)

Opératic Arias
Arien aus »Der Barbier von Sevilla«, »Macbeth«, »Don Carlos«, »Tosca«, »Alceste«, »Carmen«, »Samson und Dalila«, »Manon«, »Louise«
verschiedene Orchester und Dirigenten
SXLP 30 166 (England)